Le Corbusier 1910–65

Willy Boesiger / Hans Girsberger

Le Corbusier 1910–65

Birkhäuser
Basel

Translation into English: William B. Gleckman, New York
Deutsche Übersetzung: Elsa Girsberger, Zürich

Library of Congress Cataloging-in-Publication Data

Le Corbusier, 1887–1965.
Le Corbusier 1910–65 / [edited by] Willy Boesiger, Hans
Girsberger. — Special ed.
p. cm.
Includes bibliographical references.
ISBN 3-7643-6036-4
(softcover : alk. paper)
1. Le Corbusier, 1887–1965—Catalogs. 2. Functionalism
(Architecture)—Catalogs. I. Boesiger, Willy. II. Girsberger,
Hans. III., Title.
NA1053.J4A4 1999
720'.92—dc21   99-17208
CIP

Deutsche Bibliothek Cataloging-in-Publation Data

Le Corbusier:
Le Corbusier : 1910–65 / Willy Boesiger/Hans Girsberger. [Transl.
into engl.: William B. Gleckman. Dt. Übers.: Elsa Girsberger]. –
Sonderausg. – Basel ; Boston ; Berlin : Birkhäuser, 1999
   ISBN 3-7643-6036-4 (Basel …)

First Edition 1967 (Hardcover)
Reprint (Softcover) 2022
Birkhäuser Verlag GmbH, P.O. Box 44, 4009 Basel, Switzerland

© Softcover edition 1999 Birkhäuser
© 1999 Fondation Le Corbusier, Paris, pour l'ensemble de l'œuvre de Le Corbusier

Printed in Germany

ISBN 978-3-7643-6036-8

9 8 7 6 5 4 3 2

Table des matières Contents Inhalt

c'est un peu extravagant d'avoir tant travaillé!

Travailler n'est pas une punition, travailler c'est respirer!

Respirer est une fonction extraordinairement régulière: ni plus fort, ni plus mou, mais constamment.

Il y a de la constance dans l'adverbe « constamment ». La ~~cons~~ constance est une définition de la vie. La constance est naturelle, productive, — notion qui implique le temps et la durée.

Il faut être modeste pour être constant. Constance implique persévérance. C'est un levier de production. Mais c'est un témoignage de courage, — le courage étant une force intérieure qui qualifie la nature de l'existence.

Il n'y a ni signes glorieux dans le ciel, ni ailes déployées de victoires, ni intervention spectaculaire. Ma mère, morte cette année-ci à l'âge de cent ans disait: « Ce que tu fais, fais-le! » Elle ne savait ~~pas~~ que c'était un propos fondamental de notre pays d'origine: le Sud de la France, au XII et XIII siècles, avant le moyen-âge. Et qu'aussi c'est l'admonition de « la Dame-Royne - de Quinte-Essance » parlant au CINQUIESME LIVRE de Rabelais: "Seulement vous ramente FAIRE CE QUE FAICTES!

5
Sept
1960

Le Corbusier

CEUX QUI ONT AIDÉ, 35, RUE DE SÈVRES

LE CORBUSIER – PIERRE JEANNERET – EMERY – FRANÇOIS FAURE – 1925 – ROTH – 1929 – WEISSMANN – FREY – MAÉKAWA – SERT – BURHAN – SOKOL – TSUCHIHASHI – RICE – WETTSTEIN – BUSZTIN – BOESIGER – COLLEY – 1930 – BEATHY – GEISER – SAPORTA – DUCRET – SIZE – Mme PERRIAND – SAFRANEK – MAC-IVER – ERLICH – RENNER – MICHAELIDES – KOMTER – WEBER – VANEC – CHA-VARDES – BRECHBÜHLER – 1931 – BOSSU – ALAZARD – DELPORTE – SENN – VON TOBEL – ORESTE MALTOS – ORAZÈM – SEDLAK – ANDRÉ-MAC-CLELLAN – ALTHERR – WANNER – BOSSHARDT – JANSEN – SAKAKURA – SAMMER – POURSAIN – DAVID – GRUSON – STEPHENSON – KEPES – 1932 – JOSS – WEST – WALDKIRCH – OSWALD – DAVILA – WHITE – STREIFF – STREB – ADAM – CASTRILLO – FEINIGER – CRONSTEDT – 1933 – DIEHL – BURCKHARDT – NEIDHARDT – KROPF – VERRIER – SEVER – SALOMONSON – GOMEZ GAVAZZO – REINER – MIQUEL – BERHAMNC – 1934 – BARKAI – BOYER – RENTSCH – 1935 – POLLAK – FAWCETT – DUPRÉ – HORNSTRA – SCHNEIDER – 1936 – BRAEM – MERCIER – PANTOVIC – BENES – 1937 – CHRISTEN – DUBOIS – 1938 – KRUNIC – RENARD – BURRI – 1939 TÉPINA – ALMAIRAC – RAVNIKAR – WILLEM H. G. DE MOOR – EPIO BORG – WOGENSCKY – NIELSEN TAGE – HANNING – 1940 – WELTI – ZUPO – PFISTER – ZUPENCIC – BOLLINGER – DE GRAAF – 1944 – AUJAMES – DE LOOZE – 1945 – SOLTAN – 1946 – BODIANSKY – CANDILIS – GARDIEN – ZALEWSKY – DUBOIS – 1947 – NADIR AFONSO – MICHAUD – ANDREINI – 1948 – GONZALES DE LÉON – MASSON – SALMONA – WEISSMANN – Melle HIRVELA – 1949 – BRUAUX – KENNEDY – PROVELENGHIOS – VACULIC – WOODS – HOESLI – OLEK – KUJAWSKI – XÉNAKIS – CLÉMOT – SAMPER – SERRALTA – SOLOMITA – WURSTER – TAKAMASA YOSIZAKA – WALTER – VALENCIA – Mme HEILBUTH – 1951 – MAISONNIER – MAZET – DOSHI – PÉREZ – 1952 – MICHEL – LEMARCHAND – MÉRIOT – DUHART – KIM CHUN UP – Melle GABILLARD – 1953 – VÉRET – TOBITO – SACHINIDIS – 1954 – TALATI – 1959 – JULLIAN – TAVÉS – OUBRERIE – ANDREINI – REBUTATO – GARDIEN

Secrétariat: Jeanne Heilbuth, Jeannette Gabillard, Henri Bruault

Introduction

Depuis qu'a paru, il y a sept ans, la première publication des œuvres résumées, la mort a mis un terme à la création de ce grand architecte. Désormais ses œuvres, affranchies des hasards et des fluctuations du jour, sont entrées dans l'histoire. La mort a enfin révélé tout ce que l'architecture de notre temps doit au génie de Le Corbusier.

Ce volume est destiné à donner une image de l'œuvre telle que seule une présentation condensée parvient à la procurer. Par rapport au volume résumé de 1960, celui-ci a été enrichi par les œuvres de la toute dernière période, en particulier par la présentation des grands projets des ensembles hospitaliers de Venise, du centre de recherche Olivetti, de l'Ambassade de France à Brasilia et du palais des congrès de Strasbourg, dont aucun n'a encore été réalisé.

L'édition en un seul volume rend possible pour la première fois une sorte de vue synoptique de l'œuvre de Le Corbusier dans toute sa vaste étendue. Contrairement aux tomes de l'édition en sept volumes, l'ordre n'en est pas chronologique, mais thématique et comprend trois divisions principales: l'architecture (maisons individuelles, grands bâtiments, architecture sacrée et constructions aux Indes), l'urbanisme et la peinture. En dépit de quelques hésitations, nous avons finalement opté pour cette division par thèmes, parce qu'elle permet de présenter dans leur ensemble certains domaines, par exemple celui des maisons individuelles ou des grands bâtiments, ou de suivre le développement d'une idée, du premier croquis jusqu'à l'exécution complète, de façon plus nette. Ainsi par exemple l'évolution des idées de Le Corbusier sur la construction des logements, de la cellule d'habitation proclamée dès 1922 au Pavillon de l'Esprit-Nouveau jusqu'aux Unités d'habitation, en passant par les blocs-villas; ou, dans le domaine des musées, celle de la construction en spirale à croissance illimitée, telle qu'il l'expose dès 1930 dans une lettre à Christian Zervos, par différents projets de musées jusqu'à la réalisation enfin possible des musées d'Ahmedabad et de Tokyo presque trente ans après.

Il est fascinant de pouvoir suivre ainsi la continuité d'une idée, de sa naissance à sa réalisation, en étudiant les divers stades de son évolution. Jamais Le Corbusier ne laisse tomber définitivement un principe une fois qu'il l'a reconnu bon. Toujours il le reprend, parfois même après des dizaines d'années d'intervalle, le développe et cherche à l'adapter mieux aux possibilités concrètes, jusqu'à ce qu'après d'innombrables difficultés et déceptions arrive enfin le jour de sa réalisation.

Cette absence de compromis empêche bien des commandes. Il est également cause de la proportion relativement très forte de projets jamais exécutés par rapport à l'ensemble de l'œuvre. Toutefois, la logique et l'originalité qu'ils expriment font que leur importance n'est inférieure en rien à celle des bâtiments effectivement construits.

Aucun sans doute des grands architectes de notre temps n'est en butte à autant de malentendus et de fausses interprétations que Le Corbusier. Le slogan de la «machine à habiter», qui date de ses premières années de lutte, a beaucoup contribué à l'élaboration du préjugé qui le targue de rationalisme sans âme. Son unique intention était de délester l'architecture des lourdeurs surannées qui l'encombraient. Il ne faut pas attribuer à sa définition de la maison comme d'une «machine à habiter» plus de valeur qu'à la formule analogue de Paul Valéry qui, dans l'un de ses essais sur «Les deux vertus d'un livre», définit un beau livre d'abord comme une «parfaite machine à lire», par quoi il entend avant tout la perfection de l'apparence et de la présentation. Qu'il n'entende pas par là surestimer le fonctionnel, c'est ce que nous apprennent les propres paroles de Le Corbusier: «Fonctionnalité, mot affreux, né sous d'autres cieux que ceux que nous avons toujours aimés parcourir — là où le soleil est maître.»

L'édition en un volume présente l'œuvre entière de Le Corbusier, de ses tout premiers croquis jusqu'à ses tout derniers projets, bâtiments et études d'urbanisme, ainsi qu'une sélection des peintures. L'impression qui se dégage de ce volume, plus nettement que des tomes précédents, est celle d'une unité fondamentale de la personnalité du créateur, malgré toute la complexité de l'œuvre. Les catégories rationnelles de l'analyse logique se sont fondues à tel point avec les éléments émotionnels et esthétiques de l'artiste Le Corbusier que toute tentative de classification sous une étiquette quelconque s'avèrent insuffisantes à embrasser sa personnalité.

«A côté du métier mouvementé d'architecte moderne, je cultive un jardin tranquille consacré à l'art. S'occuper de l'art, c'est se faire son propre juge, son seul maître. On se trouve devant une table rase et ce que nous y inscrirons sera le produit infalsifiable de notre propre personnalité; cela signifie la pleine conscience de la responsabilité; ici, l'on se montre, l'on se reconnaît: ce que l'on est réellement, ni plus ni moins. Cela signifie: s'offrir loyalement au jugement du public et non plus se cacher derrière le hasard que l'on rend responsable en cas d'échec ou que l'on tait en cas de réussite. «L'architecture exige que ses tâches soient clairement formulées. C'est là le moment décisif. Faut-il limiter ces tâches à la stricte utilité? La poésie, la beauté, l'harmonie existent-elles dans la maison de l'homme moderne ou n'y règne-t-il que le fonctionnement mécanique de la machine à habiter? Pour moi, la recherche de l'harmonie me semble la plus belle passion humaine.» La faculté de création de son génie est inséparable de l'effort passionné du penseur pour comprendre logiquement le monde qui l'entoure et les événements et de créer une architecture à la mesure de notre époque grâce à une synthèse constructive de ses divers éléments. «De plus en plus, je me sens proche du mouvement qui anime le monde d'aujourd'hui. J'analyse les éléments qui déterminent le caractère de notre époque, à laquelle je crois

et dont je ne cherche pas à comprendre seulement les formes extérieures, mais le sens profond, le sens constructif; n'est-ce pas là, la raison même de l'architecture? Les différents styles, les frivolités de la mode ne me troublent pas: illusions et mascarades. Au contraire, c'est le splendide phénomène architectural qui nous invite et, par phénomène architectural, j'entends la qualité spirituelle d'organisation qui, par les puissances créatrices, constitue un système capable d'exprimer la synthèse d'événements présents et non pas l'aspect d'un simple caprice personnel.»

L'architecture est pour Le Corbusier le point de départ d'où il voudrait mener l'humanité vers un avenir meilleur. De là sa prédilection pour l'urbanisme, cette science éminemment sociale.
Son œuvre est si vaste qu'on pourrait douter que ce soit vraiment l'œuvre d'un seul homme, si chacune de ses créations ne portait l'empreinte indélébile de sa personnalité: clarté de la conception, logique intérieure, absence de compromis et inépuisable richesse d'imagination.

Parmi beaucoup d'autres distinctions, Le Corbusier a reçu en juin 1959 le titre de docteur honoris causa de la Faculté de droit de l'Université de Cambridge. Nous ne saurions mieux conclure notre introduction qu'en citant quelques phrases de l'éloge qui accompagne la remise du titre:
«Tandis qu'on se contentait, après la Première Guerre mondiale, de raviver de vieilles modes et d'imiter des styles révolus, il existait un petit groupe d'architectes qui ne désespéraient pas du présent et de l'avenir. Il y avait surtout cet homme de Paris, qui répandit ''l'Esprit-Nouveau'', comme il l'appelait, et qui depuis plus de trente ans est le guide et le porte-drapeau de la jeunesse. Son art est fondé sur la philosophie: il croit avec Pythagore que le nombre, et avec Platon que la géométrie forment la base de l'harmonie et de la beauté. Il partage avec Cicéron l'opinion que l'utilité est la mère de la dignité. Sa parenté avec Leonardo tient dans le fait que lui aussi envisage de l'œil du peintre et sculpteur les principes de la mécanique. A ceux qui recherchent la ''divine proportion'', il a donné le Modulor, basé sur les mesures d'un homme d'une taille d'1 m 83.
En faisant le plan d'une ville, il veille à laisser libre le plus de terrain possible en concentrant les bâtiments en blocs énormes. Les bâtiments qu'il a projetés témoignent toujours de son esprit inventif, fécond et original.
Il a pu voir réalisées beaucoup de ses créations. Et quand, par un malheureux concours de circonstances ou à cause d'esprits timorés, ses audacieux projets restaient irréalisés, même ses plans non exécutés étaient publiés et répandaient sa réputation et son influence. Non seulement la France, mais les Indes, Moscou, l'Amérique du Nord et du Sud témoignent de son importance, de sorte qu'à son propos on pourrait citer en le modifiant un peu ce vers de Virgile:
''Quelle région de cette terre n'est pleine de l'œuvre de cet homme!''»

Introduction

Since the appearance of the first collected review seven years ago, death has put an end to the creativity of this great architect. His work, now freed from the contingencies and fluctuations of the day, has moved into the sphere of lasting greatness. Death first revealed how much the architecture of our time owes to the genius of Le Corbusier.

Now that his work has ended, it is possible to have an overall view of his scope and range. The new volume is an improvement on that of 1960, since it includes works from his last creative period, of which the great projects for the hospital in Venice, the Olivetti Research Center, the French Embassy Building in Brasilia, and the Congress Building in Strasbourg are yet to be realized.

The one-volume compendium affords the first opportunity of surveying, as it were synoptically, the colossal work of Le Corbusier in its entity. In contradistinction to the seven consecutive volumes, the contents are here not presented in chronological order but are divided according to subject matter, i.e., into three main parts: architecture (individual houses, big buildings, sacral architecture, and buildings in India); city planning; painting.

If, despite some initial hesitation, we finally decided on the thematic arrangement, it was because an uninterrupted description of a certain subject—be it single-family homes or a whole block of buildings—reveals much more graphically the development of an idea from the very first sketch or draft right up to the completed structure. Take, for example, the evolution of his conception of dwellings, proceeding from the cell of habitation proclaimed at the Pavilion of the Modern Spirit as early as 1922, over the blocks of country homes, to the unities of habitation; or, in the field of museum design, the unfolding of his idea of a spiral structure affording unlimited possibilities of extension, such as he described to Christian Zervos in a letter dated 1930, into his successive projects for up-to-the-minute museums until, almost thirty years later, it was finally realized in museums in Ahmedabad and in Tokyo.

It is fascinating indeed to follow the continuity of an idea from its inception over its elaboration to its realization. Once Le Corbusier has recognized a principle as being correct, he never drops it completely; after a lapse of a decade or even longer he will return to it, improve it, adapt it to the latest techniques and materials until, after untold difficulties and disappointments, the day of realization may finally arrive. This uncompromising attitude has lost him many an order. It is also the reason why the projects that were never carried out constitute such a disproportionately large part of his life work. As far as originality and consistency are concerned, however, they are by no means less valuable than many of the buildings actually executed.

Probably none of our great contemporary architects has been the butt of so many misunderstandings and misleading interpretations as Le Corbusier. The slogan of the "machine à habiter", which he coined himself in the very beginning of his campaign, naturally contributed little if anything towards dissipating reproaches cast upon what was called his "soulless rationalism", although he was in fact merely striving to release architecture from transmitted bonds and ballast. His description of a house as being a "machine for living" must consequently be taken with the same grain of salt as Paul Valéry's definition of a fine book as being above all a "perfect reading machine"; both used the word "machine" to define perfection in the meeting of practical requirements. Le Corbusier's own words: "Fonctionnalité, mot affreux, né sous d'autres cieux que ceux que nous avons toujours aimés parcourir—là où le soleil est maître", express without room for doubt that he never meant to lay undue stress on the purely functional.

The comprehensive volume presents the complete works, ranging from the earliest drafts and sketches to the very latest buildings and projects, city-planning studies, and includes a selection from the works of the painter Le Corbusier. In surveying this œuvre one will gain a clearer and deeper insight into the single-minded, albeit complex, personality that created it, and a more vivid impression than that afforded by the chronological volumes. In Le Corbusier the rational categories derived from the analysis of conceptions have been fused and blended with the emotional and esthetic categories to such a degree that none of the classifications applied to him by the one or the other school can do him justice.

"Aside from the stirring profession of a modern architect, I cherish a tranquil garden devoted to art. To occupy oneself with art means to appoint oneself one's own judge, one's sole master. One stands before an empty sheet, and what one writes on it is the unadulterated product of one's self; this calls for acceptance of one's responsibility, and for a candid confession of what one is; it means to expose oneself to the public judgment and not to hide behind contingencies which one holds liable in case of failure, but does not mention in the event of success.

Architecture demands a clear formulation of its tasks—therein lies the decisive impulse. Are we to restrict these task to the purely utilitarian? Is there room in the household of modern man for poetry, beauty, harmony? Or is it dominated by the mechanical functioning of the machine for living? It seems to me that the striving for harmony is the loftiest human emotion."

The creative facet of Le Corbusier's genius is inseparable from the passionate endeavors of the thinker to logically grasp the surrounding world and current events and, by a synthesis of the individual elements, to create an architecture in conformity with our times.

"I am closer than ever to the movement animating the world of today. I am analysing the elements that determine the character of our times, the elements in which I believe, and of which I am endeavoring to understand not only their exterior shape but also their innermost meaning. I suspect that the real meaning of architecture consists in portraying the spiritual structure of these elements. The various styles and fads do not affect me. I am moved by the glorious phenomenon of architectural creation, and to me creating architecture means to produce an effect through the spiritual quality of the construction; by creating systematically to work out a coherent system that will lend expression to the general spiritual and intellectual level, and not merely to an individual whim."

For Le Corbusier architecture is the cardinal point from where he would like to lead mankind from our technical era on to a better future. This desire motivates his predilection for town planning—a decidedly social science.

His work is so wide in scope and content as to justify the doubt that it was accomplished by a single individual, were it not for the fact that each of his creations bears the undeniable stamp of his personality, namely: lucidity of conception; inner logic; refusal to compromise; an inexhaustible wealth of imagination.

Among numerous other distinctions bestowed upon him in the past, Le Corbusier was awarded an honorary doctor's degree of the faculty of jurisprudence by Cambridge University in June 1959. We can conceive of no better ending to this introduction than the following sentences taken from the laudatio accompanying the degree:—

"At the time when, worn out by the First World War, men were commonly content with restoring old fashions and imitating obsolete styles there arose a small band of architects who did not despair of their own age and of the future. Above all it was this man who, from Paris the fountainhead of the arts, spread abroad the 'Esprit-Nouveau', as they called it; and for more than 30 years since he has been the leader and standard-bearer of the young. He holds philosophic views on his art: he believes with Pythagoras that number, and with Plato that geometry underlies the harmony of the universe and the beauty of objects and with Cicero that utility is the mother of dignity. He is also akin to Leonardo, in that he observes the principles of the engineer while applying to them the eye of a painter and sculptor, and to those who are seeking the famous 'Divine Proportion' he has proposed the standard he calls 'Modulor' based on the stature of a man, or to be exact, a six-foot Englishman.

In planning cities he manages, by dispersing high blocks, to leave most of the site free for green grass and trees. In designing buildings he is always inventing new and apt devices, and giving evidence of an original and most fertile mind.

He has seen number of monuments to his genius completed. And moreover, if his daring schemes have often been frustrated by ill luck and sometimes by the timidity or unreliability of men, yet the wide publication of his plans even for works never carried out has spread his fame and influence. Not only his native France, but India, Moscow and both North and South America can bear him witness; so that one may well ask in a line of Vergil slightly altered:
What region on earth is not full of this man's works?"

Einleitung

Seit dem Erscheinen der ersten zusammenfassenden Darstellung vor sieben Jahren hat der Tod dem Schaffen dieses grossen Architekten ein Ende gesetzt. Damit ist sein Werk, befreit von den Zufälligkeiten und Schwankungen des Tages, in die Sphäre zeitloser Grösse entrückt. Der Tod erst machte offenbar, wieviel die Architektur unserer Zeit dem Genie Le Corbusiers zu verdanken hat.

Dem Überblick über die Gesamtheit seines Œuvres, wie nur ein abgeschlossenes Ganzes ihn zu bieten vermag, soll der Sammelband dienen. Im Unterschied zu der ersten Zusammenfassung von 1960 erfährt der neue Band eine wesentliche Bereicherung durch die Aufnahme der in der letzten Schaffensperiode entstandenen Arbeiten, von denen die grossen Projekte für den Spitalbau in Venedig, das Forschungszentrum Olivetti, das Gebäude der französischen Botschaft in Brasilia und das Kongresshaus in Strassburg noch der Realisierung harren.

Die einbändige Zusammenfassung bietet zum erstenmal die Möglichkeit, das gewaltige Werk Le Corbusiers in seinem ganzen Ausmass gleichsam synoptisch zu überblicken. Die Darstellung ist im Unterschied zu den Einzelbänden nicht chronologisch, sondern thematisch, in drei Hauptabteilungen, Architektur (Einzelhäuser, grosse Bauten, sakrale Architektur und Bauten in Indien), Städtebau und Malerei gegliedert. Trotz gewissen Bedenken haben wir uns schliesslich zur Thematik entschieden, weil die zusammenhängende Darstellung bestimmter Gebiete, etwa der Einzelbauten oder der grossen Konstruktionen, die Entwicklung einer Idee von der ersten Skizze bis zum vollendeten Bau deutlicher sichtbar werden lässt. So etwa die Entwicklung seiner Konzeption des Wohnbaus, von der bereits 1922 im Pavillon de l'Esprit-Nouveau proklamierten Wohnzelle über die Villenblocks bis zu den Unités d'habitation; oder im Gebiet des Museumbaus die Entwicklung der Idee einer spiralförmigen Konstruktion mit unbeschränkten Erweiterungsmöglichkeiten, wie sie bereits 1930 in einem Brief an Christian Zervos auseinandergesetzt wird, über die verschiedenen Projekte für zeitgemässe Museen bis zu der nach beinahe dreissig Jahren ermöglichten Realisierung der Museen von Ahmedabad und Tokio.

Es ist faszinierend, die Kontinuität von der Entstehung einer Idee über deren stetige Weiterbearbeitung bis zur Realisierung verfolgen zu können. Nie wird ein von Le Corbusier als richtig erkanntes Prinzip wieder völlig fallengelassen. Auch über Unterbrüche von Jahrzehnten hinweg wird es immer wieder aufgegriffen, weiter ausgebaut und den realen Möglichkeiten besser angepasst, bis nach unzähligen Schwierigkeiten und Enttäuschungen einmal doch der Tag der Verwirklichung kommt. Diese Kompromisslosigkeit verhindert manchen Auftrag. Sie ist auch der Grund des unverhältnismässig grossen Umfangs, den die nie zur Ausführung gekommenen Projekte im Rahmen des Gesamtwerks einnehmen. An Bedeutung allerdings stehen sie dank der in ihnen zum Ausdruck kommenden Konsequenz und Originalität vielen der ausgeführten Bauten keineswegs nach.

Wohl keiner der grossen Architekten unserer Zeit war so vielen Missverständnissen und irreführenden Deutungen ausgesetzt wie Le Corbusier. Seine aus der ersten Zeit stammende Kampfparole von der «machine à habiter» hat viel zum Vorurteil eines seelenlosen Rationalismus beigetragen. Dabei ging es ihm ja lediglich darum, die Architektur von überkommenem Ballast zu befreien. Seine Bezeichnung des Hauses als einer «machine à habiter» ist nicht anders zu werten als ein analoger Ausspruch von Paul Valéry, der in einem seiner Essays über «Les deux vertus d'un livre» ein schönes Buch in erster Linie als «une parfaite machine à lire» definiert, womit vor allem die Vollkommenheit im Erfüllen praktischer Anforderungen gemeint ist. Dass damit keine Überbewertung des rein Funktionellen gemeint ist, sagen Le Corbusiers eigene Worte: «Fonctionnalité, mot affreux, né sous d'autres cieux que ceux que nous avons toujours aimés parcourir — là où le soleil est maître.»

Der Sammelband zeigt das gesamte Werk, von den frühesten Skizzen bis zu den allerjüngsten Bauten und Projekten, städtebaulichen Studien und einer Auswahl der Werke des Malers. Deutlicher als bei den Einzelbänden wird beim Überblicken dieses Œuvres der Eindruck der bei aller Komplexität in sich geschlossenen Persönlichkeit seines Schöpfers lebendig. Die rationalen Kategorien der begrifflichen Analyse sind mit den emotionalen und ästhetischen des Künstlers Le Corbusier so sehr zur Einheit verschmolzen, dass alle Einteilungen, die Le Corbusier in die eine oder andere Richtung weisen möchten, ihm nie gerecht zu werden vermögen. «Neben dem bewegten Berufe eines modernen Architekten pflege ich einen stillen Garten, der Kunst geweiht. Sich mit Kunst befassen, heisst sich zu seinem eigenen Richter, zum alleinigen Herrn machen. Man befindet sich vor einem leeren Blatt, und was wir darauf schreiben, ist das unverfälschliche Produkt unseres Selbst; es heisst sich der Verantwortung bewusst sein und sich so zu bekennen, wie man wirklich ist; heisst, sich loyal dem öffentlichen Urteil auszusetzen und sich nicht hinter Zufälligkeiten verbergen, die man im Falle des Versagens verantwortlich macht und im Falle des Erfolges verschweigt.

Die Architektur verlangt eine klare Formulierung ihrer Aufgaben. Darin liegt das entscheidende Moment. Sollen wir diese Aufgaben lediglich auf das Nützliche beschränken? Gibt es Poesie, Schönheit und Harmonie im Haushalt des modernen Menschen oder herrscht dort nur das mechanische Funktionieren der Wohn-Maschine? Mir scheint, das Streben nach Harmonie ist die schönste menschliche Leidenschaft.» Die schöpferische Seite seines Genies ist nicht zu trennen vom leidenschaftlichen Bemühen des Denkers, die Umwelt und das Geschehen logisch zu erfassen und in konstruktiver Synthese aus den einzelnen Elementen die unserer Zeit gemässe Architektur zu schaffen. «Mehr denn je bin ich der Bewegung nahe, die die heutige Welt beseelt. Ich analysiere die Elemente, die den Charakter unserer Zeit bestimmen, an die ich glaube und von der ich nicht nur die äussere Erscheinungsform zu verstehen suche, sondern ihren tieferen Sinn, und deren geistige Struktur darzustellen mir der eigentliche Sinn der Architektur zu sein scheint. Die verschiedenen Stile, die Spielereien der Mode berühren mich nicht. Vielmehr bewegt mich das herrliche Phänomen des architektonischen Gestaltens, und architektonisch gestalten heisst für mich handeln, durch geistige Konstruktion, durch systematische Schöpfung ein zusammenhängendes System schaffen, das die allgemeine Geisteslage und nicht eine individuelle Laune zum Ausdruck bringt.»

Die Architektur ist für Le Corbusier der Angelpunkt, von dem aus er die Menschheit des technischen Zeitalters einer besseren Zukunft entgegenführen möchte. Daher seine Vorliebe für den Städtebau, diese ausgesprochen soziale Wissenschaft. Sein Werk ist so umfassend, dass man daran zweifeln könnte, ob es wirklich das Werk eines Einzelnen sei, wenn nicht jede seiner Schöpfungen so unverkennbar den Stempel seiner Persönlichkeit trüge: Klarheit der Konzeption, innere Logik, Kompromisslosigkeit und unerschöpflicher Reichtum an Phantasie. Unter vielen anderen Auszeichnungen hat Le Corbusier im Juni 1959 von der Universität Cambridge den Doctor honoris causa der Rechtswissenschaftlichen Fakultät erhalten. Wir wissen unsere einleitenden Worte nicht besser abzuschliessen als mit einigen Sätzen aus der die Ehrung begleitenden Laudatio:

«Als man sich nach dem Ersten Weltkrieg damit begnügte, alte Moden aufzufrischen und veraltete Stile zu imitieren, gab es eine kleine Gruppe von Architekten, die an Gegenwart und Zukunft nicht verzweifelten. Vor allem war es dieser Mann aus Paris, der den ,Esprit-Nouveau', wie er ihn nannte, verbreitete und der seit mehr als dreissig Jahren der Führer und Bannerträger der Jungen ist. Seine Kunst ist philosophisch untermauert: mit Pythagoras glaubt er, dass die Zahl, und mit Plato, dass die Geometrie der Harmonie und Schönheit zugrunde liegen. Er teilt mit Cicero die Ansicht, dass die Nützlichkeit die Mutter der Würde sei. Seine Verwandtschaft mit Leonardo liegt darin, dass auch er die Prinzipien der Mechanik mit den Augen des Malers und Bildhauers betrachtet. Denen, die die ,divina proportio' suchen, hat er den Modulor in die Hand gegeben, dem die Masse eines Mannes von 1,83 m zugrunde liegen.

Bei der Stadtplanung sorgt er durch Konzentration auf mächtige Häuserblocks dafür, dass ein möglichst grosser Teil des Bodens für Grünflächen frei bleibt. Die von ihm entworfenen Gebäude zeugen immer von seinem erfinderischen, fruchtbaren und originellen Geist.

Viele seiner Schöpfungen konnte er ausgeführt sehen. Und wenn auch seine kühnen Entwürfe oft durch widriges Geschick und Ängstlichkeit unverwirklicht blieben, so wurden doch sogar seine nicht realisierten Pläne publiziert und verbreiteten seinen Ruhm und seinen Einfluss. Nicht nur Frankreich, auch Indien, Moskau, Nord- und Südamerika zeugen für seine Bedeutung, so dass man mit dem leicht abgeänderten Verse Vergils fragen könnte:

,Welcher Ort auf dieser Erde ist nicht von dieses Mannes Werk erfüllt?'»

Hans Girsberger

Notes biographiques

Paris, rue Jacob, 1925

L-C et Charlotte Perriand

Le Corbusier, de son vrai nom Charles-Edouard Jeanneret, est né le 6 octobre 1887 à La Chaux-de-Fonds. Son père et son grand-père étaient graveurs, sa mère, née Perret, musicienne. Elle est morte centenaire il y a peu, dans la petite maison que son fils avait construite pour ses parents en 1923, sur les rives du Léman, près de Vevey. De bonne heure, il montra un talent prononcé pour le dessin, de sorte qu'à quatorze ans déjà il était admis à l'Ecole d'Art de La Chaux-de-Fonds, école fondée spécialement au dix-neuvième siècle pour la formation de graveurs pour l'industrie horlogère. Parmi ses professeurs, c'est avant tout L'Eplattenier qui joua un rôle important dans l'évolution du jeune Jeanneret et son intérêt pour l'architecture. C'est à son instigation qu'il fréquenta les cours de la nouvelle section consacrée à la sculpture et à la peinture murale.

A peine âgé de 18 ans, on lui demande de construire une villa pour l'un des membres du comité de direction de l'Ecole d'Art. Avec ses honoraires, Charles-Edouard Jeanneret entreprend un voyage qui le mène, par l'Italie, à Budapest et à Vienne, où il fait la connaissance, entre autres, de Josef Hoffmann, alors directeur des Ateliers d'Art viennois.

En février 1908, âgé de vingt ans, le jeune homme se rend pour la première fois en séjour prolongé à Paris. Il y fait la connaissance d'Auguste Perret, chez qui il travaille pendant 15 mois comme architecte, puis l'Ecole d'Art de La Chaux-de-Fonds le charge d'effectuer, d'avril 1910 à mai 1911, un voyage en Allemagne, afin d'y étudier l'évolution du mouvement des arts appliqués. Il réunit ses observations dans un rapport officiel publié à La Chaux-de-Fonds en 1911. En 1910, le jeune Jeanneret rencontre à Berlin Peter Behrens, chez qui il travaille pendant cinq mois; il effectue ensuite un bref séjour chez Heinrich Tessenow à Hellerau près de Dresde. Il est fortement impressionné par la force et l'organisation du mouvement mais, dans une certaine mesure, il reste critique, comme le prouve cette remarque sur l'exposition de Munich: «L'ensemble était frappant d'harmonie, certes tout nouveau pour les Français d'aujourd'hui; mais il manque aux Allemands la tradition, et leurs mains sont encore inhabiles.» Après le séjour en Allemagne, il entreprend, avec Auguste Klipstein, le fameux antiquaire bernois aujourd'hui décédé, un voyage de sept mois à travers les pays balkaniques, la Hongrie, la Roumanie et la Bulgarie, à Istanbul, Athènes et Rome. Puis il s'installe pour quelques années dans sa ville natale, La Chaux-de-Fonds, où L'Eplattenier lui demande de

prendre la direction de certains cours à l'Ecole d'Art. Mais la vie et le cadre un peu étroits de La Chaux-de-Fonds ne sauraient le retenir à la longue, et en 1917, à l'âge de trente ans, il s'installe définitivement à Paris. C'est là qu'il habitera pendant dix-sept ans, au 20 de la rue Jacob, pour se transférer ensuite rue Nungesser et Coli. C'est à Paris qu'il peint ses premiers tableaux, et en 1918, il expose pour la première fois avec Amédée Ozenfant à la Galerie Thomas. Peu après paraît «Après le Cubisme», un manifeste dans lequel Ozenfant et Le Corbusier formulent leur conception de l'art contemporain. La revue «Esprit-Nouveau» est fondée en collaboration avec Paul Dermée: le premier numéro paraît le 15 octobre 1920. L'active collaboration de Le Corbusier à cette revue s'exprime dans un grand nombre d'articles sur l'art et l'architecture, qui forment la base des publications parues plus tard chez Crès. La composition et la présentation graphique de ces cahiers — réalisées dans une large mesure par Le Corbusier lui-même, comme il le fit du reste pour ses publications ultérieures — est encore aujourd'hui exemplaire.

En 1922, il s'associe à son cousin Pierre Jeanneret, et alors commence une lutte — qui va durer des dizaines d'années — pour une architecture qui devrait être l'expression de notre époque et non un pastiche de cultures révolues. Le Corbusier réunit autour de lui, dans son atelier de la rue de Sèvres, des jeunes gens de toutes nationalités, dont beaucoup comptent aujourd'hui parmi les meilleurs architectes de leur pays. Leurs études d'architecture et d'urbanisme sont présentées dans «Plan pour une ville contemporaine de 3 millions d'habitants», qui contient déjà tous les éléments de l'urbanisme moderne: séparation de l'habitat et de la circulation, de l'habitat et du lieu de travail; construction de toutes les maisons dans la verdure et des quartiers résidentiels ceinturant la ville comme une cité-jardin; 24 immeubles-tours (gratte-ciel) servent de locaux administratifs et commerciaux et d'hôtels. En 1923 paraît la première publication fondamentale de Le Corbusier: «Vers une Architecture». Il y reprend en les développant les articles parus dans la revue «Esprit-Nouveau». Au cours des années suivantes paraissent successivement chez Crès huit publications dans la série «Esprit-Nouveau». Elles sont éditées pour la première fois sous son nom actuel de Le Corbusier, qu'il a emprunté à ses ancêtres originaires du Midi de la France.

D'après Le Corbusier, le premier devoir de notre époque est de loger les masses de façon décente et humaine. Ceci n'est possible que grâce à la fabrication industrielle d'appartements standard et grâce à un urbanisme rationnel. Dès 1914, sous l'impression des destructions dues à la guerre en Flandre, Le Corbusier avait conçu le système de construction par montage «Domino», dans lequel l'ossature: poteaux, plafonds et escaliers sont préfabriqués, et que l'on peut combiner sous les formes les plus diverses.

A l'Exposition internationale des Arts décoratifs en 1925, le Pavillon de l'Esprit-Nouveau érigé par Le Corbusier, et où le plan Voisin est également exposé, fait sensation. A partir de ce moment, Le Corbusier déploie une intense activité d'architecte dans son atelier au 35 de la rue de Sèvres. En même temps, il continue à peindre.

En 1925, Le Corbusier obtient le premier prix du concours pour le bâtiment de la Société des Nations à Genève.

En 1928, est fondé à La Sarraz le groupe CIAM (Congrès Internationaux d'Architecture Moderne).

A côté de grands travaux tels que le Centrosoyus de Moscou (1928/29), la Cité de refuge de l'Armée du Salut à Paris, le Pavillon suisse de la Cité universitaire de Paris et la collaboration au bâtiment du Ministère de l'Education nationale à Rio de Janeiro, Le Corbusier poursuit ses vastes études théoriques sur l'urbanisme et, pour le compte de divers gouvernements, dessine de nombreux plans de villes, ainsi pour Buenos Aires, Stockholm, Alger, Nemours (Afrique), Bogotá, Moscou, Smyrne, etc. Le problème du musée en forme de spirale «à croissance illimitée» a préoccupé Le Corbusier dès les années trente; ses idées ont trouvé une réalisation fort convaincante dans le bâtiment du Musée d'Art moderne occidental à Tokyo.

De nombreuses tournées de conférences sur l'invitation des autorités et d'associations d'architectes mènent Le Corbusier dans presque toutes les grandes villes du monde (Paris, Bruxelles, Madrid, Barcelone, Amsterdam, Stockholm, Moscou, Rio de Janeiro, etc.) et lui donnent l'occasion de présenter ses idées sur l'architecture et l'urbanisme.

En 1940, peu après le début de la guerre, Le Corbusier quitte Paris et se retire en zone libre, où il se consacre surtout à la peinture et se livre à des études théoriques (Modulor, etc.).

En 1942, Le Corbusier fonde le groupe ASCORAL (Assemblée de Constructeurs pour une Rénovation Architecturale).

En 1944, il peut retourner à Paris où il retrouve son atelier. C'est alors que commence une période de travail architectural très intense. En 1946, il est appelé à collaborer à l'établis-

sement des plans du palais de l'ONU à New York. L'Unité d'habitation de grandeur conforme pour 1600 habitants qu'il réalise à Marseille pour le Ministère français de la Reconstruction (1945 à 1952) lui donne enfin l'occasion de réaliser de façon convaincante son idée de toujours: la cellule d'habitation fabriquée en série par des procédés industriels, de la petite maison jusqu'au grand immeuble. Chaque appartement, avec sa salle de séjour sur deux étages et son propre jardin, constitue une sorte de maison individuelle adaptée dans une large mesure aux besoins de chaque habitant.

C'est grâce à la commande de gouvernement des Indes, en 1950, que Le Corbusier, chargé de construire Chandigarh, nouvelle capitale du Punjab, eut la possibilité, pour la première fois, de réaliser ses idées urbanistiques. Le Corbusier élabora les plans de l'aménagement général et du Capitole, des bâtiments administratifs et gouvernementaux, ainsi que plusieurs maisons d'habitation à Ahmedabad. Le succès de l'unité d'habitation de Marseille provoqua la construction d'autres unités, celles de Nantes, de Meaux et de Briey-en-Forêt; à la grande exposition internationale d'architecture, dite «Interbau», à Berlin, en 1957, Le Corbusier a été représenté par une unité d'habitation de 400 logements.

La chapelle du pèlerinage de Ronchamp, Notre-Dame-du-Haut, inaugurée en 1953, est le premier édifice sacré de Le Corbusier. De même que les unités d'habitation Ronchamp est parmi les œuvres qui, sans doute, ont rendu célèbre le nom de Le Corbusier au-delà des milieux professionnels. Le couvent de La Tourette à Eveux près de Lyon et le projet de l'église de Firminy sont d'autres exemples de l'architecture sacrée. Le Corbusier n'a pas assisté à la réalisation de ses grands projets des dernières années, tels l'hôpital de Venise, le centre de recherche Olivetti à Rho près de Milan, l'Ambassade de France à Brasilia et le palais des congrès à Strasbourg. Il a été enlevé par une crise cardiaque le 27 août 1965 lorsqu'il se baignait dans la Méditerranée.

A côté de l'architecture et de l'urbanisme Le Corbusier s'est occupé toute sa vie de peinture et de sculpture, et, au cours des dernières années, de tapisserie. Nous citerons parmi ces belles créations artistiques, auxquelles il voua toujours plus d'attention, les tapisseries du palais de Justice de Chandigarh. «C'est un peu extravagant d'avoir tant travaillé. Travailler n'est pas une punition, travailler c'est respirer.» C'est dans ses propres paroles que l'on trouve l'explication de l'ampleur vraiment gigantesque de son œuvre.

Guevrekian, L-C, S. Giedion et Pierre Jeanneret, La Sarraz 1928 (CIAM)

Paris, rue Jacob, environ 1930

L'atelier rue de Sèvres 35, Paris

L-C et Albert Einstein à Princeton, 1946

L-C et Pandit Nehru, 1954

Biography

Le Corbusier, whose real name is Charles-Edouard Jeanneret, was born on October 6, 1887 in La Chaux-de-Fonds, Switzerland. His father and grandfather were engravers; his mother, whose maiden name is Perret, was a musician. She lived in the small house that her son built for his parents in 1923 on the shore of the lake Geneva, until her death spring 1960. From his early youth he displayed an extraordinary talent for drawing and at the age of 14 was admitted to the Art School in La Chaux-de-Fonds, a school founded in the 19th century especially for the training of engravers (for the watch industry). Of all his teachers, L'Eplattenier had especial importance for the future development of the young Jeanneret and his interest in the field of architecture. It was at his suggestion that the young student availed himself of the newly established course which dealt with murals and sculpture. When he was scarcely 18 years old he received the commission to build a villa for a member of the Art-School faculty. With the fee earned thereby Charles-Edouard Jeanneret set out upon a journey which led him through Italy, to Budapest and finally to Vienna, where, among others, he met Josef Hoffmann, then the leader of the Vienna Workshop. In February 1908 he travelled to Paris for his first long stay in that city. He met Auguste Perret and was accepted in his studio where he worked as an architect for fifteen months. He was then commissioned by the Art School of La Chaux-de-Fonds to undertake a trip to Germany from April 1910 to May 1911, in order to study the development there of the crafts movement. His observations were published in an official report in 1911 in La Chaux-de-Fonds. In 1910 the young Jeanneret met Peter Behrens in Berlin and worked in his office for five months. This was followed by a short stay with Heinrich Tessenow in Hellerau near Dresden. He was deeply impressed by the organizational strength of the German movement, but he viewed it with a certain criticism.

Following his study in Germany he travelled with August Klipstein, the late well-known antique dealer from Bern, for a period of seven months. These travels took him through the Balkans—Hungary, Rumania and Bulgaria, to Istanbul, Athens and Rome. Following this period of travel he settled down for a few years in his native town of La Chaux-de-Fonds, where he was called upon by L'Eplattenier to take charge of certain courses at the Art School. The somewhat small town atmosphere of La Chaux-de-Fonds compelled him to shorten his stay and in 1917, at the age of thirty, he settled down for good in Paris. There he lived for seventeen years at 20, rue Jacob before moving to the rue Nungesser et Coli.
In Paris he made his first paintings and in 1918, together with Amédée Ozenfant, he had his first exhibition in the Galerie Thomas. Shortly before, a manifesto entitled "After Cubism" was published, in which Ozenfant and Le Corbusier set forth their conception of contemporary art.
Together with Paul Dermée he founded the magazine "Esprit Nouveau", the first number of which was published on October 15, 1920. His active editorial work on this magazine which produced a great number of articles on art and architecture formed the basis of his writings later to be published by Crès. The graphic design of the magazine, largely the work of Le Corbusier himself, as well as his publications of later years, appear exemplary even today.
In 1922 he associated himself with his cousin Pierre Jeanneret. Their architectural and special town-planning studies culminated in the "Plan for a Contemporary City of 3 Million Inhabitants". Moreover, the model of the Citrohan House was exhibited in which the system of pilotis was applied for the first time.
1923 marked the appearance of his first great publication, "Towards an Architecture", in which his earlier articles for the magazine "Esprit-Nouveau" reappeared in an edited form. In the course of the next few years eight publications in the "Esprit-Nouveau" series appeared, published by Crès. In these publications his present name of Le Corbusier appeared for the first time, a name which he took over from his southern French ancestors.

At the International Exhibition of Decorative Arts in 1925 Le Corbusier caused a sensation with his Pavillon de l'Esprit-Nouveau in which, among others, his Plan Voisin (Neighborhood Plan) was displayed. From that time on Le Corbusier developed an intensive architectural activity in his studio at 35, rue de Sèvres where he gathered around him young designers from all corners of the world. Moreover he continued with his painting.
In 1926 Le Corbusier won first prize in the international competition for the design of the League of Nations Building in Geneva.
In 1928 the CIAM Group (International Congress for Modern Architecture) was founded at La Sarraz, Switzerland.
In addition to such works as the Centrosoyus in Moscow (1928—29), the Salvation Army Refuge in Paris, the Swiss Pavilion at the Cité Universitaire in Paris, and collaboration on the Ministry of Health and Education Building in Rio de Janeiro, he devoted much interest to theoretical urban design studies and, at the behest of the governments concerned, worked out countless city plans, e.g., for Buenos Aires, Stockholm, Algiers, Nemours (Africa), Bogotá, Moscow, Izmir and many others. The problem of the spiral museum "of unlimited growth" has occupied Le Corbusier for the last thirty years; in the Museum of Modern Western Art in Tokyo his ideas are being realized in a convincing manner.

Countless lecture tours at the invitation of governments and architectural organizations have taken Le Corbusier to practically all the large cities of the world (Paris, Brussels, Madrid, Barcelona, Amsterdam, Stockholm, Moscow, Rio de Janeiro, etc.) and have provided him with the opportunity to set forth his concepts on architecture and city planning.

In 1940, shortly after the outbreak of war, Le Corbusier left Paris and moved to the unoccupied zone of France where he devoted his time primarily to painting and theoretical studies. In 1942 Le Corbusier founded the ASCORAL Group (Assembly of Designers for an Architectural Renewal).

In 1944 he was able to return to his old studio in Paris and with that began an extraordinarily intensive architectural activity. He was called to New York in 1946 to co-operate on the preparation of plans for the UN Building. He received such outstanding commissions as the design of the Unité in Marseilles. The commission to build Chandigarh, the new capital of Punjab, received in 1950 from the Indian Government, gave Le Corbusier his first opportunity to carry out his city-planning ideas. Le Corbusier is the creator of the general plan and the capitol, the administration and government buildings, as well as various domestic buildings in Ahmedabad. The success of the Unité d'habitation in Marseilles led to the construction of further unités, as in Nantes, Meaux, and Briey-en-Forêt. During the summer of 1957, at 'Inter-Bau', the International Exhibition of Architecture in Berlin, Le Corbusier was represented as well with his Unité d'habitation for 400 dwellings.

The Pilgrimage Chapel of Notre-Dame-du-Haut in Ronchamp is the first building of Le Corbusier in the field of religious architecture. Together with the unités, Ronchamp belongs to those works which have carried the name of Le Corbusier from the limited world of the expert to the general public. The Monastary of La Tourette in Eveux near Lyon and the project for a church in Firminy are further milestones on this path. Le Corbusier, who died of a heart attack on August 27, 1965, while bathing in the Mediterranean, did not live to carry out the great projects of his last creative years for the hospital in Venice, the Olivetti Research Center in Rho-Milan, the Embassy Building in Brasilia, and the Congress Building in Strasbourg.

In addition to his activities as architect and city planner, Le Corbusier also found time for his painting and sculpture. In his last years, he became increasingly absorbed in the design of tapestry. From his outstanding artistic efforts in this field, we shall only show the tapestry series from the Law Court Building in Chandigarh.

"C'est un peu extravagant d'avoir tant travaillé. Travailler n'est pas une punition, travailler c'est respirer." In these words of his lies the explanation for the truly vast range of his work.

L'atelier rue Nungesser et Coli, Paris

L-C et Picasso, 1954

New York 1952

Le cabanon à Cap-Martin

Milan 1957

L'atelier rue Nungesser et Coli, Paris, 1959

Chandigarh 1958

Visite au couvent La Tourette, 1959

Biographische Notizen

Am 6. Oktober 1887 wird Le Corbusier, mit seinem bürgerlichen Namen Charles-Edouard Jeanneret, in La Chaux-de-Fonds geboren. Vater und Grossvater waren Graveure, seine Mutter, eine geborene Perret, Musikerin. Sie ist im Alter von 100 Jahren in dem kleinen Häuschen, das Le Corbusier im Jahre 1923 an den Ufern des Genfersees bei Vevey für seine Eltern gebaut hat, gestorben. Schon früh zeigt sich seine ausgesprochen zeichnerische Begabung, so dass er bereits mit 14 Jahren in die Ecole d'Art in La Chaux-de-Fonds aufgenommen wird, eine Schule, die im 19. Jahrhundert speziell für die vorbereitende Ausbildung von Graveuren (Uhrenindustrie) gegründet worden ist. Unter seinen Lehrern hat besonders L'Eplattenier Bedeutung für die weitere Entwicklung des jungen Jeanneret und sein Interesse auf dem Gebiete der Architektur. Auf dessen Veranlassung besucht er die Kurse der neuerrichteten Abteilung, die sich mit Skulptur und Wandmalerei befasst.

Kaum 18 Jahre alt, erhält er den Auftrag, für eines der Vorstandsmitglieder der Kunstschule eine Villa zu bauen. Mit dem erhaltenen Honorar begibt sich Charles-Edouard Jeanneret auf Reisen, die ihn durch Italien nach Budapest und Wien führen, wo er unter anderen auch Josef Hoffmann, den damaligen Leiter der Wiener Werkstätte, kennenlernt.

Im Februar 1908 fährt der 20jährige zum erstenmal für einen längeren Aufenthalt nach Paris. Er lernt Auguste Perret kennen, der schon damals in seinem Atelier die ungeahnten Möglichkeiten des neuen Baumaterials Beton erkannt hatte. Er arbeitet dort fünfzehn Monate als Architekt und unternimmt dann im Auftrag der Kunstschule La Chaux-de-Fonds vom April 1910 bis Mai 1911 eine Studienreise nach Deutschland, um die dortige Entwicklung der kunstgewerblichen Bewegung zu studieren. Seine Beobachtungen sind in einer Publikation niedergelegt, die 1911 in La Chaux-de-Fonds als offizieller Bericht erschienen ist. 1910 lernt der junge Jeanneret in Berlin Peter Behrens kennen, bei dem er fünf Monate arbeitet; daran anschliessend verbringt er noch kurze Zeit bei Heinrich Tessenow in Hellerau bei Dresden. Er ist stark beeindruckt von der organisatorischen Kraft der deutschen Bewegung, der er aber trotzdem mit einer gewissen Kritik gegenübersteht.

Anschliessend an den Studienaufenthalt in Deutschland unternimmt er, zusammen mit August Klipstein, dem bekannten, inzwischen verstorbenen Antiquar in Bern, Reisen, die ihn während sieben Monaten durch die Länder des Balkans, durch Ungarn, Rumänien und Bulgarien, nach Istanbul, Athen und Rom führen. Anschliessend an die Periode der Reisen lässt er sich für einige Jahre in seinem Heimatort La Chaux-

de-Fonds nieder, wo er von L'Eplattenier als Lehrer an die Kunstschule zur Leitung bestimmter Kurse berufen wird. Die zum Teil recht engen Verhältnisse in La Chaux-de-Fonds vermögen ihn aber auf die Dauer nicht zu halten, und 1917, im Alter von dreissig Jahren, siedelt er endgültig nach Paris über. Dort wohnt er während 17 Jahren an der Rue Jacob 20 und siedelt später in die Wohnung an der Rue Nungesser et Coli über.

In Paris malt er seine ersten Bilder, und 1918 kommt es, zusammen mit Amédée Ozenfant, zu der ersten Ausstellung in der Galerie Thomas. Kurz vorher erscheint «Après le Cubisme», ein Manifest, in dem Ozenfant und Le Corbusier ihre Auffassung zur zeitgenössischen Kunst niederlegen.

Zusammen mit Paul Dermée wird die Zeitschrift «Esprit-Nouveau» gegründet, deren erste Nummer am 15. Oktober 1920 erscheint. Seine aktive redaktionelle Mitarbeit an dieser Zeitschrift hat den Niederschlag in einer grossen Zahl von Aufsätzen zur Kunst und Architektur gefunden, die den Grundstock zu den später bei Crès erschienenen Publikationen bilden. Die von Le Corbusier weitgehend selbst besorgte graphische Gestaltung der Hefte wie auch der übrigen von ihm in späteren Jahren herausgegebenen Publikationen wirkt auch heute noch beispielhaft.

1922 verbindet er sich mit seinem Cousin Pierre Jeanneret, und damit beginnt ein jahrzehntelanger Kampf um eine Architektur, die der Ausdruck unserer Zeit sein sollte und nicht ein Abklatsch vergangener Kulturen. Ihre architektonischen und speziell städtebaulichen Studien finden ihren Niederschlag im «Plan pour une ville contemporaine de 3 millions d'habitants», der bereits alle Elemente des modernen Städtebaus aufweist: Trennung von Verkehr und Wohnen und von Wohnen und Arbeit. Lage aller Häuser im Grünen und, die Stadt als Gürtel umgebend, die Wohnquartiere als Gartenstadt. 24 Hochhäuser dienen der Verwaltung, dem Handel und als Hotels.

1923 erscheint die erste grundlegende Publikation, «Vers une Architecture». Darin sind seine in der Zeitschrift «Esprit-Nouveau» erschienenen Aufsätze verarbeitet. Insgesamt erscheinen im Laufe der nächsten Jahre acht Publikationen in der «Esprit-Nouveau»-Serie bei Crès. Diese Publikation erscheint zum erstenmal unter seinem heutigen Namen Le Corbusier, den er von seinen aus Südfrankreich stammenden Vorfahren übernommen hat.

Die erste Aufgabe unserer Zeit ist die menschenwürdige Unterbringung der Massen. Dies ist nur möglich durch industrielle Herstellung von Standard-Wohnungen und durch organische Stadtplanung. Schon 1914 hatte Le Corbusier, unter dem Eindruck der Kriegszerstörungen in Flandern, das Montagebausystem Domino entworfen, bei dem das konstruktive Gerüst, Stützen, Decken und Treppen vorfabriziert sind und in den verschiedensten Gruppierungen angeordnet werden können.

An der «Exposition internationale des Arts décoratifs» im Jahre 1925 erregt der von Le Corbusier errichtete Pavillon de l'Esprit-Nouveau, in dem unter anderem auch der Plan Voisin ausgestellt ist, grosses Aufsehen. Von dieser Zeit an entwickelt Le Corbusier eine intensive architektonische Tätigkeit im Atelier an der Rue de Sèvres 35, wo er junge Leute aus allen Ländern um sich sammelt. Daneben wird auch die Tätigkeit als Maler fortgesetzt.

1926 gewinnt Le Corbusier den ersten Preis im Wettbewerb für das Völkerbundsgebäude in Genf.

1928 wird in La Sarraz die CIAM-Gruppe gegründet (Congrès internationaux d'Architecture moderne).

Neben grösseren Arbeiten wie: dem Centrosoyus in Moskau (1928/29), Cité de refuge de l'Armée du Salut in Paris, dem Pavillon suisse der Cité universitaire in Paris und der Mitarbeit am Gebäude des Erziehungsministeriums in Rio de Janeiro werden grossangelegte theoretische städtebauliche Studien betrieben und im Auftrag der betreffenden Regierungen zahlreiche Stadtpläne ausgearbeitet, so für Buenos Aires, Stockholm, Algier, Nemours (Afrika), Bogotá, Moskau, Izmir u. a. m. Das Problem des spiralförmigen Museums «à croissance illimitée» hat Le Corbusier schon seit den dreissiger Jahren beschäftigt; im Museum für moderne westliche Kunst in Tokio finden seine Ideen eine überzeugende Realisierung.

Zahlreiche Vortragsreisen auf Einladung von Behörden und Architektenvereinigungen führen Le Corbusier in fast alle grösseren Städte der Welt (Paris, Brüssel, Madrid, Barcelona, Amsterdam, Stockholm, Moskau, Rio de Janeiro usw.) und geben ihm Gelegenheit, seine Auffassungen über Architektur und Städtebau darzulegen.

1940, kurz nach Ausbruch des Krieges, verlässt Le Corbusier Paris und zieht sich in die freie Zone von Frankreich zurück, wo er sich hauptsächlich der Malerei hingibt und theoretische Studien betreibt (Modulor usw.).

1942 gründet Le Corbusier die Gruppe ASCORAL (Assemblée de constructeurs pour une rénovation architecturale).

1944 kann er nach Paris in sein altes Atelier zurückkehren, und damit beginnt eine äusserst intensive architektonische Tätigkeit. Er wird 1946 zur Mitwirkung bei der Erstellung der Pläne für den UNO-Palast in New York herangezogen.

Mit dem Bau der «Unité d'habitation de grandeur conforme» für 1600 Bewohner, die er im Auftrag des französischen Wiederaufbau-Ministeriums in Marseille errichtete (1945–1952), ist ihm endlich Gelegenheit geboten, seine von allem Anfang an verfolgte Idee der serienmässig und industriell hergestellten Wohnzelle vom Kleinhaus bis zum grossen Wohnblock zu überzeugender Realisierung zu führen. Jede Wohnung mit ihrem zweigeschossigen Wohnraum und eigenem Garten bildet eine Art Einfamilienhaus, das den individuellen Bedürfnissen der Bewohner weitgehend angepasst ist.

Durch den im Jahre 1950 erteilten Auftrag der indischen Regierung, die neue Hauptstadt des Pandschab, Chandigarh, zu erstellen, erhielt Le Corbusier erstmals die Möglichkeit, seine städtebaulichen Ideen zu realisieren. Le Corbusier ist der Schöpfer des Generalplans und des Kapitols, der Verwaltungs- und Regierungsgebäude sowie verschiedener Wohnhäuser in Ahmedabad. Der Erfolg der Unité d'habitation in Marseille zieht die Konstruktion von weiteren Unités nach sich, so in Nantes, in Meaux und Briey-en-Forêt; an der im Sommer 1957 durchgeführten internationalen Architekturausstellung «Inter-Bau» in Berlin ist Le Corbusier ebenfalls mit einer Unité d'habitation für 400 Wohnungen vertreten.

Die 1953 eingeweihte Pilgerkapelle Notre-Dame-du-Haut in Ronchamp ist der erste Bau Le Corbusiers auf dem Gebiete sakraler Architektur. Zusammen mit den Unités gehört Ronchamp wohl zu den Schöpfungen, die den Namen Le Corbusiers über die engere Fachwelt hinaus in die Weite getragen haben. Das Kloster La Tourette in Eveux bei Lyon und das Projekt für eine Kirche in Firminy sind weitere Stationen auf diesem Weg. Die Realisierung der grossen Projekte aus den letzten Schaffensjahren, für den Spitalbau in Venedig, das Forschungszentrum Olivetti in Rho-Mailand, das Botschaftsgebäude in Brasilia und das Kongresshaus in Strassburg, hat Le Corbusier, der am 27. August 1965 beim Baden im Mittelmeer einem Herzschlag erlegen ist, nicht mehr erlebt.

Neben seiner Tätigkeit als Architekt und Stadtplaner hat Le Corbusier zeit seines Lebens sich auch mit Malerei und Skulptur und in seinen letzten Jahren in zunehmendem Masse auch mit dem Entwurf von Wandteppichen beschäftigt. Von seinen künstlerisch hervorragenden Schöpfungen auf diesem Gebiet seien hier nur die Tapisserien des Gerichtsgebäudes von Chandigarh erwähnt.

«C'est un peu extravagant d'avoir tant travaillé. Travailler n'est pas une punition, travailler c'est respirer.» In diesen seinen eigenen Worten liegt die Erklärung für den wahrhaft gigantischen Umfang seines Werkes.

Hans Girsberger

Le Corbusier   Henri Moore   Cambridge 1959

Bibliographie

Publications de Le Corbusier

Etude du Mouvement d'Art décoratif en Allemagne. La Chaux-de-Fonds 1911
Après le Cubisme (avec Ozenfant). Ed. des Commentaires, Paris 1918
Vers une Architecture. Editions Crès, Paris 1923, réimpressions Editions Vincent, Fréal & Cie, Paris 1958 et 1966
L'Art décoratif d'aujourd'hui. Editions Crès, Paris 1925, réimpression Editions Vincent, Fréal & Cie, Paris 1959
La Peinture moderne (avec Ozenfant). Editions Crès, Paris 1925
Urbanisme. Editions Crès, Paris 1925, réimpression Editions Vincent, Fréal & Cie, Paris 1966
Almanach de l'Architecture moderne. Editions Crès, Paris 1926
Une Maison – Un Palais. Editions Crès, Paris 1928
Précisions sur un état présent de l'Architecture et de l'Urbanisme. Editions Crès, Paris 1930, réimpression Editions Vincent, Fréal & Cie, Paris 1960
Croisade. Le crépuscule d'un académisme. Editions Crès, Paris 1932
La Ville radieuse. Editions de l'Architecture d'Aujourd'hui, Boulogne-sur-Seine. 1933, réimpression Editions Vincent, Fréal & Cie, Paris 1964
Quand les Cathédrales étaient blanches. Editions Plon, Paris 1937, réimpression Editions Gonthier, Paris 1965
Des Canons, des Munitions? Merci! Des Logis ... s.v.p., Editions de l'Architecture d'Aujourd'hui, Boulogne-sur-Seine 1938
Le lyrisme des temps nouveaux et l'urbanisme. Editions Le Point, Colmar 1939
Destin de Paris. Editions Sorlot, Paris 1941
Sur les 4 routes. Editions de la N.R.F. (Gallimard), Paris 1941
Les Constructions «Murondins». Editions Chiron, Paris 1941
La maison des hommes. Editions Plon, Paris 1942, réimprimé 1965
La charte d'Athènes. Editions Plon, Paris 1943, nouvelle édition aux Editions de Minuit, Paris 1957
Entretien avec les étudiants des écoles d'architecture. Editions Denoël, Paris 1943, nouvelle édition aux Editions de Minuit, Paris 1959
Les trois établissements humains. Editions Denoël, Paris 1944, réédition Editions de Minuit, Paris 1959
Manière de penser l'urbanisme. Editions de l'Architecture d'Aujourd'hui, Boulogne-sur-Seine 1945
Propos d'Urbanisme. Editions Bourrelier, Paris 1946
U.N. Headquarter, Reinhold Publishing Corp., New York 1947
Le Modulor, vol. I, Editions de l'Architecture d'Aujourd'hui, Boulogne-sur-Seine 1949
Le Modulor, vol. II, Editions de l'Architecture d'Aujourd'hui, Boulogne-sur-Seine 1955
Poésie sur Alger. Editions Falaise, Paris 1950
L'Unité d'habitation de Marseille. Editions Le Point, Mulhouse 1950
Une petite Maison (carnet de la recherche patiente nº 1), Les Editions d'Architecture (Edition Girsberger), Zurich 1954
Le Poème de l'angle droit (19 lithographies en couleurs). Editions Verve, Paris 1955
Les Plans Le Corbusier de Paris 1956–1922. Editions de Minuit, Paris 1956
Ronchamp (carnet de la recherche patiente nº 2), Hatje, Stuttgart 1957, édition française: Editions Girsberger, Zurich
Le Poème électronique (Pavillon Philips). Editions de Minuit, Paris 1958
L'urbanisme est une clef. Editions Forces-Vives, Paris 1966
Mise-au-point. Editions Forces-Vives, Paris 1966
Le Voyage d'Orient. Editions Forces-Vives, Paris 1966
Le Corbusier – Mein Werk. Verlag Hatje, Stuttgart 1960. Edition française: L'Atelier de la Recherche patiente, Editions Vincent, Fréal & Cie, Paris 1960
Œuvre Complète vol. 1—7, publiée par W. Boesiger. 1910–1965: Volume 1, 1910–1929 / volume 2, 1929–1934 / volume 3, 1934 à 1938 / volume 4, 1938–1946 / volume 5, 1946–1952 / volume 6, 1952–1957 / volume 7, 1957–1965, Editions Girsberger, Zurich 1929–1963, depuis 1964 Les Editions d'Architecture (Edition Girsberger), Zurich

Publications sur Le Corbusier

François de Pierrefeu, Le Corbusier et Pierre Jeanneret (Collection Les Artistes nouveaux). Editions Crès, Paris 1930
Œuvres de Le Corbusier et P. Jeanneret, 8 volumes. Morancé, Paris
Alfred Roth, Zwei Häuser in Stuttgart. Verlag Wedekind, Stuttgart 1934
Maximilian Gautier, Le Corbusier. Editions Denoël, Paris 1945
Stamo Papadaki, Le Corbusier. New York 1948
Le Corbusier, Numéro spécial de l'Architecture d'Aujourd'hui, 1948
Le Corbusier. Editions Electa, Firenze 1950
Les chapelles à Vence et à Ronchamp. Les Editions du Cerf, Paris 1955
Anton Henze, Ronchamp. Paulus Verlag, Recklinghausen 1956
Anton Henze, Le Corbusier (Köpfe des XX. Jahrhunderts). Colloquium-Verlag, Berlin 1957
Ronchamp. Publié par Jean Petit. Editions Desclée de Brouwer, Paris et Bruges 1957
Von der Poesie des Bauens. Ausgewählte Texte von Le Corbusier. Übersetzt und zusammengestellt von H. Loetscher. Verlag Die Arche, Zürich 1957
Le Corbusier, Architecte du Bonheur. Editions Forces-Vives, Paris 1957
Ein Tag mit Ronchamp, Johannes-Verlag Einsiedeln 1958
Le livre de Ronchamp. Editions de Minuit, Paris 1961
Un Couvent de Le Corbusier. Editions de Minuit, Paris 1961
Revue Aujourd'hui, Paris (Art et Architecture), Numéro spécial consacré à Le Corbusier, novembre 1965
Henze-Moosbrugger, La Tourette. Josef Keller-Verlag, Starnberg 1963

Catalogue des œuvres / Index of works
Werkverzeichnis

Réalisations   Buildings   Bauten

1905 Maison à La Chaux-de-Fonds
First commission for the design of a house in La Chaux-de-Fonds
Erster Auftrag zum Bau eines Hauses in La Chaux-de-Fonds
1922 Villa à Vaucresson près Paris
Maison Ozenfant, Paris
1923/24 Maison La Roche–Albert Jeanneret à Auteuil (avec pilotis et toit-jardin)
1924 Maison Lipchitz, Boulogne-sur-Seine
1925 Petite maison pour les parents de Le Corbusier près Vevey au lac Léman
Small house for his parents at Vevey, Lake of Geneva
Kleines Wohnhaus für seine Eltern bei Vevey am Genfersee
Colonie Pessac – Bordeaux
Pavillon Esprit-Nouveau à l'Exposition internationale des Arts décoratifs, Paris
1926 Maison pour un artiste, Boulogne-sur-Seine
«Palais du Peuple» de l'Armée du Salut, Paris
Maison M. Cook, Boulogne-sur-Seine
Maison Guiette, Anvers
1927 Villa à Garches près Paris
Deux maisons à la colonie Weissenhof, Stuttgart
Two houses for the Weissenhof-Colony, Stuttgart
Zwei Häuser in der Weissenhof-Siedlung, Stuttgart
Maison Plainex, Paris
1928 Pavillon «Nestlé»
Villa à Carthage
1928/29 Restauration d'une vieille maison à Ville-d'Avray
1929/31 Villa Savoie, Poissy près Paris
Asyle flottant de l'Armée du Salut à Paris
1929/33 Palais du Centrosoyus à Moscou
1930 Maison Erazurris au Chili
1930/31 Appartement pour M. Charles Beisteguy aux Champs-Elysées (L'installation d'un nouveau appartement sur le toit d'une vieille maison / Construction of an entirely new apartment on the roof of an old building / Einrichtung eines neuen Appartements auf dem Dach eines alten Gebäudes)
1930/31 Appartement «Clarté», Genève
1930/32 Pavillon suisse, Cité universitaire, Paris
1932/33 Cité de Refuge de l'Armée du Salut, Paris
1933 Maison locative Porte Molitor, Paris, avec appartement Le Corbusier
1935 Weekend-House à la banlieue de Paris
Maison de vacances aux Mathes (Océan)
1936 Palais du Ministère de l'Education à Rio de Janeiro (en collaboration avec Oscar Niemeyer, Lucio Costa et d'autres architectes du Brésil)
Building of the Ministry of Education in Rio de Janeiro
Regierungsgebäude des Erziehungsministeriums in Rio de Janeiro
1937 Pavillon des Temps-Nouveaux, Paris
1938/39 Exposition «Ideal Homes» à Londres

1940 Galerie des Arts à l'Exposition de la France d'Outre-mer, Paris
1946/51 Manufacture Duval à Saint-Dié
1947 Plans pour le Palais de l'ONU à New York
1947/52 Unité d'habitation à Marseille
1952 Cabanon au Cap-Martin
1950/54 Chapelle Notre-Dame-du-Haut à Ronchamp
1952/57 Unité d'habitation à Nantes-Rezé
1950/57 Depuis 1950 établissement des plans pour Chandigarh, la nouvelle capitale du Punjab aux Indes.
Since 1950 start for the development of plans for Chandigarh.
Seit 1950 Beginn der Bearbeitung der Pläne für Chandigarh
Palais de Justice / High Court / Gerichtshof
Secrétariat
Assemblée / Parliament / Parlament
Palais du Gouverneur
Monument de la Main-Ouverte
1954/56 Villa Sarabhai à Ahmedabad
Villa Shodan à Ahmedabad
1956/57 Maison de l'Association des filateurs à Ahmedabad
Musée à Ahmedabad
1955/57 Maisons Jaoul à Neuilly-sur-Seine
1956/57 Unité d'habitation Berlin (à l'occasion de l'«Inter-Bau»)
1956/59 Le Couvent La Tourette près Lyon
1957/59 Pavillon du Brésil, Cité universitaire, Paris
Musée à Tokyo
1960 Unités d'habitation à Meaux et à Briey-en-Forêt
1961/64 Visual-Arts Center, Cambridge, Mass., USA
1960/65 Maison des Jeunes et de la Culture à Firminy
1964/67 Pavillon d'Exposition à Zurich

Plans et projets

1914/15 Maisons «Domino» (avec «ossature indépendante»)
1917 Plan pour un abattoir frigorifique à Bordeaux
1922 Diorama d'une ville contemporaine pour 3 millions d'habitants, exposé au Salon d'automne
The panorama of the contemporary city for 3 millions inhabitants, exhibited in the Salon d'automne
Diorama der zeitgemässen Stadt für 3 Millionen Einwohner, ausgestellt im Salon d'automne
Immeubles-villas, précurseur des Unités d'habitations à Marseille, Nantes, etc.
Villas-Apartments, consisting of 120 superposed villas, precursor of the "Unités d'habitation"
Villenblocks, bestehend aus übereinandergelagerten Villen mit ausgebauter Dachterrasse usw. Vorläufer der Unités d'habitation in Marseille, Nantes usw.
Maison Citrohan (avec pilotis, etc., exposé au Salon d'automne. Standardisation des éléments de construction)
Citrohan-House. A plaster-model was displayed at the Salon d'automne, Standardization of structural elements. With this house, the pilotis, horizontal windows, etc., appeared for the first time
Haus Citrohan, ausgestellt im Salon d'automne. Standardisierung der Konstruktionselemente. An diesem Haus erschienen zum erstenmal die Pilotis, Reihenfenster usw.
1922 Maison pour artiste
1925 «Plan Voisin» pour Paris, exposé au Pavillon de l'Esprit-Nouveau. Premier essai d'une solution des problèmes de circulation
The "Voisin Plan" for Paris, which dealt with the reconstruction for a City in the center of Paris, exhibited in the Pavilion of l'Esprit-Nouveau at the International Exhibition of Decorative Art in Paris. First attempt at a solution for traffic problems by means of separating pedestrians from motorized traffic
Der «Plan Voisin» von Paris, der sich mit dem Neubau der City im Zentrum von Paris befasst, wird im Pavillon de l'Esprit-Nouveau ausgestellt. Erster Versuch zur Lösung des Zirkulationsproblems durch Trennung von Fussgänger- und motorisiertem Verkehr
Plan pour un quartier d'étudiants
Villa Mme Meyer à Paris
1926 Les cinq points d'une architecture nouvelle
The five points of a new architecture
Die fünf Punkte zu einer neuen Architektur
1927 Palais de la Société des Nations, Genève (premier prix d'un concours international)
Palace of the League of Nations, Geneva
Völkerbundsgebäude in Genf
1928/29 Projet Wanner, Genève
1929 Projet pour l'Imprimerie Dræger à Paris
Projet pour un musée mondial (Mundaneum) à Genève
Maisons Loucheur (maison à prix bas)
Projet pour une maison à Bruxelles
Projet Porte Maillot
1929/30 Etudes urbanistiques pour l'Amérique du Sud: São Paulo, Rio de Janeiro, Buenos Aires
1930 Etudes urbanistiques pour Alger
1931 Etudes pour un musée d'art contemporain
Projet pour le Palais des Soviets à Moscou (concours international)
1932 Projet pour un apartment-house au Zurichhorn
1933 Immeuble ouvriers à Zurich
Projet pour la Rentenanstalt à Zurich
Etudes urbanistiques pour Genève, Stockholm et Anvers
Projet pour un immeuble locatif à Alger
Lotissement pour Barcelone
1933/34 Lotissement d'Oued-Ouchaia à Alger
1934 Etudes urbanistiques pour Alger, projets B et C.
Plans urbanistiques pour Nemours, Afrique du Nord
Etudes au thème «la Ville radieuse»
1934/38 Réorganisation agraire
1935 Plan urbanistique pour Hellocourt en Lorraine
Projet de lotissements de la vallée de Zlin en C.S.R.
Plans pour les Musées d'Etat à Paris
Plan d'une piscine à vagues à Alger
1936 Plans pour un centre de réjouissance (stade)
Plans urbanistiques pour une Cité universitaire à Rio de Janeiro
Plans urbanistiques pour Paris
1936/37 Etudes pour une exposition du logement à Paris 1937
1938 Gratte-ciel Cartésien
1938/42 Le Quartier de la Marine à Alger
1939 Etudes pour un musée à croissance illimitée
Projects for a modern museum with unlimited development
Studien für ein modernes Kunstmuseum mit unbeschränkten Erweiterungsmöglichkeiten
Station biologique Roscoff
Plans pour une station d'hiver et d'été dans la vallée de Vars
1940 Maisons Lannemezan (type pour ingénieur)
Maisons Murondin
1942 Plan directeur d'Alger
Etudes pour une cité linéaire industrielle
L'Usine verte
Maison Peyrissac en Afrique du Nord
1944 Unité d'habitation transitoire
1945 Plans urbanistiques pour Saint-Dié
1945/46 Urbanisation de Saint-Gaudens et La Rochelle
Le Modulor
L'ONU à New York
1948 La Sainte-Baume
(projet d'une église souterraine avec cité permanente d'habitation à l'intérieur d'une montagne / Basilique in the rock with permanent city / Projekt einer unterirdischen Kirche mit dazugehöriger Wohnsiedlung im Innern eines Berges)
Grille CIAM d'urbanisme
1949 Maison pour le Dr Currutchet, La Plata
Roq et Rob à Cap-Martin
1950 Maison pour le professeur Fueter
Projet Porte Maillot 50
Plans urbanistiques pour Marseille Vieux-Port et Marseille-Veyre
Plans urbanistiques pour Bogotá et Izmir
1951 Plans pour Marseille-Sud
Concours de Strasbourg pour la construction de 800 logements
1956 Plans pour un centre culturel à Tokyo
Maisons métalliques à Lagny
Plan pour des habitations à bon marché à Antony
Plan pour un stade à Firminy
Plan pour un stade à Bagdad
1958 Concours international d'urbanisme de Berlin
1960/65 Unité d'habitation et Eglise de Firminy
1961 Orsay-Paris, projet pour un centre de culture
1962 Un Pavillon d'Exposition à Stockholm
1963 Un Centre international d'art à Erlenbach-Francfort
1963/64 Centre de calcul électronique Olivetti à Rho-Milan
1964 Palais de congrès à Strasbourg
1964/65 L'Ambassade de France à Brasilia
1965 Le nouvel hôpital de Venise

Athènes – Pompéi – Pisa

Maisons particulières

Private houses

Wohnhäuser

Façade principale   Main façade   Hauptfassade

Façade postérieure

Villa à La Chaux-de-Fonds

Une des premières constructions de Le Corbusier.
Le bloc général des façades, tant antérieur que postérieur,
est réglé sur le même angle (A) qui détermine une diagonale
dont de multiples parallèles et leurs perpendiculaires four-
niront les mesures correctives des éléments secondaires,
portes, fenêtres, panneaux, etc., jusque dans les moindres
détails.
Cette villa de petites dimensions apparaît au milieu des autres
constructions édifiées sans règles, comme plus monumentale, d'un autre ordre.

Country house at La Chaux-de-Fonds

One of Le Corbusier's very first designs.
The contours of both the front and the rear façade conform
to an angle (A) that determines a diagonal, the various parallel lines to which, together with their perpendiculars, furnish
a guide for the secondary elements, such as doors, windows,
panels, etc., right down to the minor details.
Compared with the surrounding houses built at random, this
small-sized villa makes the impression of being of nobler
proportions, of belonging to quite a different order of buildings.

Villa in La Chaux-de-Fonds

Eine der ersten Bauten Le Corbusiers.
Die Gestaltung, sowohl der vorderen wie der rückwärtigen
Fassade, beruht auf demselben Winkel (A). Er bestimmt eine
Diagonale, deren Parallelen und ihre Senkrechten die Masse
der sekundären Fassadenelemente, Türen, Fenster, Füllungen usw. bis ins kleinste Detail liefern.
Trotz ihren kleinen Dimensionen wirkt diese Villa inmitten
anderer, ohne Ordnungslinien erbauter Häuser monumental
und wie einer anderen Ordnung zugehörig.

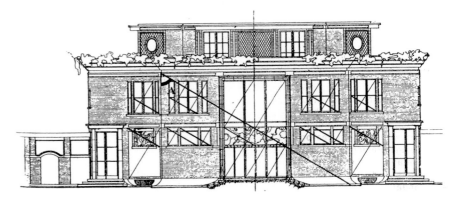

1910 Ateliers d'artistes

Projet fait en 1910 à destination d'une école d'art appliqué. Il s'agissait de créer un enseignement destiné au redressement des métiers d'art du bâtiment, programme assez semblable à ce que devait être le Bauhaus de Weimar.
Il était prévu un certain nombre d'ateliers à dimensions standard destinés aux industries d'art du bâtiment: sculpture sur pierre, sculpture sur bois, mosaïque, vitrail bronze, métal repoussé, peinture murale, lustrerie, etc. (En 1910 ces idées étaient encore dans l'air!) Les ateliers étaient groupés autour d'une organisation centrale d'enseignement. Les maîtres enseignaient la théorie du dessin aux apprentis qui se réunissaient dans la salle centrale des cours. Chaque atelier dégageait sur un jardinet clos dans lequel pouvaient être exécutés des travaux en plein air. Le plan conçu par éléments de dimensions constantes permettait une extension en étendue. Voici donc, déjà en 1910, les préoccupations d'organisation, de séries, de standardisation, d'extension.

Artists' studios

A project of 1910 for a school of applied art. The program called for the creation of a center of instruction for bringing the building arts up to date, a program similar to that which was to become the Bauhaus at Weimar.
A certain number of studios with standard dimensions were to be provided for the industries connected with the building arts: stone sculpture, wood sculpture, mosaic, bronze stained-glass windows, metal-working, mural painting, glazing, etc. (In 1910 these ideas were still in the air!) The studies were grouped around a central teaching organization. The teachers taught the theory of design to the apprentices who assembled in the main hall. Each studio opened out onto a small enclosed garden where work could be carried out in the open. The plan was conceived in elements of standard, uniform dimensions, permitting of future extension.
Here, already in 1910, is an example of preoccupation with organization, series, standardization and future extension.

Eine Kunstgewerbeschule

Es handelte sich darum, eine neue Unterrichtsmethode zu finden, durch die die Baukunst neu belebt werden sollte; ein ähnliches Programm wie das, das später zur Gründung des Bauhauses in Weimar führte.
Es war eine gewisse Anzahl von Ateliers in Standarddimensionen für die verschiedenen mit dem Bauwesen verbundenen Künste, wie Steinhauerei, Holzbildhauerei, Mosaik, Metalltreiben, Freskomalerei, Beleuchtung usw. vorgesehen (im Jahre 1910 waren diese Ideen noch völlig neu). Die Ateliers waren um die zentralen Unterrichtsräume gruppiert. Die Professoren unterrichteten die Lehrlinge im zentralen Unterrichtssaal in der Theorie des Zeichnens.
Jedes Atelier öffnete sich gegen ein abgeschlossenes Gärtchen, wo im Freien gearbeitet werden konnte. Der in gleichmässige Elemente aufgeteilte Grundriss gestattete eine horizontale Ausdehnung.
Bereits im Jahre 1910 ein Versuch zur Serienherstellung und Standardisierung.

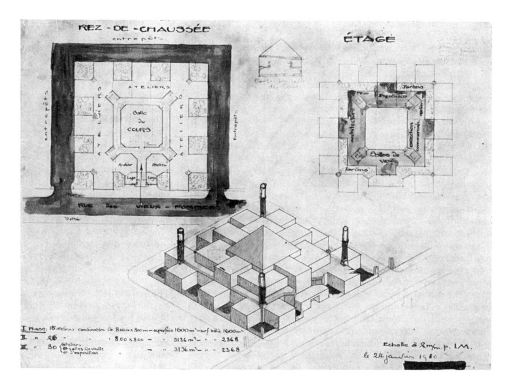

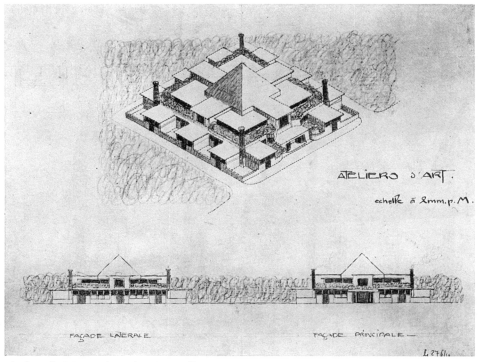

Ateliers d'artistes   Artists' studios   Kunstateliers

1914 Les Maisons Domino

Voici, en 1914, la conception d'un système de construire envisageant les problèmes de la réconstruction après la guerre. En 1929 seulement, à l'occasion de la loi Loucheur, on a pu appliquer les principes de la maison Domino.

Le problème posé était le suivant: Les premières dévastations de la grande guerre dans les Flandres en septembre 1914. La guerre devait durer trois mois seulement! On devait reconstruire les villages détruits en quelques mois aussi!

On a donc conçu un système de structure — ossature — complètement indépendant des fonctions du plans de la maison: cette ossature porte simplement les planchers et les escaliers. Elle est fabriquée en éléments standard, combinables les uns avec les autres, ce qui permet une grande diversité dans le groupement des maisons. Ce béton armé-là est fait sans coffrage; à vrai dire, il s'agit d'un matériel de chantier spécial, qui permet de couler les planchers définitivement lisses au moyen d'un simple échafaudage de poutrelles double T accrochées temporairement à des colliers fixés au sommet de chaque poteau; les poteaux de béton sont coulés à pied d'œuvre et dressés avec le système de coffrage ci-dessus. Une société technique livre des ossatures orientées et groupées à la demande de l'architecte urbaniste ou, plus simplement, du client. Une autre société vendrait tous les éléments de l'équipement qui peut être fabriqué en grande série: les fenêtres, les portes, les casiers-standard, servant de placards, etc. et formant une partie des cloisons.

La mise en chantier tout à fait nouvelle: on accrochait les fenêtres aux ossatures, fixait les portes avec leurs huisseries et alignait les placards formant cloison. Puis on commençait à construire les murs extérieurs ou les cloisons intérieures.

The Domino-Houses

Here, in 1914, was a conception of a system of construction which envisaged the problems of post-war reconstruction. It was only later, in 1929, at the time of the Loucheur Law, that the principles of the Domino House could be applied.

The problem was the following: the first widespread devastation of the great war had been in Flanders in September 1914. The war was supposed to have lasted only three months! The destroyed villages should have been rebuilt in several months also!

A structural system was conceived — a framework — completely independent of the floorplans of the house: this frame carried the floors and staircases. It was to be fabricated out of standardized elements to be attached to one another— permitting great variety in the grouping of the houses. The reinforced concrete was to be made without formwork; to be more exact, there would be a special arrangement set up on the site which would permit the pouring of absolutely smooth and level floor slabs by means of a simple scaffolding of double-T beams fastened temporarily to collars fixed to the top of each column; the columns of reinforced concrete poured at the commencement of the work would be aligned by the above system of scaffolding. The contractor would deliver the frames marked and grouped upon the order of the architect-planner or, more simply, upon the order of the client.

Another contractor would furnish all the additional elements, which could be mass-produced: the windows, doors, etc. This would result in a completely new method of construction: the windows would be attached to the structural frame, the doors would be fixed with their frames and lined up with wall panels to form partitions. Then the construction of the exterior walls could begin.

Konstruktionssystem Domino

Ein 1914 entworfenes Konstruktionssystem für den Wiederaufbau nach dem Kriege. Erst 1929, auf Grund des Baugesetzes Loucheur, bot sich Gelegenheit, es zur Anwendung zu bringen.

Die Aufgabe war die folgende: Die ersten Kriegszerstörungen in Flandern im September 1914. Man nahm an, der Krieg würde höchstens drei Monate dauern! In einigen Monaten sollten die zerstörten Dörfer wieder aufgebaut werden!

So wurde ein neues Konstruktionssystem — Skelett — konzipiert, das vom Grundriss völlig unabhängig ist, da es lediglich die Decken und Treppen trägt. Die verwendeten normierten Elemente ergeben durch Kombinierung eine grosse Anzahl von Anordnungsmöglichkeiten. Die Deckenplatten werden an Ort und Stelle aus besonders zugerichtetem Beton, der ohne Schalung glatte Oberflächen ergibt, gegossen. Dazu genügt ein einfaches Gerüst aus Doppel-T-Trägern, die am oberen Ende der Betonpfosten befestigt sind. Die Betonpfosten werden nach dem gleichen Verfahren auf dem Bauplatz gegossen und aufgestellt. Die Skelette werden serienmässig in Fabriken hergestellt. Der Architekt, oder einfacher, der Bauherr, hat nur den Grundriss zu bestimmen. Auch die Einrichtungsgegenstände sollen serienmässig nach Standardmassen produziert werden: Fenster, Türen, Schränke, die, aneinandergereiht, Zwischenwände bilden.

In einem vollkommen neuartigen Bauvorgang werden zuerst die Fenster am Skelett befestigt und die Türen in ihre Rahmen gestellt. Dann werden die normierten Möbelelemente als Zwischenwände aneinandergereiht. Nun erst folgt die Errichtung der Aussenwände oder festen Zwischenmauern, die, da sie nichttragend sind, aus beliebigem Material, z. B. aus Ruinentrümmern, bestehen können.

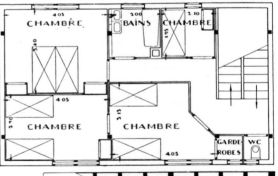

Plan

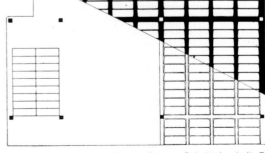

Coupe sur le plafond   Section through the ceiling   Schnitt durch die Decke

L'ossature standard Domino pour exécution en séries   Standardised framework   Genormtes Skelett

1920 Ouvrir les yeux!

Nous mangions dans un petit restaurant de cochers du centre de Paris; il y a le bar (le zinc), la cuisine au fond; une soupente coupe en deux la hauteur du local: la devanture ouvre sur la rue. Un beau jour on découvre cela et l'on s'aperçoit que les preuves sont ici présentes de tout un mécanisme architectural qui peut correspondre à l'organisation de la maison d'un homme.
Simplification des sources lumineuses; une seule grande baie à chaque extrémité; deux murs portants latéraux; un toit plat dessus; une véritable boîte qui peut être utilement une maison. On songe à construire cette maison dans n'importe quelle région du pays; les deux murs seront donc soit en briques, soit en pierres, soit en agglomérés maçonnés par le margoulin de l'endroit. Seule la coupe révèle la structure des planchers standardisés suivant une formule très claire du ciment armé. Cette première petite maison à «toit-jardin» et à structure de série, sera la chef des recherches qui vont s'échelonner au long des années suivantes.

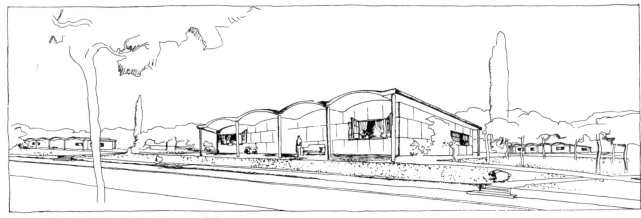

Maisons «Monol» 1919   ''Monol'' houses 1919

An eye-opener!

Le Corbusier and Pierre Jeanneret were eating in a small restaurant, a truck drivers' hangout, in the center of Paris; there was a bar (of zinc), kitchen in the back, a gallery which divided the height of the room; the front opened toward the street. One fine day they discovered this place and noticed that here all the elements were present that were necessary for the organization of a dwelling house.
Simplification of light sources: only one large window at each end; two transverse bearing walls, a flat roof above— a box which could really be used as a house. They dreamed of the possibility of building this house in any part of the country—the two walls could be of brick, stone or masonry blocks, according to the availability of local materials. Only the cross-section reveals the standardized flooring system designed to be of reinforced concrete. This first small house, with a roof garden and a structure of standardized components, proved to be the key to much research and experiment which was to take place in the following years.

Intérieur d'une maison «Monol»

Interior of a ''Monol'' house

Die Augen auf!

Le Corbusier und Pierre Jeanneret assen in einer Kutscherkneipe im Zentrum von Paris; eine Bar (le zinc), im Hintergrund die Küche; eine Galerie teilt die Höhe des Lokals; das Ganze ist gegen die Strasse geöffnet. Man entdeckt dies eines Tages plötzlich und bemerkt, dass man alle Elemente vor sich hat, die zum Bau eines Wohnhauses notwendig sind. Vereinfachung der Lichtquellen: eine einzige grosse Öffnung an jedem Ende; zwei seitliche Tragwände; darüber ein flaches Dach; eine Schachtel also, die sehr wohl als Haus dienen kann. Es kann in jeder Landesgegend erstellt werden: die beiden Wände können aus Backstein, Naturstein oder einem x-beliebigen, beim Händler des Ortes erhältlichen Material bestehen. Nur der Schnitt verrät die Konstruktion aus standardisierten Decken. Dieses erste, kleine Haus mit seinem Dachgarten in Serienkonstruktion ist der Ausgangspunkt sich über lange Jahre hinziehender Forschungs- und Versuchsarbeiten.

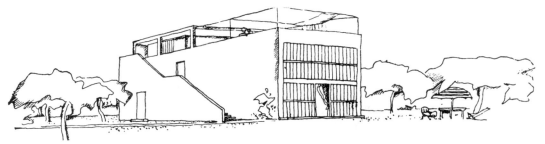

Maison «Citrohan» 1920   ''Citrohan'' house 1920

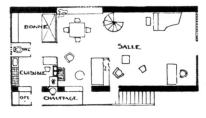
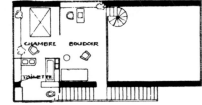
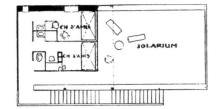

1922 Immeubles-Villas et Pavillon «Esprit-Nouveau»

Les Immeubles-Villas sont nés d'un souvenir évoqué après un déjeuner, d'une Chartreuse d'Italie (bonheur par la sérénité) et crayonné sur le dos d'un menu de restaurant.
Les «Immeubles-Villas» proposent une formule neuve d'habitation de grande ville. Chaque appartement est une petite maison avec jardin, située à n'importe quelle hauteur au-dessus d'une chaussée. Elle s'éloigne des maisons; la densité des quartiers d'habitation demeure la même qu'aujourd'hui, mais les maisons montent plus haut, sur des perspectives considérablement élargies.

Villas-Apartments and the Pavilion "Esprit-Nouveau"

The Villas apartment-blocks originated in an after-dinner remembrance of an Italian Charterhouse and sketched on the back of a restaurant menu.
The Villas propose a new formula for urban dwelling. Each apartment is really a small house with a garden, located at any height above the street. But the street itself is modified; it spaces the buildings, trees now invade the city; the density of the residential quarters remains the same as today, but the buildings are higher, opening enlarged perspectives.

Die Villenblocks und der Pavillon «Esprit-Nouveau»

Sie wurden in Erinnerung an eine Karthause Italiens während eines Mittagessens auf die Speisekarte gekritzelt.
Die Villenblocks regen eine neue Art städtischer Überbauung an. Jede Wohnung ist ein kleines Einfamilienhaus mit eigenem Garten, beliebig hoch über der Strasse gelegen. Die Strasse selbst aber hat sich verändert; sie entfernt sich von den Häusern. Bäume dringen in die Stadt ein. Die Wohndichte bleibt die gleiche wie heute, aber die Häuser werden höher und der Blick weiter.

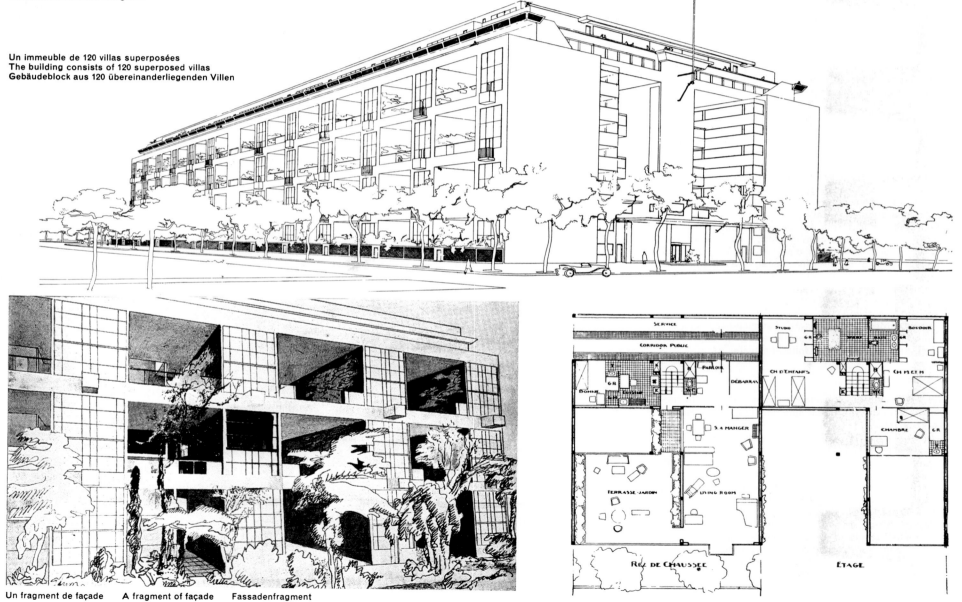

Un immeuble de 120 villas superposées
The building consists of 120 superposed villas
Gebäudeblock aus 120 übereinanderliegenden Villen

Un fragment de façade   A fragment of façade   Fassadenfragment

Pavillon de «L'Esprit-Nouveau»

1925 Pavillon «Esprit-Nouveau», Paris

Le pavillon est une «cellule» d'immeuble-villas construite entièrement comme si elle se trouvait à 15 m au-dessus du sol. Le programme: nier l'art décoratif. Affirmer que l'architecture s'étend du moindre objet d'usage mobilier à la maison, à la rue, à la ville, et encore au-delà. Montrer que l'industrie crée par sélection (par la série de standardisation) des objets purs. Montrer les transformations radicales et les libertés nouvelles apportées par le ciment armé ou l'acier dans la conception de l'habitation de la ville. Montrer qu'un appartement peut être standardisé pour satisfaire aux besoins d'un homme «de série». La cellule habitable, pratique, confortable et belle, véritable machine à habiter, s'agglomère en grande colonie, en hauteur et en étendue.

Un nouveau terme a remplacé le mot mobilier. Le mot nouveau, c'est l'équipement de la maison. Remplaçant les innombrables meubles, des casiers-standard sont incorporés aux murs ou appuyés au mur, disposés en chaque endroit de l'appartement où s'effectue une fonction quotidienne précise, équipés à l'intérieur suivant leur destination exacte (penderie, linge, vaisselle, bibliothèque, etc.): ils sont réalisés non plus en bois, mais en métal, dans les ateliers où l'on construit jusqu'ici les meubles de bureau. Les casiers constituent à eux seuls le mobilier de la maison, laissant un maximum de place disponible dans la pièce. Les sièges seuls demeurent et les tables. L'étude des sièges et des tables conduit à des conceptions entièrement neuves, non point d'ordre décoratif, mais d'ordre fonctionnel.

Pavilion «Esprit-Nouveau», Paris

The Pavilion «Esprit-Nouveau» was one of the buildings of the International Exhibition of Decorative Arts and represents a cell of the Villas-Apartment Block.

The program: to reject decorative arts. To affirm that architecture extends from the smallest furnishing to the house, to the street, to the city and beyond. To show that industry creates pure objects by selection (by means of the standardized series). To demonstrate the radical transformations and new freedom inherent in reinforced concrete and steel for the conception of urban habitation. To show that an apartment can be standardized to satisfy the needs of a «seriesman». The practical, habitable cell, comfortable and beautiful, a veritable machine for habitation, grouped in large colonies, both in height and breadth.

A new term has replaced the word furnishing; this term embodies accumulated traditions and outdated usage. The new word ist the equipment of a house. In analyzing the problem, equipment means the classification of the various elements necessary for domestic operations. In replacing the innumerable furnishings of all shapes and sizes, standard cabinets are incorporated in the walls or set against the walls, so located within the apartment as to best serve its exact daily function (clothes, linen, dishes, bookcase, etc.): they are constructed not of wood, but of metal, in the shops where office furniture is fabricated. The cabinets constitute, in themselves, the sole furnishing for the house, thus leaving a maximum amount of available space within each room.

Pavilion «Esprit-Nouveau», Paris

Der «Pavillon de l'Esprit-Nouveau» befand sich auf der «Exposition internationale des arts décoratifs» in Paris (1925). Der Pavillon ist eine Zelle des Villenblocks, genau so konstruiert, wie wenn sich diese in 15 Meter Höhe über dem Boden befände, und besteht aus einer Wohnung mit Etagengarten.

Das Programm: strikte Ablehnung alles Kunstgewerblichen zeigt, dass die Architektur sich auf das kleinste Gebrauchsmöbel, das Haus, die Strasse, die Stadt, ja darüber hinaus erstreckt und die Industrie durch Serienherstellung und Standardisierung reine Formen schafft. Die totale Umwälzung und Befreiung von den traditionellen Wohnformen durch den armierten Beton und den Stahl darstellen. Zeigen, dass eine standardisierte Wohnung den Bedürfnissen des Normalmenschen entsprechen kann. Die Wohnzelle, praktisch und zugleich schön, eine eigentliche «Wohnmaschine», fügt sich zu grossen in die Höhe und Breite strebenden Siedlungen zusammen.

Ein neuer Begriff hat das Wort «Möbel» ersetzt. Normierte Fächer, ihren Funktionen entsprechend angeordnet, ersetzen das bisher übliche Mobiliar. Sie bestehen nicht mehr aus Holz, sondern aus Metall und werden in den Werkstätten, die bisher Büromöbel herstellten, fabriziert. Diese Fächer sind das ganze Mobiliar des Hauses und lassen in den Zimmern ein Maximum an Raum frei. Bleiben nur noch die Tische und Sitzgelegenheiten, für die sich bei genauem Studium ihrer Funktionen ebenfalls ganz neue Konzeptionen ergeben.

Le jardin suspendu   The garden-terrace   Etagengarten

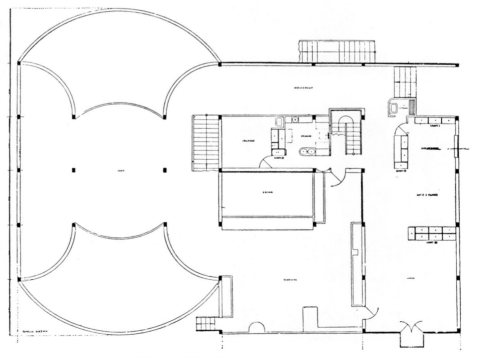

Rez-de-chaussée   Ground-floor   Erdgeschoss

La salle à manger   Dining room   Esszimmer

Le boudoir   Lady's room

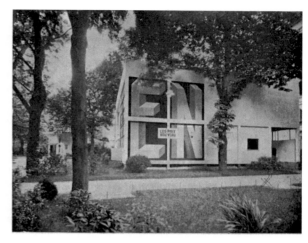

Le pavillon

Polychromie: plafond bleu, mur gauche blanc,
mur droit brun et blanc, les casiers jaunes

Colours: ceiling blue, left wall white, right
wall brown and white, the cupboards yellow

Farben: Decke blau, linke Wand weiss, rechte
Wand braun und weiss, Schränke gelb

La salle avec la soupente, au premier étage
le boudoir

Living-room with halfstorey and lady's room

Wohnraum mit Zwischengeschoss und
Boudoir

1922 Maison du peintre Ozenfant à Paris

La façade libre. Standardisation de l'élément fenêtre à échelle humaine. Unité et ses combinaisons.
Ossature en ciment armé et murs en double cloison de «cement gun» de 4 centimètres d'épaisseur chacune. Nettement se fixer le problème; déterminer les besoins-types d'un logis, résoudre la question comme sont résolus les wagons, les outils, etc.

House of the Painter Ozenfant in Paris

The free façade. Standardization of the window elements at the human scale. Unity of the ensemble.
Frame of reinforced concrete and double walls consisting of 2 partitions each $1\frac{5}{8}$ in. thick, sprayed-on by means of a "cement gun". The problem must be clearly stated; the typical requirements of a dwelling must be determined and then resolved as is done with railway coaches, tools, etc.

Haus des Malers Ozenfant in Paris

Freie Fassade mit zwei dominierenden Glasflächen. Atelier mit Scheddach. Freier Grundriss. Normierte Fenster im menschlichen Maßstab.
Skelett aus Eisenbeton. Mauern aus doppelten, mit der Zementkanone gespritzten, je 4 cm dicken Wänden. Das Problem muss klar gestellt werden. Die typischen Bedürfnisse einer Wohnung müssen abgeklärt werden, die Lösungen sind auf dem gleichen Wege zu finden wie bei den Eisenbahnwagen, Werkzeugen usw.

Etude pour une maison d'artiste Sketch of an artist's studio Skizze für ein Künstleratelier

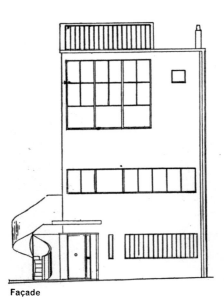

Façade

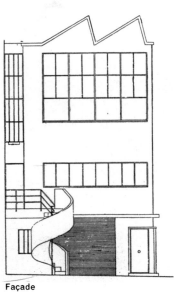

Façade

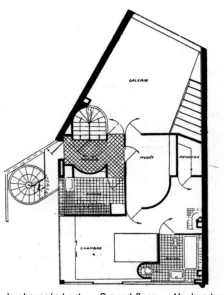

Rez-de-chaussée haut Ground-floor Hochparterre

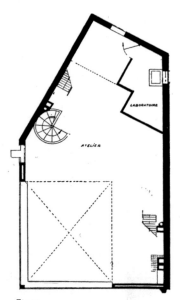

Etage

Atelier Ozenfant

1922 Villa à Vaucresson

Conséquence pratique du stand d'urbanisme du Salon d'automne de 1922. C'est le moment où toutes les difficultés se présentent d'une fois. On avait, dans l'Esprit nouveau, proposé des théories, des vues assez claires pour nettoyer le terrain. Dans cette toute petite maison, il s'agissait par contre de tout créer architecturalement: les procédés de construction, les solutions constructives efficaces des toitures, des encadrements de fenêtres, des corniches, etc. On découvrait le «plan libre» (aménagement de la salle de bains au milieu de l'étage). On définissait la forme de la fenêtre, son module (hauteur exactement proportionnée à l'échelle humaine, etc.). Entre autres, voici un exemple de transes esthétiques: des croquis montrent la cage de l'escalier arrondie dessinée perpendiculairement à la façade. Soirée au Vélodrome d'hiver, pendant les «Six-Jours»: en sortant de là il apparut subitement que cette caged'escalier perpendiculaire était un rythme antagoniste brisant l'unité de la composition. Et l'escalier décrivit un quart de tour et s'aligna au long de la façade. On s'aperçoit qu'en architecture on peut aussi faire de la spéculation plastique: on peut faire de bonnes ou de mauvaises affaires «plastiques».

Dans cette maison interviennent très clairement les tracés régulateurs.

Villa at Vaucresson

Practical consequence of the exhibition of urbanism at the Salon d'automne 1922. It was the moment when all the difficulties manifested themselves at once. In «l'Esprit nouveau», theories and viewpoints were proposed for clearing up terrain. In this small house, on the other hand, the problem was to create, architecturally: the method of construction as well as efficient solutions for the roofing, window frames, cornices, etc. The "free plan" was discovered (placing the bathroom at center of the floor plan). Both the window form and its module were defined (height exactly proportioned to the human scale, etc.).

Among other things, here is an example of an aesthetic trance: the sketches showing the rounded stairwell drawn perpendicular to the façade. One evening, while leaving the Vélodrome d'hiver after a 6 day bicycle race, it occured to Le Corbusier that this perpendicular stairwell was an antagonistic element breaking the unity of the composition. Then he made the staircase do a quarter-turn and aligned it with the façade. It is to be noted that in architecture one can also speculate plastically: one can do well or not in these "plastic" transactions. In this house the effect of the regulatory lines can readily be seen.

Villa in Vaucresson

Praktische Konsequenz der Studien im Salon d'automne 1922. Der Augenblick, da alle Schwierigkeiten zusammenkommen. Im «Esprit nouveau» waren Theorien entwickelt, klare Standpunkte eingenommen, kurz, das Terrain bereinigt. Bei diesem kleinen Hause galt es nun, alles architektonisch neu zu schaffen, den Konstruktionsvorgang, eine vorteilhafte Lösung des Daches, der Fensterrahmen, Gesimse usw. Hier kam der «freie Grundriss» zur Anwendung (Badezimmer im Mittelpunkt des Stockwerks), man bestimmte die Form des Fensters nach dem menschlichen Maßstab.

Ein Beispiel ästhetischer Schwierigkeiten: Die Skizze zeigt das Treppenhaus abgerundet und senkrecht zur Fassade stehend. Eines Abends beim Verlassen des Sechstagerennens im Vélodrome d'hiver fühlte Le Corbusier plötzlich, dass dieses senkrecht zur Fassade stehende Treppenhaus im Widerspruch zu ihrem Rhythmus stand. «Ich liess das Treppenhaus eine Viertelsdrehung beschreiben, und jetzt reihte es sich der Fassade an, sie verlängernd und bereichernd.»

Bei diesem Hause spielen die Ordnungslinien eine entscheidende Rolle.

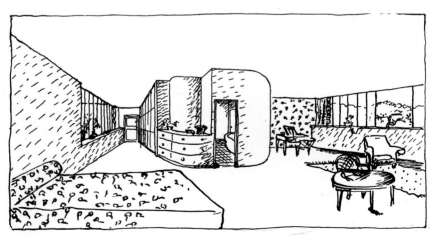

Chambre à coucher   Bedroom   Schlafzimmer

Premières esquisses

First sketches

Erste Skizzen

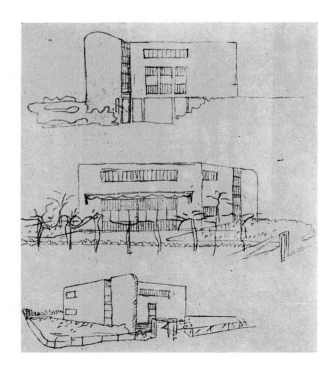

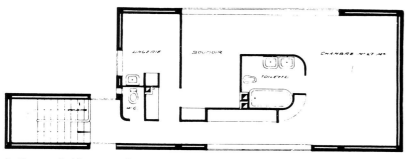

2e étage   2nd floor   2. Stock

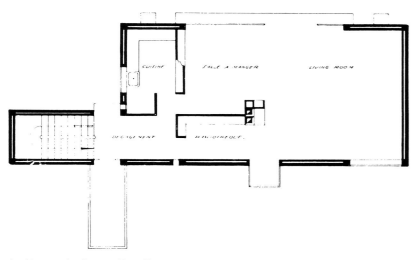

1er étage   1st floor   Erste Etage

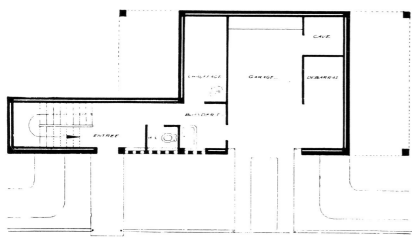

Rez-de-chaussée   Ground-floor   Erdgeschoss

L'entrée   Entrance   Eingang

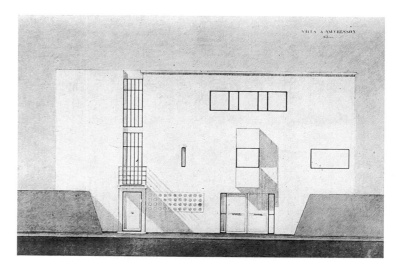

La façade

33

1923 Maison La Roche-Jeanneret à Paris

Le plan semble tourmenté, parce que des servitudes brutales l'ont exigé et ont limité strictement l'emploi du terrain. De plus, le soleil est derrière la maison; le terrain étant orienté au nord, il faut, par certains stratagèmes, aller chercher le soleil de l'autre côté. Et malgré ce tourment imposé par des conditions antagonistes, une idée obsède: cette maison pourrait être un palais.

Le jardin sur le toit. — De l'herbe pousse entre les joints des dalles, des tortilles se promènent tranquillement; des arbres ont été plantés. Six ans ont passé, la verdure est plus belle que dans un jardin. Toute la vie de la famille tend vers cette partie haute de la maison: on fuit la rue, on va vers la lumière et l'air pur. Si vous voulez avoir des plafonds propres sans tâches d'eau, plantez un jardin sur votre toit! Mais n'oubliez pas de faire écouler vos eaux pluviales à l'intérieur!

The La Roche-Jeanneret house at Paris

The plan seems belabored, because the harsh servitues made it so and have severely limited the utilization of the terrain. Moreover, the sun is behind the house, as the terrain faces north—so it was necessary, by means of certain stratagems, to seek out the sun from the other side. And in spite of this torment imposed by antagonistic conditions, an obsessive idea: this house could be a palace.

The roof garden. — Grass grows in the joints between the paving slabs, winding paths lead quietly off; trees have been planted. Six years have passed, the verdure is more beautiful than in a garden. All family life tends to this upper part of the house; one escapes from the street and climbs toward the light and fresh air. If you want to have clean ceilings without water stains, plant a garden on your roof! But don't forget to drain the rainwater from the interior of the house!

Haus La Roche-Jeanneret in Paris

Der Grundriss erscheint gezwungen, weil einschneidende Bauservituten die Ausnützung des Baugrundes stark behinderten. Ausserdem ist das Terrain gegen Norden orientiert, so dass es einiger Kriegslisten bedurfte, die Sonne für das Haus einzufangen. Und trotz alledem hat man den Eindruck: dieses Haus ist ein Palast.

Der Dachgarten. — Gras wächst in den Ritzen zwischen den Platten, Schildkröten spazieren gemütlich; es wurden Bäume gepflanzt. Nach sechs Jahren ist das Grün üppiger als in einem Garten. Das Familienleben verzieht sich nach dem Dachgarten: man flieht die Strasse und sucht da oben Licht und reine Luft. Wenn Sie Ihre Zimmerdecken ohne Wasserflecken wollen, pflanzen Sie einen Garten auf Ihr Dach! Aber vergessen Sie nicht, das Regenwasser im Innern des Hauses abfliessen zu lassen!

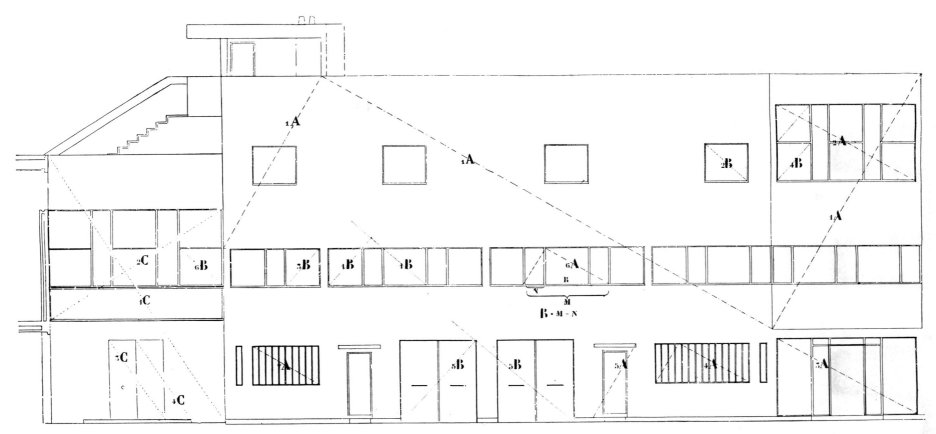

Les tracés régulateurs de la façade   The regulatory lines of the façade   Die Ordnungslinien der Fassade

Maison La Roche

Le hall de la maison La Roche

1er étage

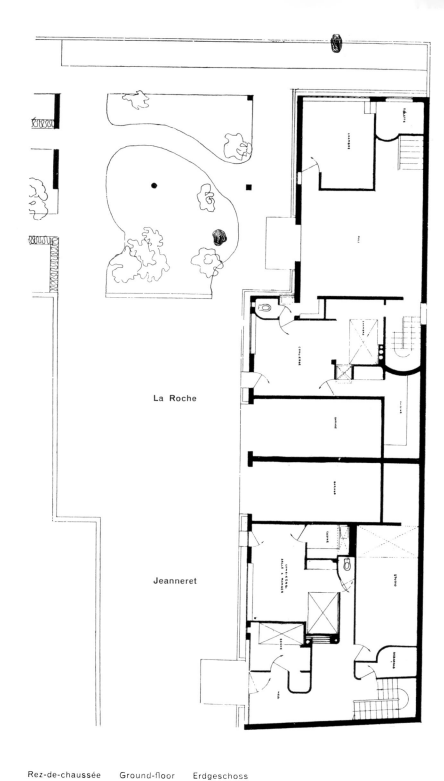

La Roche

Jeanneret

Rez-de-chaussée   Ground-floor   Erdgeschoss

Maisons La Roche et Jeanneret

Salle à manger   Dining-room   Esszimmer

1925 Petite Villa au bord du lac Léman

Lè problème posé: une maison pour deux personnes seules, sans domestiques. Région: l'extrémité est du lac Léman; bord de lac au coteau dominant; vue frontale au sud. On a procédé contrairement aux usages: on a établi le plan rigoureux de la maison, fonctionnel, répondant exactement au programme, véritable petite machine à habiter. Puis, le plan en poche, on est allé chercher le terrain. Cette méthode comporte plus de bon sens qu'il n'y paraît au premier abord. Dans cette maison minuscule de 60 m² il y a une fenêtre de 11 m de longueur et la partie de réception offre une perspective de 14 m de longueur. Des cloisons mobiles, des lits dissimulés, permettent d'improviser l'hospitalisation de visiteurs.

Small Villa on the Score of Lake Geneva

The program: a house for two single persons, without domestics. Region: eastern end of Lake Geneva; situated on a dominant hill at the lake shore; front view to the south. Design procedure was contrary to normal practice: a plan was established—rigourous, functional, corresponding exactly to the program—a true machine for living. Then, plan in pocket, a suitable terrain was sought. There is actually more sense in this method than may seem at first glance. In this tiny house of 650 ft.² there is a window 33 ft. long and the reception area offers a perspective of 45 ft. Movable partitions and disappearing beds permit the improvisation of guest accommodations.

Kleine Villa am Genfersee

Das Bauprogramm: ein Haus für zwei Einzelpersonen ohne Dienstboten. Gegend: Ostende des Genfersees, Frontseite gegen Süden. Entgegen dem sonst üblichen Vorgehen wurde zuerst der genaue Grundriss entworfen, der streng den Erfordernissen des Hauses entsprach. Dann, den Grundriss in der Tasche, wurde das passende Terrain gesucht. Diese Methode erwies sich vernünftiger, als es scheinen möchte. Die Masse jedes Bestandteils wurden eingesetzt. Die so errechnete bebaute Fläche betrug 56 m², beim ausgeführten Bau beträgt sie 60 m². In diesem winzigen Häuschen gibt es ein Fenster von 11 m Länge, und die Sicht vom Eingang erstreckt sich auf 14 m Breite. Mobile Wände, verborgene Betten ermöglichen die Unterbringung von Logiergästen.

Le portail   Entrance   Eingang

UNE
PETITE
MAISON

EDITIONS GIRSBERGER

ZURICH

CARNET No **1** AOUT 1954

Le Corbusier a construit cette petite maison pour ses parents en 1923.
Sa mère l'a habitée jusqu'à sa mort, survenue dans sa 101e année
en printemps 1960.
En bas le portrait de la mère de l'architecte, dessiné par lui-même le
10 septembre 1951, à l'occasion de son 91e anniversaire

Le Corbusier built this small house for his parents in 1923. His mother
lived there until her death in 1960. Below is a portrait of Le Corbusier's
mother, which he drew on September 10, 1951, on her 91st birthday

Das kleine Haus hat Le Corbusier 1923 für seine Eltern gebaut. Seine
Mutter lebte bis zu ihrem Tode (1960) darin. Untenstehend das Bild
der Mutter Le Corbusiers, von ihm gezeichnet am 10. September 1951,
an ihrem 91. Geburtstag

3 La porte	Entrance	Eingang
4 Vestiaire, chauffage	Wardrobe, heating	Garderobe, Heizung
5 Cuisine	Kitchen	Küche
6 Buanderie, escalier de cave	Wash-room and stairs to cellar	Waschküche und Kellertreppe
7 Sortie sur la cour	Exit to court	Hofausgang
8 La salle	Living-room	Wohnraum
9 Chambre à coucher	Bedroom	Schlafzimmer
10 Baignoire	Bath	Bad
11 Penderie	Linen, clothes	Schrankraum
12 Chambre d'amis	Guest-room	Gastzimmer
13 Abri donnant sur le jardin	Garden-terrace	Sitzplatz
14 Façade avec fenêtre de 11 m	Façade with window of 33 ft.	Fassade mit 11 m Fenster
15 Escalier montant sur le toit	Stairs to the roof	Treppe zum Dach

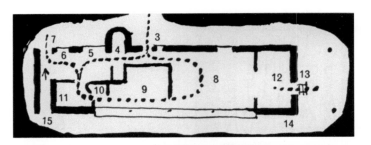

Séjour   Living   Wohnraum

Vue sur le lac   View onto the lake   Ausblick auf den See

Vue depuis le lac   View from the lake   Ansicht von der Seeseite

L'aluminium protège du chaud et de la pluie   Aluminium cladding   Aluminiumverkleidung

Pessac 1925

M. Frugès, l'industriel altruiste de Bordeaux, nous avait dit:
«Je vous autorise à réaliser dans la pratique vos théories, jusque dans leurs conséquences les plus extrêmes, Pessac doit être un laboratoire. En un mot clair: je vous demande de poser le problème du plan de la maison, d'en trouver la standardisation, de faire emploi de murs, de planchers, de toitures conformes à la plus rigoureuse solidité et efficacité, se prêtant à une véritable taylorisation par l'emploi des machines que je vous autorise à acheter.»
Le village de Pessac a été construit en moins d'une année par une entreprise parisienne qui a remplacé des équipes locales défaillantes.
Pessac est conçu à cause du ciment armé. Le but: bon marché. Les moyens: le ciment armé. La méthode: la standardisation, l'industrialisation, la taylorisation. Structure: une seule poutre de ciment armé de 5 mètres pour tout le lotissement.

Pessac 1925

M. Frugès, an altruistic Bordeaux industrialist, told us: "I am going to enable you to realize your theories in practice—right up to their most extreme consequences—Pessac should be a laboratory. In short: I ask you to pose the problem of a house plan, of finding a method of standardization, to make use of walls, floors and roofs confirming to the most rigorous requirements for strength and efficiency and lending themselves to true taylor-like methods of mass-production by the use of machines which I shall authorize you to buy."
The village of Pessac was built in less than a year by a Parisian contractor who replaced the local firms which refused to undertake the work.
Pessac was conceived to be built of reinforced concrete. The aim: low cost. The means: reinforced concrete. The method: standardization, industrialization, taylorized massproduction. Structure: only one type of reinforced concrete beam, 16 ft. 3 in. long, was used for the whole development.

Pessac 1925

Ein philanthropischer Industrieller aus Bordeaux erteilte Le Corbusier und Pierre Jeanneret die Vollmacht, ihre Theorien bis in die letzten Konsequenzen in die Praxis umzusetzen. «Pessac soll Ihnen als Laboratorium dienen», schrieb er ihnen, «ich erwarte von Ihnen, dass Sie das Problem des Grundrisses klar formulieren und einen Standard-Grundriss erstellen. Mauern, Böden und Dächer müssen sich durch grösste Solidität und Zweckdienlichkeit auszeichnen und im Taylor-System hergestellt werden durch Maschinen, zu deren Anschaffung ich Sie ermächtige.»
Das Dorf Pessac wurde in weniger als einem Jahr durch ein Pariser Unternehmen erstellt, das die sich weigernden örtlichen Unternehmen ersetzte.
Pessac ist für die Konstruktion aus armiertem Beton konzipiert. Methode: Normierung, industrielle Herstellung, Taylor-System. Skelett: ein einziger Träger aus armiertem Beton von 5 Metern für den ganzen Bau.

Le plan standardisé a conduit Le Corbusier a fixer l'élément de base de Pessac. La construction rationnelle par cube ne détruit pas l'initiative de chacun

The standardised plan led Le Corbusier to determine the basic element in Pessac. The rationel cube construction does not detract in any way from the individual initiative

Mit diesem Zellensystem wurde Pessac gebaut. Ein bis ins kleinste Detail durchstudierter Haustyp lässt sich in den verschiedensten Varianten zusammenstellen, je nach Terrain oder Himmelsrichtung

La maison standardisée

The standardised house

Das genormte Haus

	1 Fenêtre
	$\frac{1}{2}$ Fenêtre
	$\frac{1}{4}$ Fenêtre

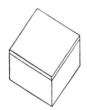

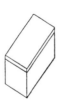

1 cellule ½ cellule 2 cellules 4 cellules

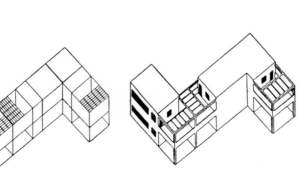
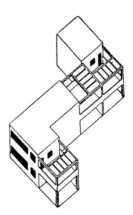

Quelques vues du quartier moderne
de Pessac-Bordeaux

Some views of houses at the
Pessac-colony near Bordeaux

Einige Ansichten von Häusern der
Siedlung Pessac-Bordeaux

Les cinq points d'une architecture nouvelle

1. Les pilotis: Des recherches assidues, obstinées, ont abouti à des réalisations partielles qui peuvent être considérées comme des acquits de laboratoire. Ces résultats ouvrent des perspectives neuves à l'architecture; celles-ci s'offrent à l'urbanisme qui peut y trouver des moyens d'apporter la solution à la grande maladie des villes actuelles.
La maison sur pilotis! La maison s'enfonçait dans le sol: locaux obscurs et souvent humides. Le ciment armé nous donne les pilotis. La maison est en l'air, loin du sol; le jardin passe sous la maison, le jardin est aussi sur la maison, sur le toit.

2. Les toits-jardins: Depuis des siècles un comble traditionnel supporte normalement l'hiver avec sa couche de neige, tant que la maison est chauffée avec des poêles.
Dès l'instant où le chauffage central est installé, le comble traditionnel ne convient plus. Le toit ne doit plus être en bosse mais en creux. Il doit rejeter des eaux à l'intérieur et non plus à l'extérieur.
Vérité irrécusable: les climats froids imposent la suppression de comble incliné et provoquent la construction des toits-terrasses creux avec écoulement des eaux à l'intérieur de la maison.
Le ciment armé est le nouveau moyen permettant la réalisation de la toiture homogène. Le béton armé se dilate fortement. La dilatation apporte la fissuration de l'ouvrage aux heures de brutal retrait. Au lieu de chercher à évacuer rapidement les eaux de pluie, s'efforcer au contraire à maintenir une humidité constante sur le béton de la terrasse et par là une température régulière sur le béton armé. Mesure particulière de protection: sable recouvert de dalles épaisses de ciment, à joints écartés; ces joints sont semés de gazon. Sable et racines ne laissent filtrer l'eau que lentement. Les jardins-terrasses deviennent opulents: fleurs, arbustes et arbres, gazon.
Des raisons techniques, des raisons d'économie, des raisons de confort et des raisons sentimentales nous conduisent à adopter le toit-terrasse.

3. Le plan libre: Jusqu'ici: murs portants; partant du sous-sol, ils se superposent, constituant le rez-de-chaussée et les étages, jusqu'aux combles. Le plan est l'esclave des murs portants. Le béton armé dans la maison apporte le plan libre! Les étages ne se superposent plus par cloisonnements. Ils sont libres. Grande économie de cube bâti, emploi rigoureux de chaque centimètre. Grande économie d'argent. Rationalisme aisé du plan nouveau!

4. La fenêtre en longueur: La fenêtre est l'un des buts essentiels de la maison. Le progrès apporte une libération. Le ciment armé fait révolution dans l'histoire de la fenêtre. Les fenêtres peuvent courir d'un bord à l'autre de la façade. La fenêtre est l'élément mécanique-type de la maison; pour tous nos hôtels particuliers, toutes nos villes, toutes nos maisons ouvrières, tous nos immeubles locatifs...

5. La façade libre: Les poteaux en retrait des façades, à l'intérieur de la maison. Le plancher se poursuit en porte-à-faux. Les façades ne sont plus que des membranes légères de murs isolants ou de fenêtres.
La façade est libre; les fenêtres, sans être interrompues, peuvent courir d'un bord à l'autre de la façade.

The five Points of a New Architecture

1. The Columns: Assiduous and stubborn research has resulted in partial realizations which can be considered as having been acquired in a laboratory. These results open new prospects for architecture; they present themselves to an urbanisme which can find the means therein to arrive at the solution of the great sickness of our present-day cities.
The house on columns! The house used to be sunk in the ground: dark and often humid rooms. Reinforced concrete offers us the columns. The house is in the air, above the ground; the garden passes under the house, the garden is also on the house, on the roof.

2. The roof-gardens: For centuries the traditional rooftop has usually supported the winter with its layer of snow, while the house has been heated by stoves.
From the moment central heating is installed, the traditional rooftop is no longer convenient. The roof should no longer be convex, but should be concave. It must cause the rainwater to flow towards the interior and not to the exterior.
A truth allowing of no exceptions: cold climates demand the suppression of the sloping rooftop and require the construction of concave roof-terraces with water draining towards the interior of the house.
Reinforced concrete is the new means for realizing a homogeneous roof. Reinforced concrete experiences a great deal of expansion and contraction. An intense movement of this sort can cause cracks in the structure. Instead of trying to rapidly drain away the rain-water, one should maintain a constant humidity for the concrete of the roof-terrace and thereby assure a regulated temperature for the concrete. An especially good protection: sand covered by thick cement slabs laid with staggered joints; the joints being seeded with grass. The sand and roots permit a slow filtration of the water. The garden terraces become opulent: flowers, shrubbery and trees, grass.
Thus we are led to choose the roof-terrace for technical reasons, economic reasons, reasons of comfort and sentimental reasons.

3. The free plan: Until now: load-bearing walls; rising up from the basement they are always superimposed, forming the ground and upper floors, right up to the roof. The plan is a slave of the bearing walls. Reinforced concrete in the house brings about the free plan! The floors no longer superimpose rooms of the same size. They are free. A great economy of constructed volume, a rigorous use of each centimeter. A great financial economy. The easy rationalism of the new plan!

4. The long window: The window is one of the essential goals of the house. Progress has brought about a liberation. Reinforced concrete has brought about a revolution in the history of the window. Windows can now run from one edge of the façade to the other. The window is the repetitive mechanical element of the house; for all our town-houses, all our villas, all our workers' housing, all our apartment houses.

5. The free façade: The columns are now set back from the façades, towards the interior of the house. The floor extends outward in a cantilever. The façades are now only light membranes composed of insulating or window elements.
The façade is free; the windows, without being interrupted, can run from one edge of the façade to the other.

Die fünf Punkte zu einer neuen Architektur

Eingehende Studien haben zu Realisierungen geführt, die als Laboratoriumsresultate ihre Auswirkung haben. Sie eröffnen der Architektur neue Perspektiven und unterstützen den Städtebau auf der Suche nach Lösungen im Kampfe mit den Mißständen unserer Städte.

1. Das Haus auf Säulen: Früher stand das Haus auf Fundamenten in der Erde, auf dunklen und oft feuchten Kellerräumen. Der Eisenbeton schenkt uns die Säulen. Das Haus schwebt nun in der Luft, ist vom Boden getrennt, und der Garten setzt sich unter ihm fort. Auch auf dem Hause, auf dem Dach, befindet sich ein Garten.

2. Die Dachgärten: Die bebaute Fläche eines Grundstückes kann durch ein flaches Dach zurückgewonnen werden. Dieses muss einerseits wohnbar gemacht werden, anderseits bedarf das Dach eines Schutzes. Dies wird erreicht durch Anlegen eines Gartens, welcher einen Ausgleich gegen die Aussentemperatur schafft. Auf die Dachisolation kommt eine regenfeuchte Sandschicht, die mit Betonplatten abgedeckt wird; die Fugen können mit Rasen bewachsen sein. Die Erde in den betonierten Blumenbeeten verlangt eine direkte Verbindung mit der Sandschicht. Die Wasserabläufe sind im Innern des Gebäudes. Auf diese Weise erstellte Terrassen lassen das Regenwasser äusserst langsam abfliessen und erreichen eine andauernde Feuchtigkeit auf dem Dache, die sogar eine üppigere Vegetation hervorbringt als gewöhnliche Gärten.
Der Dachgarten wird zum bevorzugtesten Aufenthalt des Hauses und bedeutet ausserdem für eine Stadt den Wiedergewinn ihrer ganzen bebauten Fläche.

3. Der freie Grundriss: Das Säulensystem trägt die Decken aller Stockwerke. Die Trennungswände können in jedem Geschoss beliebig aufgestellt werden, ohne dass die Säulen der freien Grundrissgestaltung hinderlich wären. Tragende Mauern gibt es nicht mehr, was zu einer grossen Ökonomie in der Baukonstruktion führt.

4. Das lange Fenster: Zwischen Decken und Säulen entstehen im Fassadenbild rechteckförmige Öffnungen, welche den Räumen eine vollkommene Beleuchtung ermöglichen. Man erhält von Pfeiler zu Pfeiler langgezogene Fenster, so dass die Zimmer von Wand zu Wand gleichmässig beleuchtet werden. Versuche haben ergeben, dass ein durch ein Horizontalfenster beleuchteter Raum eine achtmal stärkere Beleuchtungsintensität aufwies als der gleiche Raum mit einem Vertikalfenster und gleicher Fläche. Der Eisenbeton ermöglicht endlich lange Fenster und damit auch das Maximum an Licht.

5. Die freie Fassade: Durch Vorschieben der Decken vor die tragenden Pfeiler, wodurch eine Art rings um das Gebäude führender Balkon entsteht, wird die Fassade von allen tragenden Bauteilen befreit. Die Fenster können beliebig ausgedehnt werden, zum Vorteil der Gliederung im Innern. Ein Fenster kann 10 Meter lang sein, ebensogut auch 200 Meter (unser Projekt für das Völkerbundsgebäude in Genf). Die Fassade ist absolut frei.

Diese fünf Punkte enthalten eine grundlegende ästhetische Reaktion. Es bleibt nichts mehr von vergangener Architektur, sowenig wie von den Theorien der Akademien.

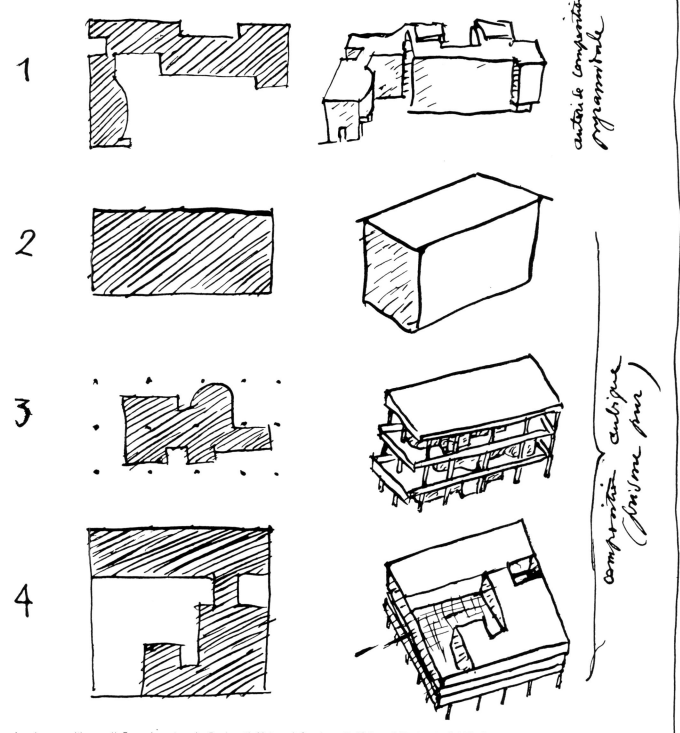

autorité composition pyramidale

très difficile
(satisfaction de l'esprit)

très facile,
pratique
combinable

composition antique
(organisme pur)

très généreux
on affirme à l'extérieur
une volonté architecturale,
on satisfait à l'intérieur
à tous les besoins fonctionnels
(insolation, contiguïtés,
circulation.

Les 4 compositions: 1) Exemple maison La Roche 2) Maison à Garches 3) Maison à Stuttgart 4) Villa Savoie

La masse sombre des arbres de la Folie St James.
avec des écrans coulissant, on s'isole ou on se complètement

8

Comme à Robinson
Comme, un peu, dans les peintures de Carpaccio.
Divertissement.
Le jardin n'est point à la française, mais est un bocage sauvage où l'on peut, grâce aux futaies du Parc St James, se croire loin de Paris....

les écrans reçoivent le plein soleil, tant mieux par les fenêtres,
haut placés sous le plafond, on voit du ciel et des arbres
Tant mieux

il n'est Madame, n'est pas né d'un coup sous le crayon hâtif
d'un dessinateur de bureau, entre deux coups de téléphone
Il a été longuement
mûri, caressé en des journées de calme parfait en face d'un site
hautement classique

VILLA MEYER, PARIS 1925. (1er projet).

Madame,

Nous avons rêvé de vous faire une maison qui fût lisse et unie comme un coffre de belle proportion et qui ne fût pas offensée d'accidents multiples qui créent un pittoresque artificiel et illusoire et qui sonnent mal sous la lumière et ne font qu'ajouter au tumulte d'alentour. Nous sommes en opposition avec la mode qui sévit dans ce pays et à l'étranger de maisons compliquées et heurtées. Nous pensons que l'unité est plus forte que les parties. Et ne croyez pas que ce lisse soit l'effet de la paresse; il est au contraire le résultat de plans longuement mûris. Le simple n'est pas le facile. Au vrai, il y aurait eu de la noblesse dans cette maison dressée contre le feuillage ...

(2) ...La porte d'entrée serait sur le côté; et pas dans l'axe. Serions-nous passibles des foudres de l'académie? ...

(3) ... le vestibule, grand, inondé de lumière, ... vestiaire, toilette s'y dissimulent. Du service on y atteint sans détour. Et si l'on monte d'un étage, c'est pour joindre le salon haut, hors de l'ombre des futaies, et donner de là-haut la magnifique vue sur les feuillages. Et voir davantage du ciel ... S'ils sont bien logés, les domestiques, la maison sera bien tenue. Pas de combles, puisqu'on y mettra un jardin, un solarium et une piscine.

(4) ...Du salon, on domine donc, la lumière afflue. Entre le double vitrage de la grande baie on a installé une serre-chaude qui d'un coup neutralise la surface refroidissante du verre: là, des grandes plantes bizarres, qu'on voit dans les serres des châteaux ou des amateurs; un aquarium, etc. ... Par la petite porte qui est dans l'axe de la maison, on file vers le fond du jardin par une passerelle, sous les arbres, pour y déjeuner ou y dîner ...

(5) ... cet étage est une seule salle, salon, salle à manger, etc., bibliothèque. Ah oui, le tambour de service! Au beau milieu. Bien sûr! Pour qu'il serve à quelque chose. On le fait avec des briques de liège qui l'isolent comme une cabine de téléphone ou un thermos. Drôle d'idée! Pas tant que ça ... C'est simplement naturel. Le service traverse la maison de bas en haut, comme une artère. Où donc le placer mieux? ... Ses murs du fond et ceux du tambour pourraient être gaînés. On voit le boudoir – avec les meubles casiers.

(6) ... le boudoir voit les feuillages des grands arbres et l'espèce de salle à manger d'été. Si l'on veut jouer la comédie, l'on peu s'y vêtir, et deux escaliers permettent de descendre sur la scène, qui est au devant du grand vitrage ...

(7) ... le service monte jusqu'à cette porte qui est à côté de la piscine. Derrière la piscine et le service on prend le petit déjeuner (le premier dessin le montre bien). Du boudoir, on a monté sur le toit où ne sont ni tuiles, ni ardoises, mais un solarium et une piscine avec de l'herbe qui pousse contre les joints des dalles. Le ciel est dessus: Avec les murs autour, personne ne vous voit. Le soir on voit les étoiles et la masse sombre des arbres de la Folie St-James. Avec des écrans coulissants on s'isole complètement.

(8) ... Comme à Robinson, comme un peu sur les peintures de Carpaccio. Divertissement ... Ce jardin n'est point à la française mais est un bocage sauvage où l'on peut grâce aux futaies du Parc St-James se croire loin de Paris ...

... Les services reçoivent le plein soleil, tant mieux. Par les fenêtres, haut placées, sous le plafond, on voit du ciel et des arbres ... Tant mieux.

Ce projet, Madame, n'est pas né d'un coup sous le crayon hâtif d'un dessinateur de bureau, entre deux coups de téléphone. Il a été longuement mûri, caressé, en des journées de calme parfait en face d'un site hautement classique.

Ces idées ... ces thèmes architecturaux qui portent en eux une certaine poésie sont assujettis à la plus rigoureuse règle constructive ... Douze poteaux de béton armé à des distances toutes égales portent à peu de frais les planchers. Dans la cage de béton ainsi constituée, le plan joue avec une simplicité telle qu'on est tenté (combien tenté!) de le prendre pour bête ... on est accoutumé depuis des années à voir des plans qui sont si compliqués qu'ils donnent l'impression d'hommes portant leurs viscères au-dehors. Nous avons tenu à ce que les viscères soient dedans, classés, rangés, et que seule une masse limpide apparût. Pas si facile que cela! A vrai dire c'est là la grande difficulté de l'architecture: faire rentrer dans le rang.

Ces thèmes architecturaux nécessitent pour que la poésie en jaillisse, des contiguïtés sévères difficiles à résoudre. La chose faite, tout apparaît naturel, facile. Et c'est bon signe. Mais lorsqu'on a commencé à jeter les premières lignes de la composition, tout était confusion.

Si la structure et le plan sont extrêmement simples, on peut admettre que l'entrepreneur sera moins exigeant. Ce qui compte. Cela compte même énormément et cette pénible astriction à l'économie ne devient pardonnable que lorsque la solution chante alors ... la louange des architectes! Cette dernière manifestation de fatuité n'a lieu que pour faire sourire. Car il faut bien un peu rire ...

Paris, octobre 1925.

LE CORBUSIER ET PIERRE JEANNERET

(Lettre de Le Corbusier à Mme Meyer, avec croquis.)

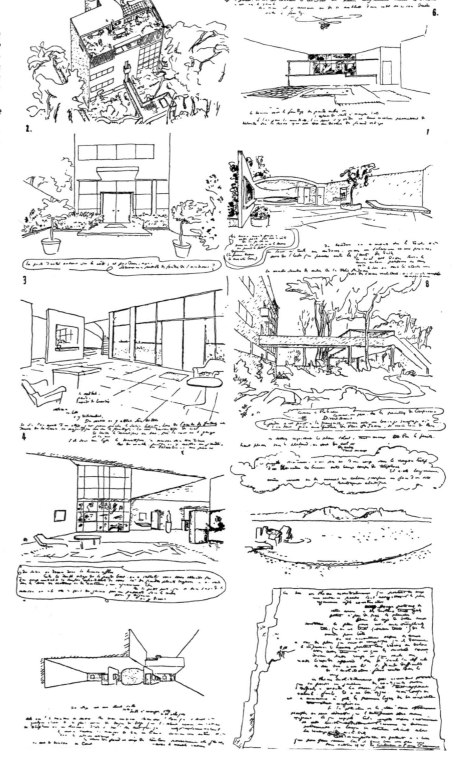

1926 Petite maison particulière, Boulogne-s.-S. (Cook)

Ici sont appliquées, très clairement, les certitudes acquises jusqu'ici: les pilotis, le toit-jardin, le plan libre, la façade libre, la fenêtre en longueur coulissante latéralement. Le tracé régulateur est ici un «tracé automatique» fourni par les simples éléments architecturaux à échelle humaine tels que la hauteur des étages, les dimensions des fenêtres, des portes, des balustrades. Le plan classique est renversé: le dessous de la maison est libre. La réception est au sommet de la maison. On sort directement sur le toit-jardin d'où l'on domine les vastes futaies du Bois de Boulogne.

Small One-family House at Boulogne-s.-S. (Cook)

Here, quite clearly applied are the certainties acquired up to this time: the pilotis, the roof garden, the free plan, the free façade, the long horizontal window with sliding sash. The regulatory line here is an "automatic line" furnished by the simple elements of architecture at the human scale such as the story height, the dimensions of the windows, doors, balustrades. The classical plan is reversed here: the underside of the house is open. The entrance is at the topmost part of the house. One steps directly onto the roof garden dominating the vast expanse of the Bois de Boulogne.

Kleines Einfamilienhaus in Boulogne-s.-S. (Cook)

Anwendung aller Prinzipien, die für die neue Architektur massgebend sind: Säulen, Dachgarten, freier Grundriss, freie Fassade, horizontale Reihenschiebefenster. Die Ordnungslinie ergibt sich automatisch aus den einfachen architektonischen Elementen im menschlichen Maßstab: Stockwerkhöhen, Masse der Fenster, Türen, Brüstungen. Im Gegensatz zum traditionellen Haus ist die Grundfläche frei. Die Gäste werden auf dem Dachgarten empfangen, von dem man eine herrliche Aussicht auf den Bois de Boulogne geniesst.

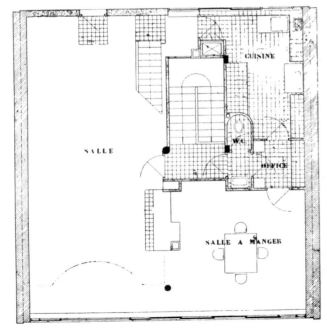

Villa Cook, Boulogne-sur-Seine

1928 Villa à Carthage

Le problème consistait à fuir le soleil et à assurer la ventilation constante de la maison. La coupe a apporté ces diverses solutions : la maison porte un parasol qui projette de l'ombre sur les chambres. Depuis le rez-de-chaussée jusqu'en haut, les salles communiquent entre elles établissant un courant d'air constant. L'exécution se basait sur un second projet avec des modifications essentielles.

The problem consisted of trying to avoid the sun while assuring a constant ventilation in the house. The cross section provides the following solutions: the house carries an umbrella which shades the interior rooms; from the ground floor to the upper level the interior space flows from one room to another, thus establishing a constant air current. The final execution was based upon a second project which involved several essential modifications.

Die Aufgabe bestand darin, die Sonne abzuhalten und dem Haus eine konstante Durchlüftung zu sichern. Wie der Schnitt zeigt, wurde sie auf folgende Weise gelöst: das Haus wurde mit einem Sonnenschirm versehen, der den Zimmern Schatten spendet. Die Räume stehen vom Erdgeschoss bis zum Dach miteinander in Verbindung, so dass eine konstante Luftzirkulation entsteht.

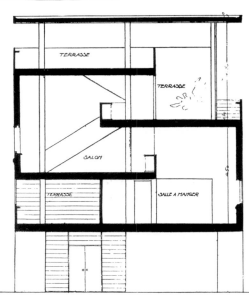

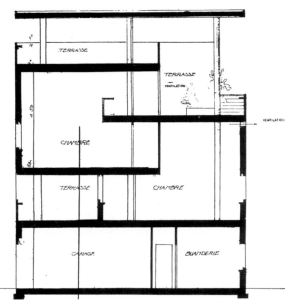

Coupes   Sections   Schnitte

1927 Deux maisons construites pour la ville de Stuttgart dans la Colonie de Weissenhof

Lors de l'inauguration de la colonie, ces maisons ont été le prétexte à l'énoncé des «Cinq points d'une architecture moderne». Ces cinq points représentent des libertés énormes par rapport aux sujétions qu'imposait la construction de pierres ou de briques traditionnelle.

A Stuttgart, on a présenté deux types de maisons tout à fait différents. L'un répond à une manière de vivre libérée des sujétions artificielles. Il est la suite des études faites depuis dix ans autour du type dénommé «Citrohan». Standardisation de la toiture, des fenêtres, contraste d'une grande pièce à vivre avec des petites salles dont les dimensions pourraient être encore diminuées si les règlements municipaux l'autorisaient.

Le second type de maison poursuit la même thèse, mais sous une forme différente. La grande salle est obtenue par l'éclipse de parois volantes qui ne sont employées que de nuit pour faire de la maison une façon de sleeping-car. De jour, la maison est ouverte d'un bout à l'autre, formant une grande salle; de nuit, tout ce qui concerne le couchage — les lits, les placards utiles — se trouve à disposition, caché dans des blocs localisés à chaque cellule.

Two Houses for the City of Stuttgart in the Weissenhof Colony

Since the inauguration of the Weissenhof Colony, these houses have served as a pretext for the announcement of "the five points of a Modern Architecture". These five points represent enormous freedoms when compared to the bonds which tradition imposed on construction in stone or brick.

At Stuttgart, two completely different house-types were presented. One corresponded to a new expression of life freed from artificial restrictions. It was the result of a ten-year study of the "Citrohan" house-type. The roof construction and fenestration were standardized, a large living-room contrasted with the smaller rooms, the dimensions of which could have been reduced even further—had the municipal authorities given their approval.

The second house-type followed the same thesis, but in a different form. The large living room was created by the removal of mobile partitions which were used only at night to convert the house in a way similar to a sleeping-car. During the day the house was open from one end to the other, forming one large room; at night all that which has to do with sleeping—the beds, dressing areas—could be found hidden in the blocks located in each sleeping area.

Zwei Häuser in Stuttgart-Weissenhof

Bei der Einweihung der Kolonie waren diese Häuser der Anlass, die «Fünf Punkte einer zeitgemässen Architektur» zu verkünden; sie beweisen die ausserordentliche Freiheit, die die neue Bauweise im Vergleich zur traditionellen mit Steinen oder Ziegeln gewährt.

Der erste Haustyp ist die erste Anwendung des zehn Jahre früher konzipierten Systems «Citrohan», Standardisierung von Dach und Fenstern. Auf einen sehr grossen Wohnraum münden kleine Zellen, die häuslichen Verrichtungen von kürzerer Dauer dienen und noch kleiner gehalten werden könnten, wenn die Bauvorschriften es erlaubten.

Beim zweiten Haustyp wird der grosse Wohnraum durch Zurückschieben beweglicher Zwischenwände hergestellt, die nur nachts benützt werden und das Haus zu einer Art Schlafwagen machen. Tagsüber ist die Wohnung von einem bis zum anderen Ende offen und bildet eine einzige Halle; bei Nacht ist alles, was zum Schlafen gehört, vorhanden: Betten und Schränke, die tagsüber in zu jeder Zelle gehörenden Truhen versteckt sind. Nachts dient ein kleiner Korridor, genau in den Massen der Internationalen Schlafwagengesellschaft, der Zirkulation.

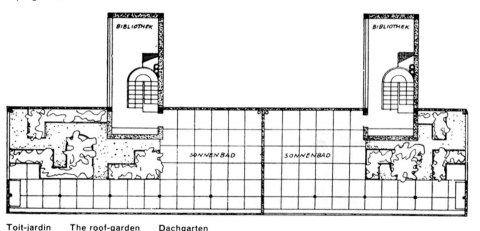

Toit-jardin   The roof-garden   Dachgarten

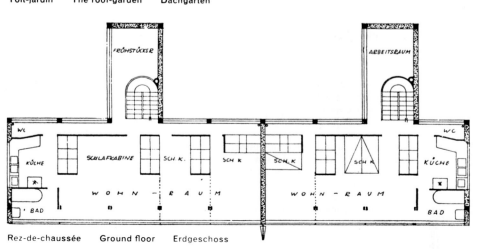

Rez-de-chaussée   Ground floor   Erdgeschoss

Toit-jardin →

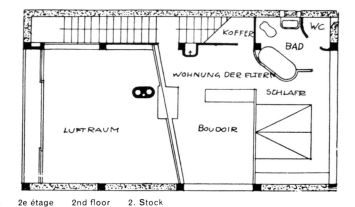

2e étage   2nd floor   2. Stock

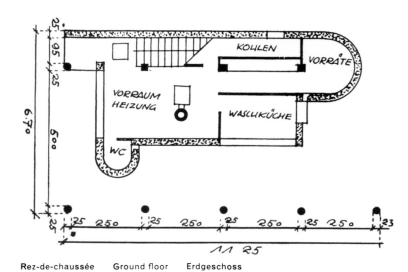

1er étage   1st floor   1. Stock

Rez-de-chaussée   Ground floor   Erdgeschoss

Côté sud   South elevation   Ansicht von Süden

Côté est   East elevation   Ansicht von Osten

1932 Projet d'un Immeuble locatif à Zurich, Zurichhorn

Cette construction qui a 100 m de long est prévue pour contenir 80 appartements, munis de services communs. Ils sont desservis par deux rues intérieures. Ils disposent sur la toiture d'un restaurant et d'une salle de culture physique avec piscine. Les garages sont au sous-sol. La construction pourrait comporter des façades hermétiques en verre constituées en mur neutralisant et munies d'un circuit d'air exact à l'intérieur. De cette façon serait obtenue l'insonorité complète tant intérieure qu'extérieure.

Project for an Apartment-house in Zurich

This building, over 300 ft. long, comprises 80 apartments furnished with common services. They are acceded by means of two interior "streets". On the roof is a restaurant, physical culture gymnasium and swimming pool. The garages are in the basement. The construction, comprising hermetically sealed exterior glass walls with interior air-conditioning, was intended to achieve complete acoustic separation between interior and exterior, as well as between interior rooms.

Projekt eines Miethauses in Zürich, Zürichhorn

Ein Bau von 100 m Länge mit 80 Wohnungen und Einrichtungen zum gemeinschaftlichen Gebrauch. Zugänge von zwei «Innenstrassen» aus. Auf dem Dach befinden sich ein Restaurant, eine Turnhalle und ein Schwimmbassin, im Untergeschoss Garagen. Die Konstruktion würde hermetisch abschliessende Glaswände mit Luftkonditionierung im Innern erlauben, wodurch eine vollkommene Schallisolation nach innen und aussen erzielt würde.

Studio type D avec terrasse

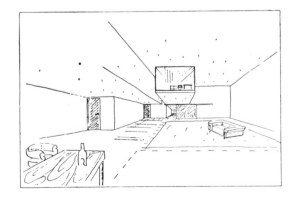

Vue perspective, à droite un petit théâtre   View perspective, at right a little theatre   Gesamtansicht, rechts ein kleines Theater

1927 Villa à Garches

Cette maison représente une étape importante où se sont trouvés réunis les problèmes du confort, du luxe et de l'esthétique architecturale. La maison est entièrement supportée par des poteaux disposés à équi-distance de 5 m et 2,5 m sans souci du plan intérieur. Si l'on rassemblait côte à côte ces poteaux, ils formeraient un faisceau de 110 × 80 cm de section. Ainsi donc, cette vaste maison est portée entièrement par une section de béton de 110 × 80 cm. La disposition indépendante des poteaux répand dans toute la maison une échelle constante, un rythme, une cadence reposante. Les façades sont considérées comme des apporteuses de lumière. Aucune d'elle ne repose sur le sol. Elles sont au contraire suspendues aux planchers en porte-à-faux. Ainsi, la façade ne porte plus les planchers ni la toiture; elle n'est plus qu'un voile de verre ou de maçonnerie clôturant la maison.

A l'intérieur, le plan est libre, chaque étage ayant des dispositions totalement indépendantes, proportionnées rigoureusement à des fonctions particulières: les cloisons ne sont plus que des membranes. L'impression de richesse n'est pas fournie par des matériaux de luxe, mais simplement par la disposition intérieure et par le proportionnement.

Villa at Garches

This house represents an important milestone in which the problems of comfort, luxury and architectural aesthetics are combined. The house is entirely supported by columns disposed along a grid of 15 ft. 3 in. by 7 ft. 8 in. without regard for the interior plan. If these columns were to be assembled together in a tight bundle, the total cross-section of this bundle would be 3 ft. 4 in. by 2 ft. 5 in. Thus this large house is entirely supported by a concrete cross-section 3 ft. 4 in. by 2 ft. 5 in. The independent disposition of the columns diffuses a constant scale, a rythm, a restful cadence through-out the house. The façades are considered as carriers of light. Not one of them touches the ground. On the contrary, they are suspended from the cantilevered floors. Therefore, the façade carries neither floors nor the roof; it is nothing more than a veil of glass or masonry enclosing the house.

On the interior, the plan is free, each floor having a disposition totally independent from that of another, rigorously proportioned to its particular function: the partitions are nothing more than membranes. The impression of richness is not conveyed by luxurious materials, but simply by the interior disposition and proportioning.

Villa in Garches

Dieses Haus, das Komfort, Luxus und architektonische Ästhetik in sich vereinigt, stellt eine wichtige Etappe im Bauen Le Corbusiers dar. Das ganze Haus wird von einem Säulensystem getragen, wobei die Abstände 5 und 2,5 m betragen. Die interne Anordnung spielt dabei keine Rolle. Würde man diese Säulen zu einem Bündel vereinigen, so ergäbe sich eine Querschnittfläche von 110 × 80 cm. Das ganze grosse Haus wird also von einem Betonquerschnitt von 110 × 80 cm getragen.

Die unabhängige Anordnung der Säulen verleiht dem Inneren einen konstanten Maßstab, einen gleichmässigen Rhythmus, eine ruhige Kadenz. Die Fassaden werden als Lichtquellen betrachtet. Keine Fassade ruht auf dem Boden; sie sind vielmehr an den auskragenden Fussböden aufgehängt. Die Fassade trägt also weder Fussböden noch Dach. Sie ist nur noch ein Vorhang aus Glas oder Mauerwerk, der das Haus abschliesst.

Im Innern ist der Grundriss frei, jede Etage erhält den Grundriss, den sie gerade braucht, in den Abmessungen, die zweckmässig sind. Die Zwischenwände sind nur noch Membrane. Der Eindruck des Reichtums entsteht nicht durch Luxusmaterialien, sondern durch Grundriss und Proportionen.

L'entrée dans la propriété   The entrance side   Eingangsseite

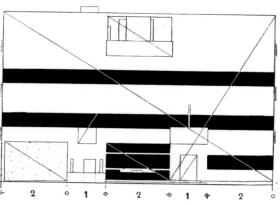

Façade nord

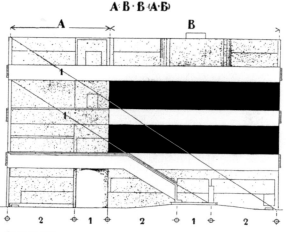

Façade sud

Villa à Garches

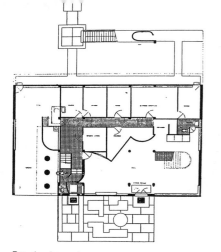

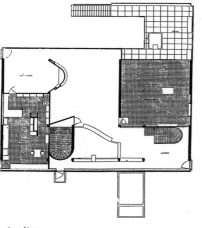

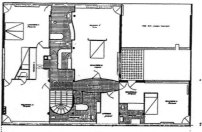

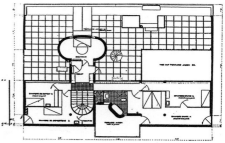

Rez-de-chaussée
(entrée, hall, garage, etc.)

1er étage
(living, bibliothèque, manger, cuisine, etc.)

2e étage
(chambres à coucher, salle de bains)

Toit-jardin   Roof-garden   Dachgarten

Côté jardin   View from the garden   Gartenseite

Toit   Roof   Dach

Terrasse ouverte   Terrace

Living-room

Façade sud avec jardin suspendu   South elevation with garden-terrace   Südfassade mit Terrasse

1929/31 Maison Savoie à Poissy

Site: magnifique propriété formée d'un grand pâturage et verger formant coupole entourés d'une ceinture de hautes futaies. La maison ne doit pas avoir un front. Située au sommet de la coupole, elle doit s'ouvrir aux quatre horizons. L'étage d'habitation avec son jardin suspendu se trouve élevé au-dessus de pilotis de façon à permettré des vues lointaines sur l'horizon.

Sous les pilotis s'établit la circulation automobile, les services domestiques, le garage. L'entrée est dans l'axe, sous les pilotis, et une rampe très douce conduit insensiblement à l'étage.

L'orientation du soleil est opposée à celle de la vue. On est donc allé chercher le soleil par la disposition en décrochement sur le jardin suspendu. Pour couronner l'ensemble, un solarium dont les formes courbes résistent à la poussée des vents et apportent un élément architectural très riche. Le corps principal de la maison est limité par quatre murs semblables, percés en ceinture tout autour, d'une fenêtre unique du système Le Corbusier et Pierre Jeanneret coulissante.

Villa Savoie at Poissy

Site: a magnificent property shaped by a large pasture and orchard forming a dome-like rise encircled by a belt of full-grown trees. The house was not to have a front. Situated at the top of the dome-like rise it had to open to all directions. The dwelling level with its hanging garden is positioned above the columns in such a way as to permit distant views to the horizon.

Between the columns, on the ground floor, are the vehicular circulation, domestic services and the garage. The entrance is in the middle, between the columns and a very slightly inclined ramp leads almost imperceptibly to the upper level.

The orientation of the sun is opposite to that of the view. The sun was therefore sought by the free disposition on the level of the hanging garden. Crowning the ensemble is the solarium with its curved forms resisting wind pressure and constituting a very rich architectural element. The main body of the house is limited by four similar walls, girded all around by a unique sliding window band, of the system patented by Le Corbusier and Pierre Jeanneret.

Villa Savoie in Poissy

Das Haus liegt auf einer hochgelegenen, prachtvollen Wiese, von üppigen Laubwäldern umschlossen, die nach dem Seinetal abfallen. Dieses freistehende Haus darf keine Hauptfront haben. Mitten auf dem Grundstück liegend, muss es sich nach allen vier Himmelsrichtungen öffnen. Das Wohngeschoss mit seinem Dachgarten ruht auf Säulen, so dass man eine weite Aussicht geniesst.

Unter den Säulen fahren die Automobile durch, ferner befinden sich hier die Dienstbotenräume und die Garage. Der Eingang liegt in der Hauptachse unter den Säulen. Eine sanft ansteigende Rampe führt in die oberen Geschosse.

Die Seite der schönen Aussicht ist nicht zugleich die Sonnenseite. Man musste daher die Sonne hereinholen, indem man die Wohnräume auf die in das Hausvolumen einbezogene Terrasse öffnete. Die Krönung des Ganzen bildet das Solarium auf dem Dach, dessen gekrümmte Mauern vor Wind schützen und mit ihren Kurven die Gesamtarchitektur bereichern. Ein einziges Schiebefenster (System Le Corbusier und Pierre Jeanneret) umzieht wie ein Band alle vier Fassaden.

Vue générale   General view   Gesamtansicht

Les voitures arrivent sous les pilotis   The columns   Die Pfeiler im Erdgeschoss

La villa est entourée d'une ceinture de futaie   The villa encircled by a belt of trees   Die Villa im Grünen

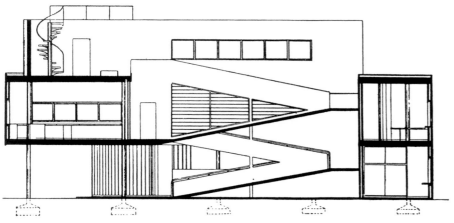

Coupe en travers   Cross section   Querschnitt

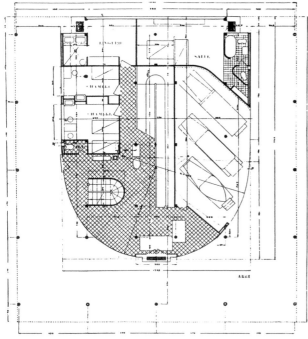

Rez-de-chaussée   Ground floor   Erdgeschoss

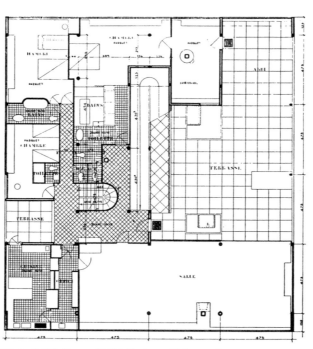

Etage d'habitation   Living storey   Wohngeschoss

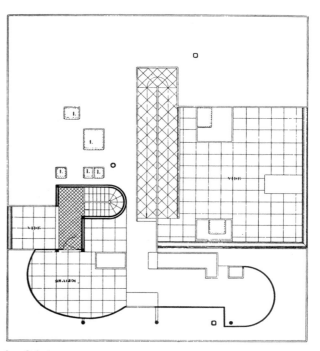

Le «Solarium»

Vue générale   General view   Gesamtansicht

Le vestibule d'entrée   Entrance hall   Eingangshalle

Le jardin suspendu ▶

Salon et jardin suspendu   Living-room with garden-terrace   Wohnraum mit Gartenterrasse

Du jardin suspendu on monte au toit   Garden-terrace with ramps to the roof   Rampe zum Dach

1930/32 Immeuble «Clarté» à Genève

Il s'agit ici d'un immeuble locatif de 45 appartements à double hauteur, d'une grande diversité de dimensions et d'équipements intérieur.

L'immeuble est toutefois construit entièrement en série, sur ossature d'acier standard, soudée à l'électricité et obéissant à un module strict de poteaux, poutraison et fenêtres. Ce standard poussé à l'absolu ne paralyse aucune des recherches de variété à l'intérieur de la maison.

L'immeuble «Clarté» est le produit de longues études préparatoires, amorcées en 1928 déjà et destiné à fournir les plans d'immeubles locatifs-type. Cet immeuble fut réalisé pour M. Edmond Wanner, industriel, à Genève, qui en fut lui-même l'exécutant. La démonstration d'un immeuble locatif moderne est offerte par «Clarté» et mériterait d'être poursuivie par de nouvelles réalisations incessantes. Mais... les banques veillent sur le status quo; bien que l'immeuble ait été immédiatement loué et que les locataires se soient déclarés ravis, la banque pose cette question saugrenue: «Oui, mais... Est-ce que dans 20 ans les locataires auront encore plaisir à s'y trouver?» La banque semble prétendre que les méthodes banales sont vouées à une pérennité, tandis que tout ce qui est progrès est voué à une mort certaine.

"Clarté" Apartment-house in Geneva

The program called for a building housing 45 apartments with double floor heights and a large variety of dimensions and interior furnishings. The building is, nevertheless, constructed entirely of standard elements, upon a frame of standard steel sections electrically welded and conforming to a strict module of columns, beams and windows. This standard, pushed to the absolute, did not limit in the slightest the search for variety in the interior of the building.

The "Clarté" building is the product of long preparatory studies started already in 1928 with the purpose of furnishing plans for typical rental buildings. This building is the realization of M. Edmond Wanner, a Geneva industrialist, who was himself the contractor. "Clarté" offers a demonstration of a modern apartment building and well merits being followed by further new realizations. But... the banks always keep an eye on the status quo; although the building was rented immediately and the tenants themselves declared that they were delighted, the bank poses this absurd question: "Yes, but... in 20 years will the tenants still be pleased with it?" The bank seems to think that banal methods are dedicated to posterity, while all that which is of a progressive and large breadth of scope is destined for certain death.

Miethaus «Clarté» in Genf

Es handelt sich um ein Miethaus mit 45 doppelgeschossigen Wohnungen verschiedener Grösse und Inneneinteilung. — Das Gebäude ist vollkommen serienmässig hergestellt mit genormtem, elektrisch geschweisstem Eisenskelett im Massstab der ebenfalls genormten Säulen, Träger und Fenster. Diese streng durchgeführte Normierung hindert aber in keiner Weise die sorgfältige Differenzierung im Innern des Hauses.

Das Haus «Clarté» ist das Produkt langjähriger Vorstudien für einen Prototyp eines modernen Miethauses, die schon 1928 begonnen hatten. Es wurde für Herrn Edmond Wanner, Industrieller, in Genf, entworfen und von ihm selbst ausgeführt. Der Typ eines modernen Miethauses, wie «Clarté» ihn darstellt, hätte verdient, in zahlreichen neuen Bauten fortgesetzt zu werden. Aber... die Banken wachen über den status quo; obgleich das Haus sofort vermietet war und die Mieter sich begeistert zeigten, stellten sie die sonderbare Frage: «Ja, aber... wird es den Mietern auch in 20 Jahren noch gefallen?» Die Bank scheint zu glauben, dass nur die banalen Methoden ewig bestehen, aller grosszügige Fortschritt dagegen dem sicheren Untergang geweiht ist.

Intérieur

La terrace devant les appartements   The terrace in front of the apartments

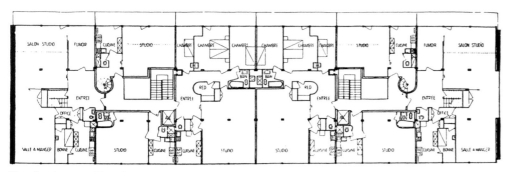

Plan d'un étage   Plan of a storey   Grundriss einer Etage

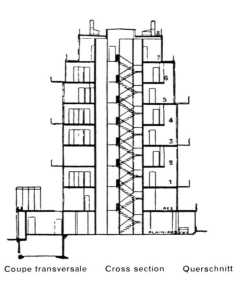

Coupe transversale   Cross section   Querschnitt

Une des façades

Escalier   Staircase   Treppenaufgang

1933 Immeuble locatif à la Porte Molitor, Paris

Les architectes ont tenu à s'intéresser à la construction de cet immeuble, parce que le terrain se trouvait dans des conditions de «Ville Radieuse» et que sa démonstration évidente pouvait être en faveur des thèses que Le Corbusier a développées et développe encore sous ce titre.

L'immeuble est situé, d'une part, sur les parcs de sport qui ont recouvert les anciens fortifs, sur une profondeur de 200 mètres, d'autre part, sur des jardins qui occupent les premiers plans de Boulogne et qui sont dominés par l'horizon des collines de St-Cloud et de Suresnes.

Au IVe Congrès international d'Architecture moderne à Athènes, Le Corbusier a affirmé que les éléments de l'urbanisme étaient: le ciel, les arbres, l'acier et le ciment, et cela dans cet ordre et cette hiérarchie. Il a prétendu que les habitants d'une ville classée dans ces conditions se trouveraient détenir ce qu'il a appelé «les joies essentielles». Cet immeuble sert de témoin. Pour employer les bienfaits de la situation exceptionnelle, les façades ont été constituées par deux pans de verre placés au-devant des planchers de béton. Chaque appartement possède donc une paroi entière de verre, allant du sol au plafond. Des moyens d'obturer la lumière ont été établis. L'immeuble est habité et les locataires déclarent spontanément qu'une vie nouvelle a commencé pour eux, grâce au dispositif du pan de verre et de certains services communs.

Apartment-house at the Porte Molitor, Paris

The architects have maintained their interest in the construction of this building because the terrain fulfilled the conditions of the "Ville Radieuse" and offered an opportunity to prove the correctness of the theses which Le Corbusier had developed in this respect.

One side of the building faces a sports park 600 ft. deep, built over ancient fortifications, while the other side faces the gardens in the foreground of Boulogne which are dominated on the horizon by the hills of St-Cloud and Suresnes.

At the 4th International Congress for Modern Architecture, in Athens, Le Corbusier stated that the elements of urbanism were, in order of their importance: the sky, the trees, steel and concrete. He maintained that the inhabitants of a city in which these elements were manifest in their correct sequence would discover what he means by "the essential joys". This building attests to it. In order to make best use of the exceptional location, the facades have been conceived as glass curtains placed in front of the concrete floors. Thus each apartment possesses a wall entirely of glass, running from floor to ceiling. Sun-control devices have been provided. Once the building was inaugurated the tenants spontaneously declared that a new life had started for them, thanks to the glass wall and certain common service facilities.

Atelier Le Corbusier

Toit-jardin   Garden-terrace   Dachgarten

Façade rue Nungesser et Coli

Le mur mitoyen dans l'atelier   Party wall of the studio   Brandmauer im Atelier

Miethaus an der Porte Molitor, Paris

Das Grundstück erfüllt die Voraussetzungen der «Ville Radieuse» und bot daher Gelegenheit, die Richtigkeit der von Le Corbusier unter diesem Titel aufgestellten Grundsätze zu beweisen.

Die eine Front des Gebäudes geht auf die 200 Meter tiefen, auf einer alten Festungsanlage angelegten Sportplätze, die andere auf die Gärten von Boulogne und die dahinter liegenden Hügel von St-Cloud und Suresnes.

Am 4. internationalen Kongress für moderne Architektur in Athen hat Le Corbusier die Elemente des Städtebaus in ihrer hierarchischen Reihenfolge aufgestellt: der Himmel, die Bäume, Stahl und Beton. Eine Stadt, die diesen Voraussetzungen in der angegebenen Reihenfolge Rechnung trägt, bietet ihren Bewohnern das, was er unter den «wesentlichen Freuden des Daseins» versteht. Dieses Gebäude bezeugt es. Um die Vorteile der ausserordentlich günstigen Lage auszunützen, wurden die Fassaden aus den Betonfussbodenplatten vorgehängten Glasflächen erstellt. Sonnenblenden schützen vor zu starkem Sonneneinfall. Jede Wohnung besitzt eine vom Boden bis zur Decke reichende Glaswand. — Die Mieter erklären, es habe für sie nach dem Einzug in dieses Haus ein neues Leben begonnen, dank dieser Glaswand und gewisser gemeinschaftlicher Einrichtungen.

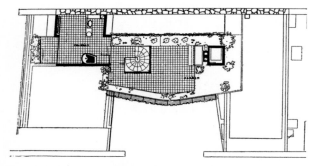

Plan du 8e étage (toit-jardin en communication avec le 7e étage), solarium et chambre d'ami

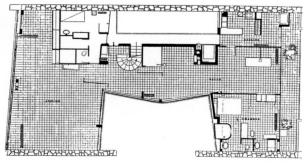

Plan du 7e étage

1935 Une Maison de week-end en banlieue de Paris

Le principe imposé pour cette petite maison située derrière un rideau d'arbres était d'être le moins visible possible. Conséquence: hauteur réduite à moins 2 m 60; implantation dans l'angle du terrain; toiture en gazon sur voûtes surbaissées; choix d'un matériau très traditionnel: la maçonnerie de meulière laissée apparente.
Ainsi: murs de pierre meulière; toiture de voûtes en ciment armé, recouvertes de terre et d'herbe; pans de verre en briques «Nevada» ou en glace claire. Doublure intérieure du plafond en contre-plaqué, murs intérieurs en maçonnerie apparente blanchie à la chaux ou doublée de contre-plaqué; sol en carreaux de céramique blancs; cheminée et hotte en briques ordinaires apparentes.

Weekend-House in a Paris suburb

The principle imposed upon this small house situated behind a curtain of trees was that it be as little visible as possible. As a consequence the height was reduced to 8 ft., the house was located in a corner of the site, the flat, vaulted roof was planted with grass and a very traditional material was employed: exposed quarrystone masonry.
Thus: quarrystone walls, reinforced concrete vaulted roof covered with earth and grass; "Nevada" glass blocks or clear glazing. Interior wall surfaces of exposed stone masonry, whitewashed or covered with plywood; white ceramic tile flooring, fireplace and mantel of exposed brick.

Weekendhaus in der Umgebung von Paris

Die Lage des Hauses hinter einem alten Baumbestand veranlasste den Architekten, es möglichst unsichtbar zu machen. Daher wurde seine Höhe auf 2,60 m reduziert, das Haus in eine Ecke des Grundstücks gestellt, das flach gewölbte Dach mit Gras bepflanzt und als Baustoff wurden Bruchsteine verwendet.
Aussenmauern: Sichtmauerwerk aus Bruchsteinen; Bedachung: Flachgewölbe aus armiertem Beton mit Grasbepflanzung; Glaswände: Glasziegel aus «Nevada»- und glattem Glas. Sichtmauerwerk innen geweisselt oder mit Sperrholz verkleidet; Böden: weisse Keramikplatten; Kamin und Windfang: unverputzter Backstein.

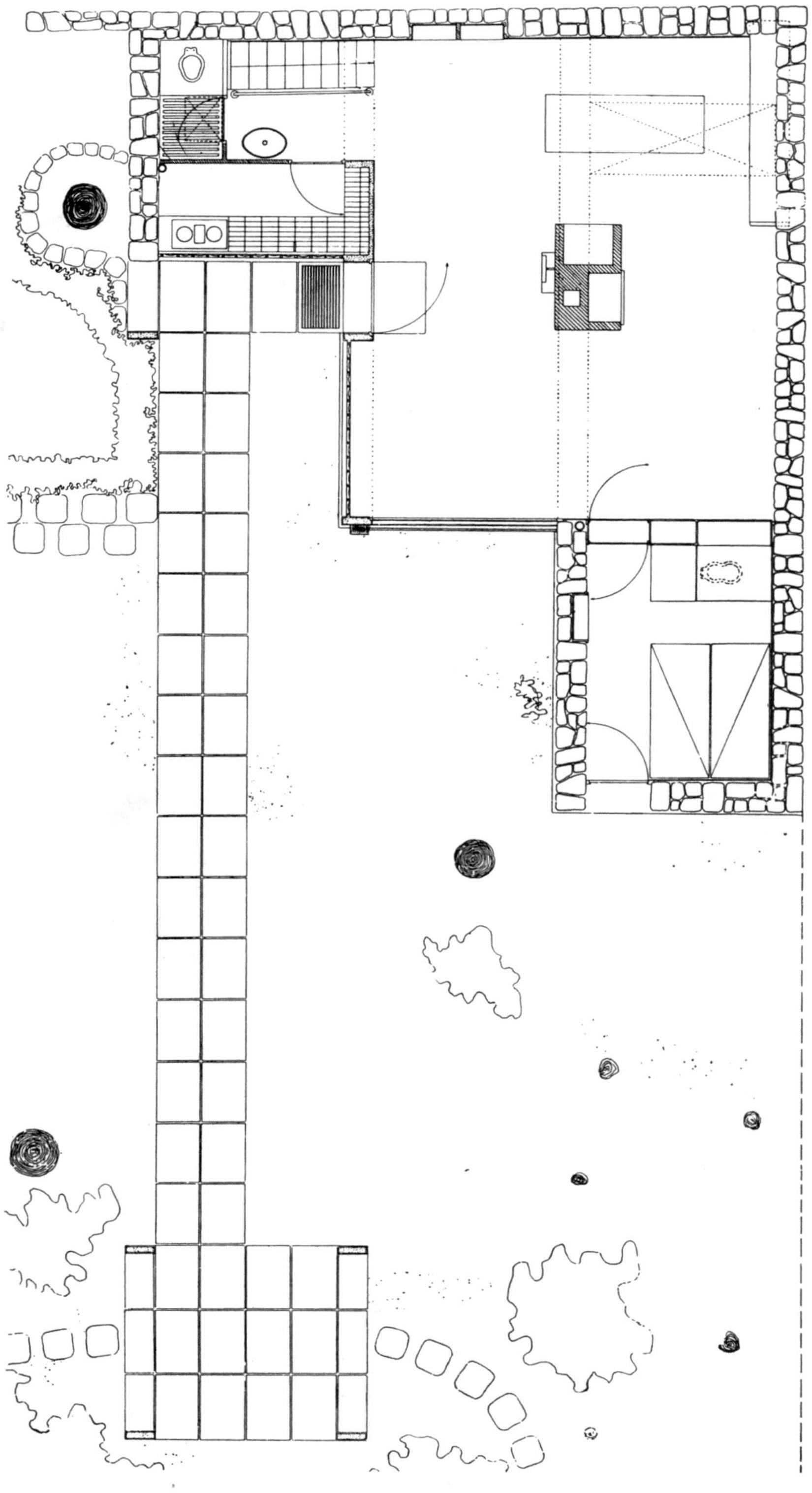

Plan de la maison 1:100

Plan of the house 1:100

Le kiosque dans le gazon

The garden pavilion

Gartenhaus

Façade frontale
Front elevation
Vorderansicht

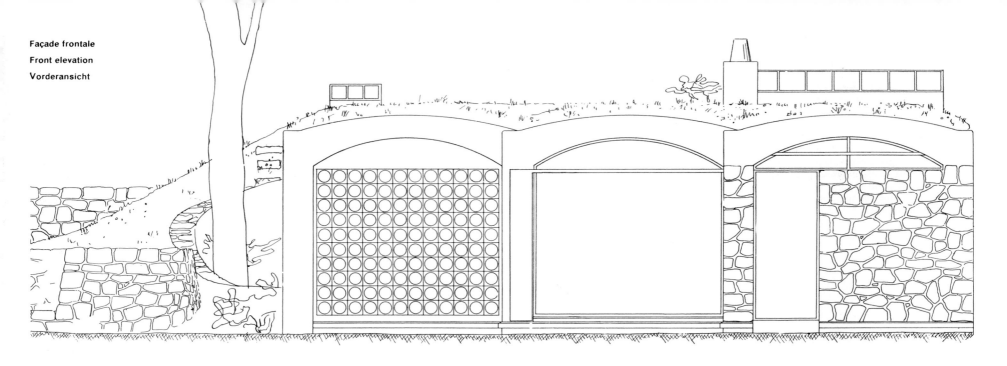

Vue du jardin   View from the garden   Ansicht vom Garten

Vue de la salle sur le kiosque   View from the living-room towards garden pavilion   Blick vom Wohnraum gegen Gartenhäuschen

1935 Maison aux Mathes (Océan)

La construction de cette maison imposa des solutions in-attendues. Le budget était si restreint qu'il empêchait tout voyage des architectes sur les lieux, avant et pendant la construction. Une documentation photographique précise fournie par le propriétaire permit d'implanter normalement la maison sur la dune. L'impossibilité d'envisager une surveillance de chantier et la nécessité d'employer un petit entrepreneur de village ont conduit à la conception même du plan.

Trois étapes successives, absolument tranchées, de l'œuvre de la maison:

a) une maçonnerie pour soi, faite totalement d'une fois;

b) une charpente pour soi, venant s'installer librement et to-talement; après la maçonnerie.

c) une menuiserie comportant fenêtres, portes, cloisons et placards et obéissant à un standard, à un principe unitaire de construction: bâtis indépendants avec remplissages variés de verre, de contre-plaqué ou de ciment-amiante.

Ainsi fut faite cette maison, sans faute, sans surveillance par un petit entrepreneur de village, honnête et conscien-cieux... et un budget incroyable.

House at Mathes

The construction of this house necessitated unexpected so-lutions. The budget was so modest that it was impossible for the architect to travel to the site both before and during con-struction. A precise photographic documentation furnished by the owner made it possible to fix the location of the house on the dune. The impossibility of paying for construction supervision and the necessity of employing a small village contractor greatly influenced the conception of the plan.

Three successive stages, absolutely determined, for the con-struction work:

a) an independent masonry, built all at one time;

b) independent carpentry work, completely installed upon termination of the masonry work;

c) finish work comprising windows, doors, partitions and built-in closets, all conforming to a standard, uniform con-struction: independent frames with various in-fillings such as glass, plywood or asbestos-cement.

And thus this house was created, without a fault, without supervision—by a small village contractor, honest and con-scientious—and on an unbelievable budget.

Haus «aux Mathes»

Der Bau dieses Hauses rief nach ungewöhnlichen Lösungen. Das Budget war so klein, dass der Architekt weder vor noch während des Baus an Ort und Stelle reisen konnte. Genaue vom Bauherrn gelieferte Photographien ermöglichten die Be-stimmung der Lage des Hauses auf der Düne. Eine eigene Bauleitung war unmöglich, und die Konstruktion musste einem kleinen Bauunternehmer des Dorfes übergeben wer-den. Dies alles hat die Konzeption des Planes beeinflusst.

Drei aufeinanderfolgende, selbständige Bauetappen:

a) das Mauerwerk, vollständig in einem Male erstellt;

b) das Zimmerwerk, vollständig installiert nach Erstellung des Mauerwerks;

c) Schreinerarbeiten, wie Fenster, Türen, Trennwände, Schränke, genormt und nach einheitlichem Konstruktions-prinzip hergestellt, mit verschiedenartigen Füllungen, wie Glas, Sperrholz oder Eternit.

So wurde dieses Haus gebaut, fehlerlos, ohne Überwachung, durch einen kleinen Dorf-Bauunternehmer, ehrlich und ge-wissenhaft... und mit einem unglaublich kleinen Budget.

Façade principale   Main façade   Hauptfassade

Maçonnerie en moellon du pays: charpente en bois du pays, toiture
en ciment-amiante à grande ondulation

Local rubble masonery: local carpentry methods, roofing of asbestos-
cement with wide corrugations

Mauerwerk aus Bruchsteinen aus der Umgebung, Dach aus Welleternit

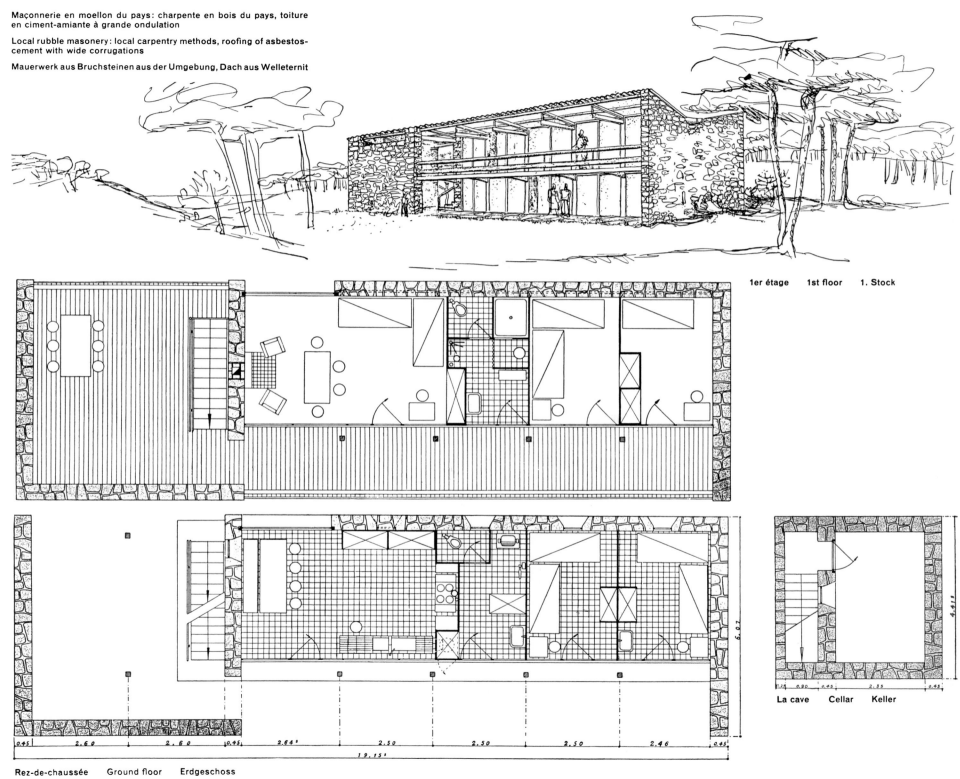

1er étage   1st floor   1. Stock

La cave   Cellar   Keller

Rez-de-chaussée   Ground floor   Erdgeschoss

Le côté des chambres, pan de verre polychromé   Bedroom-wing intensively coloured glass panels   Schlafzimmerflügel mit polychromer Glasfassade

1955 Maison d'habitation de Mrs. Manorama Sarabhai à Ahmedabad

La maison est implantée d'après les vents dominant (pour être traversée de courants d'air), et ses façades munies de brise-soleil.

Emploi de matériaux dignes et fondamentaux de l'architecture: la brique, le béton brut, les enduits blancs, des couleurs intenses.

Structure: voûtes catalanes; berceaux de tuiles plates montées au plâtre sans coffrage, doublés d'un rang de briques hourdées au ciment. Ces demi-cylindres portent sur des murs par l'intermédiaire d'un linteau de béton brut. La composition consiste à ouvrir des trous dans les murs, tout parallèles, en jouant des pleins et des vides.

The Sarabhai House at Ahmedabad

The Sarabhai house is situated according to the prevailing winds (in order to be traversed by currents of air), and its façades are furnished with brise-soleil.

Materials of architecture: the brick; rough concrete, white coatings; intense colors.

Structure: Catalanian vaults: cradle-vaults of flat tiles set in plaster without formwork, coupled with a row of bricks cast roughly in cement. These half-cylinders are carried to the walls by the intermediary of a rough concrete lintel. The composition serves to create openings in these walls, all parallel, playing solids against voids.

Wohnhaus Sarabhai in Ahmedabad

Das Haus ist nach den herrschenden Winden orientiert (damit es vom Luftzug durchdrungen wird) und mit Sonnenblenden ausgerüstet.

Als der Architektur würdige und dem Menschen angenehme Elemente wurden verwendet: Backstein, roher Beton, weisser Verputz, intensive Farben.

Konstruktion: Deckengewölbe mit Zement-Hourdis-Tragkonstruktion und mit Pflaster aufgetragenen Sichtplatten. Die beiden Halbzylinder werden durch Rohbetonunterzüge getragen. Diese Konstruktionsweise gestattet beliebige Öffnungen im Mauerwerk, die parallel verlaufen und ein reizvolles Spiel von offen und geschlossen ergeben.

Fragment de la façade sud   A portion of the South elevation   Ausschnitt der Südfassade

Rez-de-chaussée / Ground-floor / Erdgeschoss

Appartement de Madame Sarabhai:

1 Salle à manger / Dining-room / Esszimmer
2 Bibliothèque / Library / Studio
3 Petit office
4 à 8 Vérandas

Appartement de son fils / Apartment of the son:

9 Chambre à coucher / Bedroom
10 Studio
11 Kitchenette
12 et 13 Vérandas
14 à 16 Vérandas ouvertes / Open verandas

Service:

17 Cuisine / Kitchen / Küche
18 Garde-manger / Larder / Speisekammer
19/20 Chambre domestiques / Servants-room
21 Garage
22 air conditionné
23 air conditionné
24 Loge du Gardien / Caretaker / Hauswart

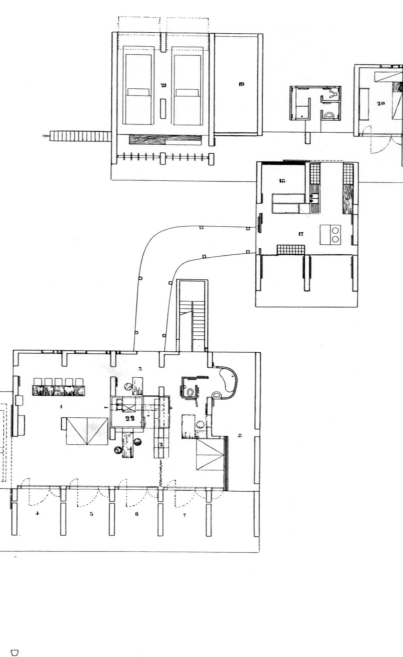

La toiture: Un magnifique jardin
The roofing: a wonderful garden
Das Dach ist ein herrlicher Garten

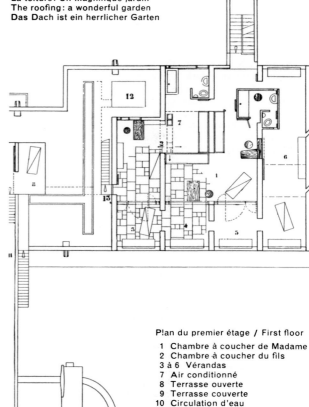

Plan du premier étage / First floor

1 Chambre à coucher de Madame
2 Chambre à coucher du fils
3 à 6 Vérandas
7 Air conditionné
8 Terrasse ouverte
9 Terrasse couverte
10 Circulation d'eau
11 Toboggan
12 Terrasse ouverte
13 Escalier d'accès au toit

Vue de la véranda ouverte vers le parc   View from the open veranda to the parc   Blick von der «offenen Veranda» gegen den Park

1942 Résidence à l'intérieur d'un domaine agricole près de Cherchell, Afrique du Nord

Première idée: une enceinte fermée avec «chien méchant», à l'intérieur les constructions déterminent plusieurs jardins clos, irrigués à l'arabe.

La résidence sera installée au sommet de la falaise pour bénéficier de deux vues: au nord, la haute mer, à l'ouest le golfe de Cherchell avec la fameuse montagne du Chenoua. C'était en 1942. A ce moment il n'y a plus de main-d'œuvre spécialisée, les matériaux sont à peu près introuvables. La construction est donc conçue pour être réalisée par des maçons indigènes en pierre prise sur place, formant piliers ou murs ou demi-murs. Les planchers seront faits de bois et les toitures de voûtes en briques creuses, faites par les indigènes. La menuiserie sera limitée à une espèce de charpenterie de chevrons assurant le compartimentage des vides. A l'intérieur de ces vides, les dispositifs pourront varier en panneaux pleins ou transparents ou translucides, selon les besoins. Un reservoir destiné à l'arrosage des plantations de tomates sera le prétexte d'une piscine.

Residence inside an agricultural estate near Cherchell, North-Africa

The first idea was of an enclosure with high walls, and inside it several independent gardens irrigated in the Arab way.
There is a view on two sides only: to the west Cherchell bay and the magnificent Chenoua mountain: to the north the ocean; two viewpoints to be enjoyed, and where account may be taken of the wind and the sun.
This project was drawn up in 1942, at a moment when there were no specialised craftsmen and materials were almost unobtainable. For those reasons it was intended that the building should be constructed by native labour and that local stone should be used for columns, walls and half-walls.
The floors are to be of wood and the vaulted roofs of hollow bricks made by the natives, whereas the joinery is restricted to a kind of timber-work of rafters ensuring the compartmentalization of the spaces. The arrangement inside these spaces may vary between oraque, transparent and translucid panels, according to need. A reservoir to water the tomato plantations will provide a swimming pool.

Gutshof in der Nähe von Cherchell, Nord-Afrika

Grundkonzeption: eine hohe Mauerumfriedung. In deren Innern mehrere abgeschlossene Gärten, die auf arabische Art bewässert werden. Um in den Genuss der prachtvollen Aussicht zu kommen, wird das Haus auf den höchsten Punkt des Abhanges gestellt, mit Blick auf den Ozean gegen Norden und auf den Golf von Cherchell mit dem berühmten Chenoua-Berg gegen Westen.
Das Projekt stammt aus dem Jahre 1942, einem Zeitpunkt, da keine spezialisierten Handwerker und kaum Baumaterialien zur Verfügung standen. Deshalb ist die Konstruktion so geplant, dass sie von eingeborenen Arbeitern aus einheimischen Steinen ausgeführt werden kann. Die Böden sind aus Holz und das gewölbte Dach aus von Eingeborenen hergestellten Hohlziegeln. Die Schreinerarbeiten sind auf eine Art Sparrenwerk, das den Raum unterteilt, reduziert. Im Innern können, je nach Bedarf, kompakte oder durchsichtige Paneele angebracht werden. Ein Reservoir zum Bewässern der Tomatenpflanzungen ist als Schwimmbassin ausgebaut.

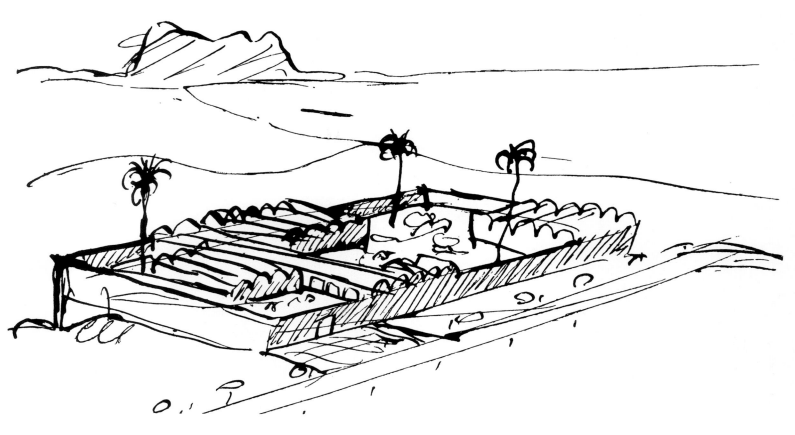

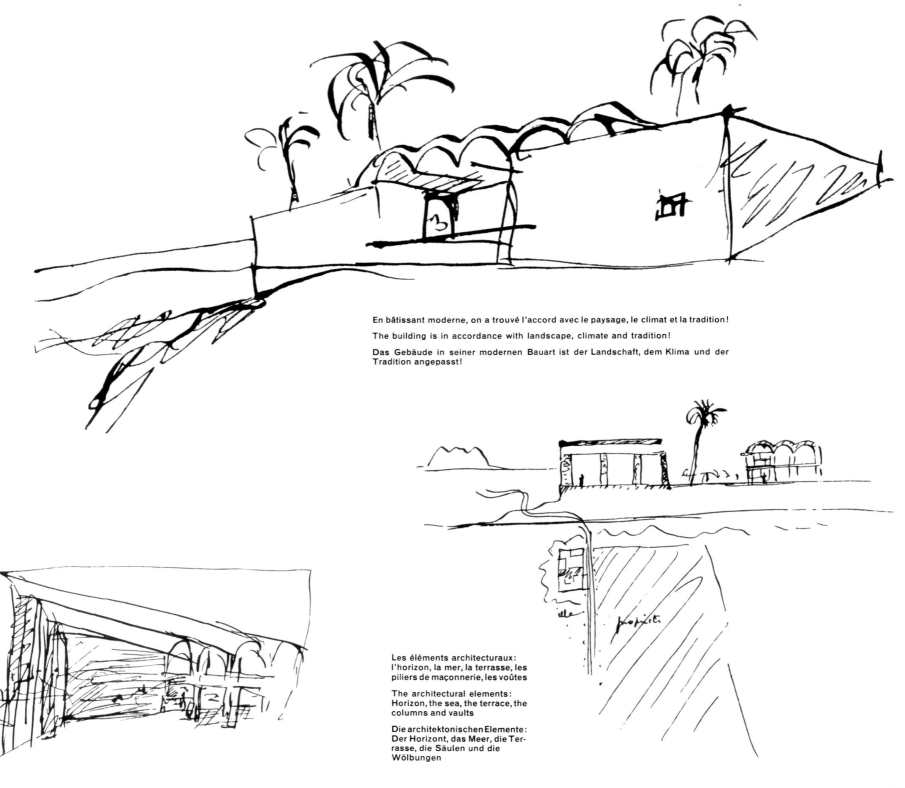

En bâtissant moderne, on a trouvé l'accord avec le paysage, le climat et la tradition!

The building is in accordance with landscape, climate and tradition!

Das Gebäude in seiner modernen Bauart ist der Landschaft, dem Klima und der Tradition angepasst!

Les éléments architecturaux: l'horizon, la mer, la terrasse, les piliers de maçonnerie, les voûtes

The architectural elements: Horizon, the sea, the terrace, the columns and vaults

Die architektonischen Elemente: Der Horizont, das Meer, die Terrasse, die Säulen und die Wölbungen

1954/56 Maisons Jaoul à Neuilly-sur-Seine

Un des problèmes d'après-guerre les plus difficiles qu'eut à résoudre Le Corbusier: terrain hérissé de réglementations contradictoires, programme complexe, budget forcément très limité.

Le Corbusier décide de remettre en chantier des matériaux les plus élémentaires, les plus usuels: la brique, la tuile plate, les voûtes dites «catalanes» en tuiles plates apparentes (voûtes faites sans coffrage), les toitures recouvertes d'herbe. Application du Modulor par le choix de trois dimensions décisives: la travée de 3 m 66 et la travée de 2 m 26; la hauteur de 2 m 26 sous linteaux dominés par une voûte. Le sol en tuiles plates ordinaires et les «voûtes catalanes» en mêmes tuiles plates ordinaires. L'épine de mur intérieur en briques ordinaires apparentes traverse toute la maison; les murs extérieurs sont en briques apparentes au dehors seulement, et doublés à l'intérieur (et plâtrés) pour éviter les condensations. Le pan de verre, très perfectionné, bénéficie des recherches antérieures. Les canalisations sont concentrées dans les rigoles au pied des murs, dans les reins de chaque voûte — ces rigoles contiennent les canalisations d'eau chaude, d'eau froide, du téléphone, de l'électricité. Contact électrique au-dessus de la plinthe. La cuisine incorporée dans la vie domestique et non pas séparée totalement comme autrefois. Le jardin, forcément réduit, traité en «clos architecturaux». Les parties horizontales portantes sont de grands linteaux en gros béton armé répartissant les charges des voûtes sur des ouvertures variées, irrégulières.

Houses Jaoul at Neuilly-sur-Seine

This was one of the most difficult postwar problems which Le Corbusier had to solve. The rules concerning the ground were contradictory, the programme was complicated, and the budget unavoidably limited. Le Corbusier decided to use the commonest and crudest materials—brick, tiles and vaults formed with tiles as permanent shuttering (Catalan vaults), the roofs covered with grass. The Modulor was used to determine the principal dimensions, spans of 7 ft. 6 in. and 12 ft. and a height to the soffit of the vault-carrying lintels of 7 ft. 6 in. The floors and the "Catalan vaults" have an ordinary tile finish, the interior spine wall of unplastered brick runs right through the house. The exterior walls are unplastered on the outside and on the inside plastered to avoid condensation. The glass wall has been much improved due to earlier research. The drainage is concentrated at the foot of the walls into channels and in the groins of the vaults. These channels contain the hot and cold water, drainage, telephone and electricity. The electrical appliances are fed from contact points distributed above the baseboard (there were no electrical services in the ceilings). The kitchen is incorporated in the living area and not completely separated as is usually the case.

Häuser Jaoul in Neuilly-sur-Seine

Eine der schwierigsten Nachkriegsaufgaben Le Corbusiers: Zahllose, einander widersprechende Bauvorschriften, ein kompliziertes Bauprogramm und ein äusserst knappes Budget.

Le Corbusier verwendete das primitivste und herkömmlichste Material: Backstein, Flachziegel, sogenannte «katalanische Gewölbe» aus sichtbaren Flachziegeln (ohne Schalung gegossen), Gras als Dachbelag. Die nach dem Modulor bestimmten Hauptmasse sind: Spannweiten von 3,66 und 2,26 m Höhe bis zum Gesimse 2,26 m. Die innere, quer durch das ganze Haus gehende Stützmauer ist aus unverputztem Backstein. Die Backstein-Aussenmauern aussen unverputzt, im Innern zur Verhütung der Kondensation verkleidet und getüncht. Die Glaswand wurde auf Grund früherer Erfahrungen wesentlich verbessert. In den Rinnen der Gewölbe ist die Kanalisation für Heiss- und Kaltwasser, Telephon- und elektrische Leitungen zusammengefasst. Die Kontakte sind über dem Gesimse verteilt.

Die Küche ist nicht, wie früher, von den Wohnräumen getrennt. Der zwangsläufig kleine Garten ist von einer Mauer umgeben.

Die horizontal tragenden Teile bestehen aus grossen Betongesimsen, die das Gewicht der Gewölbe über den unregelmässigen Öffnungen verteilen.

A droite, le salon au rez-de-chausée de la maison A →
On the right, the living-room of house A
Rechts Wohnraum Haus A

La maison A avec la rampe de piétons / House A with pedestrian ramp / Haus A mit der Fussgängerrampe

Ces trois plans indiquent la localisation des deux maisons dans le terrain. Leur entrée est commune. Au sous-sol se trouve le garage et les 2 cours / Three plans showing the location of the 2 houses on the site. One entrance for both houses. Garage and courts in the basement. Each house has 2 gardens (7) separated by walls, kitchen, kitchen-court (8) / Die drei Pläne zeigen die Lage der beiden Häuser im Gelände. Gemeinsamer Eingang. Im Sous-sol Garage und 2 Höfe. Jedes Haus besitzt 2 durch Mauern getrennte Gärten (7). Der gemeinsame Hof ist gleichzeitig eine direkte Verbindung der beiden Küchen (8)

La cheminée dans le salon de la maison A   The fire-place in the living-room of house A   Cheminée im Wohnraum Haus A

La façade ouest de la maison B avec la porte d'entrée

West elevation of house B with entrance door

Westfassade Haus B mit Eingangsportal

Dans le volume 5 nous avons décrit la maison du docteur Currutchet à La Plata comme suit:

Elle occupe un terrain de lotissement traditionnel ouvert sur une avenue, entourée de deux murs mitoyens à gauche et à droite et d'un mur mitoyen au fond. Un beau boulevard s'étend au-devant dans la verdure d'un parc.

On a donc, tout d'abord, assuré par le dispositif général de la maison, la vue sur ce parc et l'on a créé une terrasse formant jardin suspendu, permettant précisément de goûter les bienfaits du ciel, de la lumière, du soleil et de l'ombre au-devant de la maison et au lieu utile.

Le béton armé a permis avec ses pilotis de gagner des espaces sous la maison et de permettre ainsi une distribution favorable entre le cabinet de réception du médecin et sa demeure. Le béton armé, naturellement, fournissait un pan de verre complet qui fut équipé d'un brise-soleil dessiné conformément à l'incidence du soleil à cette latitude et selon cette orientation. Les plans et la coupe ont offert la possibilité d'une véritable promenade architecturale, une montée intéressante et amusante avec des points de vue favorables sur diverses perspectives. Le plan libre, adopté à tous les étages et très particulièrement dans les chambres à coucher propose des solutions intéressantes.

Au mois d'août 1962, D. Pivarski, un jeune architecte de Paris, visitait La Plata et comme admirateur des œuvres de Le Corbusier il a aussi vu la maison du docteur Currutchet et a écrit entre autres la phrase suivante:

«C'est à titre d'un hommage modeste, que je voudrais rendre au Grand Architecte disparu, notre père spirituel.»

Nous publions dans ce livre quelques photos. Malheureusement Le Corbusier ne pouvait pas surveiller la construction, pourtant Dr. Currutchet se donnait de la peine afin que cette maison charmante fût exécutée exactement selon les plans de son maître.

Dr. Currutchet's house in La Plata

We have given the following information on Dr. Currutchet's house in La Plata in volume 5:

The house occupies a site surrounded on three sides by walls and facing onto an avenue. In front there is a fine boulevard and a green park. In the first place the house must be orientated to ensure a view over the park, and to this end a terrace forming a hanging garden has been made, which allows the benefits of the sky, the light, the sun and the shade to be enjoyed in the front of the house.

The space gained by raising the house on pilotis has allowed a convenient relationship between the consulting room and the house. Naturally the reinforced concrete allows very complete glazing, and this has been protected by a brise-soleil designed in accordance with the angle and direction of the sun at this latitude. The plans and section offer the possibility of a regular architectural promenade. One rises up through the building in an interesting and amusing way which opens up various perspectives. The free planning of all the storeys, and most particularly the bedroom, gives rise to some interesting solutions.

In August 1962 D. Pivarski, a young architect from Paris, visited La Plata and being an admirer of Le Corbusier he also looked at the doctor's house and made the following comment:

"C'est à titre d'un hommage modeste, que je voudrais rendre au Grand Architecte disparu, notre père spirituel."

Several pictures of this house are published here. Although Le Corbusier himself could not supervise his work while it was under construction, its owner, Dr. Currutchet, took every care that this extremely charming house was built exactly according to its master's plans. At that time Dr. Currutchet also wanted to have all the furniture designed by Le Corbusier, but unfortunately this was not possible.

Haus Dr. Currutchet in La Plata

Über das Haus Dr. Currutchet in La Plata haben wir im 5. Band geschrieben:

Dieses Haus liegt auf einem kleinen, gegen die Strasse geöffneten Grundstück, das links, rechts und hinten von Brandmauern eingefasst ist. Davor erstreckt sich ein schöner Boulevard mit dem Grün eines Parkes. Deshalb wurde vorerst darauf geachtet, die Aussicht auf den Park zu sichern. Zu diesem Zwecke wurde eine Terrasse als hängender Garten angelegt.

Dank der Pfeilerkonstruktion aus armiertem Beton könnte Raum unter dem Haus gewonnen werden. Dies gestattete eine besonders günstige Einteilung der für die ärztliche Praxis benutzten Räume und der Wohnung. Aus der Betonkonstruktion ergab sich ganz von selbst eine vollständig aus Glas bestehende Wand, die mit einem genau nach dem Einfall der Sonnenstrahlen berechneten Brise-Soleil (Sonnenschutz) ausgestattet wurde. Der freie Grundriss, nach dem alle Stockwerke und insbesondere die Schlafzimmer angelegt sind, bietet sehr interessante Lösungen.

Ein junger Architekt aus Paris, D. Pivarski, hat im August 1962 La Plata besucht und bei dieser Gelegenheit, als grosser Bewunderer von Le Corbusier, das Doktorhaus aufgesucht. Er schreibt dazu unter anderem:

«C'est à titre d'un hommage modeste, que je voudrais rendre au Grand Architecte disparu, notre père spirituel.»

Wir publizieren hier einige Aufnahmen. Obwohl Le Corbusier den Bau nicht selbst überwachen konnte, hat sich der Bauherr persönlich bemüht, dieses ausserordentlich reizende Haus genau nach den Plänen des Meisters ausführen zu lassen.

Dr. Currutchet hätte damals auch gerne die Möblierung von Le Corbusier entwerfen lassen, was jedoch nicht möglich war.

Vue depuis le boulevard   View trom the boulevard   Ansicht vom Boulevard

La maquette   Modellaufnahme

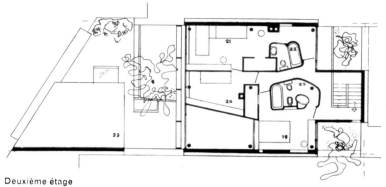

Deuxième étage

19, 20, 21 chambres
22 salles de bain
23 vue sur le toit

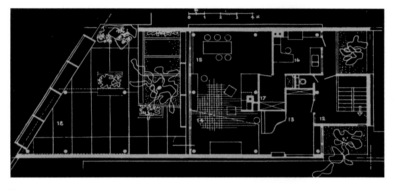

Premier étage

12 palier d'entrée
13, 14, 15 salle commune
(en pointillé double
hauteur sous plafond)
16 cuisine
17 débarras
18 terrasse (en pointillé
partie couverte)

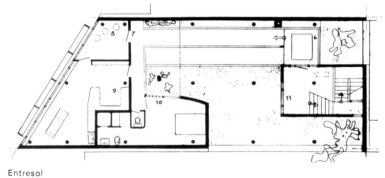

Entresol

6 palier intermédiaire
7 entrée du cabinet
médical
8 salle d'attente
9 cabinet médical
10 chambre de service
11 accès à l'appartement

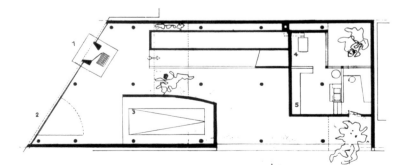

Rez-de-chaussée en partie vide sous la maison

1 entrée
2 porte de garage
3 garage
4 chaufferie
5 buanderie

Vue de la façade sur le boulevard

Un détail de la façade

La rampe

La porte d'entrée

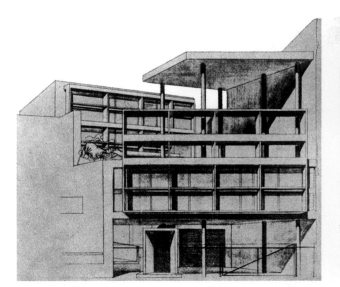

Façade sur le boulevard (dessin)

... et la maquette

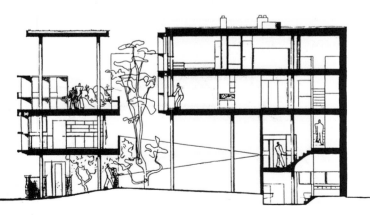

Coupe longitudinale côté rampe

1956 Villa Shodan à Ahmedabad

Les plans révèlent une simplicité notoire de structure, mais, par contre, une plasticité étonnante dans l'implantation des locaux, leur forme, leurs dimensions, à l'ombre des brise-soleil des façades et du toit-parasol, et encore, en contact avec les jardins suspendus balayables par une orchestration de courants d'air appropriés. Ce plan rappelle les ressources de la Villa Savoy à Poissy (1929 à 1930), mis à la mode tropicale ici et à la mode indienne.

Le béton brut du coffrage de bois des façades est sans appareillage préconçu; le coffrage est fait de bois «tout venant». Un appareillage n'apparaît que sous le parasol de toiture et dans les plafonds des chambres; ses coffrages sont alors en tôle et la surface résultante recevra des couleurs intenses magnifiant le béton brut.

Un élément caractéristique est fourni par la rampe qui conduit à l'entresol et à l'étage.

Au-dessus, les locaux disposés dans l'espace d'un «jardin suspendu», à plusieurs niveaux, constituent trois appartements indépendants et cependant en contact.

The Shodan house at Ahmedabad

The plans reveal an evident structural simplicity, but also, countering this, a wonderful plasticity in the handling of the rooms—in their form, their dimensions, in the shadows of the brise-soleil on the façades and of the roof parasol, and, moreover, in the hanging gardens swept by an orchestration of beneficent air currents. This plan recalls the ingenuity of the Villa Savoy of 1929—1930 at Poissy, placed here in a tropical and Indian setting.

The raw concrete of the façades, showing the imprint of the wooden formwork, is purposely left unfinished; the forms are made from what wood was available. A smooth finish appears only under the roof parasol and on the interior ceilings— these forms are therefore of sheet-metal, the resulting surface will receive intense color magnifying the raw concrete.

A caracteristic element is furnished by the ramp which leads to the mezzanine and to the main level. Above, the accommodations are disposed in the space of a "hanging garden", on several levels, constituting three apartments, separate and yet in contact with one another.

Villa Shodan in Ahmedabad

Die Konstruktion ist bemerkenswert einfach. Anordnung, Formen und Dimensionen der Räume ergeben eine erstaunliche räumliche Wirkung. Die Räume stehen in Verbindung mit den Terrassen, über die die Winde hinstreichen. Der Grundriss erinnert an denjenigen der Villa Savoy in Poissy (1929 bis 1930), ist aber dem tropischen Klima und der indischen Bauweise angepasst.

Das Schalmaterial für die Fassaden besteht aus beliebigem erhältlichem Holz; der Beton ist nach Ausschalung roh belassen. Einzig für das Sonnenschutzdach und die Wohnräume wurden Blechschalungen verwendet; die starken Farben heben die Struktur des Rohbetons hervor. Ein charakteristisches Element bildet die zum Zwischen- und ersten Stockwerk führende Rampe.

Zuoberst befindet sich der Dachgarten mit verschiedenen Niveauhöhen mit drei voneinander unabhängigen, aber verbundenen Wohnungen.

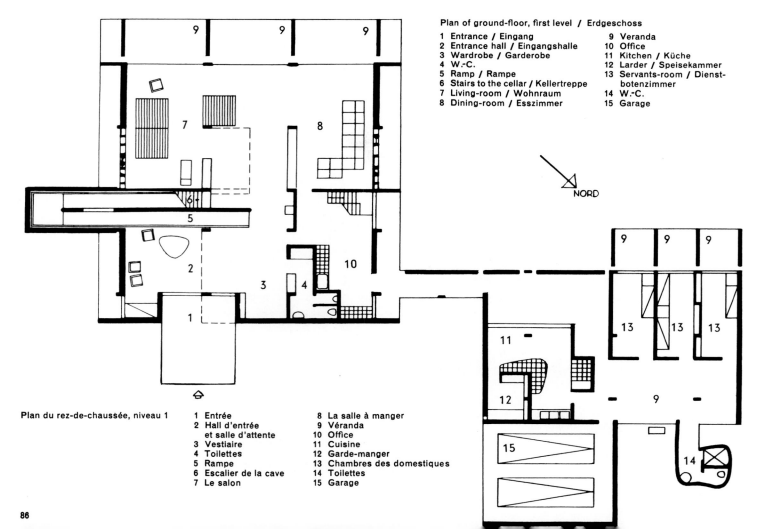

Plan of ground-floor, first level / Erdgeschoss
1 Entrance / Eingang
2 Entrance hall / Eingangshalle
3 Wardrobe / Garderobe
4 W.-C.
5 Ramp / Rampe
6 Stairs to the cellar / Kellertreppe
7 Living-room / Wohnraum
8 Dining-room / Esszimmer
9 Veranda
10 Office
11 Kitchen / Küche
12 Larder / Speisekammer
13 Servants-room / Dienstbotenzimmer
14 W.-C.
15 Garage

NORD

Plan du rez-de-chaussée, niveau 1
1 Entrée
2 Hall d'entrée et salle d'attente
3 Vestiaire
4 Toilettes
5 Rampe
6 Escalier de la cave
7 Le salon
8 La salle à manger
9 Véranda
10 Office
11 Cuisine
12 Garde-manger
13 Chambres des domestiques
14 Toilettes
15 Garage

La façade sud-ouest avec piscine   South-West façade with swimming pool   Südwestfassade mit Schwimmbassin

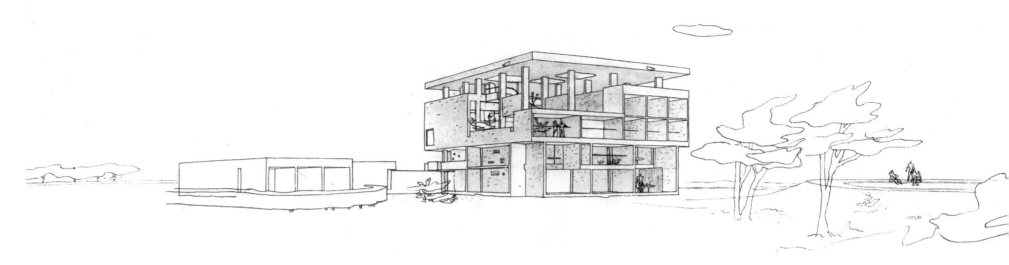

Perspective d'ensemble. Vue façades nord-ouest et sud-ouest, projet 1952   General view, project 1952. North-west and south-west elevations   Gesamtansicht, Projekt 1952. Nordwest- und Südwestfassade

Le bloc de service à gauche, les façades nord-ouest et sud-ouest   The north-west and south-west elevations, on the left the servants' block   Nordwest- und Südwestfassade. Links Dienstbotenräume

Le salon. A droite, au premier plan, une lampe a projecteur flexible   Living-room, on the right a lamp with movable projections   Wohnraum. Rechts bewegliche Lampe

1954 Palais de l'Association des Filateurs d'Ahmedabad

La structure est stricte; le bâtiment orienté selon les vents dominants. Les façades est et ouest ont leurs brise-soleil. Le toit est utilisé avec le bar pour les fêtes de nuit. La salle d'assemblée est faite d'une double cloison mince de briques doublée d'un contre-plaqué de bois. Mobilier: Estrade et fauteuils libres ou alignés, deux tapisseries verticales suspendues au plafond prévues pour des raisons acoustiques. Cette salle d'assemblée est éclairée indirectement par les reflets d'un plafond courbe, maintenu frais par un bassin d'eau et par deux jardins suspendus. Circulation: du niveau inférieur jusqu'au sommet, un double ascenseur logé dans une tour spéciale dessert tous les niveaux. Une longue rampe d'accès pour piétons relie le niveau de la direction au premier arrêt des automobiles.

Les matériaux sont la brique apparente pour les façades nord et sud; le béton brut pour les façades est et ouest avec coffrage de bois pour les brise-soleil et coffrage de tôle pour les murs. Les sols sont en pierre de Delhi (Morak stone), «dallage optime Modulor» se relevant à gauche et à droite sur les murs pignons jusqu'aux plafonds à chaque étage et servant de tapisserie de pierres au bureau du Président, au bureau du Directeur, au jardin suspendu de la salle d'assemblée.

Ahmedabad Millowners' Association Building

The structure is strongly disciplined; the building is oriented according to the prevailing winds. The east and west façades have their brise-soleil. The roof is used together with the bar for evening entertainment. The assembly hall is constructed of double thin brick walls panelled in wood. Either random or concert seating, two vertical tapestries are suspended from the ceiling for acoustical reasons. The hall is indirectly lighted by reflections from the curved ceiling, which in turn is kept cool by two gardens and a water basin on the roof. Circulation: from the lowest level to the roof two elevators serve all the floors. A long ramp provides pedestrian access from the main office floor to the parking lot.

The north and south façades are constructed of unplastered brick; the east and west façades are of raw, unfinished concrete; the brise-soleil are clad in wood, and the walls in sheet metal.

The flooring is Delhi stone (Morak), which is also placed left and right on the walls up to the ceiling, according to the "Optimum Modulor" system, and serves as a "stone Tapestry" in the offices of the President and Director, as well as for the roof terrace of the assembly hall.

Plan niveau 3:
1 Rampe
2 Hall d'entrée
3 Renseignements
4 Président
5 Vice-président
6 Secrétaires
7 Visiteurs
8 Sub-Comité
9 Managing-comité
10 Bureaux
11 Toilettes

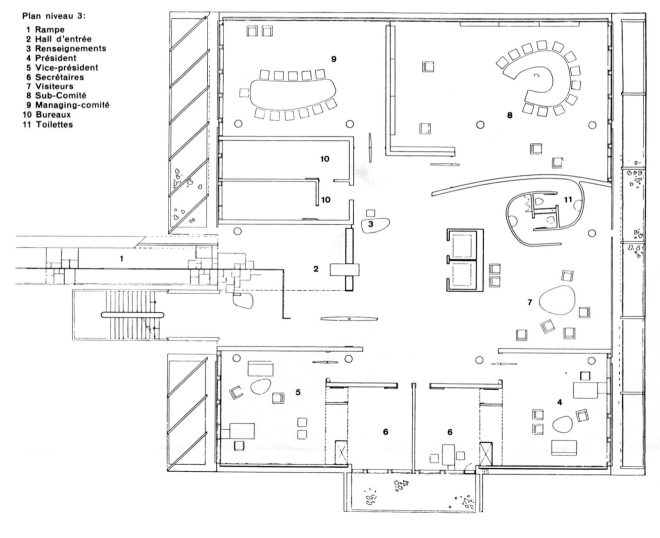

Haus des Baumwollspinnereiverbandes in Ahmedabad

Das Gebäude ist nach den dominierenden Winden ausgerichtet. Sonnenblenden an der Ost- und Westfassade, Süd- und Ostfassade weisen nahezu keine Öffnungen auf. Dach und Bar werden bei nächtlichen Veranstaltungen benützt. Die Wände des Versammlungssaales bestehen aus einer Unterkonstruktion aus Backsteinen und einer Verkleidung aus Sperrholz. Möblierung: Freie oder Konzertbestuhlung und zwei vertikal von der Decke hängende Wandteppiche (aus akustischen Gründen). Der Saal wird durch Reflektieren der gewölbten Decke indirekt beleuchtet; die Decke wird durch ein Wasserbassin und zwei Dachgärten kühl gehalten. Zirkulation: vom Untergeschoss bis zum Dach bedient eine doppelte Liftanlage sämtliche Stockwerke. Eine lange Fussgängerrampe verbindet die Direktionsräume mit dem Autoparkplatz.

Materialien: Nord- und Südfassade unverputzter Backstein; Ost- und Westfassade Beton mit Holzverschalung für die Sonnenblenden, Blechverschalung zum Eingiessen des Betons für die Mauern. Fussböden aus Delhi-(Morak)-Steinen, nach dem System «Optimalbelag Modulor» verlegt, der in allen Etagen an den Stirnwänden rechts und links bis zur Decke geführt ist und «Wandteppiche» aus Steinen bildet.

Plan de situation / Site plan / Situationsplan:

 1 Entrée des voitures / Access for cars / Autozufahrt
 2 Entrée des piétons / Entry for pedestrians / Eingang für Fussgänger
 3 Entrée des domestiques / Servants' entry / Eingang für Dienstboten
 4 Domestiques / Servants / Dienstboten
 5 Parking provisoire
 6 Parking
 7 Entrée principale / Ramp / Rampe
 8 Entrée des bureaux / Entry to the offices / Eingang zu den Büros
 9 Restaurant
10 Toit-jardin / Roof-garden / Dachgarten
11 Jardin / Garden / Garten

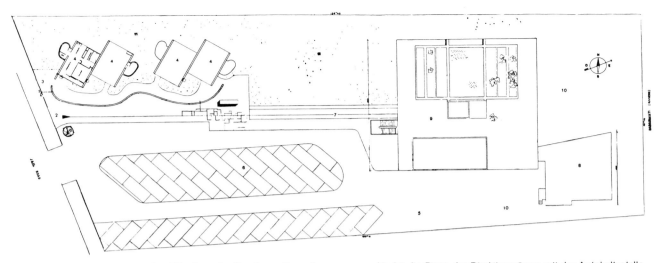

Façade west. A long ramp provides pedestrian access from the main office floor to the parking lot　　　Die Westfassade. Eine lange Fussgängerrampe verbindet die Etage der Direktionsräume mit der Autohaltestelle

La façade ouest avec son brise-soleil. Une longue rampe d'accès pour piétons relie le niveau de la direction au premier arrêt des automobiles

La situation du bâtiment dans un jardin dominant le fleuve et le spectacle si pittoresque des teinturiers artisanaux lavant leurs cotonnades et les séchant sur le sable en compagnie des hérons, des vaches, des buffles, des ânes à demi immergés pour se tenir au frais, était une invitation à ménager, par l'architecture, aux différents niveaux du palais, des vues servant de cadre aux travaux quotidiens comme aux fêtes du soir et de la nuit prévues à l'étage de la Salle d'Assemblées générales et sur le toit

The situation of the building in a garden dominating the river furnishes a picturesque spectacle of the cloth dyers washing and drying their cotton materials on the sand in the company of herons, cows, buffaloes, and donkeys half immersed in the water to keep cool. Such a panorama was an invitation to attempt, by means of the architecture, to frame views from each floor of the building—for the benefit of the staff in their daily work, for festive evenings, for night views from the stage of the assembly hall, and also from the roof

Das Haus liegt in einem Garten über einem Fluss, an dem die Färber ihre Baumwolle waschen und auf dem Ufersand trocknen. Reiher, Kühe, Büffel und Esel, die sich im Wasser erfrischen, leisten ihnen Gesellschaft. Es lag dem Architekten daran, von allen Etagen Ausblicke auf dieses malerische Schauspiel zu gewähren, das den Rahmen bei der täglichen Arbeit und den nächtlichen Festen im Versammlungssaal und auf dem Dach bildet

Grandes constructions

Bâtiments d'administration
Maisons d'étudiants
Usines
Unités d'habitation
Chandigarh

Large buildings

Administration buildings
Students hostels
Factories
Unités
Chandigarh

Grosse Bauten

Verwaltungsbauten
Studentenhäuser
Fabriken
Unités
Chandigarh

Ce projet a été désigné pour le premier prix et l'exécution par le jury des professionnels au grand concours international de 1927, où 377 projets avaient été envoyés des quatre coins du monde représentant 12 km de plans!

Des manœuvres dont le moins qu'on puisse dire est qu'elles étaient dépourvues de toute honnêteté, ont arraché aux auteurs le fruit de leur travail et l'exécution du Palais a été confiée à 4 architectes académiques. L'opinion publique s'est émue violemment de ce déni de justice; la grande presse internationale quotidienne, les revues spécialisées et les revues d'idées ont débattu la question. Deux ans se sont écoulés sans que les architectes désignés aient pu se mettre d'accord sur un projet et que celui-ci ait pu être accepté par la Société des Nations. Enfin, en 1929, un projet définitif a été accepté par le Conseil des Nations à Madrid, signé des 4 architectes académiques; ses dispositifs essentiels n'ont plus rien de commun avec ceux des quatre projets académiques choisis. Ils s'inspirent, sans contestations possibles, du projet Le Corbusier/Pierre Jeanneret, primé par le jury en 1927, et plus particulièrement du second projet, soumis au Comité de la Société des Nations, par ces deux architectes en avril 1929. Un procès a été engagé par les deux architectes lésés contre la Société des Nations, mais la requête adressée par ceux-ci au Conseil des Nations sous forme d'une brochure de 36 pages rédigée par les soins de Me Prudhomme, avocat à Paris, n'a pas été reçue par la Société des Nations, qui s'est contentée de répondre en cinq lignes qu'elle n'a pas à connaître les réclamations émanant de particuliers! Si le présent projet a provoqué une telle levée en masse de l'opinion publique, c'est qu'il représentait l'esprit moderne opposé aux routines et à l'Académie. Ce projet était une

maison de travail pratique et correspondant à l'état d'ésprit contemporain. Il proposait des solutions techniques entièrement neuves; bâtiment des bureaux, grande salle d'assemblée acoustique, circulation horizontale et verticale, chauffage et ventilation, circulation automobile, etc. Nouveauté complète dans la conception d'un palais par suite de la construction en ciment armé. Enfin, son coût était conforme aux exigences formelles du programme, qui, sous peine d'élimination, exigeait que le Palais ne coûtât pas plus de 13 millions de francs-or. Montant du présent devis: 12 millions et demi. Les quatre projets académiques choisis après coup par la Société des Nations avaient été faussement déclarés par leurs auteurs d'une valeur de 13 millions, mais les experts avaient reconnu de suite après, que les prix indiqués de 13 millions devaient être remplacés par des prix de 50, 40, 35, et 27 millions!!! Pour construire sa maison, la Société des Nations a débuté par l'une des injustices les plus préméditées et c'est la raison pour laquelle l'opinion publique s'est cabrée.

La raison primordiale qui a provoqué les agissements de la Société des Nations est une véritable révolte sentimentale due a l'incompréhension esthétique du projet Le Corbusier/Pierre Jeanneret. C'est que ce projet a proposé à l'époque présente, un concept esthétique nouveau conforme à l'évolution générale de la société contemporaine. Mais les gouvernants ne semblent pas évoluer à l'unisson des masses qu'ils gouvernent et les diplomates ont une inclination fâcheuse pour les lambris dorés des rois défunts. Le Corbusier a senti le besoin d'exposer sa thèse architecturale dans un ouvrage consacré à la question du Palais de la Société des Nations intitulé: «Une Maison — Un Palais», paru 1928.

The international panel of architects that assessed the competition held in 1927 for the Palace of the League of Nations — for which 377 different sets of plans, that would have covered a distance of some eight miles if placed on end, were received from every corner of the earth — awarded the design illustrated on these pages the first prize, and also recommended its definite adoption.

Intrigues of which the least that can be said is that they were devoid of any scruples, deprived the authors of the fruit of their labours; with the result that the actual commission for carrying out the building was later awarded to four academic architects. Public opinion was outraged by this flagrant act of injustice and the daily press, the technical and architectural periodicals, as also the leading intellectual organs and art reviews, proceeded to debate the question at length in almost every country. Two years elapsed before the four architects jointly nominated were able to agree on a design among themselves and get it accepted by the League. In point of fact it was not till 1929 that their composite design was formally ratified and adopted. Let it be said at once that in none of its essentials had the design which was the outcome of their collaboration anything in common with any of the four designs originally submitted by the four architects concerned. It is incontestible that this joint design was directly inspired by the design of Messrs. Le Corbusier and Pierre Jeanneret which the jury had premiated in 1927, and still more obviously by a second design the same architects submitted to them in April 1929.

Messrs. Le Corbusier and Pierre Jeanneret thereupon proceeded to take legal steps against the League of Nations to vindicate their rights. Their plea — which was in the form of a

Vue du lac   View from the lake   Ansicht vom See

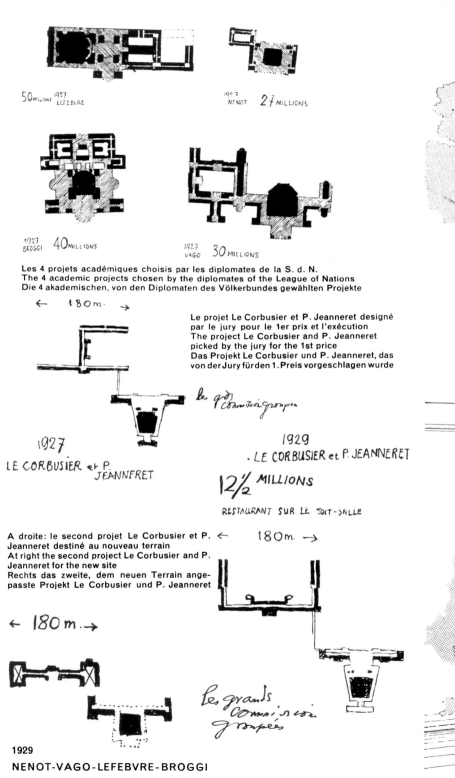

50 MILLIONS 1927 LEFEBVRE

1927 NENOT 27 MILLIONS

1927 BROGGI 40 MILLIONS

1929 VAGO 30 MILLIONS

Les 4 projets académiques choisis par les diplomates de la S. d. N.
The 4 academic projects chosen by the diplomates of the League of Nations
Die 4 akademischen, von den Diplomaten des Völkerbundes gewählten Projekte

← 180 m. →

Le projet Le Corbusier et P. Jeanneret designé par le jury pour le 1er prix et l'exécution
The project Le Corbusier and P. Jeanneret picked by the jury for the 1st price
Das Projekt Le Corbusier und P. Jeanneret, das von der Jury für den 1. Preis vorgeschlagen wurde

les gds commission groupes

1927
LE CORBUSIER et P. JEANNERET

1929
· LE CORBUSIER et P. JEANNERET

12½ MILLIONS

RESTAURANT SUR LE TOIT-SALLE

A droite: le second projet Le Corbusier et P. Jeanneret destiné au nouveau terrain
At right the second project Le Corbusier and P. Jeanneret for the new site
Rechts das zweite, dem neuen Terrain angepasste Projekt Le Corbusier und P. Jeanneret

← 180 m. →

← 180 m. →

les grands commission groupées

1929
NENOT-VAGO-LEFEBVRE-BROGGI

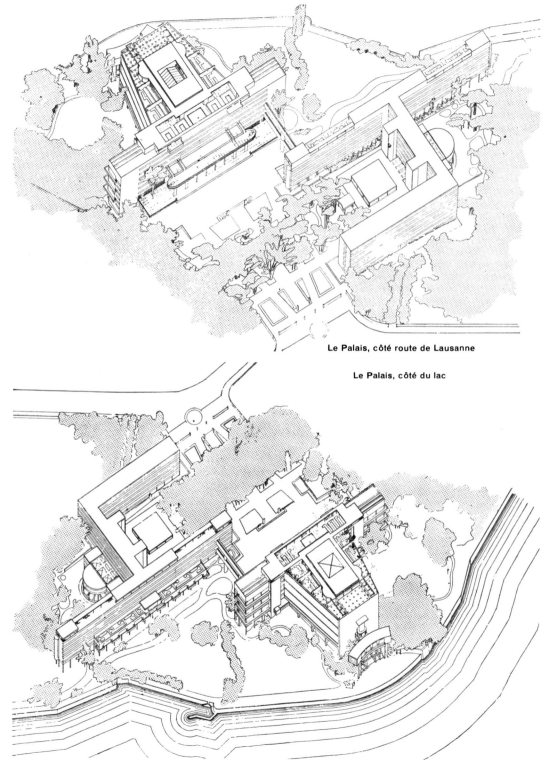

Le Palais, côté route de Lausanne

Le Palais, côté du lac

Projekt für das Völkerbundsgebäude in Genf

printed document of 36 pages drawn up by Maître Prudhomme, Professor of the Faculty of Law at the Sorbonne, and a well-known Paris barrister — was, however, "not received" — the only acknowledgment the League of Nations deigned to make being a five-line communication to the effect that the League could take no cognisance of complaints emanating from private individuals!

The reason why Messrs. Le Corbusier's and Pierre Jeanneret's design aroused public opinion to the extent it did was because it embodied the spirit of our own age instead of the outworn routine methods of traditional architects of the academic school. The design they had submitted was essentially one for a place to work in, corresponding to contemporary requirements. It incorporated entirely new technical solutions in the Office Wing, an acoustically perfect Assembly Hall, both horizontal and vertical means of communication within the building, modern systems of heating and ventilation, rational access for motor cars and adequate provision for parking them. The idea of a palace constructed of reinforced concrete was, moreover, entirely unprecedented. Finally, the cost of Le Corbusier's and Pierre Jeanneret's design was scrupulously in conformity with the explicit provisions of the published programme, which laid it down that any design envisaging an expenditure exceeding 13 million gold francs would be automatically eliminated on that score. The estimate for this project of theirs was precisely 12 500 000 francs. The authors of the four academic projects which the League of Nations had jointly premiated on second thoughts falsely declared that their several schemes would not cost more than 13 000 000 francs to build. It was, however, subsequently established, by the experts who investigated them that the real cost would have been 50, 40, 35 and 27 millions.

Dieses Projekt war beim internationalen Wettbewerb 1927 durch die aus Fachleuten bestehende Jury, die 377 Projekte aus der ganzen Welt mit einer Gesamtlänge von 12 km zu bewerten hatte, für den ersten Preis und die Ausführung vorgeschlagen worden.

Machenschaften, die zumindest unehrenhaft genannt werden müssen, haben die Urheber des Projektes um die Früchte ihrer Arbeit gebracht und bewirkt, dass die Ausführung des Palastes vier Architekten der akademischen Richtung anvertraut wurde. Die öffentliche Meinung empörte sich heftig gegen diese Rechtsmissachtung: in der Tagespresse, in Fachzeitschriften und kulturellen Organen wurde die Angelegenheit eingehend diskutiert.

Zwei Jahre vergingen, ohne dass die gewählten Architekten sich auf ein Projekt, das vom Völkerbund hätte angenommen werden können, einigen konnten. 1929 endlich wurde ein endgültiges Projekt in Madrid vom Völkerbundsrat akzeptiert. Es trug die Namen der vier beauftragten Architekten. Die Grundgedanken dieser Arbeit haben nichts mehr mit irgendeinem der ursprünglich ausgezeichneten Projekte dieser Architekten gemeinsam; ohne Zweifel war sie vom 1927 preisgekrönten Projekt Le Corbusier/Jeanneret und insbesondere vom zweiten, 1929 dem Völkerbundskomitee unterbreiteten Entwurf inspiriert. Die beiden geschädigten Architekten liessen durch Maître Prudhomme, Anwalt in Paris und Professor an der Sorbonne, Protest in Form eines 36seitigen Memorandums beim Völkerbund einreichen, der sich aber nicht darauf einliess, sondern nur in einem Brief von fünf Zeilen mitteilte, er sei nicht gehalten, Reklamationen von Privaten entgegenzunehmen!

Wenn dem Projekt Le Corbusier/Pierre Jeanneret von der öffentlichen Meinung so grosse Beachtung geschenkt wurde,

so deshalb, weil es einen der Routine entgegengesetzten Geist verkörpert. Es sieht ein Haus für praktische Arbeit vor und entspricht unserer Zeit. Die technischen Lösungen sind vollkommen neuartig: ein Bürogebäude, ein grosser Saal mit vorzüglicher Akustik für die Vollversammlung, horizontale und vertikale Zirkulationsmöglichkeiten innerhalb des Gebäudes, neue Heizungs- und Ventilationssysteme, geeignete Autozufahrten und Parkplätze usw. Die Baukosten entsprachen den Bedingungen des Wettbewerbsprogramms, das unter Androhung des Ausschlusses 13 Millionen Goldfranken als oberste Grenze festsetzte. Kostenvoranschlag für das vorliegende Projekt: 12,5 Millionen Goldfranken.

Die Baukosten der nachträglich vom Völkerbund prämiierten vier Projekte waren fälschlich mit 13 Millionen angegeben worden, doch wurde nachträglich durch Experten festgestellt, dass sie mit 50, 40, 35 und 27 Millionen angesetzt werden mussten!

Der Völkerbund hat den Bau seines Hauses bewusst mit einer Ungerechtigkeit begonnen, worüber die öffentliche Meinung empört war.

Der eigentliche Grund dieses Verhaltens des Völkerbundes ist gefühlsmässige Ablehnung auf Grund vollständigen Nichtverstehens der ganz neuen ästhetischen Konzeption des Gebäudes, die der gegenwärtigen Gesellschaftsstruktur entspricht. Aber die Regierungen und Diplomaten haben noch immer eine bedauerliche Neigung für den vergoldeten Zierat längst verblichener Könige.

In einer 1928 bei Crès erschienenen Publikation «Une Maison — Un Palais» hat Le Corbusier seine Stellungnahme zur Frage des Völkerbundspalastes niedergelegt.

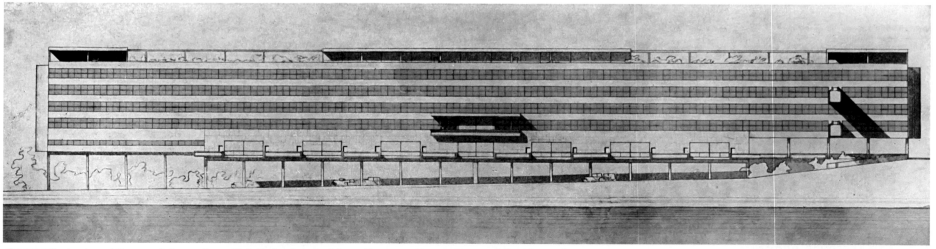

Grande salle des assemblées, vue du lac   Assembly-hall, view from the lake   Der grosse Versammlungssaal, Ansicht vom See

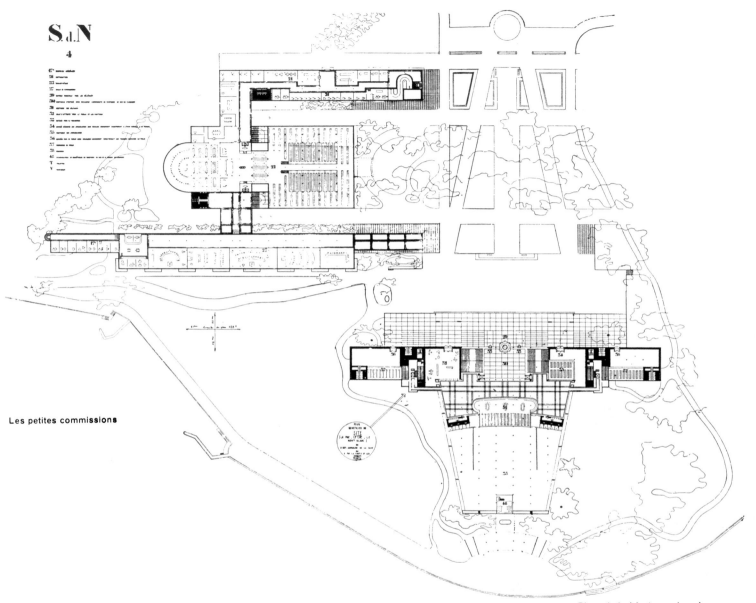

La haute futaie et le régime de circulation
High trees and strictly one-way traffic
Hohe Bäume und Einbahnverkehr

Le quai du secrétariat
The approachment to the secretariat
Zugangsweg zum Sekretariat

Le quai de la grande salle avec ses
7 entrées
The approachment to the large hall with
its 7 entrances
Zugangsweg zum grossen Saal mit den
7 Eingängen

Les vestiaires et toilettes, chaque vestiaire
est désservi par son propre escalier, qui
conduit les auditeurs dans la salle
The cloak-rooms and toilettes, each cloak-
room is served by its own stairway,
leading to the large hall
Garderoben und Toiletten, jede Garderobe
verfügt über eine Treppe, die zum grossen
Saal führt

Les petites commissions

Les magasins

Les pilotis du pavillon du président et
l'ascenseur particulier
The columns of the presidential pavilion
with its privat elevator
Die Säulen des Präsidentenpavillons mit
eigenem Lift

Plan général à niveau du sol

Le problème:
Un groupe de bâtiments formant un ensemble préalable suffisant, sus-
ceptible de s'étendre et de se raccorder au bâtiment tout récent du
B. I. T. qui s'étend à 300 mètres de notre limite actuelle
Des bureaux: 500 bureaux
Une grande salle pour 2600 personnes, organe de visibilité et d'audi-
tion
Le Palais des Nations abrite en quelque sorte quatre genres d'activités:
Une activité quotidienne: le Secrétariat général avec la Bibliothèque.
Une activité intermittente: les petites Commissions sans public et les
grandes Commissions avec public
Une activité trimestrielle: le Conseil des Nations
Une activité annuelle: l'Assemblée générale des Nations

The problem:
A group of buildings forming a whole, sufficient as a first stage and
capable of being enlarged and connected to the then recently built
I.L.O. building located about 900 ft. from the present property line
500 offices
A large auditorium for 2600 people, with provisions for proper visual
and acoustic conditions
The Palais des Nations houses four different types of activities:
A daily activity: the General Secretariat with the Library
An intermittent activity: the small Commissions closed to the public
and the large Commissions open to the public
A quarterly activity: The Council of Nations
An annual activity: The General Assembly of Nations

Die Aufgabe:
Eine Gruppe von Gebäuden, die eine Einheit bilden. Möglichkeit der
Erweiterung und Verbindung mit dem Gebäude des Internationalen
Arbeitsamtes, das sich in einer Entfernung von 300 Metern von der
jetzigen Grenze befindet
500 Büros
Ein grosser Saal für 2600 Personen
Der Völkerbundspalast dient vier verschiedenen Benutzungsarten:
Tägliche Benutzung: Das Generalsekretariat mit der Bibliothek
Zeitweise Benutzung: Nichtöffentliche Sitzungen der kleinen Kom-
missionen und öffentliche Sitzungen der großen Kommissionen
Vierteljährliche Benutzung: Völkerbundsrat
Jährliche Benutzung: Generalversammlung des Völkerbundes

Au centre, le Pavillon du Secrétaire général donnant sur les jardins suspendus qui couvrent les petites Commissions. Chaque bureau de ces importantes sections dégage totalement sur un site magnifique. Sur le toit, le restaurant et le jardin du personnel. Le revêtement des murs est de granit poli. Les fenêtres sont en glaces de Saint-Gobain. Et ça ne coûtait que 12½ millions! «C'est une usine, a-t-on dit, ce n'est pas de l'architecture!»

In the center, the Pavilion of the Secretary-General opening towards the roof-gardens covering the small Commission-rooms. Each office of these important sections looks out towards a magnificent view. On the roof, the restaurant and employees' garden. The wall surfacing is of polished granite. The windows are of Saint-Gobain glass. And that would have cost only 12¹/₂ million! "It is a factory", they said, "it is not architecture".

Im Zentrum die Räume des Generalsekretärs mit den Terrassen, die die Decken der Räume der kleinen Kommissionen bilden. Alle Büros dieser wichtigen Abteilungen mit prachtvoller Aussicht. Auf dem Dach Restaurant und Garten für das Personal. Mauerverkleidung aus poliertem Granit. Fenster aus Spiegelglas. Für all das betrugen die Kosten nur 12½ Millionen! «Das ist eine Fabrik, keine Architektur!» sagten die Leute.

La façade principale du secrétariat   The main elevation of the secretariat   Hauptfassade des Sekretariates

Les garages sous les pilotis   The garages below the columns   Die Garagen unter den Pfeilern

1929/30 Palais du Centrosoyus à Moscou

Les présents documents fournissent l'avant-dernière étude et les plans d'exécution. Les études ont commencé en 1928 et devaient trouver une réalisation immédiate.

En 1929, la totalité des plans d'exécution était remise à Moscou et les travaux commençaient. Mais le bâtiment a subi certains ralentissements, dus à la raréfaction des matériaux provoquée par la réalisation du Plan quinquennal.

Il s'agit de loger 3500 employés dans des bureaux modernes. En dehors de cela se trouvent tous les services communs de restaurant, salles de réunion, de spectacle, de club, de culture physique, etc. C'est une unité comportant le travail et la récréation.

Le bâtiment a été construit en béton armé, les murs de remplissage sont en tuf rouge du Caucase. Les blocs de tuf scié ont une épaisseur de 40 cm massifs qui suffit à elle seule à faire les échanges de température entre les 40° de froid de l'extérieur et les 18° de chaud à l'intérieur.

Malheureusement les autorités russes n'ont pas accepté d'appliquer le principe de la «respiration exacte» qui avait été imaginée spécialement à l'occasion de la construction de ce Palais. La solution eût été beaucoup plus nette, franche; les vitrages des façades purs. Il a fallu attendre la construction de la Cité de Refuge de l'Armée du Salut pour pouvoir appliquer, pour la première fois, le système de la respiration exacte dans des bâtiments hermétiques.

The Centrosoyus Building in Moscow

Shown here are the pre-final study and working drawings. The planning studies commenced in 1928 with construction scheduled immediately upon the termination of final plans.

In 1929 the complete set of construction plans was sent to Moscow and work was started. However certain delays were encountered due to the shortage of materials caused by the realization of the First Five-Year Plan.

The program called for the provision of modern offices for 3500 employees. In addition there are communal facilities such as a restaurant, lecture halls, theater, club, physical culture, etc. The building is a unity comprising both work and recreation.

The construction is of reinforced concrete, with in-filling walls of red tuff stone from the Caucasus. These solid blocks of sawn tuff have a thickness of 16 in. which was sufficient for them to serve also as the only thermal insulation between an outside temperature of —40° F. and an interior at 66° F.

Unfortunately the Russian authorities did not accept the principle of "respiration exacte" (air-conditioning) which had been devised especially for this building. The solution could have been much more frank and clear; the glazing of the façades purer. Not until the construction of the Salvation Army Refuge in Paris was one able to apply, for the first time, the "respiration exacte" system in a hermetically sealed building.

Haus des Centrosoyus in Moskau

Vorletzter Entwurf und Ausführungspläne. Die Planstudien wurden 1928 in Angriff genommen, und unmittelbar darauf sollte mit dem Bau begonnen werden.

1929 erhielten die Moskauer Behörden die vollständigen Ausführungspläne. Die Bauarbeiten erlitten gewisse Verzögerungen durch die zufolge der Durchführung des Fünfjahresplanes bedingte Materialknappheit.

Das Bauprogramm sah die Unterbringung von 3500 Angestellten in modernen Büros vor. Ausserdem sollte der Bau gemeinschaftliche Räume wie Restaurant, Versammlungssäle, Theater- und Clubräume, Turnhallen usw. enthalten.

Die Konstruktion besteht aus Eisenbeton mit Mauerfüllungen aus rotem kaukasischem Tuffstein. Die gesägten Tuffsteinblöcke weisen eine Dicke von 40 cm auf, die schon allein zum Austausch der Temperaturen von 40° Kälte im Freien und 18° Wärme im Innern des Gebäudes genügt.

Leider waren die russischen Behörden nicht mit der Anwendung einer für diesen Bau speziell entworfenen Luftkonditionierung einverstanden, die eine viel klarere Lösung ermöglicht hätte, da die Verglasung der Fassade keines Sonnenschutzes bedurft hätte. So musste man auf die Konstruktion der Cité de Refuge der Heilsarmee warten, um zum erstenmal die Luftkonditionierung anwenden zu können.

Aspect total du bâtiment   General view of the building   Gesamtansicht

Le hall principal   The main hall   Die Haupthalle

Section through the club, entrance hall, restaurant, etc.

Schnitt durch den Club, Eingangshalle, Restaurant usw.

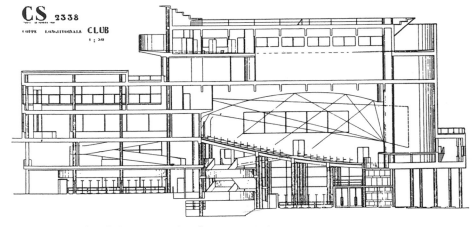

Coupe sur le club, hall d'entrée, grande salle, restaurant, etc.

La maquette   The model   Modell

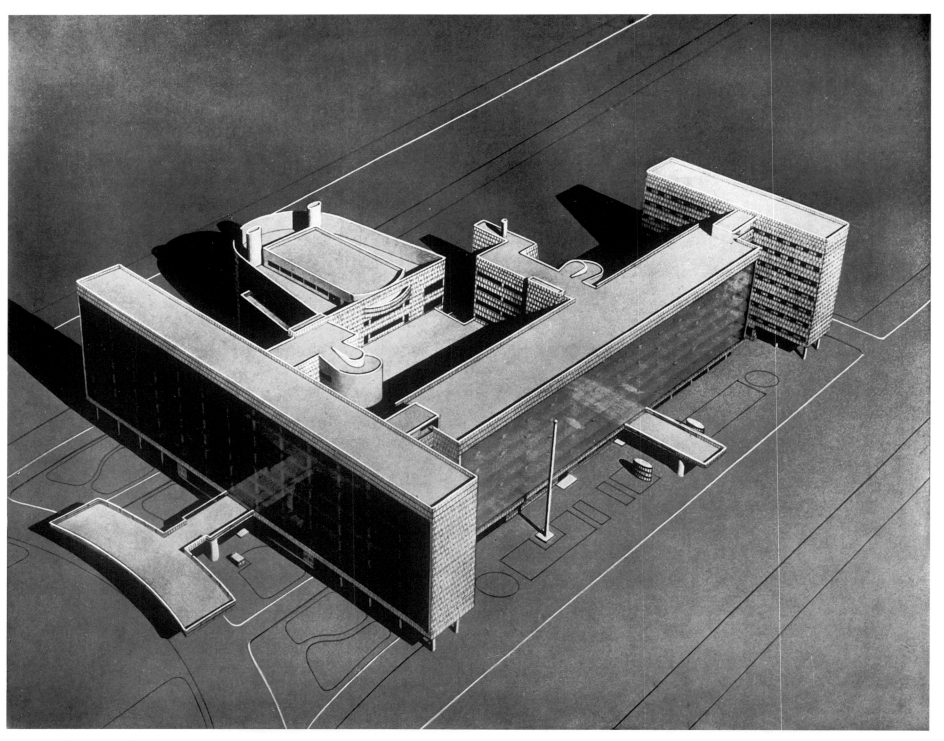

Maquette   The model   Modellansicht

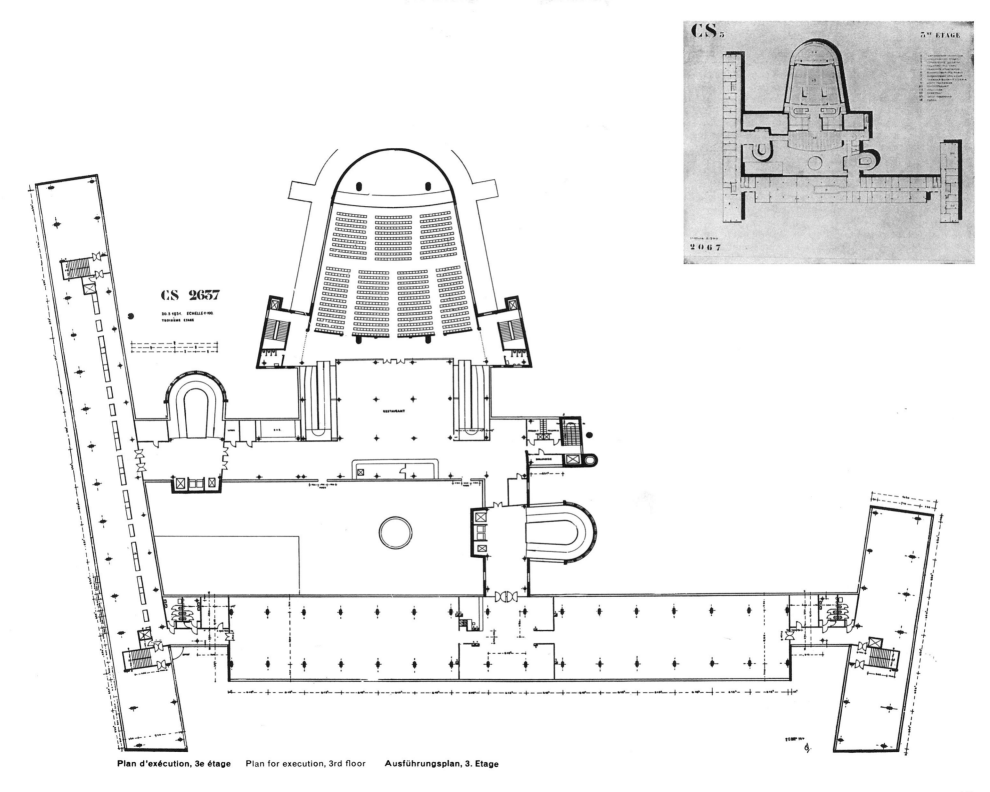

CS 5   **3ᴹᴱ ÉTAGE**

2067

CS 2637

20.5.1931. ECHELLE 1:100.
TROISIÈME ÉTAGE

Plan d'exécution, 3e étage   Plan for execution, 3rd floor   **Ausführungsplan, 3. Etage**

103

1931 Palais des Soviets à Moscou

Le programme impliquait un complexe considérable de salles, de bureaux, de bibliothèques, de restaurants, etc.: Une salle de 15 000 spectateurs pour les représentations de masses, avec une scène pouvant recevoir 1500 acteurs et un matériel considérable. Les annexes d'une telle salle sont considérables: tout d'abord le vestiaire (neige à Moscou) et les vestibules, salons et restaurants de toute nature. Ces derniers éléments ont été dénommés par les auteurs: "Forum" un réseau très particulier de circulation permettant à diverses catégories d'auditeurs de disposer des services les concernant: ambassadeurs, presse étrangère, presse soviétique. D'énormes dépendances pour les acteurs.

De plus un circuit permettant d'organiser à travers la scène des défilés venant de l'extérieur et ressortant après avoir traversé le plateau.

Une visibilité parfaite pour tous les spectateurs. Un problème d'acoustique équivalente pour chaque auditeur.

Le plafond de cette salle représente donc une conque sonore parfaite dont tous les points provoquent les incidences nécessaires pour arroser la salle d'ondes équivalentes.

Ce projet n'a pas eu de chance; il a provoqué un intérêt considérable à Moscou. Son exécution fut même envisagée. Mais subitement... ce fut la réaction violente: le Palais des Soviets, couronnement du Plan quinquennal, serait en Renaissance italienne!

Palace of the Soviets in Moscow

The program called for an immense complex of halls, offices, libraries, restaurants, etc.: an auditorium for 15,000 spectators for massive productions, with a stage capable of accommodating 1500 actors and a considerable amount of scenery. The annexes of such a hall are quite extensive: first the cloak-rooms (it snows in Moscow!) and the vestibules, all sorts of lounges and restaurants. These last-named elements were called "The Forum" by the authors; a very exact network of circulation permitting the various categories of spectators access to their respective locations: ambassadors, foreign press, Soviet press. Extensive accommodations for the actors.

In addition there had to be a way for long lines of people coming from outside to cross over the stage and then make their exit, once having made their appearance.

Perfect sight-lines for all the spectators. Uniform hearing conditions for each listener.

The ceiling of this hall thus represented a perfect acoustic shell, with all points thereof reflecting uniform sound wave fronts to all parts of the hall.

This project didn't have a chance; it provoked, however, considerable interest in Moscow—its execution was even envisaged. But suddenly... there was a violent reaction: The Palace of the Soviets, crowning the Five-Year Plan, would be in Italian Renaissance!

Sowjetpalast in Moskau

Das Bauprogramm verlangte einen ausgedehnten Komplex von Sälen, Büros, Bibliotheken, Restaurants usw., ferner einen 15 000 Zuschauer fassenden Saal für Massenveranstaltungen, dessen Bühne 1500 Darstellern und einer beträchtlichen Anzahl von Requisiten Platz bieten sollte. Dazu die zahlreichen zusätzlichen Räume, wie Garderoben (Schnee in Moskau), Vorhallen, Salons und Restaurants aller Art. Die letztgenannten Räume sind unter dem Namen «Forum» zusammengefasst; sie bilden eine besondere Art von Verkehrsnetz, das die verschiedenen Besucherkategorien wie Gesandte, Angehörige der In- und Auslandspresse usw. zu den für sie bestimmten Räumen führt. Ferner war ein besonderer Rundgang für Defilees vorgesehen, der von aussen über die Bühne und von der Bühne wieder ins Freie führt. Ausgezeichnete Sicht und Akustik für jeden Besucher.

Die Decke des Saales besteht aus einer Muschel, die von allen ihren Punkten aus die Schallwellen gleichmässig ausstrahlt.

Dieses Projekt hatte kein Glück; nachdem es in Moskau grosses Interesse geweckt und sogar seine Ausführung ins Auge gefasst worden war, kam plötzlich... eine heftige Reaktion: der Sowjetpalast, die Krönung des Fünfjahresplans, sollte im Stil der italienischen Renaissance sein!

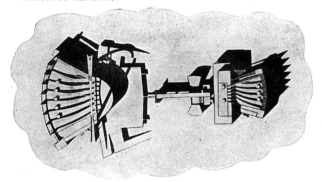

Vue à vol d'oiseau   Aerial view   Ansicht aus der Vogelschau

Passant en train à Pise, le 4 juin 1934, Le Corbusier, dans son carnet, note le principe architectural des édifices constituant le magnifique ensemble du Dôme, du Baptistère, de la Tour penchée et du Campo Santo; tout à coup il réfléchit que les mêmes règles architecturales ont présidé à la conception du Palais des Soviets; de l'unité dans le détail (unité à l'echelle humaine); du tumulte dans l'ensemble (propos de l'Abbé Laugier sous Louis XIV)

While riding in a train to Pisa on June 4, 1934, Le Corbusier writes in his notebook of the architectural principle of the buildings comprising the magnificent ensemble — the Cathedral, Baptistry, Leaning Tower and Campo Santo; all at once he reflects that the same architectural laws reigned over the conception of the Palace of the Soviets; from the unity of detail (unity at the human scale) to the exciting tumult of the ensemble (discourse of the Abbé Laugier at the time of Louis XIV)

Als Le Corbusier am 4. Juni 1934 mit dem Zug durch die Stadt Pisa fuhr, hat er in seinem Skizzenheft das architektonische Prinzip der Gebäudegruppe von Dom, Baptisterium, schiefem Turm und Campo Santo skizziert, und er bemerkte, dass die gleichen architektonischen Regeln der Konzeption des Sowjetpalastes zugrunde lagen: Einheitlichkeit des Details und Bewegung im Ganzen

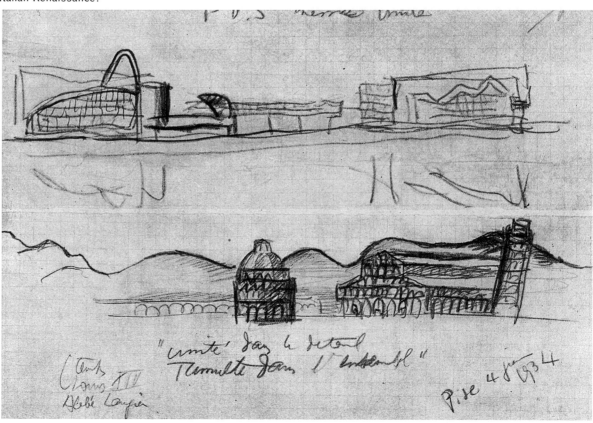

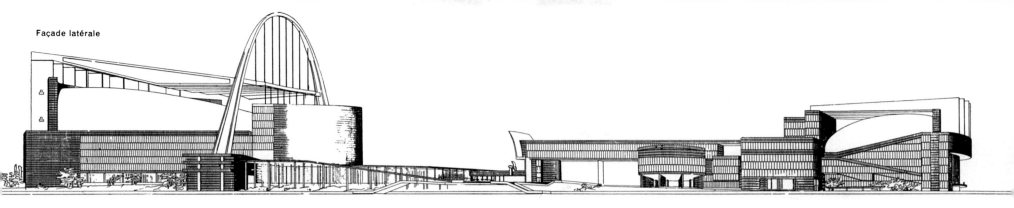

Le sol est laissé avec ses déclivités naturelles. Un circuit pour autos est aménagé latéralement, de chaque côté, à l'air ou souterrain. Il touche à toutes les différentes portes, assurant un classement automatique des visiteurs. Les piétons ne rencontrent jamais les voitures

The ground is left with its natural slope. An automobile circuit is arranged laterally, on each side, in the air or underground. It touches all the different entrances, assuring an automatic classification of the different categories of visitors. The pedestrians never come in contact with vehicular circulation

Die natürlichen Unebenheiten des Bodens wurden beibehalten. Fahrbahn für Autos zu beiden Seiten. Sie berührt alle Eingänge und ordnet so automatisch die Besucher. Die Fussgänger (im Innern des Gebäudes können sich 25 000 Personen befinden, ferner 50 000 auf der Plattform für Freilichtaufführungen) sind ganz vom Autoverkehr getrennt

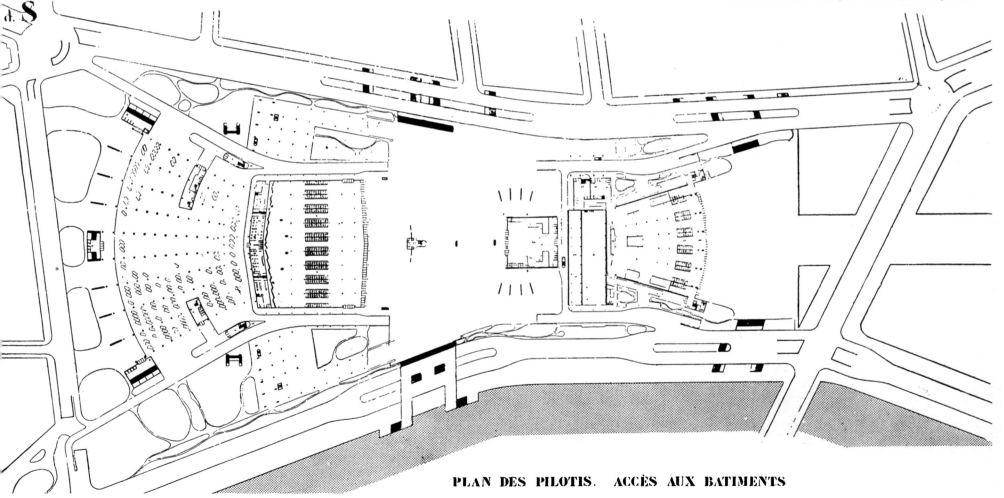

PLAN DES PILOTIS. ACCÈS AUX BATIMENTS

Plan à niveau des pilotis   Plan at the level of the columns   Grundriss der Partie unter den Säulen

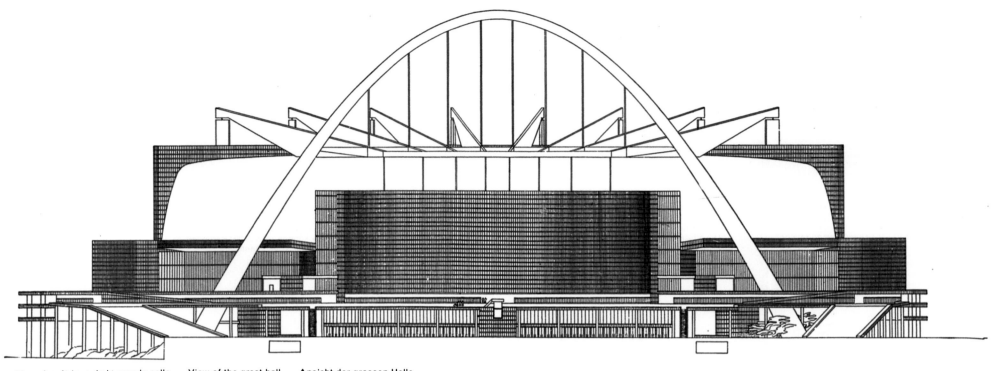

Vue géométrique de la grande salle   View of the great hall   Ansicht der grossen Halle

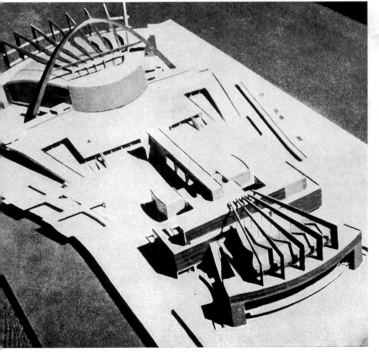

Vue totale   General view   Gesamtansicht

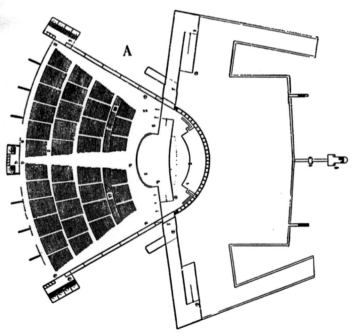

Plan général au niveau des salles   General plan at level of the halls   Plan auf Niveau der grossen Säle

ÉTAPES DU PROJET

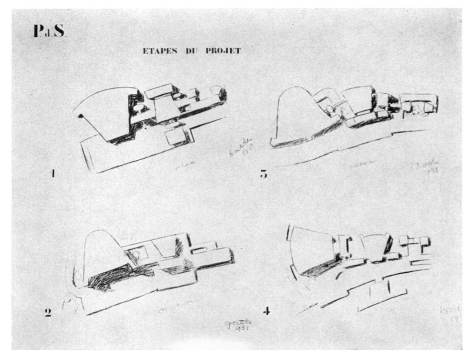

Les diverses étapes du projet où l'on voit les organes déjà fixés indépendamment les uns des autres, prendre petit à petit leurs places réciproques pour aboutir à une solution synthétique

The various stages of the project, where one can see the already independently determined functions slowly take their appointed places so as to result in the final synthesis

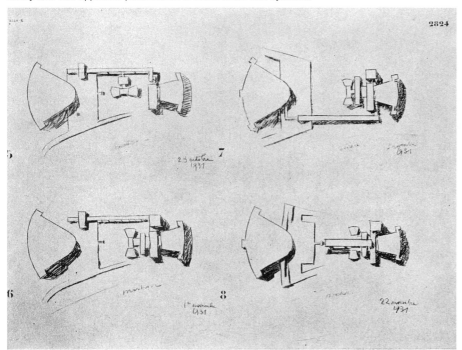

Die verschiedenen Stadien des Projektes zeigen, wie die Elemente sich zu einem Ganzen verbinden

La grande salle   General view of the great hall   Ansicht der grossen Halle

Vue de la salle de 6500 auditeurs   View of the hall for 6500 people   Der grosse Saal für 6500 Zuhörer

L'ensemble des bâtiments. De gauche à droite: la salle de 15 000 auditeurs; la plate-forme pour discours en plein air pour 50 000 auditeurs; la tribune avec un réflecteur acoustique pour l'orateur de plein air; le long bâtiment de l'administration; deux salles de 500 places; deux salles de 200 places; la bibliothèque; les bureaux des Comités politiques et la scènerie du théâtre; la salle de 6500 personnes, destinée aux réunions politiques, au théâtre, au cinéma, aux concerts, etc.

The ensemble of the buildings. From left to right: the hall for 15,000 spectators; the platform for open-air presentations for 50,000 spectators; the tribune with acoustic reflector for open-air oratory; the long administration building; two halls with 500 seats each; two halls of 200 seats each; the library; the offices for the political committees and theatrical scenery; the hall for 6500 people destined for political assemblies, theater, cinema, concerts, etc.

Die Gesamtheit der Gebäude. Von links nach rechts: der Saal für 15 000 Zuschauer; die Plattform für Veranstaltungen im Freien für 50 000 Zuhörer; die Rednertribüne mit Schallreflektor; das langgestreckte Verwaltungsgebäude; zwei Säle mit 500 Plätzen; zwei Säle mit 200 Plätzen; die Bibliothek, die Räume der politischen Komitees und die Bühne, der Saal für 6500 Personen für politische Versammlungen, Theateraufführungen, Kino- und Konzertveranstaltungen

Salle de 6500 personnes

The hall for 6500 people

Saal für 6500 Personen

Le plan incliné contient entrées, vestiaires, Forum, etc.

Die abfallende Partie enthält Eingänge, Garderoben und das Forum

Les poteaux soutenant le parterre de la salle

The columns supporting the floor of the hall

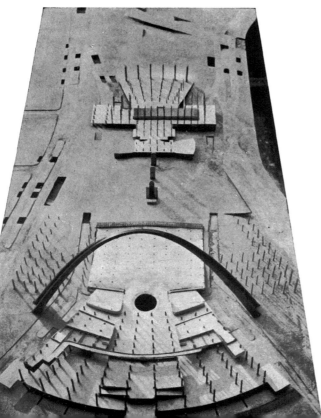

Vue générale   General view   Gesamtansicht

1930/32 Le Pavillon suisse à la Cité universitaire à Paris

La construction de ce pavillon a été confiée sans concours par le Comité des Universités suisses à Le Corbusier et Pierre Jeanneret. Ces derniers refusèrent de se charger de ce travail. Ils avaient sur le cœur la façon dont leur cause fut accueillie par les autorités fédérales et une grande part de l'opinion suisse lors de l'affaire du Palais des Nations. Toutefois, sur l'insistance des Universités suisses, ils se mirent au travail et construisirent le pavillon, avec un budget réputé insuffisant de moitié (trois millions) par le président de la Cité universitaire.

La construction de ce pavillon, créé dans des circonstances exceptionnellement difficiles, fut l'occasion de constituer un véritable laboratoire d'architecture moderne: des problèmes de la plus grande urgence y furent abordés, en particulier la construction à sec et l'insonorisation.

The Swiss Home at the Cité universitaire in Paris

The construction of this Pavilion was entrusted, without a competition, by the Committee of Swiss Universities to Le Corbusier and Pierre Jeanneret who at first refused to be charged with this commission. The manner in which their cause was handled by the Swiss federal authorities and the majority of Swiss public opinion at the time of the League of Nations Competition still lay heavy on their hearts. Nevertheless, at the insistence of the Swiss universities, they threw themselves into the work and built the pavilion, with a budget reputed by the president of the Cité universitaire to be only half sufficient (three million francs).

The construction of this building, created under exceptionally difficult circumstances, provided the occasion for constituting a veritable laboratory of modern architecture: the most urgent problems were tackled, in particular, dry-wall construction and acoustic separation.

Schweizerhaus der Cité universitaire in Paris

Le Corbusier und Pierre Jeanneret erhielten diesen Auftrag, ohne dass vorher ein Wettbewerb stattgefunden hätte. Sie lehnten ihn zuerst ab, denn sie hatten die Art und Weise, wie die eidgenössischen Behörden und ein Teil des Schweizervolkes ihre Sache beim Wettbewerb für den Völkerbundspalast behandelt hatten, noch nicht verwunden. Schliesslich, auf Drängen der schweizerischen Universitäten, machten sie sich dennoch an die Arbeit. Das Haus musste mit einem Budget erstellt werden, das, wie der Präsident der Cité universitaire feststellte, um die Hälfte zu niedrig war (3 Millionen).

Die Konstruktion dieses Pavillons erfolgte unter ausserordentlich schwierigen Umständen (Finanzen und Bodenbeschaffenheit) und wurde zum wahren Laboratorium moderner Architektur: Probleme von grösster Dringlichkeit wurden in Angriff genommen, insbesondere das der Trockenbauweise und der Schallisolierung.

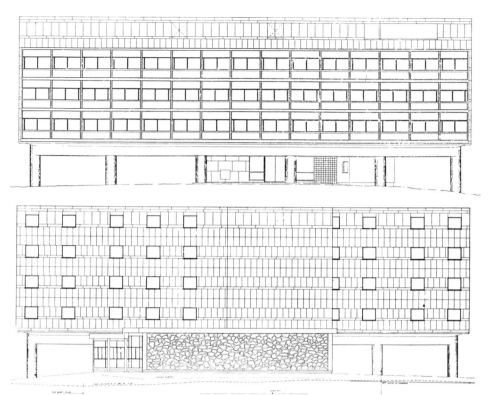

Façade nord   North elevation   Nordfassade

Le Pavillon suisse 1959   A photograph of 1959   Neuste Aufnahme 1959

Façade sud   South elevation   Südfassade

111

Le hall d'entrée   Entrance hall   Eingangshalle

Sous les pilotis   Below the columns   Unter den Pfeilern

Le salon de lecture   Reading room   Leseraum

La façade nord   North elevation   Nordfassade

CU 2704 PLAN DU REZ DE CHAUSSEE

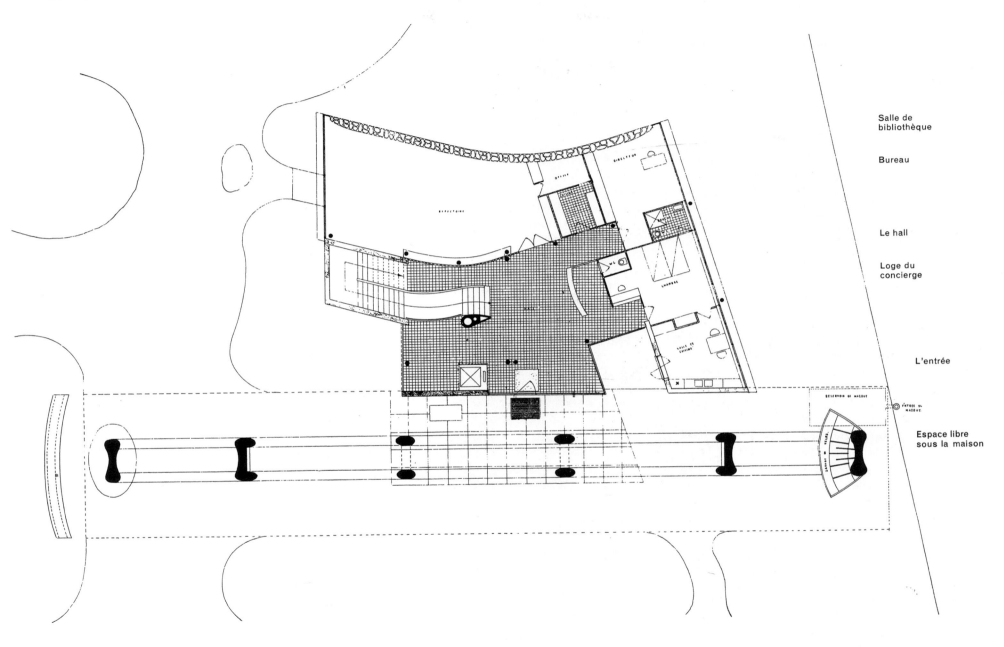

Salle de bibliothèque

Bureau

Le hall

Loge du concierge

L'entrée

Espace libre sous la maison

Plan du rez-de-chaussée, à niveau des pilotis   Ground-floor plan, at the level of the columns   Grundriss des Erdgeschosses

1929 Cité de Refuge à Paris

La Cité de Refuge a été entreprise par l'Armée du Salut en 1929 et, après bien des difficultés vaincues, a été inaugurée le 7 décembre 1933. C'est le premier bâtiment d'habitation entièrement hermétique, qui comporte en particulier un vitrage de mille mètres carrés sans ouvrant. L'intérieur est muni d'un système d'air pulsé qui a donné des résultats parfaits en hiver et largement satisfaisants en été. Cette installation d'air pulsé a été fait avec des crédits extrêmement faibles. Les résultats sont suffisants pour permettre tous les espoirs.
Le bâtiment est construit en ciment armé: ossature de poteaux et planchers de béton avec hourdis de terre cuite. Les poteaux reposent sur des pieux de béton armé, enfoncés au sol jusqu'à une profondeur de 12 à 15 m. Le sol était instable, envahi par les eaux souterrains de la Seine.
L'inauguration du bâtiment eut lieu en décembre 1933 par le Président de la République, en une période de froid effroyable qu'on n'avait pas connu depuis 30 ans. L'opinion était très alertée et craignait que le grand vitrage ne fût une source de refroidissement dangereuse. La réalité est tout le contraire: un vitrage orienté au sud est une source de calories inestimable et constitue au contraire une grande économie tant dans l'installation des appareils de chauffage que dans la consommation de ceux-ci. Le pan de verre, par contre, est périlleux en été si les méthodes dites de «respiration exacte» ou «air vivant» ne sont pas appliquées.

Salvation Army Refuge in Paris

The Refuge was undertaken by the Salvation Army in 1929 and, after the overcoming of many difficulties, was inaugurated on 7 December 1933. It is the first building for human habitation entirely hermetically sealed, comprising 10,000 ft.² of fenestration without opening sash. The interior is supplied by a forced air system giving results perfect in winter and quite satisfying in summer. This forced air installation was effected on a very small budget. The results were sufficient to permit the best hopes for the future utilization of the system.
The construction is of reinforced concrete: a frame of concrete columns and slabs with hollow terra-cotta wall and floor units. The columns rest on reinforced concrete piles driven to a depth of 36—45 ft. The subsurface was instable, being subject to the underground waters of the Seine.

Heim der Heilsarmee in Paris

Das Gebäude wurde 1929 begonnen und nach Überwindung zahlreicher Schwierigkeiten am 7. Dezember 1933 eingeweiht. Es ist das erste vollständig luftdicht abgeschlossene Wohngebäude und besitzt eine Glasfassade von tausend Quadratmetern ohne jede Öffnung. Die Luftkonditionierung hat sich im Winter ausgezeichnet und im Sommer sehr befriedigend bewährt, obgleich sie mit äusserst geringen Mitteln erstellt werden musste.
Das Gebäude besteht aus einer Eisenbetonkonstruktion: Säulen und Böden aus Eisenbeton mit Backstein-Hourdis. Die Säulen ruhen auf Pfählen, die 12 bis 15 m tief in den Boden gerammt sind, da dieser zufolge des Seinegrundwassers sehr unstabil ist.

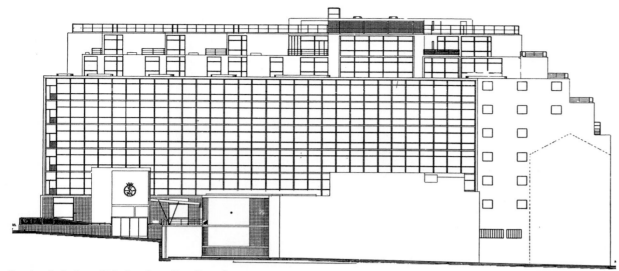

Façade principale   Main façade   Hauptfassade

La Cité de Refuge est la première réalisation d'un pan de verre hermétigue (sans ouverture) de 1000 m². Installation de la «respiration exacte»

The Salvation Army Refuge represents the first realization of a hermetically sealed glazing (no openings), 11,000 ft² in area. Installation of "respiration exacte" (air-conditioning)

Erste Anwendung einer hermetisch geschlossenen Glasfassade von 1000 m². Luftkonditionierung

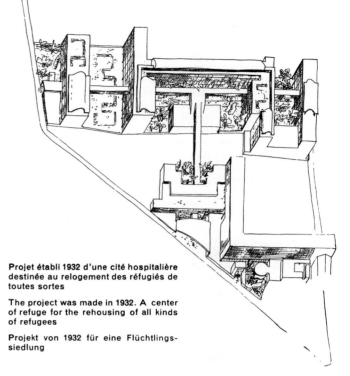

Projet établi 1932 d'une cité hospitalière destinée au relogement des réfugiés de toutes sortes

The project was made in 1932. A center of refuge for the rehousing of all kinds of refugees

Projekt von 1932 für eine Flüchtlingssiedlung

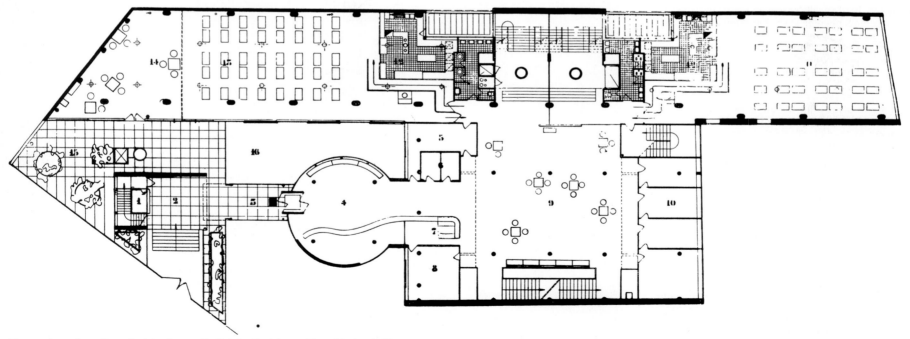

Plan au niveau du portique d'entrée, du grand hall et du réfectoire   Plan of the level of the entrance portico, grand hall and dining-room   Grundriss der Eingangspartie, der grossen Halle und des Speisesaals

Vue générale   General view   Gesamtansicht

1933 Projet pour le bâtiment de la Rentenanstalt à Zürich

Ce bâtiment a fait l'objet d'un concours en 1933 et le présent projet a été mis hors concours par le jury parce que les auteurs avaient admis que les techniques modernes permettaient de concevoir un édifice différent de celui imposé au programme du concours, basé sur les usages courants du bâtiment (bâtiment de hauteur de 20 m, formant cour centrale).
On semble trop oublier qu'un bâtiment d'administration moderne est un élément entièrement neuf, au point de vue de l'organisation et au point de vue de la biologie architecturale.

Project for the Rentenanstalt in Zurich

This building was the subject of an architectural competition held in 1933 and the project shown here was placed out of competition by the jury because its authors believed that modern techniques would permit the conception of a building different from that imposed upon the competition program which was based upon the usual building norms. It seems to be all too often forgotten that a modern administration building is an entirely new element both from the points of view of organization and of architectural biology.

Projekt für das Gebäude der Rentenanstalt in Zürich

Für dieses Gebäude fand 1933 ein Wettbewerb statt, doch wurde das vorliegende Projekt davon ausgeschlossen, weil die Verfasser sich erlaubt hatten, unter Anwendung der neuen Techniken im Bauwesen vom Wettbewerbsprogramm abzuweichen, das auf den herkömmlichen Bräuchen basierte (Gebäude von 20 m Höhe mit zentralem Hof).
Man scheint oft zu vergessen, dass ein modernes Verwaltungsgebäude ein vollkommen neues Gebilde sowohl in biologischer als auch architekturbiologischer Hinsicht ist.

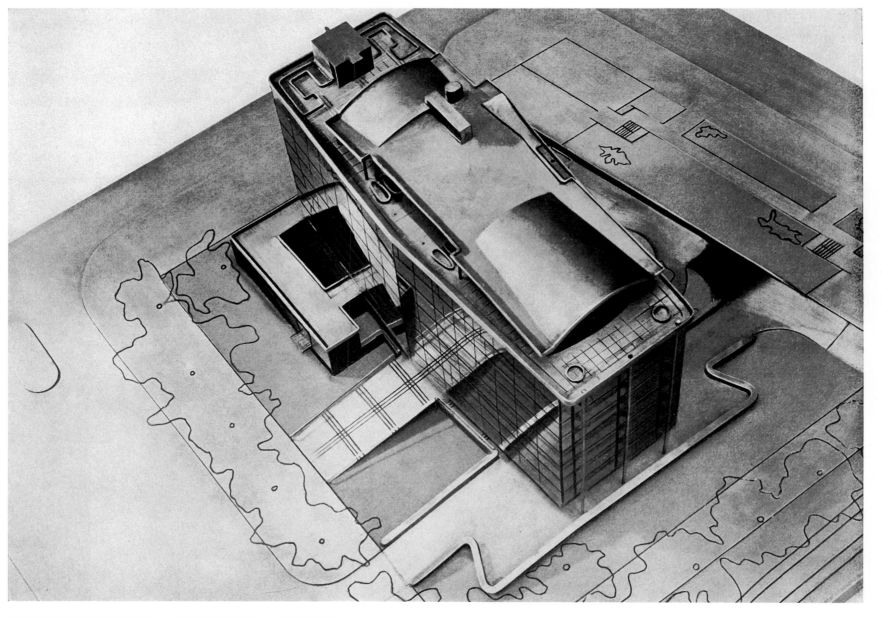

L'ensemble du bâtiment, maquette   General view, model   Modellansicht

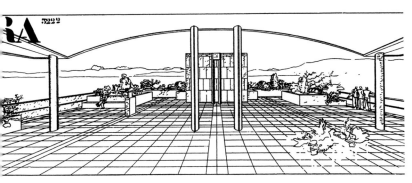

Toit-jardin   The roof-garden   Dachterrasse

Les bureaux   The offices   Die Büros

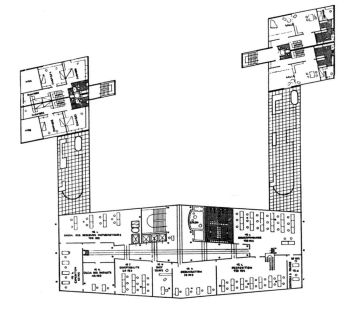

Plan du 4e étage   4th storey   4. Etage

Plan du 1er étage   First floor   Erster Stock

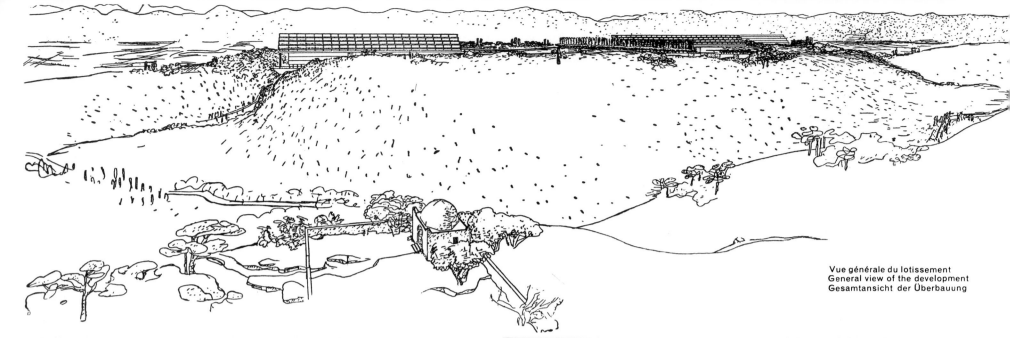

Vue générale du lotissement
General view of the development
Gesamtansicht der Überbauung

1933/34 Lotissement de l'Oued-Ouchaia, à Alger

Le lotissement, au lieu de parsemer d'innombrables maisons sur ce magnifique territoire formé de collines et de vallées, était rassemblé en quatre grands immeubles à services communs, abritant chacun près de 300 familles. De cette façon, le territoire est entièrement sauvegardé. Il est aménagé en parcs de sports et en parcs de promenade; dans les petits vallons, des barrages établissent des piscines.

The subdivision, instead of scattering innumerable little houses upon this magnificent terrain formed of hills and valleys, provided for four large buildings with common services, each one housing 300 families. In this way the site is entirely safeguarded. It is arranged in parks for sports and walking; dams create swimming pools in the small valleys.

Statt die wunderschöne Landschaft mit ihren Hügeln und Tälern mit unzähligen Häusern zu übersäen, sind vier grosse Wohnbauten für je ca. 300 Familien vorgesehen. Auf diese Weise wird das Territorium trotz der Überbauung intakt erhalten. In grossen, von Spazierwegen durchzogenen Parkanlagen befinden sich Einrichtungen zur sportlichen Betätigung.

Aspect des grands immeubles locatifs. Au sud, l'immeuble est en encorbellements successifs; au nord, les

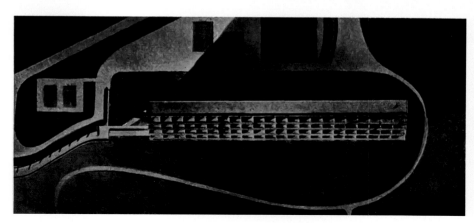

Vue à vol d'oiseau. Une autostrade entrant directement d'Alger dans l'immeuble

terrasses se superposent à gradins pour bénéficier de la vue de la mer et des montagnes de Kabylie

1933 Maison locative à Alger

Cette maison est dans une des situations caractéristiques qu'offre cette ville, accrochée à la falaise. Une première proposition intervient: c'est celle d'une réglementation édilitaire, obligeant toute construction longeant un boulevard de corniche à laisser le rez-de-chaussée entièrement libre sur pilotis, de façon à redonner aux habitants d'Alger la vue de la mer.

Une seconde particularité de cet immeuble est l'aménagement des «brise-soleil» sur les façades sud et ouest.

Apartment-house in Algiers

The building is located on a site characteristic of this hill-side city. A primary proposal: there should be a municipal regulation obliging all buildings along the boulevard parallel-ing the bay to be constructed on columns, thus leaving the ground-floor entirely free so as to allow the inhabitants of Algiers an unobstructed view to the sea.

A second feature of this building is the arrangement of the "brise-soleil" on the south and west façades.

Ein Miethaus in Algier

Die Lage dieses Hauses ist charakteristisch für diese an einem Abhang gebaute Stadt. Ein Vorschlag: es sollte eine Gebäudeverordnung erlassen werden, wonach jedes Gebäude am Boulevard auf Säulen gestellt werden muss, so dass die Einwohner von Algier freie Sicht auf das Meer haben.

Eine zweite Besonderheit dieses Hauses sind die «brise-soleil» an der Süd- und Westfassade.

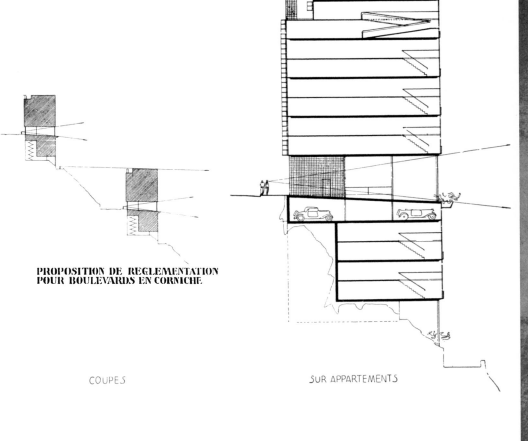

PROPOSITION DE REGLEMENTATION POUR BOULEVARDS EN CORNICHE

COUPES   SUR APPARTEMENTS

Une autre particularité de cet immeuble est l'aménagement des «brise-soleil» sur les façades sud et ouest

The building is provided with "sun-breakers" on the south and west façades

Das Gebäude ist an der Süd- und Westfassade mit «brise-soleil» versehen

Côtés sud et ouest

1938 Le Gratte-ciel Cartésien

Cette dernière attitude d'un bâtiment moderne d'administration (affaires publiques ou privées) a sa source dans les premiers dessins de l'«Esprit-Nouveau» en 1919. Jusqu'en 1930, notre proposition de gratte-ciel fut cruciforme = radiateur de lumière et stabilité.

L'occasion étant fournie de pousser plus loin l'étude, il fut constaté que sur deux axes, le gratte-ciel cruciforme ne recevait pas de soleil sur ses faces nord. En principe, l'essence du plan cruciforme (sur 2 axes) ne s'accordait pas avec l'essence même de la course du soleil sur un axe.

Une nouvelle forme fut introduite: la forme en «patte de poule». Dès lors, tout devenait plus vivant.

Les cas d'application en furent faits dans les plans d'Anvers-Rive-Gauche, de Barcelone, de Buenos Aires, de Manhattan. La forme devenait valable également pour des unités d'habitation: Hellocourt, banlieue de Rome, bastion Kellermann, etc. Une telle forme et ses dimensions deviennent une véritable œuvre urbanistique, fruit des techniques modernes.

Notre innovation, dès le début (1919), fut de s'élever contre les conceptions purement formalistes et romantiques des gratte-ciel américains (avec leurs formes pyramidales, leurs terminaisons en aiguille). Débarquant à New York, en 1935, nous disions aux journalistes américains: «Les gratte-ciel sont trop petits et ils sont trop nombreux...»

The „Cartesian" Sky-scraper

This latest type of modern administration building (for either public or private affairs) has its source in the first sketches for "l'Esprit-Nouveau" in 1919. Until 1930 our proposal for a skyscraper was cruciform—radiating light and stability.

The occasion being furnished to push the study further, it was seen that with this form, symmetrical about two axes, the cruciform skyscraper does not receive sunlight on its north façades. In principle the essence of the cruciform plan (with 2 axes) does not adopt itself to the essence of the path of the sun, which has only one axis.

As a result, a new form was introduced: the "chicken-claw" form. With this everything became more alive, more true, more harmonious, more supple, more diverse, more architectural.

Cases for its application were found in the plans for: Anvers-Rive-Gauche, Barcelona, Buenos Aires, Manhattan, etc.

The form became equally valid for "Unités d'habitation", such as at: Hellocourt, a Roman suburb, the bastion Kellermann in Paris, etc.

Such a form and its dimensions become a true urbanistic work, the fruit of modern techniques.

Our innovation right from the start (1919) was to oppose the purely formal and romantic conceptions of American skyscrapers (with their pyramidal forms and needle-like terminations). Debarking at New York in 1935, we said to the American journalists: "The skyscrapers are too small and there are too many of them...". That created a scandal in the press.

Der Cartesische Wolkenkratzer

Die ersten Entwürfe dieser Form eines modernen Verwaltungsgebäudes gehen auf das Jahr 1919 («Esprit-Nouveau») zurück. Bis 1930 hatte unser Wolkenkratzer einen kreuzförmigen Grundriss. Bei der Weiterentwicklung dieser Studien aber ergab sich, dass diese auf zwei Achsen symmetrische Form auf der Nordseite keine Sonne erhielt. Es besteht grundsätzlich keine Möglichkeit, einen kreuzförmigen (zweiachsigen) Grundriss mit dem Sonnenlauf (einachsig) in Einklang zu bringen. Eine neue Form, die des «Hühnerfusses», wurde gefunden. Die Architektur wurde dadurch lebendiger, wahrer, harmonischer, differenzierter.

Anwendung: in den Stadtplänen von Antwerpen (linkes Ufer), Barcelona, Buenos Aires, Manhattan usw., ferner die «Unités d'habitation» von Hellocourt, Rom, Bastion Kellermann in Paris usw.

Von allem Anfang an (1919) wandten wir uns gegen die formalistische und romantische Auffassung des amerikanischen Wolkenkratzers mit seinen Pyramidenformen und Türmchen. Bei der Landung in New York, 1935, sagten wir zu den amerikanischen Journalisten: «Die Wolkenkratzer sind zu klein und zu zahlreich», was einen heftigen Sturm in der Presse verursachte.

Le gratte-ciel cartésien est un outil   The cartesians' sky-scraper is a tool   Der cartesische Wolkenkratzer ist ein Werkzeug

Le gratte-ciel cartésien   The cartesian sky-scraper   Der cartesische Wolkenkratzer

1938-1942   Le gratte-ciel du Quartier de la Marine à Alger

Cette étude, faite en 1938 et 1939, faisait suite aux travaux de 1930 à 1938, et localisait encore sur ce terrain des efforts urbanistiques envisagés par la municipalité.

La solution urbanistique a donc été transformé dans la suite par le plan directeur de 1942. Le présent projet est intéressant à divers points de vue. Il apporte une solution constructive et esthétique neuve de gratte-ciel destiné à des bureaux d'affaires. Le gratte-ciel n'est plus, comme en Amérique, une forme accidentelle, c'est une véritable biologie contenant avec précision des organes déterminés.

Une ossature indépendante, un pan de verre total, un brise-soleil destiné à supprimer aux périodes chaudes ou aux heures chaudes, les effets du soleil et à permettre, au contraire, à celui-ci de pénétrer abondamment en hiver; un régime complet de circulation verticale; un système de distribution du piéton et de l'automobile au pied du gratte-ciel; le parking des voitures.

Sur trois hauteurs (dans les trois bandes pleines horizontales, qui apparaissent en façade) des locaux d'archives.

Un cas particulier: L'installation d'une hôtellerie et restauration au sommet du gratte-ciel, avec accès particulier dans la proue du terrain.

Le brise-soleil est appliqué sous la forme d'éléments de grandeur équivalent à une loggia, élément traditionnel architectural réintroduit dans l'architecture moderne. Son expression régulière apparaît sur les deux cinquième des façades.

Une forme plus élargie du brise-soleil apparaît au-devant des vitrages éclairant les grandes salles. Il est à remarquer toutefois que cette partie de la solution n'a pas encore trouvé ici une expression plastique satisfaisante.

The sky-scraper of the "Quartier de la Marine" at Algiers

This study made in 1938 and 1939 was a continuation of the work of 1930-1938 and localized, still more precisely on the terrain, the planning efforts envisaged by the municipality.

The urbanistic solution was then transformed into its present form by the Master Plan of 1942. The present project is interesting from several points of view. It makes use of a sky-scraper form new in both its constructive and aesthetic solution for an office building. The sky-scraper is no longer an accidental form as it is in America; it is a veritable biology in itself, containing determined organs in their precise ordering. An independent frame, the entire façade of glass, a "sun-breaker" designed to suppress the effects of the sun in hot weather or during the warmest hours of the day, and, on the other hand, allowing the sun to penetrate into the building to the fullest extent in winter; a complete ordering of the vertical circulation, a system for the efficient distribution of pedestrian and automobile traffic at the foot of the sky-scraper; vehicular parking.

On three different levels (marked by the three solid horizontal bands appearing on the façade) are facilities for archives.

A special feature: the installation of a hotel and restaurant at the summit of the sky-scraper, with private access from the high point of the site.

The "sun-breaker" is applied in the form of elements equivalent in size to a loggia, a traditional architectural element reintroduced into modern architecture. Its regular expression appears on two-fifths of the façades.

Der Wolkenkratzer des « Quartier de la Marine » in Algier

Diese Studie aus den Jahren 1938/1939, eine Weiterführung der Arbeiten von 1930 bis 1938, betrifft die von den Stadtbehörden in Aussicht genommene städtebauliche Umgestaltung dieses Quartiers.

Im Grundplan (plan directeur) von 1942 wurde die städtebauliche Lösung abgeändert. Das vorliegende Projekt ist in verschiedener Hinsicht interessant. Es enthält eine konstruktive und schöne Lösung des Wolkenkratzers als Bürohaus. Seine Form ist nicht mehr, wie in Amerika, eine zufällige, sondern die eines Organismus mit streng zweckbestimmten Organen.

Vue à vol d'oiseau du quartier de la Marine   Aerial view of the Marine quarter   Das Marinequartier aus der Vogelschau

Ein unabhängiges Skelett, eine totale Verglasung, eine Sonnenblende (brise-soleil), die in den warmen Jahreszeiten und Stunden die Sonne abhält, sie aber im Winter voll eindringen lässt, genaue Regelung der vertikalen Zirkulation; ein System, das Fussgänger- und Automobilverkehr schon am Fusse des Gebäudes trennt; Parkflächen für die Fahrzeuge. Eine Besonderheit: Im obersten Geschoss befindet sich ein Hotel mit Restaurant mit separatem Zugang.

Die Sonnenblende (brise-soleil) entspricht in Form und Grösse einer Loggia, die als traditionelles Architekturelement wieder in die moderne Architektur eingeführt wird. Die Sonnenblenden nehmen zwei Fünftel der Fassaden ein. Vor der Verglasung der grossen Säle wurde eine breitere Form der Sonnenblende gewählt. Diese Lösung ist aber in ihrer plastischen Wirkung nicht ganz befriedigend.

Vue perspective du quartier de la Marine   View of the Marine quarter   Ansicht des Marinequartiers

1936/45 Ministère de l'Education nationale et de la santé publique à Rio de Janeiro

En 1936, Le Corbusier était appelé, à la demande du Comité d'architectes chargé de construire le Palais du ministère de l'Education nationale et de la Santé publique.

Le terrain choisi par lui fut refusé et le bâtiment prévu pour un terrain étendu au bord de la mer fut alors adapté à un terrain étroit, solution apportant des valeurs caractéristiques: la libération du sol par les pilotis et le brise-soleil autorisant une implantation contraire aux usages traditionnels.

En dehors de la question pratique du brise-soleil et des autres problèmes déjà mis au point dans les années antérieures (pilotis, pan de verre, ossature indépendante, toit-jardin, etc.) Le Corbusier a eu l'occasion d'intervenir d'une manière péremptoire au point de vue paysagiste. Il s'étonna de constater que les bâtiments officiels de Rio fussent construits en pierre de Bourgogne (importée sur des cargos), alors que Rio est un territoire hérissé de granit gris et rosé. Il préscrivit ce granit tant pour les murs pignon que pour l'immense dallage qui couvre le terrain occupé par le ministère; il fit plus, il recommanda l'emploi des faïences bleues et blanches de Lisbonne, capitale de la Mère-Patrie des Brésiliens, provoquant ainsi un contraste harmonieux avec le granit rude et la luisance du verre. Le lecteur doit essayer, en regardant les documents photographiques publiés ici, de faire

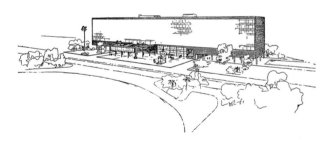

Premier projet Le Corbusier   First project   Erstes Projekt

abstraction des bâtiments voisins à bout portant dans les perspectives entre les pilotis, résultat d'un urbanisme de piètre envergure.

Il doit s'imaginer la féerie paysagiste de Rio et se dire que peu à peu et invinciblement, la technique des pilotis et des brise-soleil s'est emparée de tout le Brésil, et que désormais cette nature tropicale constituera le plus merveilleux cadre à la sensation architecturale.

Architectes: Luis Costa, Oscar Niemeyer, Alfonso Reidy, Carlos Leao, Jorge Moreira, Ernani Vasconcelos.

Architecte consulté: Le Corbusier, Paris.

Ministry of National Education and Public Health at Rio de Janeiro

In 1936 Le Corbusier was called in by the committee of architects charged with the construction of the Ministry of National Education and Public Health.

The site which he chose was refused and the building intended for location near the sea was therefore adapted to a tight, limited terrain, a solution bearing the characteristic advantages: the freeing of the ground floor by means of columns and the "brise-soleil" permitting an orientation contrary to normal practice. In addition to the practical question of the "brise-soleil" and the other problems already brought into focus during the preceding years (columns, glass façades, independent framework, roof garden, etc.), Le Corbusier rose to the occasion in a decisive manner as a landscapist. He wondered why the official buildings in Rio were constructed of stone from Burgundy (imported on cargo ships), while the country-side of Rio is studded with gray and rose-colored granite. He specified this granite both for the end walls and the immense paved area covering the terrain occupied by the Ministry; he did more, he recommended the use of blue and white faience from Lisbon, capital of the Brazilian mother-country, thus provoking a harmonious contrast with the rude granite and shiny glass surfaces. While looking at the photographs published here, the reader must try to abstract away the neighboring buildings which block the perspectives between the pilotis—the buildings which are the result of a narrow-minded urbanistic policy.

The reader must imagine the wondrous landscape of Rio and reflect that slowly but surely the technique of the pilotis (columns) and brise-soleil (sun-breaker) has taken hold throughout Brazil, and that henceforth this tropical nature will constitute the most marvellous setting for the architectural sensation.

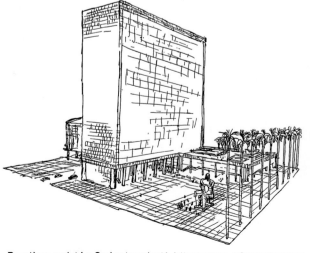

Deuxième projet Le Corbusier adapté à l'exécution / Second project for execution / Ausführungsprojekt

Gebäude des Erziehungs- und Gesundheitsministeriums in Rio de Janeiro

1936 war Le Corbusier auf Veranlassung der mit dem Bau des Erziehungs- und Gesundheitsministeriums beauftragten Architektengruppe nach Rio berufen worden. Das von ihm damals gewählte Grundstück wurde aus politischen Gründen nicht bewilligt, so dass das für ein weites Gelände am Meeresufer entworfene Gebäude einem neuen, schmalen Grundstück angepasst werden musste. Dies führte zu neuen, charakteristischen Lösungen: Befreiung des Bodens durch Stellung auf Säulen und Sonnenblenden (brise-soleil). Dies ermöglichte eine den bisherigen Gepflogenheiten widersprechende Stellung des Gebäudes.

Ausser der praktischen Anwendung der Sonnenblenden und anderer, schon in früheren Jahren erprobten Besonderheiten (Säulen, Glasfassaden, freies Skelett, Dachgarten usw.) hatte Le Corbusier Gelegenheit, entscheidend auf die Gestaltung der umgebenden Landschaft einzuwirken. Erstaunt darüber, dass die öffentlichen Gebäude Rios aus importiertem Burgunderstein erstellt waren, während der eigene Boden eine Menge grauen und rosa Granits aufweist, verwandte er sowohl für die Stirnmauern als auch als Belag für den riesigen Platz, auf dem das Gebäude steht, diesen Granit. Ferner

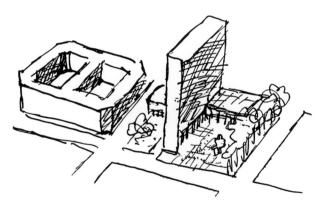

empfahl er die Verwendung der weissen und blauen Fayencen aus Lissabon, der Hauptstadt von Brasiliens Mutterland, die mit dem groben Granit und dem Glanz der Verglasung harmonisch kontrastieren.

Der Leser tut gut, beim Betrachten der hier publizierten Photographien von den benachbarten Gebäuden zu abstrahieren, die von einer pitoyablen Stadtplanung zeugen, und sich die feenhafte Landschaft Rios vorzustellen mit dem Gedanken, dass langsam und unaufhaltbar die Technik der Säulen und Sonnenblenden ganz Brasilien erobern wird. Dann wird diese tropische Landschaft zum herrlichsten Rahmen der Architektur werden.

La façade nord
North elevation
Nordfassade

Le portique

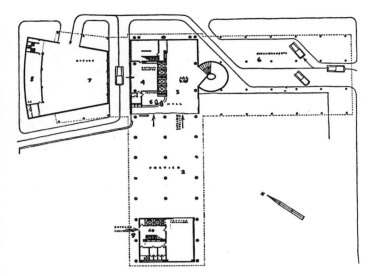

Ground-floor:

2 Portico
3 Public hall
4 Minister's entrance
5 Information desk
6 Parking
7 Garage
8 Machinery
9, 10 Employees' entrance

L'entrée du public   Visitors' entrance   Eingang

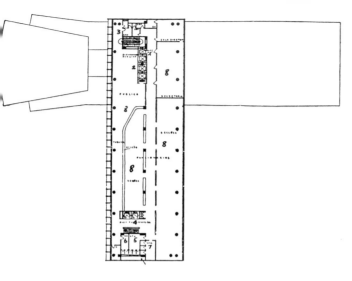

Fourth-floor:

1 Minister's elevator
2 Public elevator
3 Toilet
4 Employees' elevator
5, 7 Toilets
8 Office space

Toit-jardin   Roof-garden   Dachgarten

Façade avec brise-soleil   Façade with sun-breakers   Fassade mit Sonnenschutz

1947 L'ONU à New York sur l'East River

After having accomplished an important task, as a member of the Site Commission, in setting up the seat of UNO in the United States, Le Corbusier was designated as the first of the ten experts, in charge of the study of the construction of the building itself. Le Corbusier immediately took an aeroplane and arrived in New York on the 25th of January—that is two monts before the arrival of the other experts. An atelier devoted to the project was set up on the 21st floor of the RKO-building. A sketch-book, begun on January 26th 1947, had by April already 60 full pages, illustrating the development of the building in its relation to the site.

The UNO Buildings on the East River, New York

We reproduce here a photograph of the model 23 A which served as a basis of discussion for the committee of ten for three months. In this discussion propositions both individual and collective were made by other members of the committee of ten, these dealt exclusively with the relationships between the three types of building conceived by Le Corbusier. These are the Secretariat, 200 metres high, the General Assemblies block and the future annexe for General Agencies.
However Le Corbusier was not invited to take part in the realisation of this work of contemporary architecture which made its appearance on the East River in a form which is open to question but which nevertheless stemmed from his own earlier studies (1922), in which he created the «Contemporary City for three million inhabitants» and what he called the «Cartesian Skyscraper». This was a new type of modern building which he prefected more and more as years passed, in his schemes for Algiers, Anvers, Barcelona and Buenos Aires for example. In 1936 a team of Brazilian Architects and Le Corbusier had together constructed a similar building for the Ministry of National Education and Public Health in Rio de Janeiro.

Das UNO-Gebäude in New York

Après avoir accompli une mission importante au sein de la «Commission du Site» pour l'installation du siège des N.U. aux Etats-Unis, Le Corbusier avait été dès janvier 1947 désigné comme l'un des dix experts, chargés d'élaborer les plans de construction du palais lui-même. Le Corbusier prit immédiatement l'avion et arriva à New York le 25 janvier, c'est-à-dire deux mois avant l'arrivée des autres experts. Immédiatement il commençait l'étude sur l'emplacement de l'East River, au 21e étage du RKO-Building. Le carnet de poche, un «sketchbook», dont la première feuille commence le 26 janvier 1947 comporte jusqu'au mois d'avril près de soixante pages couvertes de dessins. Ce carnet est un véritable exposé de biologie architecturale.
Nous reproduisons ici la photographie de la Maquette 23 A qui servit de base aux travaux du Comité des Dix Experts pendant trois mois. Cette Maquette 23 A provoqua des propositions collectives ou individuelles des experts, mais exclusivement sur des modalités de groupement des trois types de bâtiments fournis par Le Corbusier, c'est-à-dire le Secrétariat (un gratte-ciel de 200 mètres de haut), le bloc des Commissions et Assemblées Générales, et enfin, l'annexe future des «Special Agencies».
Cette naissance d'une architecture des temps modernes, à la réalisation de laquelle Le Corbusier ne fut pas convié, remonte d'ailleurs aux études antérieures de Le Corbusier; dès 1922, lorsque dans «La Ville contemporaine de trois millions d'habitants» il créa ce qu'il appela le «Gratte-ciel Cartésien», type nouveau de bâtiment moderne qu'il perfectionna de plus en plus au cours des années, par exemple à l'occasion des plans d'Alger, d'Anvers, de Barcelone, de Buenos Aires, etc... En 1936 déjà, une première réalisation intervenait sur les plans établis en commun avec l'équipe brésilienne à Rio de Janeiro pour le Ministère de l'Education nationale et de la Santé publique.

Nach Beendigung eines wichtigen Auftrags innerhalb der Head Quarters Site Commission wurde Le Corbusier zum ersten der zehn Experten ernannt, die mit dem Studium des Plans für die Ausführung des UNO-Gebäudes betraut waren. Le Corbusier bestieg unverzüglich das Flugzeug und kam am 25. Januar in New York an, das heisst zwei Monate vor den übrigen Experten. Er begann sogleich mit dem Studium des Projektes, in einem auf der 21. Etage des RKO-Gebäudes zu diesem Zwecke eingerichteten Atelier. Das Skizzenbuch, dessen erstes Blatt das Datum des 26. Januars 1947 trägt, wies bereits im Monat April beinahe 60 Seiten auf; es zeigt den Fortgang der Arbeit bei der Planung und der Anpassung des Gebäudes an das vorgesehene Gelände am East River.
Wir zeigen hier u. a. die Maquette 23 A, die während drei Monaten als Grundlage aller Beratungen der zehn Experten diente. Diese Maquette hatte Anträge der Experten zur Folge, die sich aber ausschliesslich auf die Gruppierung der drei von Le Corbusier konzipierten Gebäudetypen: das Sekretariat, einen Wolkenkratzer von 200 m Höhe, den Block der Kommissionen und Generalversammlungen und schliesslich das zukünftige Ergänzungsgebäude der Special Agencies, bezogen.
Die im UNO-Gebäude zum Ausdruck kommende neue Architektur (von dessen Ausführung bekanntlich Corbusier dann ausgeschlossen war) geht auf frühere Studien Le Corbusiers zurück, die bereits 1922 begannen. In der «Ville contemporaine pour trois millions d'habitants» schuf er den Gratte-ciel cartésien, einen neuen Bautyp, den er in der Folge immer wieder verbesserte. Eine erste Realisierung dieser Idee enthielten bereits die 1936 zusammen mit einer brasilianischen Equipe im Auftrag des Erziehungs- und Gesundheitsministeriums für Rio de Janeiro ausgearbeiteten Pläne.

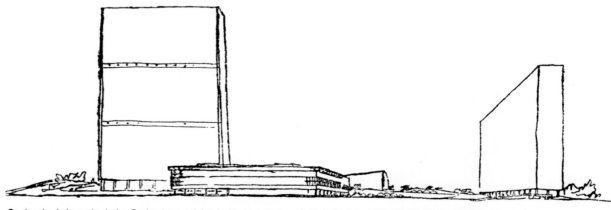

Ce dessin de la main de Le Corbusier a été fait le 27 mars 1947 au R.K.O.-Building, 21e étage, à New York

Deux aspects de la maquette 23 A, création totale de Le Corbusier, qui a servi de pivot aux discussions des 10 experts venus à New York à partir du 15 mars 1947

Two views of the model 23 A, created solely by Le Corbusier, which, from March 15, 1947 on, served as the pivot point in the discussions of the 10 experts who had come to New York

Zwei Ansichten des Modells 23 A, das vollständig von Le Corbusier ausgeführt wurde und als Diskussionsgrundlage für die 10 Experten diente, die sich ab 15. März 1947 in New York eingefunden hatten

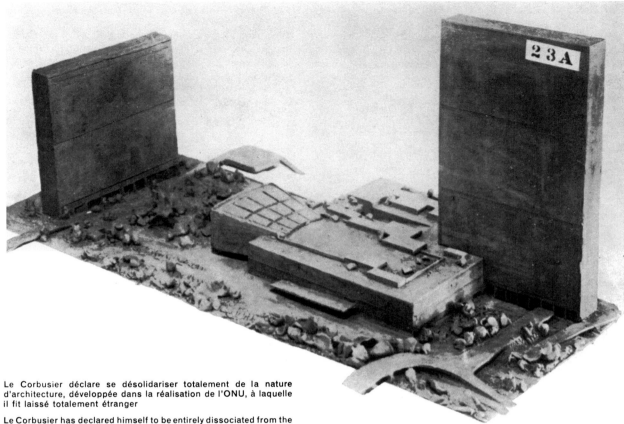

Le Corbusier déclare se désolidariser totalement de la nature d'architecture, développée dans la réalisation de l'ONU, à laquelle il fit laissé totalement étranger

Le Corbusier has declared himself to be entirely dissociated from the execution of the UNO, an affair from which he was totally excluded

Le Corbusier distanziert sich in jeder Weise von der Architektur, wie sie bei der Ausführung des UNO-Gebäudes realisiert wurde. Er war bei den Ausführungsarbeiten vollständig ausgeschlossen worden

Le siège de l'ONU (1952)

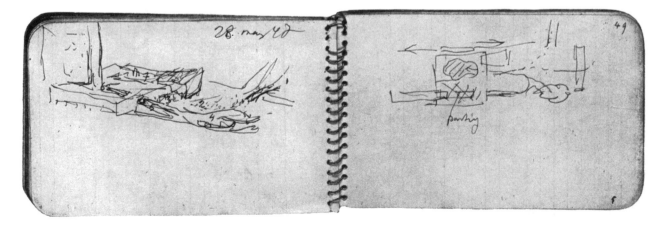

Ce carnet de poche de L-C contenant 61 pages, avait disparu pendant deux années du coffre-fort de l'institut de Boston. Ces 61 feuillets, datés du 28 janvier au 11 mai 1947, contiennent le développement révélateur des études du siège de l'ONU

1949 «Roq» et «Rob» à Cap Martin

Ces études sont dominées par un souci de composition de l'architecture avec le site si particulièrement éloquent de la Côte d'Azur. Ce site a été abîmé, en ce dernier demi-siècle, par la prolifération de maisons de tous styles et d'un urbanisme défaillant. La Côte d'Azur, polluée de maison-nettes, a son paysage menacé. Le Corbusier recherchait une voie logique: il raisonna ainsi: pourquoi construire à la Côte d'Azur? Pour avoir le bénéfice de son climat et de ses vues admirables. Il s'agit donc, en premier lieu, d'assu-rer la visibilité — la vue — sur les paysages les plus choisis. Tel est l'objet même du logis à construire. Il s'agit ensuite de sauvegarder les choses qui seront vues et par consé-quent de ne pas troubler le site en l'encombrant de bâtisses en désordre. Au contraire, il faut constituer par un ur-banisme sage des réserves de nature et de créer de toutes pièces des sites architecturaux, des événements architec-turaux de haute valeur plastique. L'examen des anciennes petites villes qui occupent les hauteurs de la côte fournit une information excellente; le site architectural y est fait de maisons toutes accolées les unes aux autres, mais dont les yeux (les fenêtres) ouvrent tous sur l'horizon infini. Le paysage contigu est demeuré libre, consacré à l'agricul-ture ou constituant simplement des réserves naturelles.

"Roq" and "Rob" at Cap Martin on the Mediterranean

These studies are contemporary with those of the Sainte Baume. They strive for synthesis of the architecture and the site which is so eloquent on the Côte d'Azur smothered in the last fifty years by the multiplication of houses in all styles and by bad planning. The countryside of the Côte d'Azur is in danger of being polluted with maisonettes. Le Corbusier sought for a logical solution. He reasoned then: why build on the Côte d'Azur? In order to have the benefit of its climate and its superb outlook. The first task is to ensure a good view over the best of the countryside, more-over the country which is to be seen must be preserved and not built over in a haphazard fashion. A wise plan must provide for reserves of nature; architectural features of great sculptural value must be created. Examination of the ancient little towns which stand on the higher parts of the coast, discovers excellent precedents. The houses are crow-ded together but all have eyes (windows) towards the in-finite horizon. The surrounding countryside remains free for agriculture or simply as a natural reserve. The steep slope itself offers the solution, and the section ensures a good viewpoint. The forms of the buildings also lend themselves to this purpose, particularly tall and narrow blocks such as the Unité d'Habitation at Marseilles.

«Roq» et «Rob» bei Cap Martin am Mittelmeer

Diese Studien stammen aus der gleichen Zeit wie das Pro-jekt für Sainte Baume. Sie sind von der Sorge beherrscht, die Architektur mit der so eindrucksvollen Landschaft der Côte d'Azur in Einklang zu bringen. Diese Landschaft ist in den letzten fünfzig Jahren durch das planlose Aufschies-sen von Häusern aller Stilarten verwüstet worden. Dieser Bedrohung der Landschaft suchte Le Corbusier zu be-gegnen, indem er sich fragte, warum überhaupt an der Côte d'Azur gebaut werde. Die Antwort war leicht zu fin-den: Wegen des Klimas und der herrlichen Aussicht. Die Aussicht war daher in erster Linie zu berücksichtigen. In zweiter Linie musste die Landschaft vor planloser Überbau-ung geschützt werden. Dies konnte durch einen sorgfältig durchdachten Überbauungsplan geschehen, der nicht nur die Schönheit der Landschaft bewahrte, sondern die Bau-ten so gestaltete, dass sie ein architektonisch wertvolles Ganzes bildeten. Das Studium der kleinen alten Städte auf den Höhen ergab eine wertvolle Wegleitung: die Häuser sind alle eng aneinandergereiht, aber ihre Fenster öffnen sich auf den unendlichen Horizont. Die angrenzende Land-schaft ist vollkommen frei und dient entweder land-wirtschaftlichen Zwecken oder bleibt im Naturzustand. Die Abhänge ergeben die richtige Lösung von selbst.

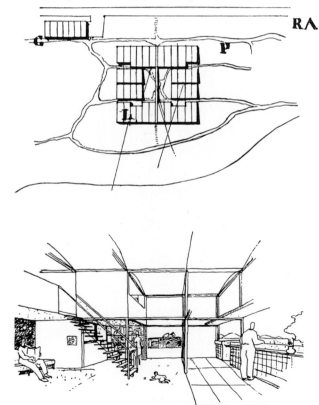

Perspectives intérieures des maisons   Interior views of the houses   Innenansichten der Häuser

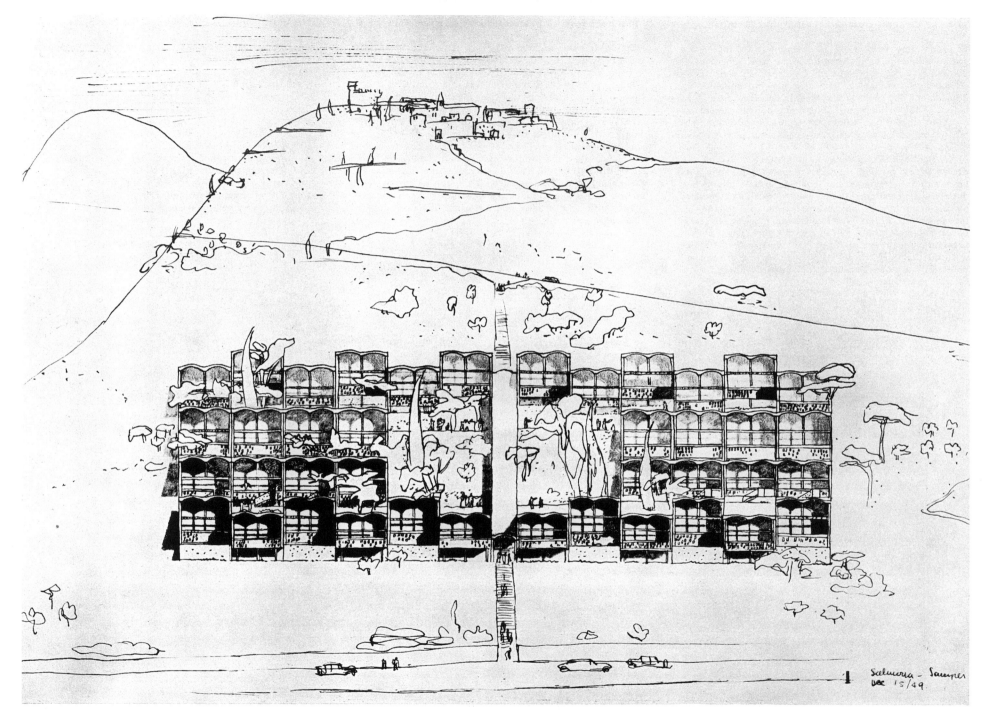

Elévation. Intégration dans le paysage   Elevation. Integration with the landscape   Aufriss. Einbeziehung in die Landschaft

1951 Le Concours de Strasbourg pour 800 logements

Le programme réclamait le groupement de 800 logements sur un terrain de 10 hectares limité par des immeubles et par une caserne. Le projet de L-C comprenait deux unités d'habitation semblables, de 400 logements chacune. En supplément, 100 petits appartements étaient rassemblés dans une tour cylindrique. Malgré une densité supérieure à celle réclamée par le programme, les constructions occupent moins de 6% de la surface du sol, les «Unités» moins de 2%.

93% du sol demeure libre, en un parc disponible pour des écoles, stade, piscine, les sports, pour des garages, etc. Le devis total, engageant par leur signature la totalité des entrepreneurs, est apparu de quelques millions inférieurs au prix limite imposé par le programme — inférieur lui-même au prix normal des habitations à loyers modérés. Les architectes du jury ont écarté le projet. C'est par un sauvetage in-extremis qu'il put être primé toutefois et devenir quatrième et dernier au classement. Le projet avait coûté à l'Atelier Le Corbusier 5 millions de francs.

The concours for 800 apartments at Strassburg

The programme required the construction of 800 dwellings on an enclosed site. Le Corbusier's project comprised two similar Unités d'Habitation, each with 400 dwellings and also a group of 100 small dwellings in a cylindrical tower: although more dwellings were provided than the programme required, less than 6% of the site area was built over. The Unités covering as little as 2%. 93% of the area remained free for a park, a school, a stadium, a swimming bath, a sports ground and garages. The cost was estimated at some millions less than the programme stipulated, and was lower than the normal cost for dwellings at the lowest rents. The architects questionned have put the design aside, it was a stroke of good luck that it was premiated and placed fourth. The project had cost Le Corbusier 5 million francs.

Ein Wettbewerb für 800 Wohnungen in Strassburg

Das Programm sah die Errichtung von 800 Wohnungen auf einem von Gebäuden und einer Kaserne begrenzten Bauplatz vor. Das Projekt L-C enthielt zwei gleichartige Unités d'Habitation mit je 400 Wohnungen. Ferner waren in einem zylindrischen Turm 100 kleine Wohnungen vereinigt. Obgleich mehr Wohnungen vorgesehen sind, als das Programm vorschrieb, beanspruchen die Bauten weniger als 6% der Oberfläche; die Unités sogar weniger als 2%. 93% des Bodens bleiben für Schulen, für ein Stadion, ein Schwimmbad, einen Sportplatz und für Garagen frei. Die Architekten haben das Projekt ausgeschieden, und nur durch einen Glücksfall konnte es dennoch mit dem vierten Preis bedacht werden. Das Projekt hat das Atelier Le Corbusier 5 Millionen Franken gekostet.

Façade ouest, loggias de simple ou double hauteur selon les types d'appartements   West elevation, loggias of simple or double height, according to the types of apartments

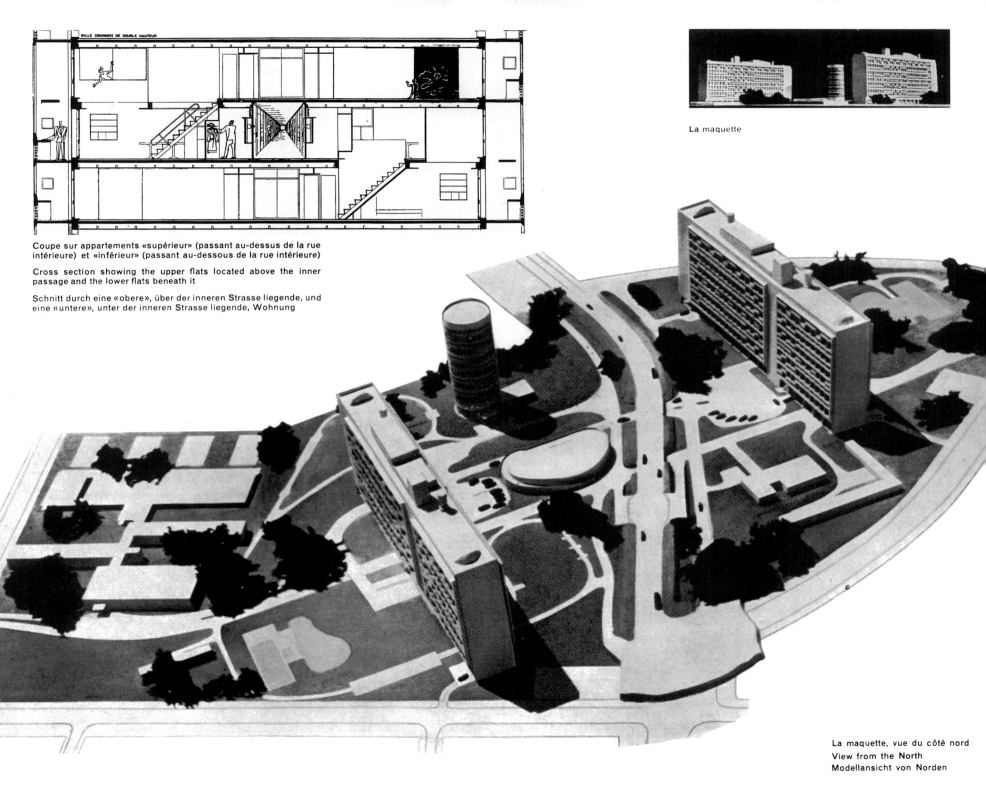

SALLE COMMUNE DE DOUBLE HAUTEUR

Coupe sur appartements «supérieur» (passant au-dessus de la rue intérieure) et «inférieur» (passant au-dessous de la rue intérieure)

Cross section showing the upper flats located above the inner passage and the lower flats beneath it

Schnitt durch eine «obere», über der inneren Strasse liegende, und eine «untere», unter der inneren Strasse liegende, Wohnung

La maquette

La maquette, vue du côté nord
View from the North
Modellansicht von Norden

1946/51 Manufacture de St-Dié

L'urbanisation de la ville de St-Dié fut rejetée. St-Dié est maintenant en reconstruction — autrement. Le plan comportait la construction de huit «Unités d'habitation». C'était en 1945. Marseille n'était pas encore née. Il eût fallu en 1945 avoir bâti Marseille, et en 1952 avoir fait le plan de St-Dié.
De tout l'effort fourni à St-Dié, il restait une petite flamme très pure: l'amitié d'un des jeunes industriels promoteurs du plan 1945: Jean-Jacques Duval dont la manufacture de bonneterie avait été détruite par les Allemands. La construction fut lente, constamment freinée par les circonstances. Mais la petite manufacture Duval à St-Dié porte en soi certains éléments pertinents d'architecture moderne: 1° une modulation complète au Modulor, 2° une expression saisissante de la coupe, 3° une manifestation intense de la polychromie des plafonds, menuiserie, tuyauterie et gaines, en plein accord avec la robustesse du béton brut; la manufacture de St-Dié fut achevée avant l'Unité de Marseille. Toutes deux expriment une rude santé dans leur épiderme, et leurs couleurs saisissantes poussées à la plus puissante intensité.

The factory of St. Dié

The plan for the town of St. Dié was rejected and today St. Dié is being reconstructed, but not according to that plan. The plan included eight "Unités d'habitation". That was in 1945. Marseilles had not then been constructed. It should have been built in 1946 and St. Dié in 1952.
From all the effort at St. Dié, there remains the friendship of Jean-Jacques Duval, the owner of a millinery factory, destroyed by the Germans. Le Corbusier undertook to design a new one. The construction was slow, constantly held up by circumstances. But the little factory at St. Dié contains certain elements pertaining to modern architecture: 1° it is proportioned entirely by the Modulor; 2° the section is strongly expressed; 3° the ceilings wood work, plumbing, etc. are intensely colored in a manner befitting the robust character of concrete. The factory was finished before the Unité at Marseilles. Both express a rude healthiness, their color schemes being pushed to a most powerful intensity.

Fabrik in St. Dié

Die Stadtplanung Le Corbusiers für St. Dié wurde verworfen, und nun ist St. Dié im Wiederaufbau begriffen — aber anders. Der Plan von Le Corbusier sah acht «Unités d'habitation» vor. Dies war im Jahre 1945, als die Unité d'habitation in Marseille noch nicht stand. Vielleicht wäre es anders gekommen, wenn Marseille 1945 erbaut und der Plan für St. Dié 1952 vorgelegt worden wäre.
Aus den Bemühungen um St. Dié ging die Freundschaft Le Corbusiers mit Jean-Jacques Duval, einem jungen Industriellen, hervor. Dieser betraute Le Corbusier mit dem Wiederaufbau seiner von den Deutschen zerstörten Kurzwarenfabrik. Die kleine Fabrik zeigt die wesentlichen Elemente der modernen Architektur: 1. alle Masse sind vom Modulor bestimmt; 2. eindrückliche architektonische Formgebung; 3. intensive polychrome Behandlung der Decken und des Holz- und Röhrenwerks, deren Farbigkeit mit der Robustheit des rohen Betons in glücklichem Einklang steht.

Loggia sur le toit-jardin   Loggia on the roof-garden   Loggia auf dem Dachgarten

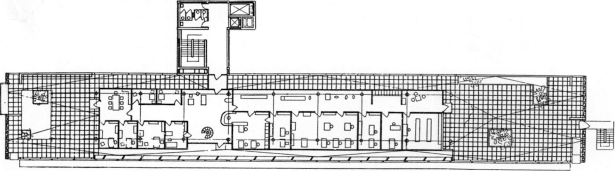

Plan du toit-terrasse et des bureaux   Roof-terrace and the offices   Dachterrasse und Büros

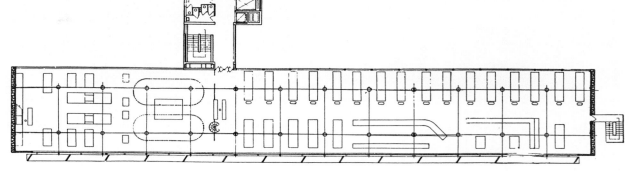

Plan du 2e étage   2nd floor   2. Etage

Façade principale, trois étages munis avec «brise-soleil». Sur le toit-terrasse les bureaux / Main façade, three storeys with sun-breakers. On the roof-terrace the offices / Hauptfassade, drei Etagen mit Sonnenblenden, auf der Dachterrasse die Büros

Les «brise-soleil»   Sun-breakers   Sonnenblenden

L'étude de cette construction fut confiée à Le Corbusier en été 1945 par le Ministre de la Reconstruction.

Toute liberté était offerte à Le Corbusier d'exprimer pour la première fois, et d'une manière totale, ses conceptions sur l'habitat moderne destiné à la classe moyenne, avec la possibilité pour lui d'aborder à cette occasion, les graves problèmes de l'heure présente:

Détermination du logis (divers types d'appartements correspondant aux diverses formes de foyer: célibataires, couples, familles avec 2, 4, 6 enfants et plus); préfabrications des éléments du logis; ossature indépendante; questions de lumière et de soleil; «prolongements du logis»; «installations des services communs». Après vingt années de préparation inlassable, l'occasion était donc fournie de mettre dans la pratique, ce qui fut mis au point théoriquement.

La première étude avait pour terrain La Madrague, dominant le port de Marseille: Elle comportait trois bâtiments offrant un échantillonnage d'appartements en qualité, en grandeur et destination.

La seconde étude fut faite pour le Boulevard Michelet, en prolongement du Prado, terrain plat admirablement situé dans un quartier plutôt aisé.

Chaque logis a un premier plan paysagiste et une vue étendue sur des horizons enchanteurs: la haute mer, le Vieux-Port, l'Estaque, la Sainte-Baume...

La solution des brise-soleil soigneusement étudiée, l'ossature entièrement indépendante, sont des novations totales. L'aboutissement des études de Le Corbusier sur l'unité d'habitation, l'ont conduit ici à arrêter ses dimensions à un volume bâti parfaitement proportionné, et que l'urbanisation de Saint-Dié comme de La Pallice avait déjà situé sur le terrain.

The commission for this structure was awarded to Le Corbusier in the summer of 1945 by the Minister of Reconstruction.

Le Corbusier was given complete freedom of expression, for the first time, to try out his ideas on modern middle-income housing, affording him the possibility to attack the serious problems of the day:

Determination of the dwelling (different types of apartments corresponding to different needs: bachelors, couples, families with 2, 4, 6, and more children); prefabrication of the elements of the dwelling; independent structural frame; questions of lighting and sunshine; "extensions of the dwelling"; "facilities for communal services".

After twenty years of untiring preparation, the occasion arrived to put in practice what had been resolved theoretically. The first study was made for the terrain of La Madrague, dominating the port of Marseilles: it comprised three buildings offering a wide variety of apartments in respect to quality, size and function. The second study was made for the Boulevard Michelet, a prolongation of the Prado, a site admirably located in a well-to-do neighborhood.

Each apartment has a view of landscape in the foreground and an extensive view towards the captivating horizon: the open sea, the old Port, l'Estaque, the Sainte-Baume...

The well-studied solution for the sun-louvers and the completely independent structural frame are entirely new innovations.

The result of Le Corbusier's studies for the dwelling unity have led him to arrive at a perfectly proportioned building volume, similar to his projects for the urbanization of Saint-Dié and La Rochelle-Pallice.

Le Corbusier war 1945 vom Ministerium für Wiederaufbau mit den Vorstudien zu diesem Bauwerk beauftragt worden.

Zum ersten Male erhielt er die vollständige Freiheit, seine Auffassungen über den modernen Wohnungsbau für die Mittelklasse ungehindert zum Ausdruck zu bringen und bot sich ihm Gelegenheit, die dringenden Probleme unserer Zeit in Angriff zu nehmen, nämlich:

die Definition des Begriffes Wohnung (Schaffung verschiedener Wohntypen entsprechend ihrer Zweckbestimmung für Einzelpersonen, Ehepaare, Familien mit 2, 4, 6 und mehr Kindern); Vorfabrikation der Wohnungselemente; vom Grundriss unabhängiges Skelett; «Verlängerungen» der Wohnung; «Einrichtungen zum gemeinschaftlichen Gebrauch».

Endlich, nach zwanzig Jahren unermüdlicher Vorarbeiten bot sich Gelegenheit, die theoretisch gefundenen Lösungen in die Praxis umzusetzen.

Das erste Projekt betraf das Terrain von «La Madrague», welches den Hafen von Marseille beherrscht: es sah drei Bauten vor und bot eine Musterkarte der Wohnungen hinsichtlich Qualität, Grösse und Zweckbestimmung.

Das zweite Projekt war für das flache, wundervoll gelegene Grundstück in der Verlängerung des «Prado» am Boulevard Michelet bestimmt.

Jede Wohnung blickt direkt auf die freie Landschaft und hat eine herrliche Fernsicht auf das Meer, den alten Hafen, die Dünen, La Sainte-Baume...

Die auf das sorgfältigste ausgedachten Sonnenblenden und das vom Grundriss ganz unabhängige Skelett sind vollständig neue Architektur-Elemente.

Der Grundstein wurde am 14. Oktober 1947 gelegt, und am 14. Oktober 1952 fand die Einweihung der Unité statt.

La révolution urbanistique seule instaurera les conditions d'une révolution de l'art et du logement / A revolution only in town planning makes possible a new way of dwelling / Erst mit der städtebaulichen Umwälzung werden die Voraussetzungen einer neuen Wohnform geschaffen

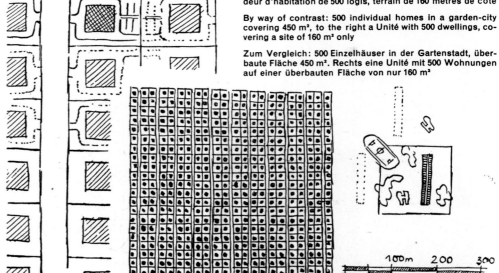

Par opposition: 500 maisons individuelles en cité-jardin. Terrain de 450 mètres de côté. A droite, une Unité de grandeur d'habitation de 500 logis, terrain de 160 mètres de côté

By way of contrast: 500 individual homes in a garden-city covering 450 m², to the right a Unité with 500 dwellings, covering a site of 160 m² only

Zum Vergleich: 500 Einzelhäuser in der Gartenstadt, überbaute Fläche 450 m². Rechts eine Unité mit 500 Wohnungen auf einer überbauten Fläche von nur 160 m²

100m   200   300

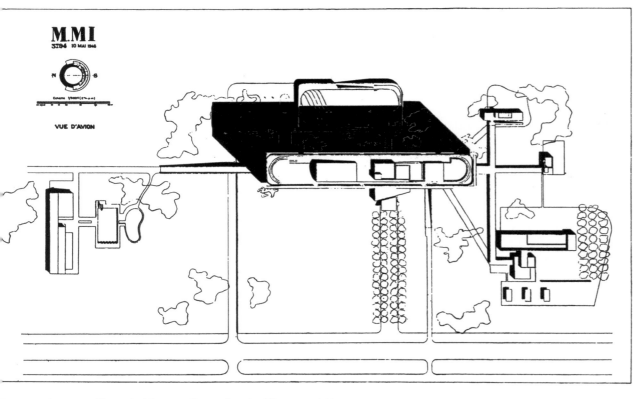

M.M.I
3284 10 MAI 1946

VUE D'AVION

Projet d'exécution   The project for execution   Das Ausführungsprojekt

En noir l'Unité de Marseille, en blanc l'encombrement du sol pour la même population logée en cité-jardin horizontale

In black the Unité of Marseilles, in white the crowding of the ground for same population housed in a horizontal garden-city

Schwarz: die Unité von Marseille, weiss: die Inanspruchnahme des Bodens durch eine horizontale Gartenstadt für die gleiche Bevölkerungszahl

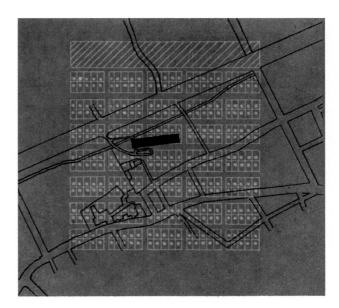

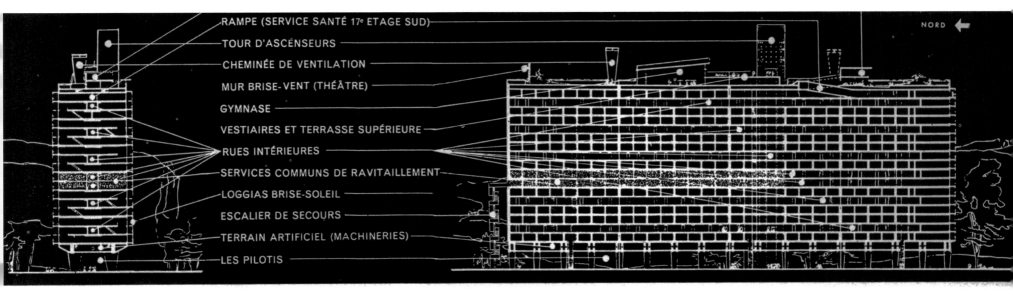

RAMPE (SERVICE SANTÉ 17e ÉTAGE SUD)
TOUR D'ASCÉNSEURS
CHEMINÉE DE VENTILATION
MUR BRISE-VENT (THÉÂTRE)
GYMNASE
VESTIAIRES ET TERRASSE SUPÉRIEURE
RUES INTÉRIEURES
SERVICES COMMUNS DE RAVITAILLEMENT
LOGGIAS BRISE-SOLEIL
ESCALIER DE SECOURS
TERRAIN ARTIFICIEL (MACHINERIES)
LES PILOTIS

NORD ←

Les deux coupes d'orientation sur l'Unité d'Habitation de Marseille   Sections through the Unité   2 Schnitte durch die Unité

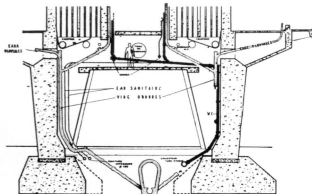

Coupe sur le «sol artificiel».

Chaque semelle de fondation est supportée par trois puits de 1,50 m de diamètre, dont le pied est élargi en champignon à 10 m de profondeur environ.
Le sol artificiel au sommet des pilotis constitue une table de 135 mètres de long et de 24 mètres de large; il repose sur des pilotis de 17 portiques écartés de 8,38 m. Les pilotis sont en béton et leur format répond aux fonctions: stabilité de l'ouvrage et passage de toutes les canalisations.
Le sol artificiel est composé de 32 compartiments dans lesquels sont placées les installations mécaniques: à gauche, l'appareillage de la production d'air pulsé et, à droite, le registre de distribution d'air pulsé dans les gaines montantes et l'emplacement des canalisations.
Il est à noter que chaque partie de gaine ou de conduite est visible et, en cas de défection, peut être facilement réparée. Au moment du coulage du béton, chaque trou de passage de canalisation ou de colonne montante d'électricité a été prévu à son emplacement exact. On distingue une colonne pour vide-ordures et eaux ménagères, une pour eaux pluviales le long de la façade qui rejoint celle des vides-ordures dans le sol artificiel

Section through the "artificial ground".

The artificial ground level over the columns measures 410 ft. in length and 73 ft. in width; the columns upon which it rests are spaced 25' to 6" apart. The artificial ground level is divided into 32 spaces which house technical installations: to the left, the artificial ventilation machinery and right, branching-off of air ducts to the individual floors, also the collecting sewerage line.
It should be mentioned here that the entire piping and duct system is visible and can be easily repaired in case of breakdown. All the utility lines were laid in place before the concrete was poured. The piping chase columns and rainwater pipe columns are united in the artificial ground level

Schnitt durch die künstliche Grundfläche.

Die künstliche Grundfläche über den Pfeilern hat eine Ausdehnung von 135 m Länge und 24 m Breite; die Pfeiler, auf denen sie ruht, haben einen Abstand von je 8,38 m. Die künstliche Grundfläche ist in 32 Räume eingeteilt, in denen die technischen Installationen untergebracht sind: links die Apparatur zur künstlichen Entlüftung und rechts zur Verteilung der Luft in die einzelnen Etagen, ferner die Sammelkanalisation.
Es sei noch besonders erwähnt, dass das gesamte Leitungs- und Röhrensystem sichtbar und im Fall von Beschädigungen leicht zu reparieren ist. Bevor der Beton in die Schalung eingegossen wurde, sind die sämtlichen Installationen hineinverlegt worden. Man unterscheidet einen Pfeiler für die Kanalisation, einen für das Regenwasser, die sich dann in der künstlichen Grundfläche vereinigen

Vue du boulevard Michelet   View from Bd. Michelet   Ansicht vom Bd. Michelet

Façade sud   South elevation   Südfassade

La cuisine   Kitchen   Küche

Le pan de verre de la salle commune et les casiers encastrés

The glass wall of the living-room and the built-in closets

Die Glaswand des Wohnraums und die eingebauten Schränke

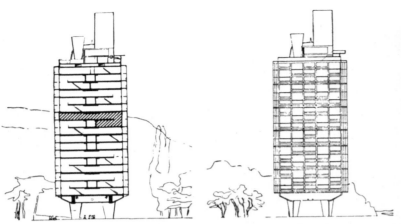

La coupe transversale   La façade sud

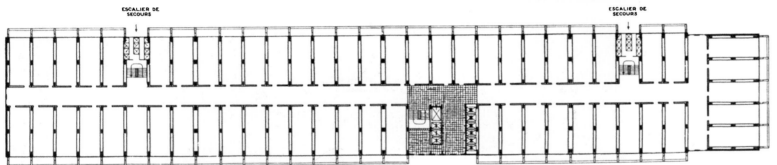

Niveau de la rue intérieure. Chaque étage courant d'appartements comporte trois niveaux. La rue intérieure se trouve au niveau intermédiaire. Chaque appartement comporte deux niveaux et occupe une travée au niveau de la rue intérieure, et une, deux ou trois travées du niveau supérieur ou inférieur

Level on the interior street. Each typical apartment floor comprises three levels. The interior street is located on the intermediate level. Each apartment comprises two levels and occupies one bay at the level of the interior street and one, two or three bays on either the upper or lower level

Niveau der inneren Strasse. Jedes Wohngeschoss umfasst drei Niveaus. Die innere Strasse befindet sich auf dem mittleren Niveau. Jede Wohnung geht über zwei Niveaus und schliesst an die innere Strasse an

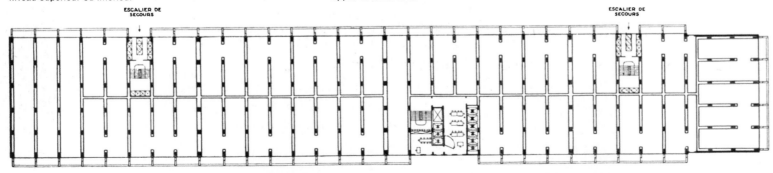

Etage courant d'appartements: Niveau inférieur. Le plan du niveau supérieur est analogue. Les salles libres en dessous et au-dessus des halles d'arrêt des ascenseurs sont utilisées comme clubs de jeunesse

Typical apartment floor: Lower level. The plan of the upper level is analogous. The free spaces above and below the elevator stops are utilized as youth clubs

Wohngeschoss: Unteres Niveau. Der Grundriss für das obere Niveau ist derselbe. Die freien Räume unter und über den Lifthaltestellen werden von den Jugendklubs benützt

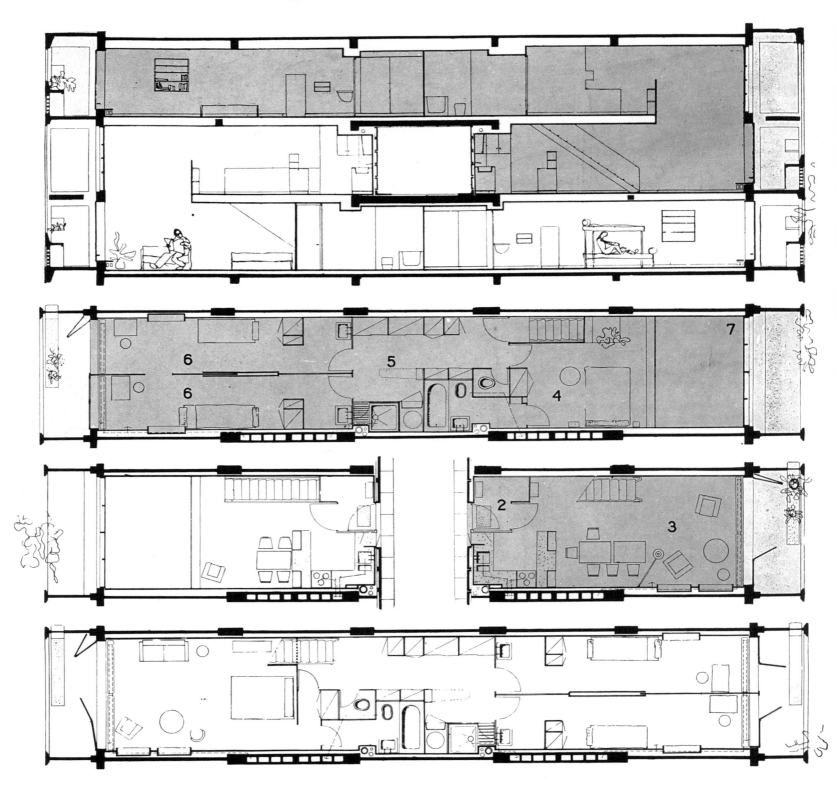

Appartement pour famille de 2
à 4 enfants (type supérieur)

Coupe longitudinale sur une
« couple de cases » Une rue
intérieure dessert les
appartements
Longitudinal section through a
"compartment couple". An interior street serves the apartments
Längsschnitt durch ein «Woh-
nungspaar». Eine innere Strasse
führt zu den Wohnungen

Appartement pour famille de 2
à 4 enfants (type inférieur)

Plan d'appartement
type supérieur

1 Rue intérieure
  Interior street
  Innere Strasse
2 Entrée
3 Salle commune avec cuisine
  Living-room with kitchen
  Wohnraum mit Küche
4 Chambre des parents avec
  salle de bains
  parents' room with bath
  Elternzimmer mit Bad
5 Casiers, penderie, placards,
  planche à repasser, douche
  pour enfants
6 Chambres d'enfants
7 Vide de la salle commune

Plan d'appartement
type inférieur

L'espace était trop vaste
sur le toit de l'Unité. On a
créé des murs. Dorénavant
des festivals de théâtre
pourront se tenir ici, en été,
sans autre mise en scène
ni dépense

Le toit-terrasse avec
la cheminée de ventilation

1952/53 Unité d'habitation de Nantes-Rezé

Il ne s'agit plus ici d'une construction expérimentale d'Etat, mais d'une commande apportée par des usagers directs, les membres de la coopérative «La Maison familiale». Le financement est assurée dans des limites strictes par la loi. Tout l'effort portait donc à l'économie la plus stricte.

L'Unité d'habitation de Nantes-Rezé bénéficie de l'expérience acquise à Marseille. Semblable dans ses principes, elle est différente dans certains de ses modes d'exécution et par certaines nouveautés. Son plancher artificiel est formé de travées de quatre poteaux et non plus de deux. Ceci peut comporter une perte en plasticité ou en élégance, mais cette solution n'implique aucune déchéance. Les services communs à mi-hauteur de l'habitation ont été annulés avec regret. Car l'économie d'un budget ou d'une législation vint ici amputer l'idée.

La construction est en béton précontraint. Pas d'ossature proprement dite et le système «Bouteille-Bouteiller» (Marseille) est remplacé par un système «boîte à chaussures», ce qui signifie que chaque appartement est une boîte de béton précontraint posée sur celle en dessous et à côté de ses voisines, indépendante, séparée par quelques centimètres et n'ayant contact avec l'ensemble que par deux bandes de plomb intercalées entre les longs côtés d'une boîte supérieure.

On a conservé de Marseille les dimensions, la forme et le proportionnement de la loggia. Le pan de verre a été fortement amélioré, il devient le quatrième mur de la pièce.

Unité d'habitation of Nantes-Rezé

This is not an experimental building for the government but a commission received directly from the future occupants of the building. The cost is strictly controlled by the law. Economy must be strictly observed.

L'Unité benefits from the experience gained at Marseilles. It is similar in principle but differs in the mode of execution and has certain innovations. Four columns and not two support the width of the raised concrete raft on which the block stands. There is perhaps a loss of plasticity and elegance; but this does not imply any degradation. Unfortunately the communal services half way up the building have had to be done away with because of economic reasons.

The construction is of pre-cast concrete. There is nothing that we could actually call a frame, but the system of "Bottle and Bottle-Rack" (Marseilles) is replaced by a system of "Shoe Boxes", which means that each apartment is an independent box of prestressed concrete having no contact with its neighbours, except by two bands of lead inserted between the long sides of an upper and a lower box.

However the dimensions, form and proportion of the loggia type which was the success of the Unité Michelet have been retained exactly. The glass-screen has been much improved.

Unité d'habitation von Nantes-Rezé

Es handelt sich hier nicht um einen staatlichen Versuchsbau, sondern um einen Auftrag der künftigen Bewohner, der Mitglieder einer Wohnbau-Genossenschaft. Der Kredit war durch behördliche Vorschriften beschränkt, so dass mit beschränktesten Mitteln gebaut werden musste.

Die Erfahrungen von Marseille waren für den Bau von grösstem Nutzen. Obwohl ähnlich im Prinzip, unterscheidet er sich von der Unité von Marseille durch andere Ausführungsarten und durch gewisse Neuerungen. So ist das künstliche Terrain aus von vier Trägern getragenen Balken gebildet, während in Marseille nur zwei Träger verwendet sind. Diese Lösung ist vielleicht etwas weniger elegant, bietet dafür aber andere Vorteile.

Leider mussten die Gemeinschaftseinrichtungen auf halber Höhe des Gebäudes aus ökonomischen Gründen weggelassen werden. Die Konstruktion besteht aus vorfabriziertem Beton. Das System «Flasche-Flaschengestell» (Bouteille-Bouteiller) ist durch ein neues System «Schuhschachtel» ersetzt, das heisst jede Wohnung besteht aus einer vorfabrizierten Betonschachtel. Diese Schachteln werden nebeneinandergelegt mit einem Zwischenraum von nur wenigen Zentimetern und sind mit dem Ganzen nur durch zwei Bleibänder verbunden, die zwischen den Längsseiten je einer unteren und einer oberen Schachtel eingezogen sind.

Form, Masse und Proportionen der Loggien wurden von Marseille übernommen. Die Glasfassade wurde wesentlich verbessert.

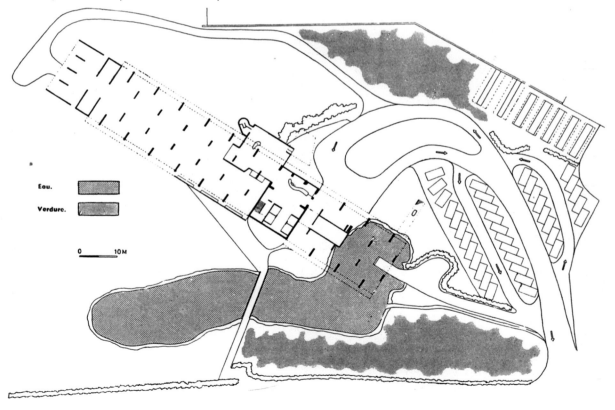

Eau.

Verdure.

0   10 M

A

Plan au niveau du sol

Plan at ground-floor level

Plan des Erdgeschosses

L'accès des piétons par une passerelle de 1,83 m de large et 50 m de long   Entrance by a bridge   Zugang der Fussgänger über eine Brücke

La façade est et l'étang   East façade and the pond   Ostfassade   Sous les pilotis. Le béton est laissé brut de décoffrage   Below the columns   Unter den Säulen

La façade ouest et sud   West and south elevation   West- und Südfassade

Etang sous l'édifice   Pond below building Teich unter dem Gebäude

Etang et pont d'accès   Pond with entrance bridge   Der Teich mit Zugangsbrücke

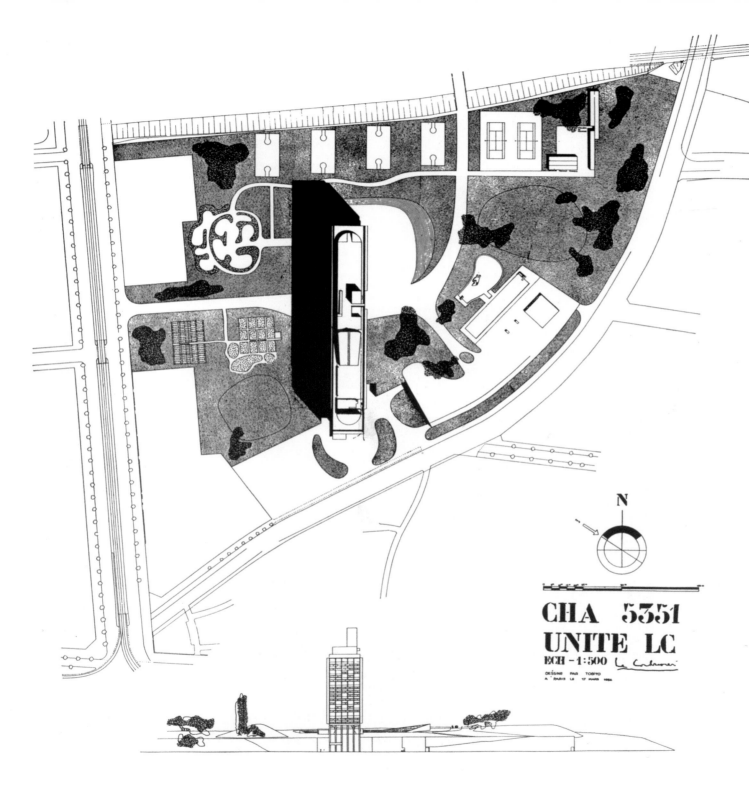

Plan d'ensemble de l'Unité d'habitation de grandeur conforme de la ville de Berlin

N

CHA 5351
UNITE LC
ECH - 1:500

DESSINE PAR TOBITO
A PARIS LE 17 MARS 1956

1956-58 L'Unité d'habitation à Berlin

La ville de Berlin vient de prendre parti: à l'occasion de sa grande exposition internationale, dans le Parc du Tiergarten, elle a décidé d'offrir la démonstration d'une Unité d'habitation de grandeur conforme. Et pour cela elle a donné son plus beau terrain, sur la colline olympique à Charlottenburg. Une Unité de grandeur conforme de 400 logements, de près de 2000 personnes, couronnera la colline. L'Unité de Charlottenburg bénéficie des expériences précédentes, tant dans le fonctionnement que dans le proportionnement.

Malgré les interventions et protestations énergiques de Le Corbusier, ses plans de construction de l'Unité à Berlin ne furent pas respectés. Dans ces fonctions évidemment, l'édifice correspond à une Unité d'habitation de grandeur conforme Le Corbusier, mais en ce qui concerne l'exécution et l'interprétation esthétique Le Corbusier se distance avec indignation.

The city of Berlin has come to take part: for the occasion of the great International "Inter-Bau" Exposition in the Tiergarten Park it has decided to offer a demonstration of a Unité d'habitation de grandeur conforme. And it has donated its most beautiful site—the Olympic Hill in Charlottenburg. A Unité d'habitation de grandeur conforme of 400 lodgings, nearly 2000 people, will crown the hill. The Unité of Charlottenburg benefits from preceding experience, in functioning as well as in proportioning.

Despite his strenuous objections, Le Corbusier's working plans for the Unité in Berlin were not respected. For all intensive purposes, the building corresponds, in its functional aspects to a Unité d'habitation of Congruent Size. However the manner of execution and the aesthetical interpretation are quite incompatible with Le Corbusier's desires.

Auch die Stadt Berlin hat Partei ergriffen: sie hat beschlossen, an der grossen internationalen Bau-Ausstellung («Inter-Bau») im Park des Tiergartens eine Unité d'habitation mit 400 Wohnungen für nahezu 2000 Personen erstellen zu lassen. Und sie hat dafür ihr schönstes Grundstück auf dem olympischen Hügel in Charlottenburg zur Verfügung gestellt. Dieser Unité kamen die bisherigen Erfahrungen sowohl hinsichtlich des Betriebes wie auch hinsichtlich der Proportionierung zugute.

Trotz energischer Interventionen Le Corbusiers wurden seine Ausführungspläne für die Unité in Berlin nicht respektiert. — Das Gebäude entspricht zwar funktionell einer Unité d'habitation de grandeur conforme Le Corbusiers; hinsichtlich Ausführung und ästhetischer Interpretation aber enthält es Abweichungen, die von Le Corbusier in keiner Weise gebilligt werden können.

Vue de la façade est   View of the east elevation   Ostfassade

La façade sud   South elevation   Südfassade

1957-59 La maison du Brésil à la Cité Universitaire de Paris (en accord avec Lucio Costa)

Dans le coin de la Cité Universitaire de Paris on a commencé les travaux de fondation pour la maison du Brésil. Le premier projet provient de Lucio Costa, architecte, Rio de Janeiro, et l'Atelier Le Corbusier a par la suite réalisé le projet d'exécution.
Les chambres des étudiants et des étudiantes sont situées vers l'ouest et seront pourvues de brise-soleil.
Du côté ouest de cet édifice se trouve le Pavillon Suisse (plan de situation 15) qui fut construit par Le Corbusier en 1930 et qui joue encore aujourd'hui un rôle important dans l'architecture moderne.

In the east corner of the Cité Universitaire in Paris they have already started to build the Brasilian Student House.
The first plans were designed by Mr. Lucio Costa, Arch., Rio de Janeiro, but the final project was carried out by the Le Corbusier staff.
The rooms for the students face west and are to be provided with "sun-breakers" (brise-soleil).
On the west side of this building is the Swiss Pavilion (site plan 15) which was built by Le Corbusier in 1930 and still is an important example of modern architecture.

In der östlichen Ecke der Cité Universitaire in Paris ist mit den Fundationsarbeiten für das brasilianische Studentenhaus bereits begonnen worden.
Die ersten Entwürfe stammen von Architekt Lucio Costa, Rio de Janeiro, die dann vom Atelier Le Corbusier bearbeitet wurden.
Die Zimmer für die Studenten und Studentinnen liegen gegen Westen und erhalten Sonnenbrecher.
Westlich dieses Gebäudes steht der Schweizer Pavillon (Situationsplan 15), den Le Corbusier im Jahre 1930 baute und der bis heute eine bedeutende Rolle in der modernen Architektur spielt.

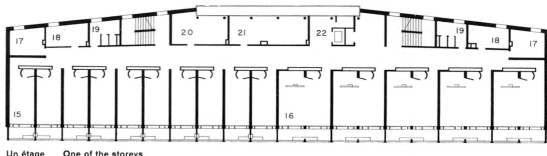

Un étage   One of the storeys

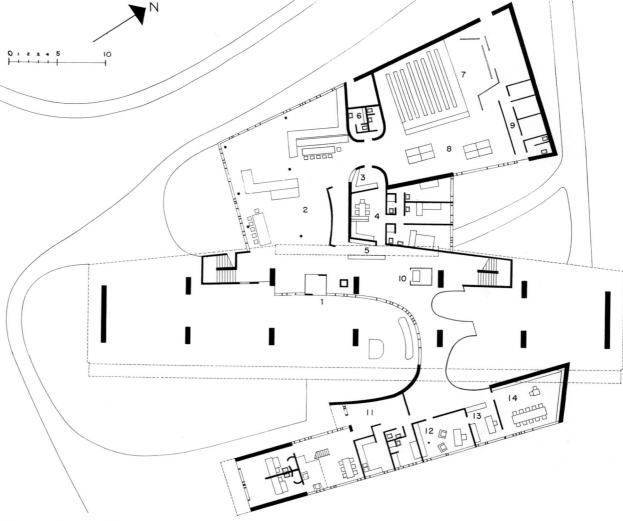

Le rez-de-chaussée   The ground-floor   Erdgeschoss

1 Entrée
  Entrance / Eingang
2 Hall
3 Caféterie
4 Appartement du concierge
  Caretakers' apartment
5 Loge
6 Toilettes
7 Spectacles
8 Jeux
9 Garderobe
10 Ascenseur / Elevator
11 Appartement du directeur
12 Bureau du directeur
13 Secrétariat
14 Bibliothèque
15 Chambre pour 1 étudiant
16 Chambre pour 2 étudiants
17 Salle de musique
18 Cuisine collective
19 Toilette
20 Atelier
21 Salle d'étude
22 Ascenseur / Elevator

La façade ouest avec le pavillon du directeur   The west elevation with directors pavilion   Westfassade mit dem Pavillon des Direktors

La cour extérieure   Exterior court   Der Aussenhof

Sous les pilotis   Below the pilotis   Unter den Pfeilern des Erdgeschosses

La façade ouest du pavillon du directeur The west façade of the directors pavilion
Die Pavillonwestfassade des Direktors

Vue du sud   View from south   Südansicht

L'entrée   Entrance   Eingang

Le hall

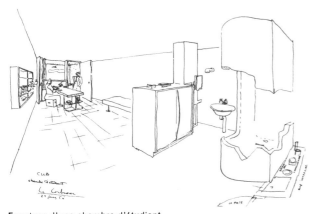

Esquisse d'une chambre d'étudiant

Sketch of a students room

Skizze eines Studentenzimmers

Plan de situation

 5 Maison de l'Institut agronomique
 6 Maison du Japon
10 Maison de la Suède
11 Fondation danoise
15 Fondation suisse (architecte Le Corbusier)
16 Collège d'Espagne
30 Pavillon du Maroc
32 Maison de la Norvège
34 Maison du Brésil

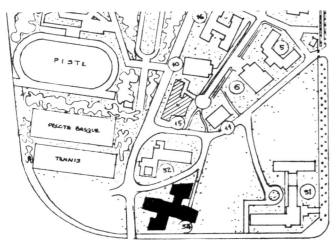

Fragment de la façade ouest   Fragment of the west elevation   Fragment der Westfassade

157

1956-65 Maison des Jeunes et de la Culture à Firminy

Au début, la Maison des Jeunes et de la Culture est liée au stade de 10 000 personnes à construire en même temps. Elle occupe une place inattendue: le résidu des tribunes du stade (voir la deuxième petite coupe). On économisait du terrain et des fondations. On liait totalement les deux choses. Mais il se trouva que le stade dépendait d'un ministère et la Maison des Jeunes et de la Culture d'un autre ministère. Conséquence: ordre fut donné de porter la Maison des Jeunes et de la Culture à l'autre extrémité du terrain projeté. Mais comme la solution première fournissait des ressources étonnantes d'utilisation pour une maison de jeunes, Le Corbusier n'hésita pas à conserver sa solution. De là, cette coupe inattendue du bâtiment mis au point 1956. Les travaux de construction commençaient en 1961. Mais déjà un bâtiment semblable a surgi en Amérique centrale, fruit des «fuites» de l'Atelier Le Corbusier. Ce n'est pas la première fois!

Youth and Cultural Center in Firminy

From the outset the Cultural and Youth Center was connected to the Stadium for 10 000 people to be constructed at the same time. It occupies a most unexpected position: the rear of the grandstand seating of the Stadium (see the second small section). In this way one economises on site requirements and foundations. The two things were entirely connected. But as things turned out, the Stadium depended on one Ministry and the Cultural and Youth Center depended on another Ministry. As a consequence, the order was given to move the Cultural and Youth Center to the other extremity of the projected site. Since the first solution was so astonishingly economical for the Youth Center, Le Corbusier did not hesitate to stick to his solution. This is the explanation for the unusual cross-section of the building as the project now stands. Construction started in 1961. But already a similar building has emerged in Central America, a result of the "leaks" from Le Corbusier's studio. It is not the first time.

Jugend- und Kulturhaus in Firminy

Anfänglich sollte das Volksbildungs- und Jugendhaus mit dem Stadion für 10 000 Personen zusammen erstellt werden. Es hat eine ungewöhnliche Lage auf der Rückseite der Tribünen des Stadions (siehe Schnitt). Damit wurde sowohl an Bodenfläche wie auch an Fundamenten gespart. Die zwei Bauten waren eng miteinander verbunden. Da aber zeigte sich, dass das Stadion einem anderen Ministerium unterstellt war als das Volksbildungs- und Jugendhaus. Folge: Es wurde angeordnet, dass das Volksbildungs- und Jugendhaus am anderen Ende des vorgesehenen Terrains erstellt werden müsse. Da aber die erste Lösung eine Fülle von Vorteilen für das Jugendhaus ergab, hielt Le Corbusier an seiner Lösung fest. Daher kommt die ungewöhnliche Form des Gebäudes. Mit den Bauarbeiten ist 1961 begonnen worden. Bereits entstand in Zentralamerika ein ähnlicher Bau, Plagiat der Arbeiten aus dem Atelier Le Corbusier. Was nicht zum erstenmal geschah.

1 Eglise
2 Piscine

3 Gradins et Stade:

a guichets (spectateurs)
b sortie (spectateurs)
c circulation des spectateurs, accès aux gradins
d tribune couverte
e gradins 5000 personnes
f terrain de football et piste
g entrée des athlètes

4 Maison des Jeunes
5 Théâtre
6 Entrée des jeux électroniques et camions (décors, etc.)
7 et 8 Gradins jeux électroniques et théâtre plein air
9 Scène
10 Terrain d'entraînement
11 Parkings
12 Bâtiments Firminy-Vert

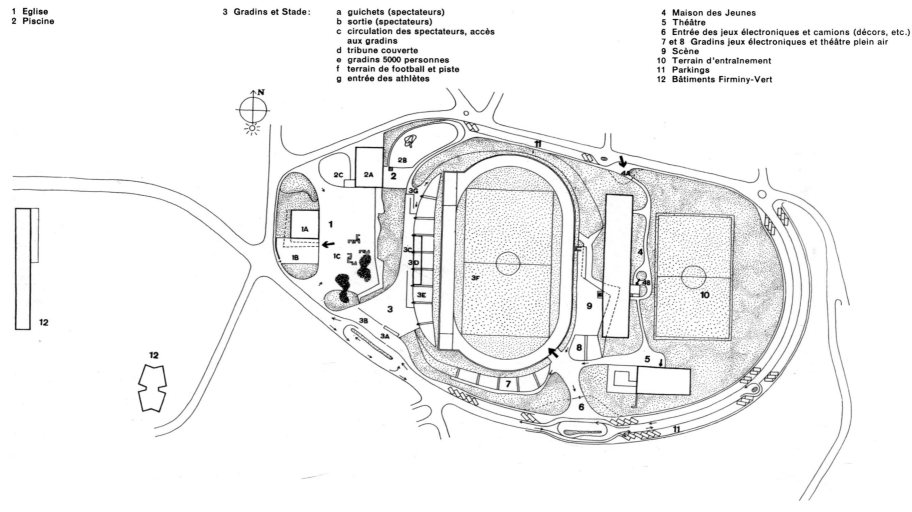

La Maison des Jeunes est à sa nouvelle place, de l'autre côté
du stade. On bénéficie d'une scène inattendue de théâtre de
plein air avec le public du stade ou simplement le public
restreint. Amphithéâtre indiqué à droite. Scène pour le
théâtre, la danse, tribune d'orateurs, etc.
Mise au point définitive du stade 1956 à 1962.

The Youth House at its new location on the other side of
the stadium. One comes unexpectedly upon the pleasure of a
scene in an openair theater, with the public of the stadium.
At the right are the amphitheater, dramatic stage, speaker's
platform, etc.
Final project for the stadium, 1956—62.

Das Jugendhaus am neuen Platz auf der anderen Seite des
Stadions. Unerwartet kommt man hier in den Genuss einer
Freilichttheaterszene mit dem Publikum des Stadions. Rechts
das Amphitheater, Bühne für Theaterspiel, Rednertribüne
usw. Definitives Projekt des Stadions 1956 bis 1962.

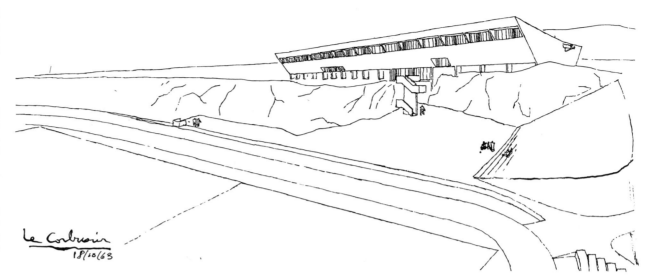

La Maison des Jeunes à Firminy. Façade ouest

Le hall d'entrée

Le foyer

La façade sud avec la gargouille

Les dessins de cette page appartenaient au premier projet. Ils sont demeurés valables à peu près les mêmes lors du transfert du bâtiment au côté opposé du stade

The drawings on this page belong to the first project. They remained approximatively the same when the building was transferred to the other side of the stadium

Die Skizzen auf dieser Seite gehörten eigentlich zum ersten Projekt. Sie haben trotz der Verlegung des Gebäudes auf die rechte Seite kaum an Gültigkeit verloren

Salle des expositions

Le relief sur la façade sud de la «Maison des Jeunes»

1964/65 Le projet pour l'Ambassade de France à Brasilia

Le Corbusier est chargé par le Gouvernement français d'établir les plans de l'Ambassade de France dans la nouvelle capitale du Brésil.
Brasilia est une ville complètement neuve dont les urbanistes et architectes sont Lucio Costa et Oscar Niemeyer.
Le Corbusier a toujours eu des sentiments d'amitié pour ce pays qu'il a connu en 1929 et en 1936 et plus tard encore. Le ministre de l'Intérieur lui a dit: «Nous avons décidé de poursuivre le caractère de nos entreprises modernes qui est dicté par vos théories. Vous avez bâti déjà pour nous, dans la Rade de Rio, le Palais du Ministère de l'éducation nationale et de la Santé publique.»

Project for the French Embassy in Brasilia

Le Corbusier has been charged by the French Government to design the plans of the Embassy of France in the new capital of Brazil.
Brasilia is a completely new city whose townplanners and architects are Lucio Costa and Oscar Niemeyer.
Le Corbusier has always had friendly feelings for this country which he had known in 1929 and 1936 and later on. The minister of the Interior told him: "We have decided to continue the style of our modern enterprises that are dictated by your theories. You have already built the building of the Ministry of National Education and Public Health for us.''

Projekt für die französische Gesandtschaft in Brasilia

Le Corbusier ist von der französischen Regierung mit dem Bau ihres Gesandtschaftsgebäudes in der neuen Hauptstadt Brasiliens betraut worden.
Brasilia ist eine vollkommen neue Stadt, ihre Stadtplaner und Architekten sind Lucio Costa und Oscar Niemeyer. Le Corbusier hat diesem Land, das er 1929, 1936 und später besucht hat, immer freundschaftliche Gefühle entgegengebracht.
Der Minister des Innern erklärte ihm: «Wir sind fest entschlossen, in dem von Ihren Theorien bestimmten, modernen Stil unserer Bauten fortzufahren. Sie haben ja bereits das Gebäude des Gesundheits- und Erziehungsministeriums in Rio de Janeiro für uns gebaut.»

1 Maison de l'Ambassadeur
2 Chancellerie
3 Piscine
4 Parkings
5 Conciergerie
6 Domestiques

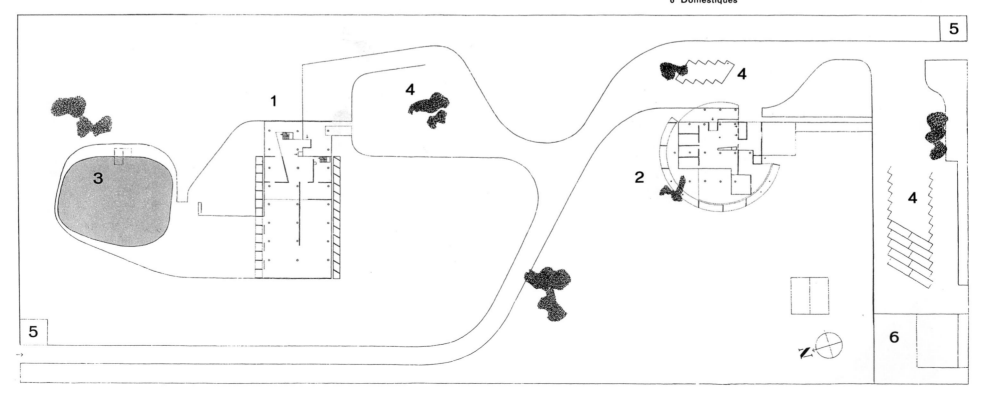

La maquette du projet pour l'Ambassade de France à Brasilia. Au premier plan: La maison de l'ambassadeur. Au fond: La Chancellerie avec ces 7 étages

The model of the project for the French Embassy in Brasilia. In front the Palais of the Ambassador, in the rear the 7-storeys office building

Modell des Projektes für die französische Botschaft in Brasilia. Im Vordergrund das Palais des Gesandten, im Hintergrund das 7stöckige Bürogebäude

1961/64 Visual Arts Center, Cambridge, Mass., USA

Le Visual Arts Center de l'Université de Harvard est situé dans un terrain très exigu au milieu de bâtiments, de style géorgien. L'exécution du projet était assurée par José Luis Sert et ses associés à Cambridge, Massachusetts USA. Le programme était un programme de création complète sur des données nouvelles : établir un lieu où les élèves de l'Université pourraient, en traversant ce chemin essentiel, voir du dehors, entrer éventuellement et s'inscrire pour travailler : art à deux dimensions, art à trois dimensions, maquettes, sculptures, etc., modelage, carton et papiers découpés, etc. Ce Visual Arts Center est mis à disposition de n'importe quel élève de l'Université, indépendamment des disciplines pratiquées, avec le seul objectif d'apporter aux générations actuelles le goût et le besoin de conjuguer le travail des mains et de la tête, ce qui est le vœu social le plus important de Le Corbusier. Il s'agissait donc de créer des circulations, des lieux de travail, de trouver les surfaces et les éclairages et, le plus difficile, il s'agissait de s'insérer dans si peu de place. Le problème n'était pas facile.

La construction de béton et de verre est une démonstration des théories de Le Corbusier et de nombreuses idées directrices qui lui sont propres s'y retrouvent : la pénétration réciproque de l'extérieur et de l'intérieur, l'emploi de béton brut, la rampe qui relie deux rues par le troisième étage, les pilotis pour chacun des cinq étages, les brise-soleil.

L'exposition Le Corbusier, organisée à l'occasion de l'inauguration, donna une vue d'ensemble sur son œuvre artistique. Elle comprit 10 peintures, 12 aquarelles et dessins, 55 lithos, une tapisserie, ainsi qu'un choix des publications de Le Corbusier, toutes faisant partie de collections américaines, ainsi qu'une collection de fresques photographiques conçues par L-C et exécutées par le Colegio Oficial de Arquitectos, Barcelone.

The Visual Arts Center for Harvard University is located on an extremely small site surrounded by buildings in the Georgian style. The supervision of the project was in the hands of José Luis Sert and his associates in Cambridge, Mass. The program was a program of complete creation based on new data : to establish a place where the students of the University could, while crossing this main path, look-in from the outside, eventually enter and register to work : two-dimensional art, three-dimensional art, models, sculpture, etc., modelling, cut-outs in paper and cardboard, etc. The Visual Arts Center is placed at the disposal of all students of the University, independently of their courses of study, with the sole objective to bring to the present generation the taste and the desire to combine the work of the hands with that of the mind, which is Le Corbusier's most important social vow. The problem consisted of creating the circulation, places of work, to find surfaces and lighting and, the most difficult of all, it consisted of inserting all of this in so little space. The problem was not easy.

The structure of concrete and glass is a demonstration of Le Corbusier's theories and contains a wealth of his lifelong basic ideas : the mutual interpenetration of exterior and interior space, the use of rough concrete, a ramp which connects two streets above the third floor, free-standing structural columns on each of the five floors and brise-soleil.

The inaugural exhibition comprised ten oil paintings, twelve water colors and drawings, 55 lithographs, a tapestry and a selection of Le Corbusier's publications, all from American collections, as well as a collection of photomurals designed by Le Corbusier and executed by the Colegio Oficial de Arquitectos in Barcelona.

Das Visual Arts Center der Universität Harvard liegt auf einem sehr kleinen Grundstück, inmitten von Bauten im georgianischen Stil. Die Ausführung des Projektes wurde von José Luis Sert und seinen Teilhabern übernommen. Das Programm sah eine Neuschöpfung auf völlig neuartigen Voraussetzungen vor: es sollte ein Zentrum geschaffen werden, in das die Studenten schon von der Strasse aus Einblick haben, wo sie sich einschreiben und mit zwei- und dreidimensionaler Kunst, Modellbau, Bildhauerei, Modellieren, Herstellung von Collagen usw. befassen können. Das Visual Arts Center steht jedem Studenten zur Verfügung, gleichgültig an welcher Fakultät er eingeschrieben ist. Die einzige Voraussetzung ist, dass er das Bedürfnis hat, Kopf- und Handarbeit in eine harmonische Beziehung zu bringen. Es ist dies das dringendste Anliegen Le Corbusiers hinsichtlich der Entwicklung der menschlichen Gesellschaft.

Es handelte sich also darum, ein Gebäude zu schaffen, das das reibungslose Kommen und Gehen gestattet, günstige Belichtungsverhältnisse und Arbeitsplätze aufweist. Da dies alles auf sehr kleinen Raum beschränkt ist, war die Aufgabe nicht leicht.

Die Konstruktion aus Beton und Glas ist eine Demonstration von Le Corbusiers Theorien und weist zahlreiche der ihm eigenen Leitgedanken auf: die gegenseitige Durchdringung von Aussen- und Innenraum, die Verwendung von rohem Beton, eine Rampe, die zwei Strassen über das dritte Stockwerk miteinander verbindet, tragende Säulen für jedes der fünf Stockwerke und Sonnenblenden.

Die Eröffnungsausstellung umfasste 10 Gemälde, 12 Aquarelle und Zeichnungen, 55 Lithos, einen Wandteppich und eine Auswahl der Publikationen Le Corbusiers, alles aus amerikanischen Sammlungen, ferner eine Sammlung photographischer Fresken, von Le Corbusier entworfen und vom Colegio Oficial de Arquitectos, Barcelona, ausgeführt.

1 Hall d'entrée
2 Réception
3 Salle de conférence
4 Atelier
5 Auditoire
6 Bureau du directeur
7 Rampe
8 Salle d'exposition
9 Bureau
10 Toit-jardin

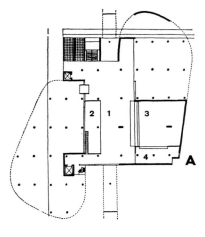

Rez-de-chaussée

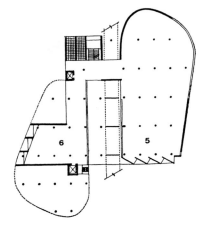

1er étage

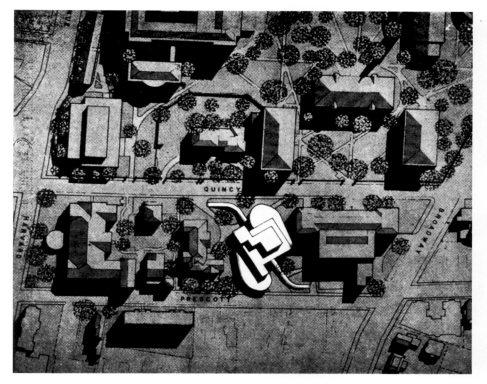

La nouvelle Académie des beaux-arts de l'Université de Harvard est la première réalisation de Le Corbusier
aux Etats-Unis. La nouvelle Académie est située au milieu des vieux bâtiments néoclassicistes de l'Université

The Visual Arts Center of Harvard University is Le Corbusier's first work in the United States. The new
building is situated in the midst of the old neoclassicists University buildings

Die neue Kunstakademie der Harvard Universität ist Le Corbusiers erster Bau in den Vereinigten Staaten.
Sie liegt inmitten der alten neoklassizistischen Universitätsgebäude

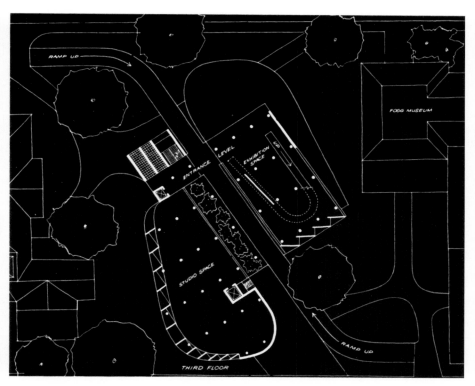

Plan du 2ᵉ étage avec la rampe caractéristique

Plan of the 2nd floor with the caracteristical ramp

Grundriss des 2. Obergeschosses mit der typischen Verbindungsrampe

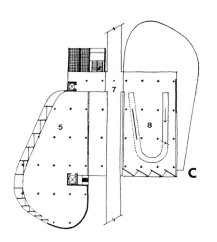

2ᵉ étage

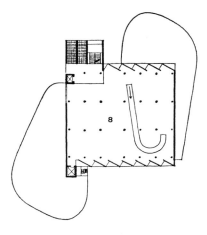

3ᵉ étage

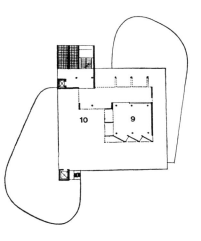

Toit-terrasse

La façade ouest

Détail de la façade ouest, auditoire au 2ᵉ étage avec les brise-soleil

La rampe conduisant à la façade est

La rampe ouverte conduit au 2ᵉ étage. Vue depuis l'est

1963-65 Centre de calculs électroniques Olivetti à Rho-Milan

«Vaste construction abritant 4000 calculateurs employant ces immenses machines à calculer ... miraculeuses aptes à répondre aux questions posées par la science moderne. C'est ici que 'L'honnête homme' (dans mon genre) se sent un pauvre petit bonhomme. Mais il se sent que, précisément, aux deux bouts de cette aventure, il y a implacable présence humaine: celle de celui qui établit la question, celle de celui qui reçoit la réponse.»

Le terrain du Centre de calculs électroniques Olivetti se situe aux abords de la grande route Milan—Turin. Le Corbusier a présenté la première étude en juin 1962 sous la forme d'un cahier, selon le système de la «Grille CIAM». Le deuxième projet a été élaboré fin octobre déjà dans la version que nous publions ici. Ce gigantesque ensemble est prévu pour être réalisé en trois étapes:

1re étape: L'entrée principale avec des restaurants, la bibliothèque et les autres établissements sociaux; ensuite, le premier carré des ateliers, de 105×105 mètres. Au-dessus de ce carré se trouvent, sur 10 étages, les bureaux de recherche.

Les ateliers de montage sont au rez-de-chaussée; mais les accès sont au niveau de la toiture des ateliers. Les employés atteignent par une rampe d'accès les couloirs qui conduisent aux trois vestiaires en éventail et aux douches. Des escaliers conduisent alors aux ateliers du rez-de-chaussée.

Les locaux de travail sont éclairés par une lumière zénithale bien répartie, et il y a, de plus, des plantations et des installations d'irrigation pour la saison chaude qui servent en même temps à l'arrosage des plantes.

Electronic Calculation Center Olivetti at Rho-Milan

"Vast construction for 4000 employees using these immense calculating machines ... miracolous and able to answer to the questions that modern science suggests. Here the 'simple man (like myself) feels like a poor little man. But he feels that at both ends of this adventure, there is the implacable human presence: the person who asks the question and the one who receives the answer."

The site for the "Olivetti Electronic Center" is located on the main highway (Autostrada) Milan—Turin. Le Corbusier presented the first study in June 1962 in the form of a "CIAM-Grid" notebook.

By the end of October 1962 the second project was developed in the form published herein.

The huge development is divided into three construction stages:

First stage: main entrance with restaurants, library and other social facilities, then the first square workshop-block measuring 350 ft. × 350 ft. Above this block are ten storeys of research laboratories.

The assembly shops are at ground level. The entrances however are located at roof level. By means of an entrance ramp the employees reach the connecting corridors which lead to the three square-shaped locker and washroom blocks. One enters the various shops at ground level by means of stairways.

The workrooms receive well-distributed daylight from above; there is also a plantation on the roof and a sprinkler system which provides cooling during hot weather.

Elektronisches Rechenzentrum Olivetti in Rho-Mailand

Weitläufige Konstruktion für die 4000 Kalkulatoren, die die riesigen Rechenmaschinen benützen ..., diese Maschinen, die das Wunder fertigbringen, die von der modernen Wissenschaft gestellten Fragen zu beantworten. Vor ihnen fühlt sich ein braver Bürger (wie ich) klein und unbedeutend. Doch er fühlt, dass an den beiden Enden dieses Vorganges die menschliche Existenz unerlässlich ist: die des Fragers und die des Antwortempfängers.

Das Terrain für das Centre électronique Olivetti befindet sich an der grossen Überlandstrasse Mailand—Turin. Die erste Studie hat Le Corbusier im Juni 1962 in Form eines «Grille-CIAM»-Heftes vorgelegt. Bereits Ende Oktober 1962 entstand das zweite Projekt in der hier publizierten Fassung. Die riesige Anlage soll in drei Bauetappen aufgeteilt werden.

1. Etappe: Haupteingang mit Restaurants, Bibliothek und anderen sozialen Einrichtungen, ferner der erste quadratische Atelier-Block von 105×105 m. Über diesem Block befindet sich die zehnstöckige Forschungsabteilung.

Die Montageräume sind zu ebener Erde. Die Zugänge befinden sich jedoch auf Dachhöhe des Ateliers. Die Angestellten erreichen über eine Zugangsrampe die Verbindungsgänge, die zu den drei fächerförmigen Garderoben und Duschen führen. Über Treppen gelangt man direkt zu den verschiedenen Ateliers im Erdgeschoss.

Die Arbeitsräume erhalten ein gut verteiltes Tageslicht von oben. Eine Berieselungsanlage auf den Dächern der Ateliers sorgt gleichzeitig für Abkühlung während der heissen Jahreszeit.

Vue côté sud. La maquette a été faite à l'Atelier Le Corbusier

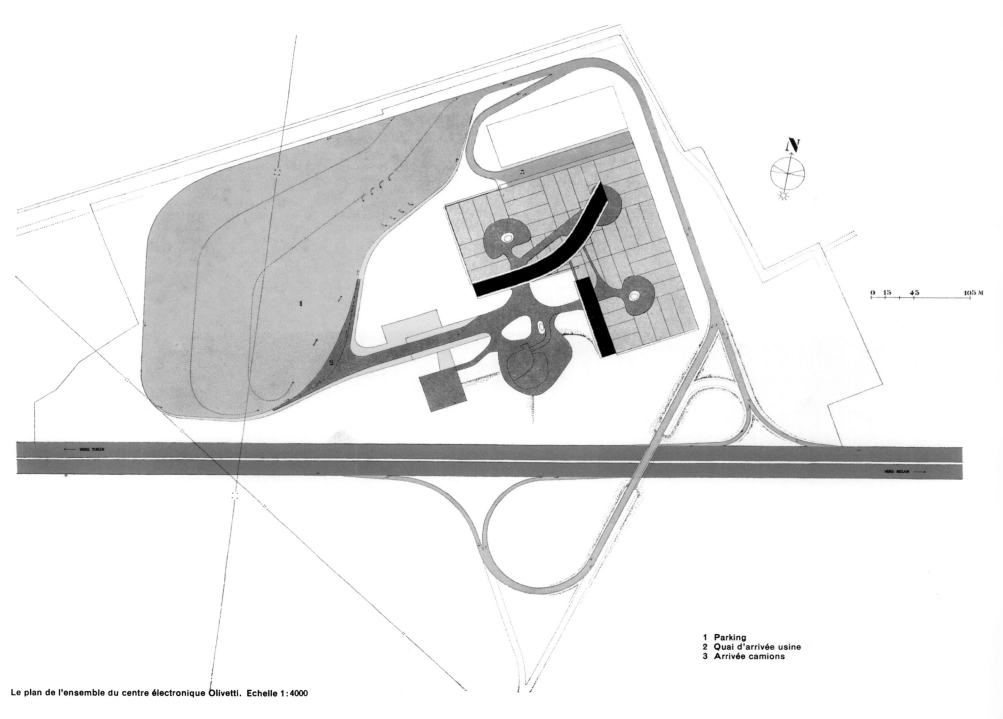

1 Parking
2 Quai d'arrivée usine
3 Arrivée camions

Le plan de l'ensemble du centre électronique Olivetti. Echelle 1:4000

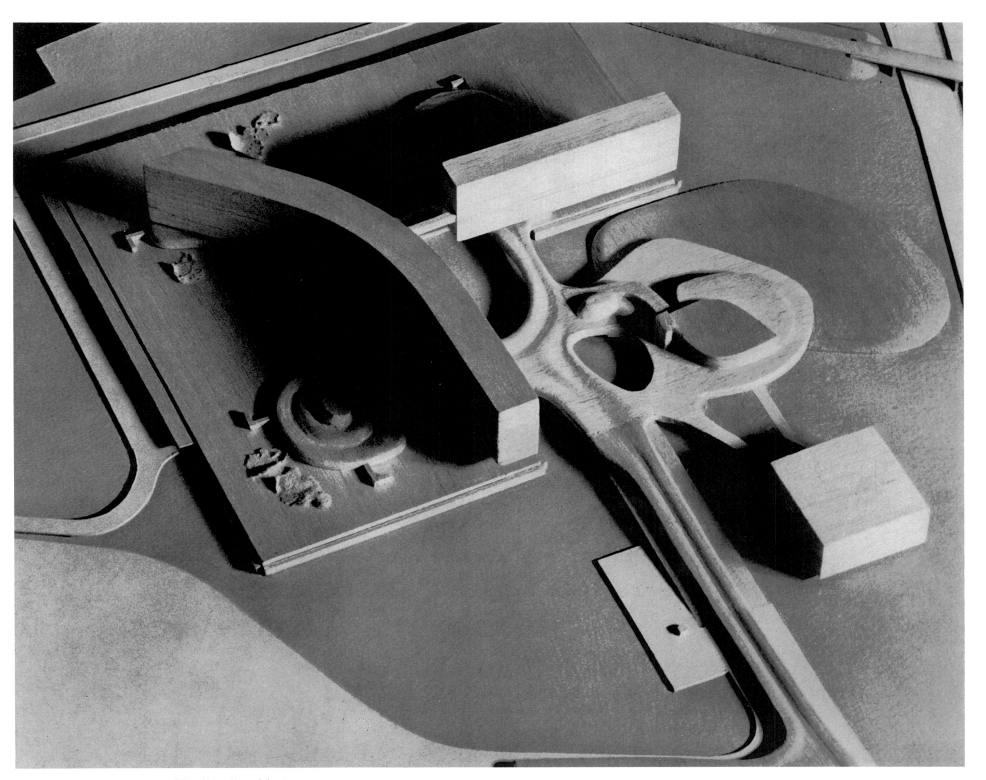

Le centre de calculs électroniques à Rho-Milan. Vue côté est

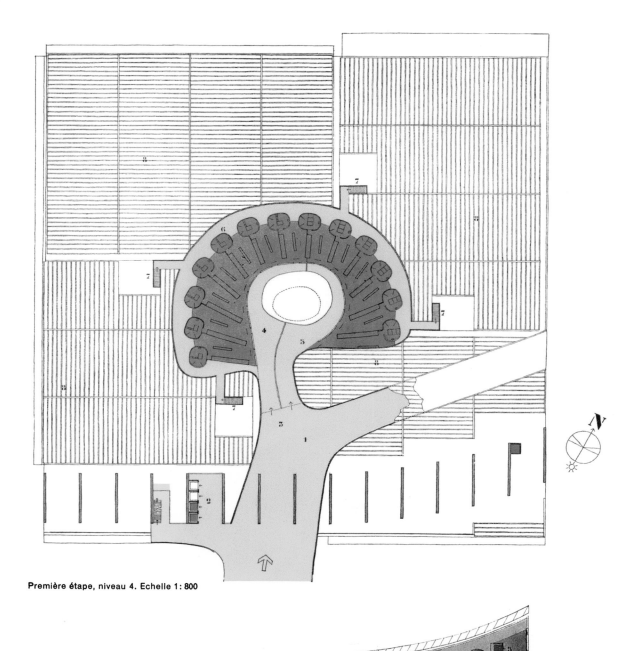

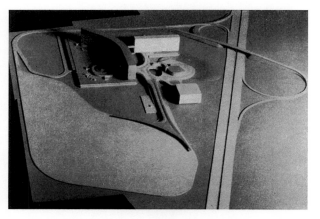

1 Conduit
2 Circulation verticale mécanique
3 Entrée vestiaire
4 Vestiaires hommes
5 Vestiaires femmes
6 Douches WC
7 Escaliers accès aux ateliers
8 Toit-jardin

Vue d'ensemble. A droite l'autoroute Milan-Turin avec la communication au centre Olivetti

Première étape, niveau 4. Echelle 1: 800

Première étape, niveaux 7, 8, 9, 10, etc. Echelle 1: 800

1 Circulation verticale mécanique
2 Bureaux de recherches
3 Sanitaires
4 Escalier secours
5 Monte-charge

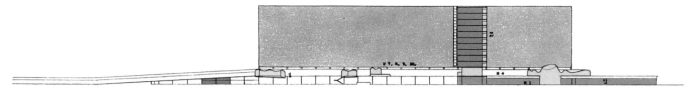

Coupe ouest-est. Echelle 1:2000

1 Distribution de circulation
2 Ateliers de montage
3 Bureaux de recherches

1 Entrée générale et contrôle
2 Conduits
3 Circulation verticale mécanique
4 Entrée vestiaires
5 Vestiaires
6 Accès aux ateliers
7 Accès administration et infirmerie
8 Administration

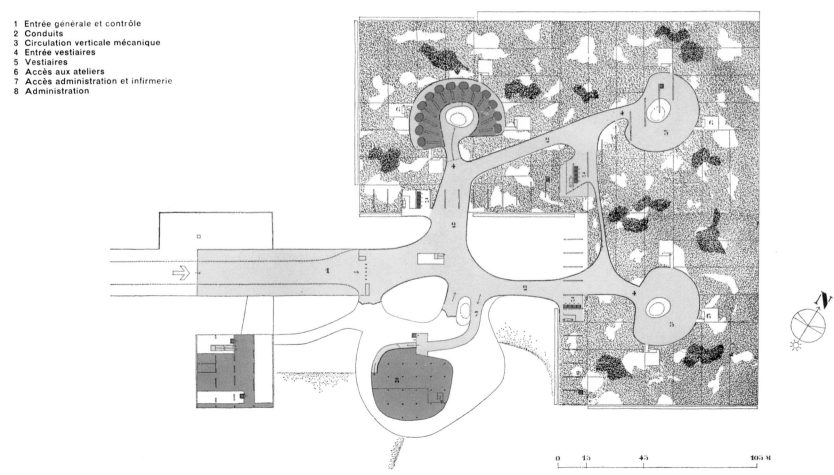

Niveaux 4 et 5. Echelle 1:2000

Le centre de calculs électroniques Olivetti à Rho-Milan, vue d'ensemble (maquette)

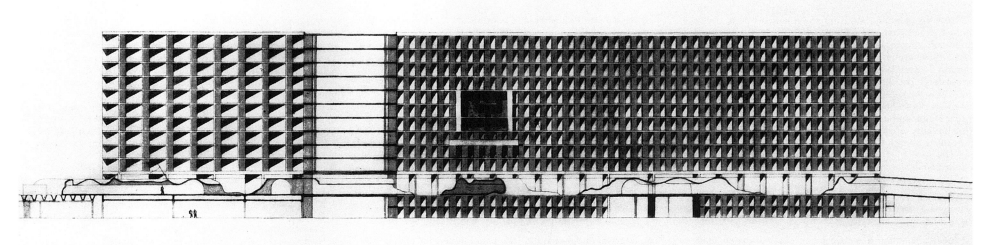

Coupe ouest-est et façades. Echelle 1:800

1 Ateliers de montage
2 Bureaux de recherche
3 Conduit
4 Vestiaires

5 Sanitaires
6 Escaliers d'accès aux ateliers
7 Toit-jardin
8 Brise-soleil

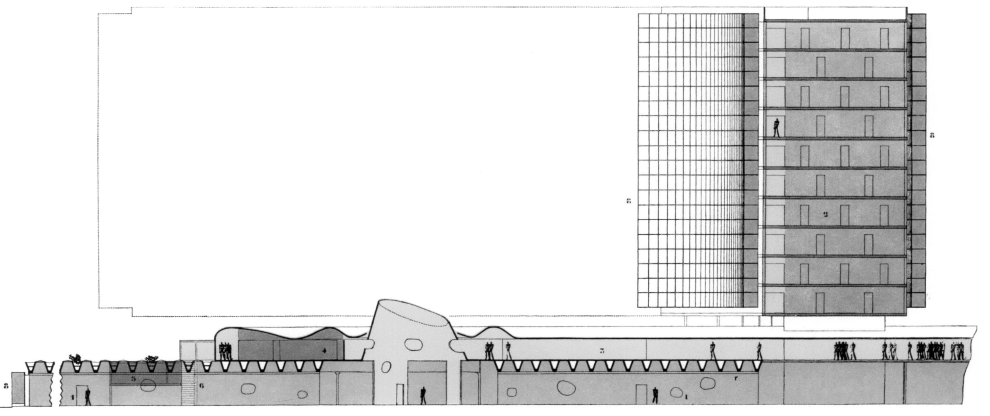

Coupe sud-nord. Echelle 1:500

1964/65 Le nouvel Hôpital de Venise

En 1906, Venise avait été un grand événement pour Le Corbusier. Il avait pensé que c'était une ville unique au monde … Soixante ans après, le voici chargé par les autorités vénitiennes d'intervenir comme architecte-urbaniste.

Le grand hôpital de 1200 lits en est le prétexte: choix du terrain utile et favorable; invention urbanistique et architecturale. Il se trouve que les responsables de Venise sont en plein accord avec les plans de Le Corbusier.

Ils sont même enthousiastes.

En disposant horizontalement les volumes de l'hôpital, Le Corbusier a cherché à éviter que la silhouette de Venise ne soit altérée.

Le programme se réalise sur quatre niveaux:

1. les accès, l'administration, la cuisine;
2. les salles d'opération, les logements des sœurs;
3. les voies de communication et de distribution des services;
4. les sections des malades.

L'hôpital est destiné à recevoir des cas d'urgence et des patients atteints de maladies aiguës. Une solution toute nouvelle a été donnée aux chambres des malades: chaque malade reçoit une cellule sans fenêtres à vue directe. La lumière pénètre par des hauts jours latéraux qui régularisent les effets du soleil. Le jour est régulier; il en est de même pour la température ambiante. Ainsi les malades ont le sentiment d'être agréablement isolés.

The new Hospital of Venice

In 1906, Venice had been a revelation for Le Corbusier. He saw it as a city unique in the world. Sixty years later he was charged by the Venitian authorities to intervene as architect and townplanner.

A large hospital with 1200 beds is the pretext: choice of the most useful and favourable piece of ground; urbanistic and architectural invention.

It happens that the authorities of Venice agree with the plans of Le Corbusier. They are even enthusiastic about them. By means of the horizontal disposition of the hospital, Le Corbusier has tried to avoid any influence upon the historical skyline of Venice.

The hospital's function take place on four levels:

1st level = the entrances, administration and kitchens;
2nd level = operating rooms and nurses' residence;
3rd level = corridors for the hospital's functioning;
4th level = the patient's rooms.

The hospital is designed for the acute ill and for emergency cases. The form of the patient's rooms represents an entirely new solution: each patient receives an individual cell with no window to look out of. Daylight streams into the room through side skylights which also regulate the intensity of the sunlight. Daylighting remains well distributed as does the room temperature so that the patient can enjoy calm isolation.

Das neue Spital in Venedig

Venedig war im Jahre 1906 ein entscheidendes Erlebnis für Le Corbusier. Er hatte die Stadt für einzigartig in der Welt gehalten … Sechzig Jahre später haben ihn die Behörden Venedigs als Architekten und Stadtplaner beigezogen.

Der Bau des grossen Spitals mit 1200 Betten war die Veranlassung: Wahl des geeigneten Bauplatzes; städtebauliche und architektonische Gestaltung.

Die Verantwortlichen Venedigs sind mit den Plänen Le Corbusiers nicht nur einverstanden, sondern von ihnen begeistert. Mit der horizontalen Anordnung des Spitals will Le Corbusier eine Beeinflussung der historischen Silhouette Venedigs vermeiden.

Der Spitalbetrieb wickelt sich in vier Ebenen ab:

1. Niveau = die verschiedenen Zugänge, Verwaltung und Küche;
2. Niveau = Operationssäle / Schwesternwohnungen;
3. Niveau = Verbindungs- und Verteilungswege des Spitalbetriebs;
4. Niveau = die verschiedenen Patiententrakte.

Das Spital hat Akutkranke und Notfälle aufzunehmen. Eine vollkommen neue Lösung ist die Krankenzimmer-Formgebung: Jeder Patient erhält eine Einzelzelle ohne Aussichtsfenster. Das Tageslicht dringt durch seitliche Oberlichter in die Räume, die auch die Sonnenbestrahlung regulieren. Das Tageslicht bleibt ausgeglichen, ebenso die Raumtemperatur, so dass der Patient, eine beruhigende Isolation empfindet.

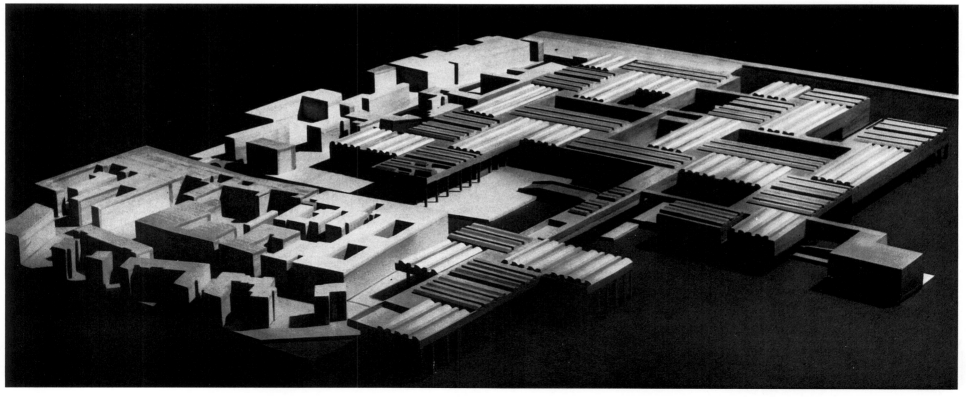

Le second projet (1965). Vue d'avion du nouvel hôpital de Venise

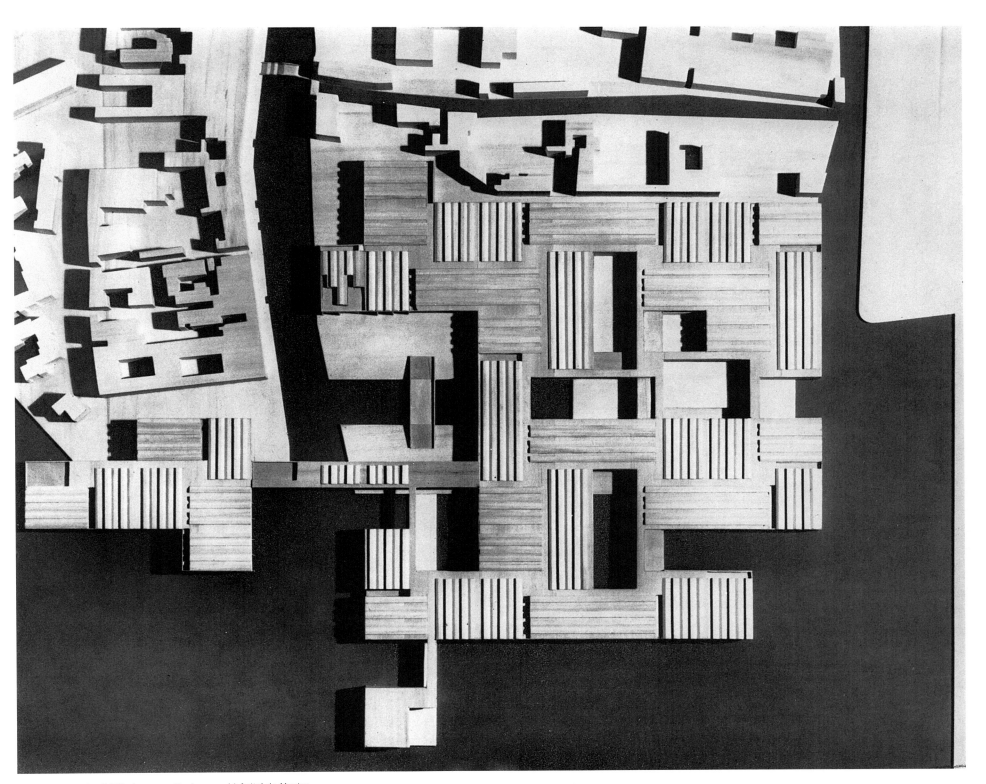

Le second projet (1965). La maquette du nouvel hôpital de Venise

La maquette. Vue sur le nouvel hôpital de Venise. Projet 1964

1 Gondoloport
2 Autoport
3 Arrivée malades et secours d'urgence
4 Entrée administration
5 Administration
6 Entrée médecine sociale
7 Entrée visiteurs
8 Entrée obstétrique, gynécologique
9 Entrée des infirmières et des sœurs
10 Entrée chapelle
11 Entrée service
12 Gondoloport, approvisionnement
13 Passerelle de raccordement à la route de voitures
14 Pharmacie centrale
15 Cuisine
16 Lingerie
17 Buanderie
20 Eglise et morgue
21 Maison du chapelain
22 Entrée hôpital pédiatrique

Le premier projet (1964): Le niveau 1, échelle 1: 2000

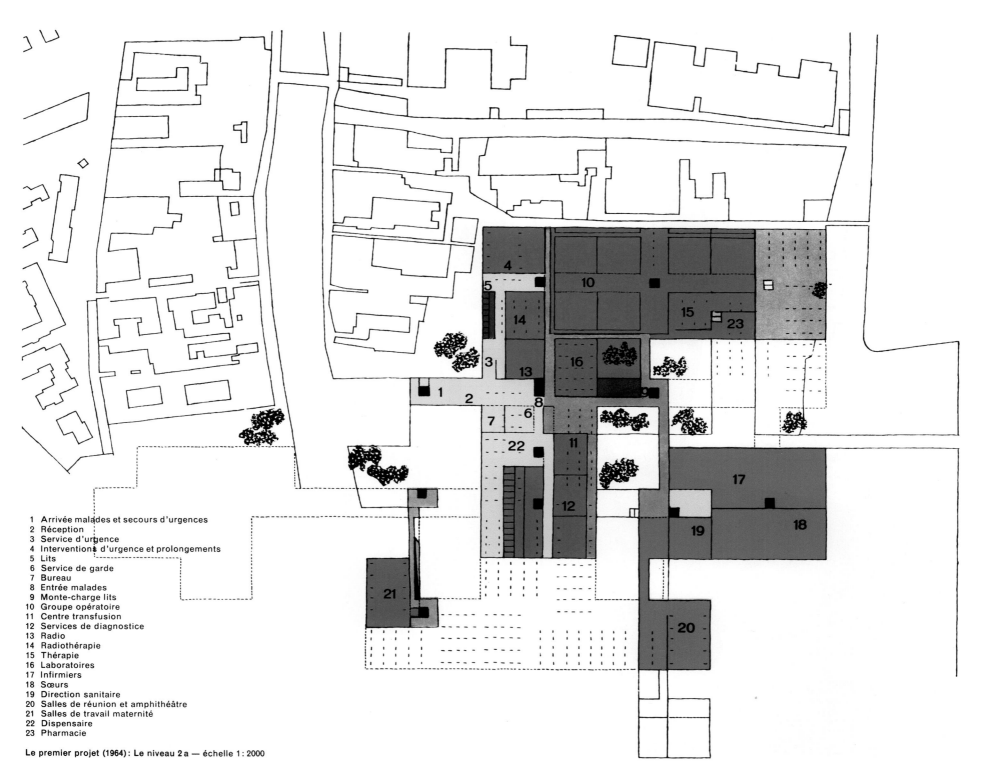

1 Arrivée malades et secours d'urgences
2 Réception
3 Service d'urgence
4 Interventions d'urgence et prolongements
5 Lits
6 Service de garde
7 Bureau
8 Entrée malades
9 Monte-charge lits
10 Groupe opératoire
11 Centre transfusion
12 Services de diagnostice
13 Radio
14 Radiothérapie
15 Thérapie
16 Laboratoires
17 Infirmiers
18 Sœurs
19 Direction sanitaire
20 Salles de réunion et amphithéâtre
21 Salles de travail maternité
22 Dispensaire
23 Pharmacie

Le premier projet (1964): Le niveau 2 a — échelle 1 : 2000

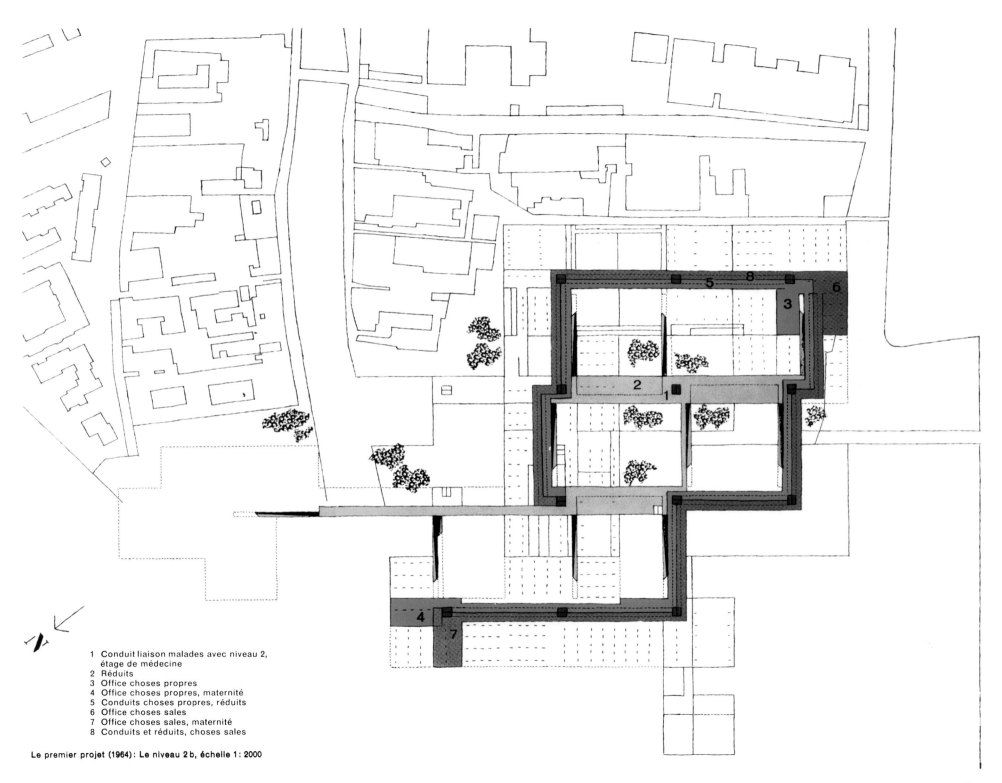

1 Conduit liaison malades avec niveau 2,
  étage de médecine
2 Réduits
3 Office choses propres
4 Office choses propres, maternité
5 Conduits choses propres, réduits
6 Office choses sales
7 Office choses sales, maternité
8 Conduits et réduits, choses sales

Le premier projet (1964): Le niveau 2 b, échelle 1: 2000

Le premier projet (1964): Le niveau 3, échelle 1:2000

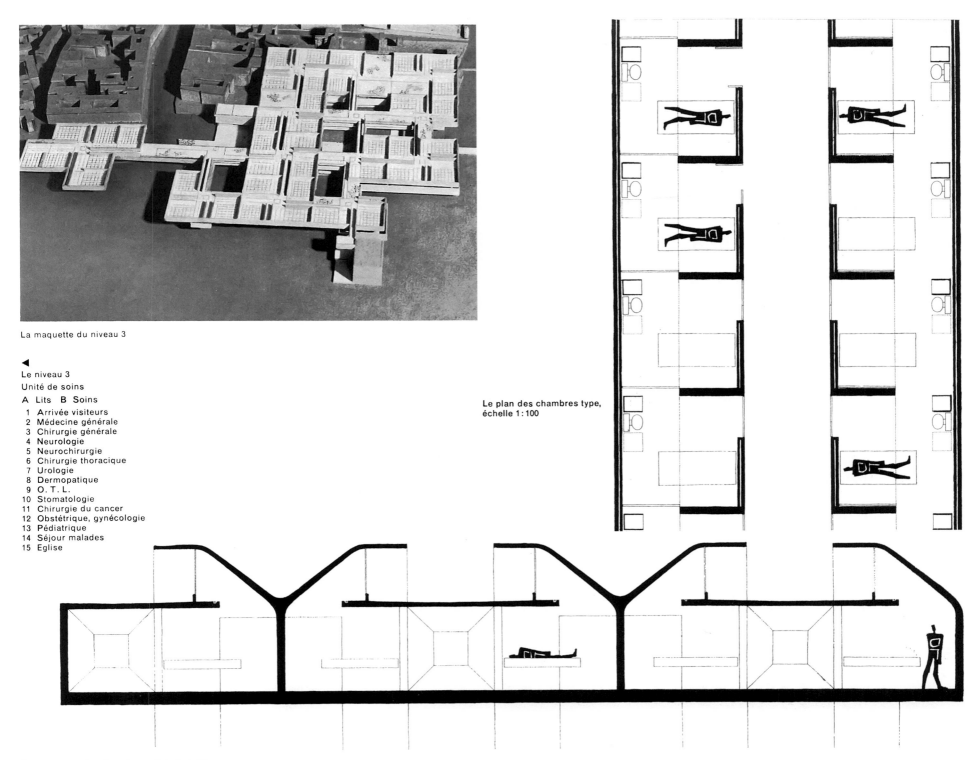

La maquette du niveau 3

◄
Le niveau 3
Unité de soins

A Lits   B Soins
 1 Arrivée visiteurs
 2 Médecine générale
 3 Chirurgie générale
 4 Neurologie
 5 Neurochirurgie
 6 Chirurgie thoracique
 7 Urologie
 8 Dermopatique
 9 O. T. L.
10 Stomatologie
11 Chirurgie du cancer
12 Obstétrique, gynécologie
13 Pédiatrique
14 Séjour malades
15 Eglise

Le plan des chambres type,
échelle 1:100

La coupe sur chambres types, échelle 1:100

1957 Unité d'habitation Briey-en-Forêt

A l'heure imminente de la faillite du Mur-Rideau on appréciera la valeur d'un effort continu qui a, dès le début, établi devant les parois de verre du logis, un contrôle du soleil, efficace (de l'équinoxe de printemps à l'équinoxe d'automne, aucun rayon de soleil ne touchera le vitrage aux heures chaudes de la journée). La loggia a été créée, dès le début, apportant le contact dedans-dehors, logis et nature.
L'orientation est dictée: façade de verre Est et façade de verre Ouest munies de loggias.
(Expérience théorique avant 1945 où M. Raoul Dautry, ministre, directeur des Chemins de fer français, donna à Le Corbusier la commande d'une Unité d'habitation; celui-ci accepta à condition d'être libre de toute réglementation. Ceci a permis l'entrée du Modulor dans les grandes constructions d'habitation où le logis retrouvait les dimensions humaines relevées au cours des voyages à travers toutes les régions folkloriques, etc.)

As the hour of doom approaches for the curtain wall one will appreciate the value of a continued effort which has, since the very beginning, established in front of the glass wall of the dwelling, an effective "sunlight regulator" (from the spring equinox to the autumn equinox no ray of sunshine will touch the glass during the hot hours of the day). The loggia was created, from the beginning, in order to bring about the "inside-outside" contact between dwelling and nature.
The orientation was dictated: both east and west glass façades are provided with loggias.
(Theoretical experiment before 1945 when M. Raoul Dautry, Minister, Director of the French National Railways, gave Le Corbusier the commission for a Unité d'Habitation, the latter accepted "on the conditions that he would be free of all reglementation". This permitted the Modulor to enter into large-scale housing developments restoring truly human dimensions to the dwelling. In the course of travels through the various regions of indigenous building these had been rediscovered.)

Wenn demnächst die Vorhangwand bankrott macht, wird man den Wert unserer fortgesetzten Bemühungen erkennen, vor der Glaswand der Wohnung einen wirksamen Sonnenschutz anzubringen. Von der Tagundnachtgleiche im Frühling bis zur Tagundnachtgleiche im Herbst wird während der heissen Tagesstunden kein Sonnenstrahl die Fenster berühren. Die Loggia ist von Anfang an geschaffen worden, um die Verbindung von aussen und innen, von der Wohnung zur freien Natur herzustellen.
Die Orientierung ergibt sich von selbst: die Ost- und Westfassaden aus Glas sind mit Loggien versehen. (Als 1945 Minister Raoul Dautry, Direktor der Eisenbahnen, Le Corbusier mit dem Entwurf einer Unité beauftragte, nahm dieser den Auftrag nur unter der Bedingung an, dass er von allen Bauvorschriften befreit sei. Dadurch konnte der Modulor bei den grossen Wohnbauten verwendet werden, und der Wohnung wurde die «menschliche Dimension» zurückgegeben, die im Laufe von vielen Reisen und dem Studium der Überlieferung neu entdeckt worden war).

1957, l'Unité de Briey-en-Forêt

1961 Orsay-Paris
Projet pour un Centre de Culture

«Orsay-Paris»: entreprise vitale éclairant les tâches futures incombant à la ville.

Ce lieu géographique, cet élément extraordinaire du paysage parisien: la Seine, les Tuileries, la colline de Montmartre, la colline de l'Etoile, la colline du Panthéon, les Invalides, Notre-Dame, c'est un régal de l'esprit et des yeux. L'histoire (Lutèce-Paris: Notre Dame, le Pont-Neuf, le pont Royal; Louis XIV: le Louvre et les Tuileries; Louis XV: la place de la Concorde; Napoléon: l'Etoile, le poème inattendu du Sacré-Cœur, la splendeur des Invalides, l'esprit de la Tour Eiffel, le Panthéon) — tout ceci peut devenir un immense spectacle offert aux Parisiens et aux visiteurs.

Il s'agit, en effet, d'un Centre de Culture, Congrès, Expositions, Musique, Spectacles, Conférences, muni de tous les équipements contemporains de circulation, d'acoustique, de respiration et raccordé impeccablement à la totalité de Paris par l'eau, par les métros, par les rues et relié (peut être) totalement par le chemin de fer (en direct) à l'Aéro-Gare d'Orly, devenu débarcadère de Paris, port non de mer, mais port de l'air.

Et ceci sans une bavure, sans un hiatus; ceci apporté par le temps, par l'esprit à travers les siècles. La bâtisse des temps modernes permet de créer un instrument prodigieux d'émotion.

Telle est la chance donnée à Paris si Paris se sent le goût de «continuer» et de ne pas sacrifier à la sottise l'immense paysage historique existent en ce lieu.

C'est par un amour fervent voué à Paris par les promoteurs de ce projet, qu'un but aussi accessible d'une part, mais aussi élevé d'autre part, peur être atteint.

La présente étude a demandé des mois de travail. Elle a été conduite avec un esprit de loyauté absolue, de rigueur totale, constructive, organique, et avec le désir d'apporter une manifestation décisive d'architecture à l'heure où Paris doit être arraché aux mercantis ou aux gens trop léger d'esprit.

Orsay-Paris
Project for a cultural Center

Orsay-Paris: a vital undertaking illuminating the future tasks incumbent upon the City.

This geographic locality, this extraordinary element of the Parisian countryside: the Seine, the Tuileries, the Hill of Montmartre, the Hill of l'Etoile, the Hill of the Pantheon, the Invalides, Notre-Dame, a feast for the mind and for the eyes. The history (Lutece-Paris: Notre-Dame, the Pont-Neuf, the Pont-Royal; Louis XIV: the Louvre and the Tuileries; Louis XV: The Place de la Concorde; Napoleon: L'Etoile, the unexpected poem of Sacré-Cœur, the splendor of the Invalides, the spirit of the Eiffel Tower, the Pantheon)—all this can become an immense spectacle offered to Parisians and to visitors.

This project involves, in effect, a Center of Culture, Conventions, Exhibitions, Music, Shows, Conferences, furnished with all modern media of circulation, acoustic devices and facilities of relaxation impeccably tied in with the totality of Paris by water, subway, streets and (perhaps) linked by railway to Orly Airport which has become the gateway to Paris, a port not of the sea, but a port of the air.

And all this without a blur, without a hiatus; this born by the times, by the spirit across the centuries. Modern building technology permits the creation of a prodigious instrument of emotion.

Such is the chance offered to Paris if Paris has the taste for "continuing" and will not sacrifice to stupidity its immense historic countryside. Only if the promoters of this project love Paris fervently can this goal—attainable though lofty— be reached.

The present study has demanded months of work. It was conducted with a spirit of absolute loyalty, of totally constructive rigor, organic and with the desire to bring about a decisive manifestation of architecture at a time when Paris is in danger of being milked by profiteers or by persons altogether lacking in spirit.

Orsay-Paris
Projekt für ein Kulturzentrum

«Orsay-Paris»: ein lebenswichtiges Projekt, das die künftigen Aufgaben der Stadt klar aufzeigt.

Das Landschaftsbild von Paris: die Seine, die Tuilerien, die Hügel des Montmartre, der Etoile und das Panthéon, der Invalidendom, Notre-Dame — eine Wonne für Auge und Seele. Dazu seine Geschichte (Lutetia-Paris: Notre-Dame, Pont-Neuf, pont Royal; Ludwig XIV.: der Louvre und die Tuilerien; Ludwig XV.: place de la Concorde; Napoleon: l'Etoile, das überraschende Gedicht von Sacré-Cœur, die Pracht des Invalidendoms, der Eiffelturm, das Panthéon) — all dies wird zum grossartigen Schauspiel für Pariser und Besucher werden.

Es handelt sich um ein Kulturzentrum (Hotels, Kongresse, Ausstellungen, Konzerte, Theater, Vorträge etc.) und ist mit allen modernen Errungenschaften (interner Verkehr, Akustik, Luftkonditionierung) ausgestattet und mit ganz Paris verbunden durch das Wasser, die Métro, die Strassen und (vielleicht) durch die Eisenbahn direkt mit dem Flughafen von Orly, der zum Landeplatz von Paris geworden ist. Und dies alles ohne jede Unterbrechung. Dank den modernen Bauweisen ist es möglich, ein grossartiges Verkehrsmittel zu schaffen.

Dies ist die grosse Chance für Paris, wenn es in seiner Entwicklung «fortschreiten» will und nicht die grossartige historische Landschaft seiner Sturheit opfert.

Wenn dieses ebenso realisierbare wie hohe Ziel erreicht wird, so durch die grosse Liebe der Initianten für diese herrliche Stadt.

Die vorliegende Studie ist die Arbeit vieler Monate. Sie wurde im Geiste absoluter Grundsatztreue, strenger konstruktiver und organischer Gesetzmässigkeit und in der Absicht ausgearbeitet, in einem Zeitpunkt, da es not tut, Paris den Krämer- und oberflächlichen Seelen zu entreissen, eine entscheidende architektonische Manifestation darzubringen.

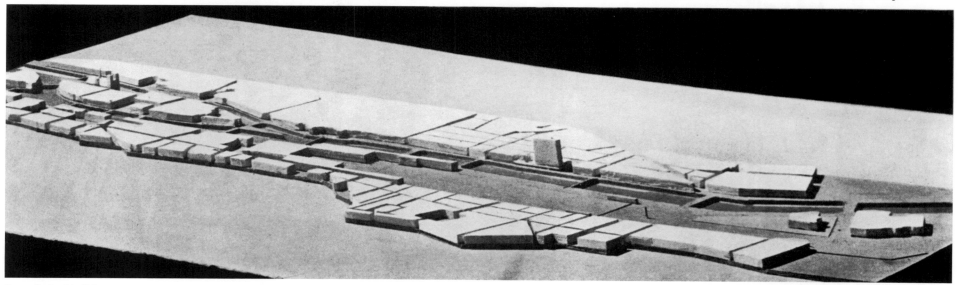

Orsay-Paris et la Seine

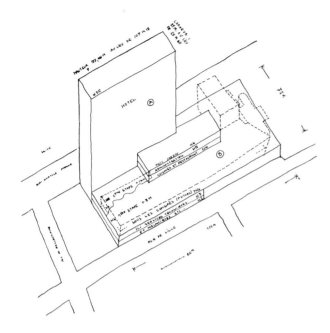

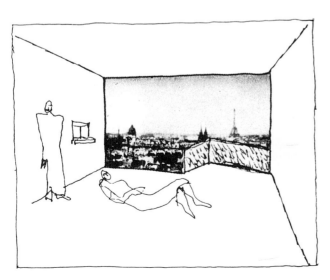

Chaque chambre possédera sa véranda

Vue depuis les Tuileries, de l'autre côté de la Seine

1964/65 Palais des Congrès à Strasbourg

«M. Pflimlin, le maire, et les services impeccables de la ville avaient rédigé un programme parfait.

Dans de telles conditions favorables, l'architecte peut dire qu'il travaille comme pour le Bon Dieu: scrupule total, intégrité, loyauté.

C'est alors qu'on apprécie que l'architecture est du domaine de la passion ...»

Le quadrilatère avec les rampes monumentales qui accompagnent la façade nord doit être traité en béton franc de coffrage.

Les surfaces des façades seront rehaussées par des reliefs symboliques dont les motifs seront placés dans les coffrages (voir le stade de Firminy).

Une attention particulière sera accordée à l'isolation phonique des dalles et des parois des salles, de même qu'aux conditions acoustiques des nombreuses salles de conférence.

Congress hall in Strasbourg

"Mr. Pflimlin, the lord-mayor, and the excellent administrators of the city had conceived a perfect program.

Under such favourable conditions an architect can say that he works as if for God: with conscientiousness, integrity, loyalty.

Then only can one appreciate the fact that architecture is of passion ..."

The square block of buildings with the adjoining ramps along the north is to be carried out in exposed concrete.

Symbols, in the form of reliefs, are to be cast into the wall surfaces, as in the stadium of Firminy.

Particular attention will be paid to the sound insulation between floors and halls, as well as to the acoustic of the conference rooms.

Kongresshaus in Strassburg

«Bürgermeister Pflimlin und die ausgezeichnete Stadtverwaltung hatten ein perfektes Programm ausgearbeitet. Bei so günstigen Voraussetzungen kann der Architekt sagen, er arbeite für den lieben Gott: mit Gewissenhaftigkeit, Integrität und Loyalität. Unter solchen Umständen darf man sich freuen, dass die Architektur eine Leidenschaft ist ...»

Der quadratische Gebäudeblock mit den anschliessenden monumentalen Rampenwegen an der Nordfassade soll in Sicht-Eisenbeton ausgeführt werden.

In die Fassadenflächen werden Symbole als Reliefs einbetoniert (siehe Stadion Firminy).

Der Schallisolation zwischen den verschiedenen Etagen und den Sälen, sowie der Akustik in den vielen Konferenzsälen soll besondere Beachtung geschenkt werden.

Vue du sud avec la rampe / View from South with ramp / Ansicht von Süden mit Rampe

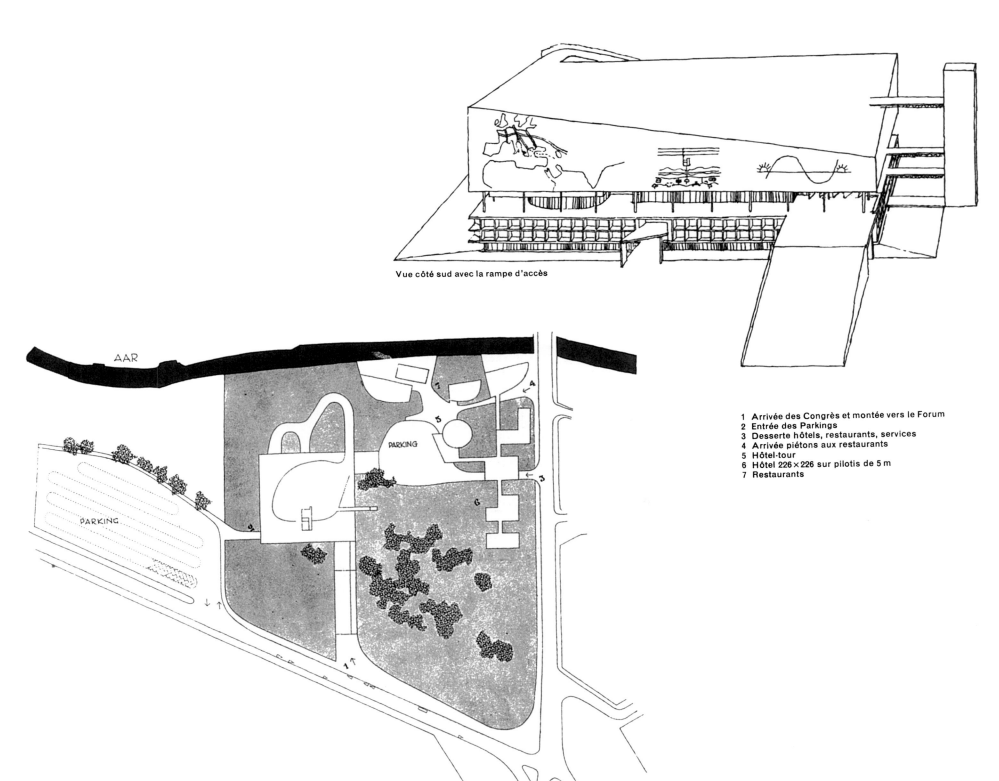

Vue côté sud avec la rampe d'accès

AAR

PARKING

PARKING

1 Arrivée des Congrès et montée vers le Forum
2 Entrée des Parkings
3 Desserte hôtels, restaurants, services
4 Arrivée piétons aux restaurants
5 Hôtel-tour
6 Hôtel 226 × 226 sur pilotis de 5 m
7 Restaurants

Le plan de situation. Echelle 1 : 500

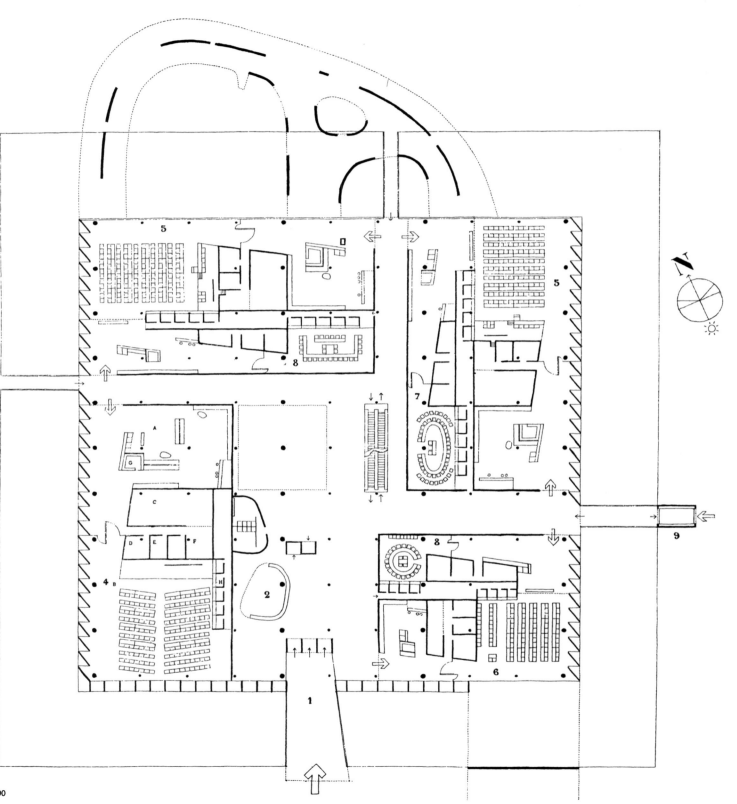

1 Entrée
2 Accueil renseignements
3 Sortie vers le parc
4 Salle de 170 personnes
5 Salle de 130 personnes
6 Salle de 80 personnes
7 Salle de 50 personnes
8 Salle de 30 personnes
9 Monte-charge

A Foyer, bar, taxiphone
B Salle de 170 sièges
C Salles de commissions
D Bureau du président
E Bureau assesseurs
F Secrétariat du Congrès
G Secrétariat permanent
H Cabines de traductions

Le niveau 2, congrès. Echelle 1:600

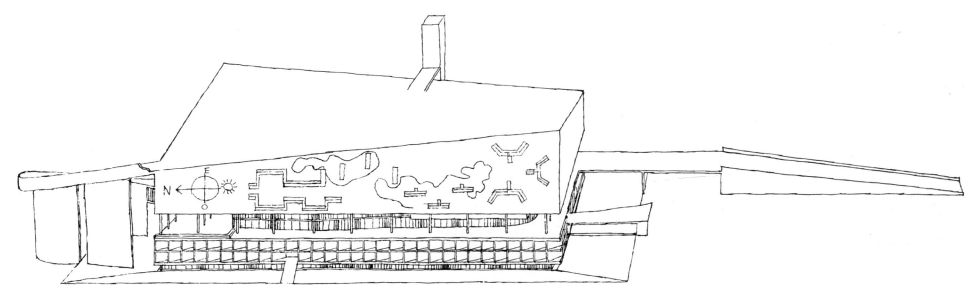

Perspective de la façade ouest

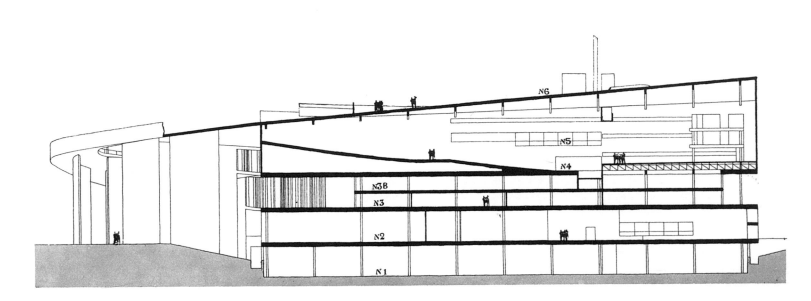

La coupe nord-sud. Echelle 1: 600

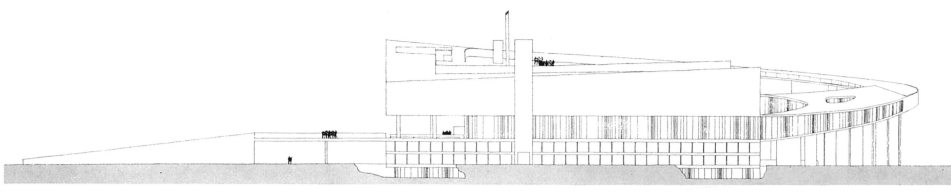

La façade est. Echelle 1 : 800

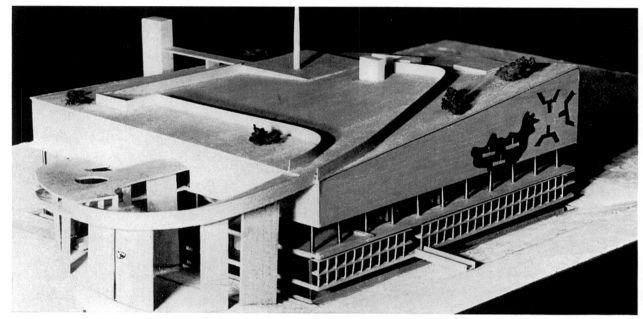

La maquette

Sur les parements extérieurs du niveau 4 apparaissent les « Signes de la Ville Radieuse »

The symbols of the "Ville Radieuse" appear on the façade

An der Fassade von Niveau 4 sind die Symbole der « Ville Radieuse » angebracht

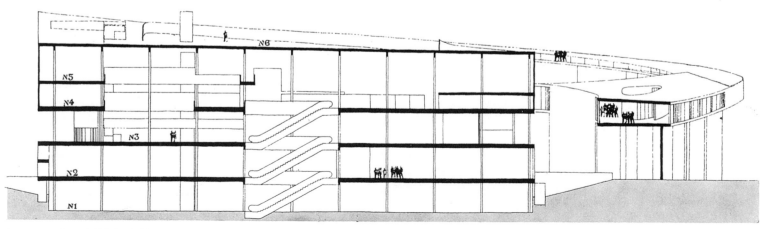

La coupe sud-nord. Echelle 1 : 600

A Chandigarh, nouvelle capitale du Punjab, on construit depuis plusieurs années. La première étape permettra d'abriter 150 000 personnes et contiendra les édifices du Gouvernement. La deuxième étape portera la population à 500 000 habitants.

Les Indiens étaient animés par P. N. Thapar, administrateur d'Etat, et P. L. Varma, ingénieur en chef du Punjab: deux fortes têtes, Le Corbusier comme conseiller du Gouvernement, et en plus comme architecte des palais du Capitol. M. Nehru appuya toujours aux heures utiles et périlleuses. Le Gouverneur aussi apporte son appui. Maxwell Fry et Jane Drew engagés pour trois années rentrèrent à Londres en 1954. Pierre Jeanneret est demeuré, dirigeant l'atelier d'architecture et construisant maisons, écoles, dispensaires et hôpitaux, etc...

Pour faire régner une paix valable, les tâches furent partagées: les trois architectes permanents s'occuperaient de l'habitation, des écoles, des dispensaires, des hôpitaux. Le Corbusier fut chargé des palais du Capitol. En tant qu'«Advisor», il dû diriger très particulièrement l'étude de l'urbanisation de la future ville.

Il faut dire, que le programme sur lequel se construit Chandigarh est établi par des hauts fonctionnaires ayant fait leurs études à Oxford, ayant connu et souvent apprécié la civilisation anglaise. Chandigarh est une ville horizontale. Le programme oxfordien comprenait treize catégories d'habitations individuelles, depuis celle du péon jusqu'à celle des ministres. Jusqu'ici le péon vivait d'expédients, n'était pas logé. Il a maintenant des logis conçus et bâtis avec le même amour et le même soin apportés aux maisons des ministres. Ne chicanez pas sur les classes! C'est ici, simplement et utilement, du classement.

Rome ne s'est pas fait en un jour. Les disponibilités mécaniques sont trop faibles aux Indes pour permettre aujourd'hui un conditionnement artificiel de l'air pendant les périodes dangereuses. La nature indienne impose alors sa règle à l'urbaniste: les nuits fraîches. Les nuits sont fraîches et les habitants s'en vont dormir dans l'herbe devant la maison ou sur le toit, y ayant porté leur lit (poids 3 à 5 kilos).

Chandigarh, the new capital of Punjab, has been under construction for several years. The first stage will provide living accommodations for 150,000 inhabitants in addition to the government buildings. The second stage will provide for a population of 500,000.

The project was expedited for the Indians by P. N. Thapar, State Administrator, and P. L. Varma, Chief Engineer of Punjab, two able men; Le Corbusier was advisor to the government and architect of the Capitol Building. Mr. Nehru always provided his support, especially in difficult situations, as did also the Governor. Maxwell Fry and Jane Drew, after three years of work, returned to London in 1954. Pierre Jeanneret, who remained and was in charge of the design office, built houses, schools, dispensaries, etc....

In order to achieve a measure of peace the jobs were distributed—the three permanent architects were busy with dwellings, schools, dispensaries and hospitals, while Le Corbusier was in charge of the Capitol Building and the park. Also, as "Advisor", he directed the task of planning, in detail, for the future growth of the city.

It must be said, that Chandigarh's program of construction was established by high officials, who, having made their studies at Oxford, have known and often appreciated English civilization. Chandigarh is a horizontal city. The Oxfordian program comprises thirteen categories of individual dwellings, from that of the peon to that of a government minister. Up to now the peon has led an extremely primitive existence, without a dwelling house. But now he has a dwelling planned and built with the same love and care lavished on the homes of the ministers, or on the dwellings of the twelve other classes. Do not have any qualms about the classes! They are simply an functionnally a means of ordering.

Rome was not built in a day. There is not enough mechanical know-how in India to make it possible to have air-conditioning during the hot season. The Indian climate thus imposes its rules upon the city-planner: cool nights. The nights are cool and the populace is in the habit of sleeping on the grass in front of the houses or on the roof, and they carry their beds there (weighing 7 to 10 lbs.).

An Chandigarh, der neuen Hauptstadt des Pandschab, wird seit mehreren Jahren gebaut. In der ersten Etappe werden Wohnungen für 150 000 Einwohner und die Regierungsgebäude erstellt, die zweite sieht eine Einwohnerschaft von 500 000 vor.

Zwei fähige Köpfe, P. N. Thapar, oberster Verwaltungsbeamter, und P. L. Varma, Chefingenieur des Pandschab, haben sich für das Projekt eingesetzt, ferner natürlich Le Corbusier als beratender Architekt der Regierung und Architekt der Bauten des Kapitols. Präsident Nehru gewährte immer, wenn nötig, seine Unterstützung, ebenso der Gouverneur. Maxwell Fry und Jane Drew hatten einen Anstellungsvertrag für drei Jahre und haben Indien 1954 verlassen. Pierre Jeanneret ist geblieben und leitet das Atelier, er baut Häuser, Schulen, Spitäler usw.

Um in Frieden arbeiten zu können, wurden die Aufgaben aufgeteilt: die drei ständigen Architekten wurden mit dem Bau von Wohnungen, Schulen, Dispensarien und Spitälern betraut. Le Corbusier übernahm die Bauten des Kapitols und den Park. Als «Advisor» hatte er in erster Linie die Verantwortung für die städtebauliche Gestaltung der künftigen Stadt.

Es muss noch erwähnt werden, dass das Bauprogramm für Chandigarh von hohen indischen Beamten, die in Oxford studiert haben und die englische Zivilisation kennen und schätzen, entworfen worden ist. Chandigarh ist eine horizontale Stadt. Das Oxfordprogramm enthielt dreizehn Kategorien von Wohnbauten, von der Wohnung des Peon bis zu der des Ministers. Bis jetzt hatten die Peons vom Zufall und ohne Wohnungen gelebt. Jetzt sind ihre Unterkünfte mit derselben Liebe und Sorgfalt entworfen wie diejenigen der höchsten Klassen. Regen Sie sich nicht über die Klassen auf! Sie bedeuten hier einfach eine notwendige Ordnung.

Rom ist nicht an einem Tage erbaut worden. Es gibt in Indien zu wenig maschinelle Einrichtungen, um überall Luftkonditionierungen zu installieren. Die Natur diktiert daher dem Städtebauer ihr Gesetz: Die Nächte sind kühl, und die Einwohner schlafen im Gras vor dem Haus oder auf dem Dach, wobei sie ihre Betten mitnehmen (Gewicht 3 bis 5 kg).

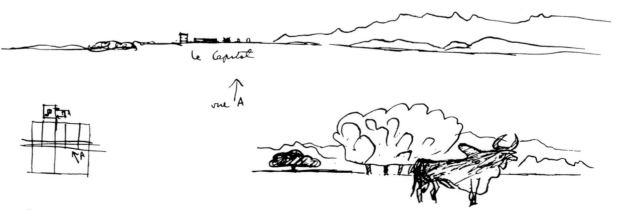

Premiers dessins de L-C au site même du futur Capitol   First sketches of the future Capitol   Erste Skizzen des künftigen Kapitols

Plan mis au point définitivement à Paris après le premier voyage de Le Corbusier

Plan designed after the first visit in Chandigarh

Der nach dem ersten Besuch in Chandigarh in Paris entworfene endgültige Plan

Plan de Paris monumental qui a servi de comparaison pour apprécier les dimensions du Capitol

Plan of Paris, from Etoile to Louvre, which served as comparison in order to better appreciate the dimensions of the Capitol

Plan von Paris, Etoile bis Louvre, der als Vergleichsbasis für den Plan des Kapitols gedient hat

1 Le Capitol
2 Centre commercial
3 Hôtels, restaurants, etc... accueil des visiteurs
4 Le Musée de la connaissance, le stade
5 L'Université
6 Le marché
7 Les bandes de verdure (écoles, clubs, sports, etc...)
8 La rue marchande (ou V 4)
9 La vallée des loisirs
Au delà du marché, extension future de la ville
(total 500 000 habitants)

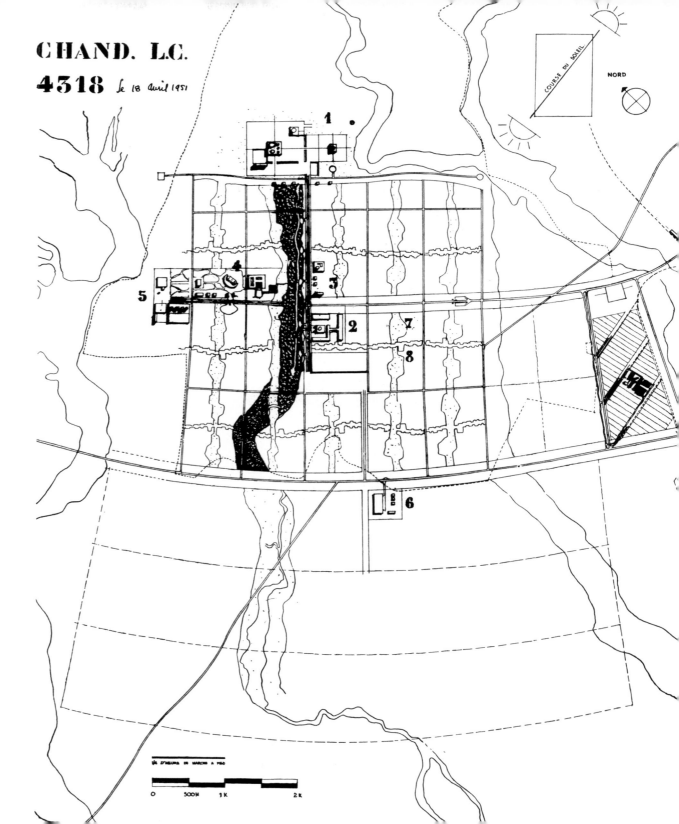

CHAND. L.C.
4318 le 18 avril 1951

En 1955 le Boulevard des Eaux fut prolongé par une dame, barrage de plus de 20 mètres de haut et de 4 km de long de terre et de sable écrasés au bulldozer et au rouleau, couronné d'une esplanade courbe de 24 m de largeur barrant l'un des deux fleuves traversant la ville de Chandigarh. Un lac s'étale aujourd'hui, une nappe d'eau qui transforme les conditions climatiques du lieu

1955, the "Boulevard des Eaux" was extended by means of a dam, a massive dam more than 20 meters high and 4 kilometers long, of earth and sand and executed by means of bulldozers and power rollers, which backed up one of the two rivers. The dam was crowned by a curving esplanade 24 meters wide. There is now a lake, a body of water which has transformed the local climatic conditions

Im Jahre 1955 wurde der «Boulevard des Eaux» durch einen Damm von mehr als 20 m Höhe und 4 km Länge verlängert, der einen der beiden Flüsse staut. Er trägt einen Platz von 24 m Breite. Heute erstreckt sich hier ein See, der die klimatischen Verhältnisse verändert

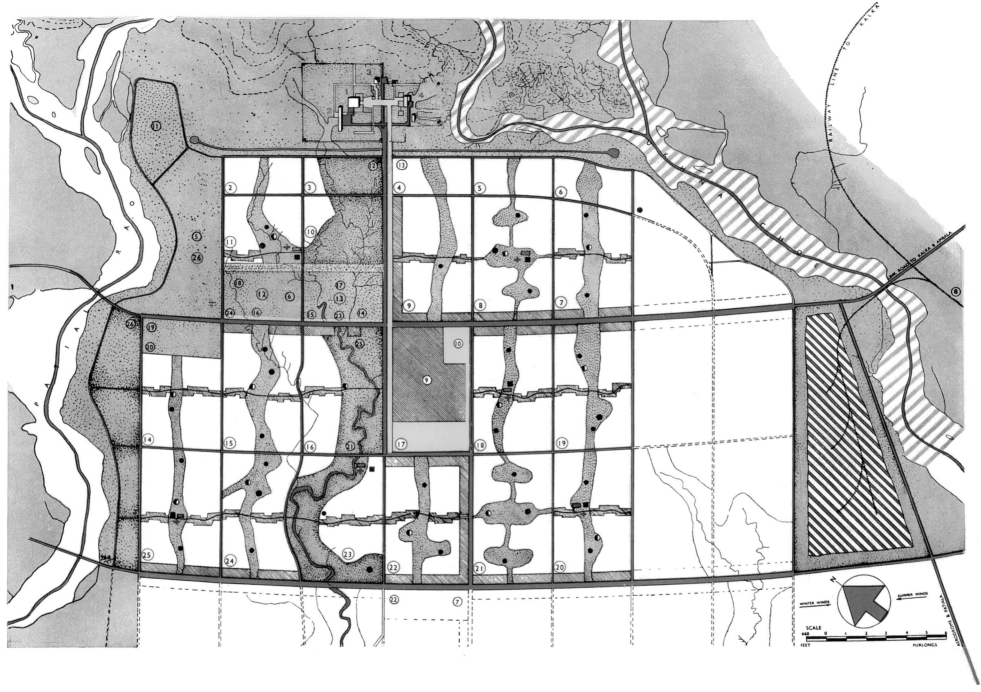

Chandigarh mai 1952. Plan définitif d'urbanisme de la première
étape de réalisation comprenant
des habitations et services pour
150 000 habitants et le Capitol

1 Assembly chamber
2 Secrétariat

3 Capitol
4 High Court
5 University
6 Stadium
7 General Market reservation
8 Railway station
9 Main Commercial Centre
10 Town Hall

11 Engineering College
12 Chief Minister's Residence
13 Chief Justice's Residence
14 Public Library
15 Museum
16 School of Arts & Crafts
17 Govt.: College for Men
18 Govt.: College for Women

19 Dental College & Hospital
20 Hospital
21 Maternity Hospital
22 Sarai
23 Theatre
24 Polytechnic Institute
25 Red Cross Offices
26 Boy Scouts

1 Arterial Roads (V2)
2 Sub Arterial Roads (V3)
3 Local Roads (V5 + V6)
4 Open Spaces & Parks
5 Business & Commercial
6 Industrial Area
7 Pedestrians

8 Elementary Schools
9 Middle Schools
10 High Schools
11 Health Centres
12 Community Centres
13 Swimming Pools
14 Sectors Numbers
15 Internal Open Spaces

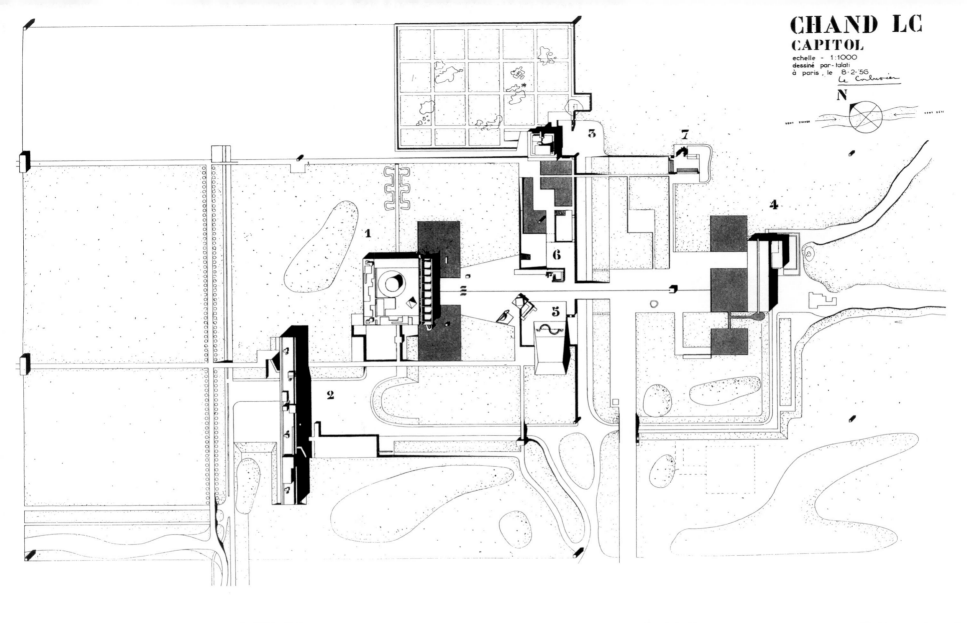

CHAND LC
CAPITOL
echelle - 1:1000
dessiné par-talati
à paris, le 8-2-56
Le Corbusier
N
VENT D'HIVER   VENT D'ÉTÉ

Plan du Capitol

1) l'Assemblée
2) le Secrétariat
3) le Palais du Gouverneur
4) le Palais de Justice
5) la Fosse de la Considération
6) les bassins devant le Palais du Gouverneur
7) la Main ouverte

1) the Parliament (Assembly)
2) the Secretariat
3) Governors Palace
4) Justice Court
6) the basins in front of the Governors Palace
7) the Open Hand

1) Parlamentsgebäude
2) Sekretariat (Regierungsgebäude)
3) Gouverneurspalast
4) Justizpalast
6) die Wasserbecken vor dem Gouverneurspalast
7) die Offene Hand

Différents aspects du chantier   Some views of the building ground

1956 Le Palais de Justice

Le Palais de Justice est en exploitation depuis mars 1956. La polychromie anime la façade principale et les brise-soleil de chacune des cours de justice. Les trois pylônes du grand portique d'entrée, enduits au canon au ciment, sont peints, l'un de vert, l'autre de blanc, le troisième de rouge-orange, le mur de gauche étant peint de noir et le mur de droite étant peint de noir également.

Les 650 m² de tapisseries réalisés en cinq mois par des ateliers indiens du Cachemire occupaient dès l'inauguration la totalité du fond des petites Cours de Justice (huit tapisseries de 64 m² chacune) et du fond de la grande Cour de Justice (une tapisserie de 144 m²) provoquant l'acquiescement ravi de M. Nehru et du Gouverneur du Punjab, ainsi que du Chief Judge.

Le Palais de Justice de Chandigarh est une première manifestation bien décisive d'une esthétique possible du béton armé. Que la stupéfaction règne souvent à Chandigarh est une chose naturelle; mais dès que les aménagements du parc — les arbres, les fleurs, les greens, les grands dallages de pierre et de ciment, les monuments prévus au plan — seront achevés, réunis tous ensemble en une symphonie rigoureusement concerté, alors à ce moment, les gens cesseront de crier et diront merci!

The Court of Justice

The Palace of Justice has been in use since March 1956. The exterior polychromy enlivens the principal façade and the brise-soleil of each of the Courts of Justice; the three pylons of the great entrance portico, coated with a cement rendering, are painted, one green, the other white and the third red-orange, both left and right walls are painted in black.

The 7000 sq. ft. of tapestry, completed in five months by Indian craftsmen in Kashmir covering the rear walls of the small Courts of Justice (eight tapestries of 690 sq. ft. each) and the rear wall of the large Court of Justice (a tapestry of 1540 sq. ft.) provoked the delighted acquiescence of Mr. Nehru and the Governor of Punjab as well as the Chief Judge.

The Palace of Justice in Chandigarh represents a positive premier manifestation of an esthetic possible in reinforced concrete. The fact, that astonishment reigns so often in Chandigarh is natural; but the fact that the amenities of the park—the trees, the flowers, the greens, the pavements of stone and cement, the monuments anticipated in the plan—shall be achieved, resulting altogether in a rigorously concerted symphony, shall, at that time, cause the people to cease their complaining and, instead, give thanks!

Der Justizpalast

Der Justizpalast ist seit März 1956 in Betrieb. Die Polychromie der Fassaden belebt die Wände der Hauptfassade und die Sonnenblenden vor jedem Gerichtssaal; die drei Tragpfeiler der grossen Eingangspartie sind mit Zement verputzt und bemalt, der eine grün, der andere weiss und der dritte rot-orange; die Mauern links und rechts sind schwarz.

Die 650 m² Wandteppiche, die in fünf Monaten von den Werkstätten Kaschmirs fertiggestellt wurden, bedecken die hinteren Wände der kleinen Gerichtssäle (acht Tapisserien von je 64 m²) und des grossen Gerichtssaales (144 m² Wandteppich) und fanden die begeisterte Zustimmung des Präsidenten Nehru, des Gouverneurs des Pandschab und des obersten Richters.

Der Justizpalast von Chandigarh ist eine erste entscheidende Manifestation einer neuen, von armiertem Beton inspirierten Ästhetik. Es ist nichts als natürlich, dass in Chandigarh oft Befremden herrscht; aber sobald der Park angelegt sein wird — mit Bäumen, Blumen, Grünflächen, Stein- und Zementbelägen und den im Plan vorgesehenen Monumenten —, wenn all dies sich zu einer harmonisch abgestimmten Symphonie vereinigt, dann werden die Leute mit ihrem Gezeter aufhören und Dank sagen!

Le Palais de Justice   Justice Court   Justizpalast

Fragment de la façade principale du Palais de Justice. Les bassins d'eau manquent encore. La salle des Pas perdus.   Main façade of the Palace of Justice   Hauptfassade des Justizpalastes

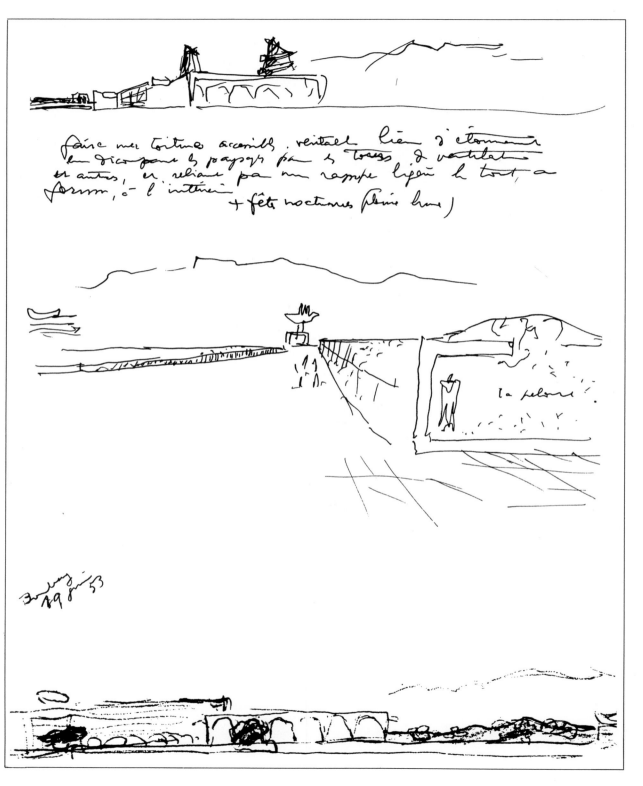

faire mes toitures accessibl, veritabl lieu d'étonnant
en dicoupant le paysage par les tours, de ventilateurs
et autres, en reliant par un rampe légère le tout, au
forum, à l'intérieur
                    + fêtes nocturnes (pleine lune)

la pelouse

Première esquisse 19 janvier 1953 du Parlement, de la Main Ouverte,
du Secrétariat et de l'Assemblée

Les rampes conduisant aux étages   The ramps leading to the upper floors   Die zu den Etagen führenden Rampen

Tapisseries de Le Corbusier occupant le fond des petites Cours de Justice — Tapestries by Le Corbusier from a backdrop in the small courts of justice — Wandteppiche bedecken die Rückwand der Gerichtssäle

1958 Le Secrétariat (bâtiment des Ministres)

Ce très grand bâtiment de 254 m de long et de 42 m de haut abrite les cabinets des ministres et chacun de leurs Ministères. Les Ministères sont groupés dans un pavillon central, le Bloc 4, l'un des six blocs du Ministère séparés l'un de l'autre par un joint de dilatation vertical de haut en bas. L'extérieur est de béton brut, c'est-à-dire les brise-soleil verticaux, les parapets et les brise-soleil horizontaux, l'acrotère qui se détache sur le ciel tout en laissant apparaître les aménagements de toiture déstinés au Club et aux réceptions. Les deux grandes rampes devant et derrière le bâtiment, desservant tous les étages, sont également en béton brut. Elles offrent aux trois mille employés une solution bien séduisante de circulation (matin et soir). La circulation mécanique est assurée par des batteries d'ascenseurs doublés par un escalier à deux rampants encastrés dans une épine verticale montant du sol au sommet de l'édifice. Le béton brut recouvre également les deux murs pignons accusant les coffrages de tôle standard. Le bloc des bureaux des ministres a été l'objet d'une recherche très soignée du relief donné au béton brut par l'effet des brise-soleil diversifiés.

Le béton brut entrevient encore dans le fenêtrage des deux grandes faces du bâtiment: plus de dix mille pièces d'un modèle unique — un potelet d'un seul type de 27×7 cm de section et 366 cm de hauteur — constituent les «vitrages ondulatoires». Il s'agit ici d'une application du Modulor permettant de tendre un voile de verre fixe d'un bout à l'autre du bâtiment et du haut en bas, interrompu par des boîtes dites «aérateurs» comportant un volet de tôle pivotant verticalement des planchers au plafond au travers d'une ouverture de 43 cm et se prêtant à toutes les variantes possibles d'ouverture, fermé par ailleurs par une toile de cuivre moustiquaire.

The Secretariat (Administration building)

This very large structure 775 ft. long and 128 ft. high houses the ministerial chambers and all Ministerial agencies. The Ministries are grouped in a central pavilion, Block 4, one of the six ministerial blocks, each separated from the next by a vertical expansion joint extending the full height of the building. The exterior is of concrete, that is to say, the vertical brise-soleil, the spandrels and the horizontal brise-soleil, the acroterium which stands out against the sky-leaving visible the rooftop accommodations which are to be used for a club and for receptions. The two large ramps in front of and behind the building serve all floors and are likewise in rough concrete. They offer a very beguiling solution of the circulation (morning and evening) for the 3000 employees. Vertical circulation is ensured by batteries of elevators matched by a staircase running in both directions encased in a vertical spine rising from groundlevel to the summit of the roof. Rough concrete similarly caps the two end walls bringing out the effect of the standard sheet-metal formwork. The block of ministerial offices has been the object of very careful research in regards to the sculptural relief given to rough concrete by the effect of diverse types of brise-soleil.

The rough concrete again interposes in the fenestration of the two main façades: more than 2000 units of a unique design—one stanchion type $10^5/_8$ in. × $2^3/_4$ in. in section and 10 ft. 2 in. high—constitute the "undulatory glazing". This is an application of the Modulor which permits the stretching of a veil of glass extending the entire length and height of the building, interrupted by elements called "ventilators" which comprise a shutter of sheet-metal pivoting vertically from floor to ceiling across an opening of 1 ft. $3^5/_8$ in. and capable of being opened to any desired width, covered in addition, by a curtain of copper mosquito-netting.

Das Sekretariat (Regierungsgebäude)

Dieses sehr grosse Gebäude von 254 m Länge und 42 m Höhe enthält die Arbeitsräume der Minister und der Angestellten der Ministerien. Die Räume der Minister sind in einem zentralen Pavillon, dem Block 4, untergebracht. Die sechs Blocks sind durch vertikale Dehnungsfugen voneinander getrennt. Die Aussenseite, das heisst die vertikalen und horizontalen Sonnenblenden, die Gesimse und der Dachrand, der den Dachausbau sichtbar lässt, bestehen aus rohem Beton. Aus dem gleichen Material sind die beiden vor und hinter dem Gebäude zu allen Stockwerken führenden Rampen. Dreitausend Angestellte benützen sie morgens und abends als Ein- und Ausgang. Der Vertikalverkehr im Innern des Gebäudes erfolgt durch Liftanlagen und eine doppelläufige Treppe, die in eine vertikale, vom Erdgeschoss bis zum Dach reichende Scheibe eingespannt ist. Auch die beiden Stirnfassaden bestehen aus rohem Beton, der die Verschalung aus standardisiertem Eisenblech hervortreten lässt. Beim Block mit den Arbeitsräumen der Minister wurden die verschiedenartigen Sonnenblenden, die dem rohen Beton Relief geben, besonders sorgfältig behandelt.

Der rohe Beton tritt auch bei der Fensterverglasung an den beiden Längsfassaden immer wieder in Erscheinung: über zehntausend einheitliche Säulchen von 7×27 cm Durchmesser und 3,66 m Höhe bilden die Konstruktionselemente der Verglasung. Eine Fensterfront, in Modulorverhältnissen aufgeteilt, erstreckt sich auf die Gesamtlänge von 254 m, unterbrochen durch eingebaute Lüftungsklappen von 43 cm Breite, die vom Boden bis zur Decke reichen und mit einem Moskitonetz aus Kupferdraht versehen sind. Sie können von 1 mm bis zu 43 cm geöffnet werden.

Silhouette du Capitol, le Secrétariat a une longueur de 250 m et 8 étages   Silhouette of the Capitol, the 8-storey Secretariat has a length of 770 ft.   Silhouette des Capitols, die Länge des achtstöckigen Sekretariates beträgt 250

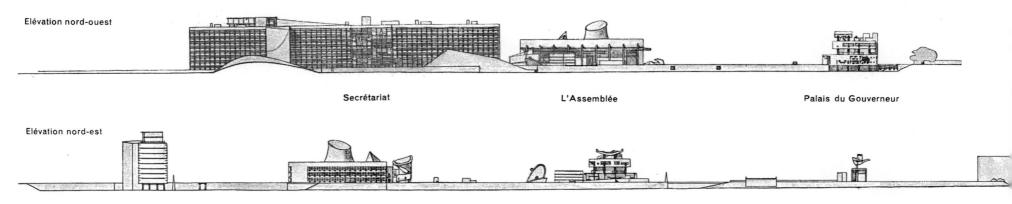

Elévation nord-ouest

Secrétariat   L'Assemblée   Palais du Gouverneur

Elévation nord-est

Coupe en profil par la route d'accès au Secrétariat

Coupe sur le Secrétariat   La façade de l'Assemblée   Le Palais du Gouverneur   La Main-Ouverte   Le Palais de

La façade principale du Secrétariat   The main façade of the Secretariat   Hauptfassade

Façade sud-est du Secrétariat   South-east elevation of the Secretariat   Südostfassade des Sekretariates

Le Secrétariat: coupe sur le bloc des ministres
Section through the block of the ministers / Schnitt durch den Block
der Minister

Un fragment de la façade latérale   Fragment of the side-façade   Fragment der Seitenfassade

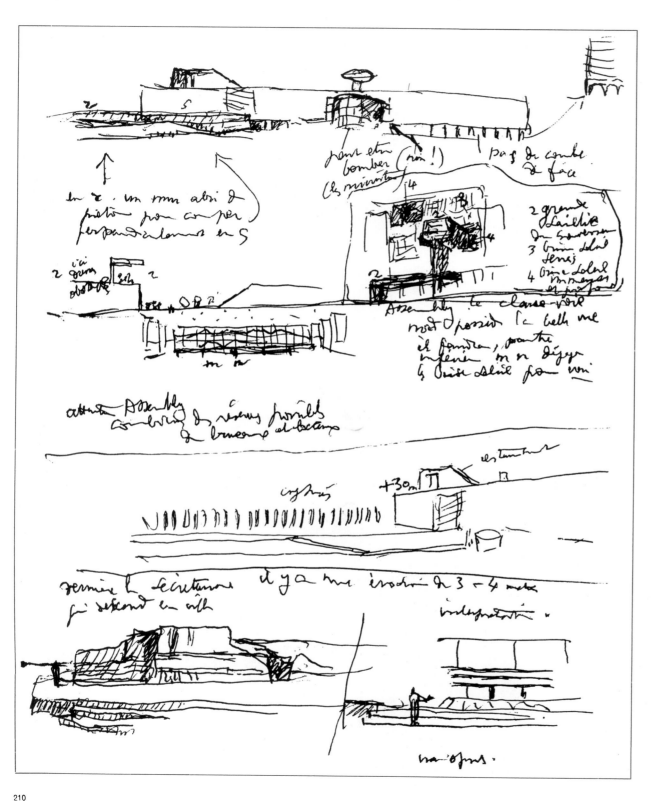

Croquis montrant, à titre d'exemple, des érosions caractéristiques dans le territoire indien provoquées par l'écoulement des eaux dans l'argile qui recouvre le sol à grande profondeur. On pourrait admettre que les dessins, formés par ces érosions, ont servi aux architectes des temples hindous pour déterminer des lits d'assises très caractérisés

Sketch showing, for example, the erosions characteristic of Indian soil. They are caused by the flow of water in clay which covers the earth to a great depth. It can be seen that the designs formed by these erosions have served the architects of the Hindu temples in the determination of the characteristic bearing strata

Diese Skizze zeigt die für Indien so charakteristischen Erosionen, die durch das Abfliessen des Wassers durch die dicke Lehmschicht des Bodens entstehen. Die durch diese Erosionen entstandenen Zeichnungen haben der Hindu-Architektur vornehmlich dazu gedient, die sehr charakteristisch geformten Fundamente zu bestimmen

Le toit-terrasse du Secrétariat   The roof-terrace of the Secretariat   Blick auf das Dach des Sekretariates

La façade sud-est du Secrétariat

Le Secrétariat

La route conduisant au Secrétariat a été creusée à cinq mètres au-dessous du sol du parc, fournissant ainsi l'entrée des visiteurs et du personnel. Les terres en excédant ont servi à faire les collines artificielles

The road leading to the Secretariat was excavated to a depth of 16'—6'' below the level of the park, thus providing an entrance for visitors and personnel. The excavated material was used to create artificial hillocks

Die Strasse zum Sekretariat ist 5 m unter der Bodenoberfläche ausgehoben worden und bildet den Besucher- und Personaleingang. Der Aushub wurde zur Schaffung künstlicher Hügel verwendet

Bas-relief hindou: une tête et huit pattes

La splendeur des bovidés et des grands chariots

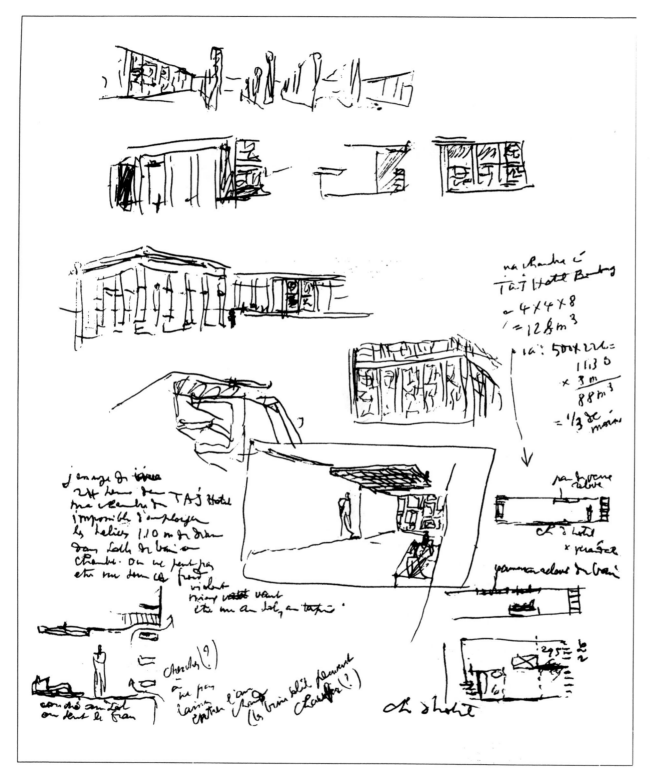

Etude de ma chambre d'hôtel au Taj-Mahal à Bombay. Invention d'éléments constitutifs moderne d'une architecture indienne: poteaux, voiles, brise-soleil, etc.

A study made in 1951 in my room at the Taj-Mahal-Hotel in Bombay. Invention of constitutive elements for a modern Indian architecture: columns, awnings, brise-soleil, etc.

1951: Skizze von Le Corbusiers Zimmer im Hotel Taj-Mahal in Bombay. Wesentliche Elemente einer modernen indischen Architektur: Pfeiler, Sonnenblenden usw.

Le Palais de l'Assemblée vu depuis le Palais de Justice

Le Palais de l'Assemblée

L'un des points intéressants à signaler c'est l'adoption de la forme circulaire de la salle qui semble contraire au développement d'une bonne acoustique. Cette salle d'assemblée est faite d'une coque hyperboloïde d'une épaisseur moyenne de quinze centimètres constante dans tous ses points et, par conséquent, d'un prix très bas et d'un poids minimum (c'est ici, appliqué à des intentions architecturales, le principe des tours de refroidissement employé dans l'industrie). Cette tour ne se termine pas par une section horizontale, mais par une section oblique qui recevra un bouchon en charpente métallique (aluminium). Ce bouchon deviendra un véritable laboratoire de physique destiné à assurer les jeux de l'éclairage naturel et d'une part de l'éclairage artificiel de la ventilation, d'une part de la mécanique acoustique électronique.
Le projet frappera par le classement de ses ossatures-types qui sont de deux natures: 1° Ossature des bureaux semblable à celle du Secrétariat: brise-soleil, portique, béton, etc... 2° Ossature de l'espace, dénommé «Forum», au milieu duquel baignent la grande Salle des députés (Lower House) et la Salle des sénateurs (Upper House).

The Palace of the Assembly

One of the interesting points to call attention to is the adoption of a circular form for the hall which seems contrary to the development of good acoustics. The Assembly Hall is made in a hyperbolic shell with an average thickness of 15 cm, constant throughout its surface, resulting in a very low cost and a minimum of weight (here the principle of industrial cooling towers has been applied to the architectural intentions). This shell does not terminate in a horizontal but in an oblique section which shall receive a metallic framework (aluminium). This framework will become a veritable physical laboratory destined to ensure the interplay of natural lighting, artificial lighting, ventilation and acoustic-electronic mechanisms.
This project will be striking by its classification into two types of structural framing: 1. Framing of the offices similar to that of the Secretariat: brise-soleil, portico, concrete, etc... 2. Framing of the space called the "Forum" in the middle of which the great Hall of Deputies (Lower House) and the Hall of Senators (Upper House) are immersed.

Das Parlamentsgebäude

Bemerkenswert ist die runde Form des Saales, die der Entwicklung einer guten Akustik entgegenzustehen scheint. Dieser Saal besteht aus einem hyperbolischen Aufbau von überall durchschnittlich 15 cm Dicke, verursacht also sehr geringe Kosten und ist von minimalem Gewicht (erstmalige Anwendung des Prinzips der in der Industrie gebräuchlichen Abkühlungstürme für architektonische Zwecke). Diese Schale endet nicht in einer horizontalen Fläche, sondern in einem schrägen Abschnitt, der mit einem beweglichen Aluminiumverschluss versehen ist. Dieser Verschluss ist zu einem wahren physikalischen Laboratorium entwickelt, das den Saal mit natürlicher und künstlicher Beleuchtung versorgt und ferner die Ventilationsanlage und elektronische Geräte zur Verbesserung der Akustik enthält.
Das Projekt zeichnet sich durch zwei verschiedene Anordnungsweisen der Tragelemente aus: 1. Bei den Büroräumen ist die Anordnung ähnlich wie beim Sekretariat: Sonnenblenden, Portikus, Beton usw. ... 2. Anders sind die Tragelemente bei dem «Forum» genannten Gebäudeteil angeordnet, in dessen Mitte sich die Säle der Deputierten (Lower House) und der Senatoren (Upper House) befinden.

Vue sur le Secrétariat et l'Assemblée depuis le portique de la Haute-Cour

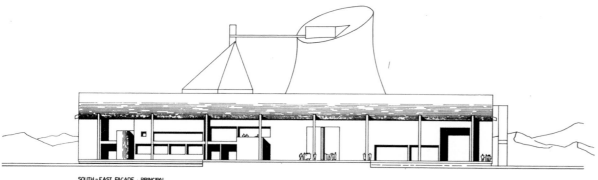

SOUTH-EAST FACADE ; PRINCIPAL

La façade sud-est   South-east façade   Südostfassade

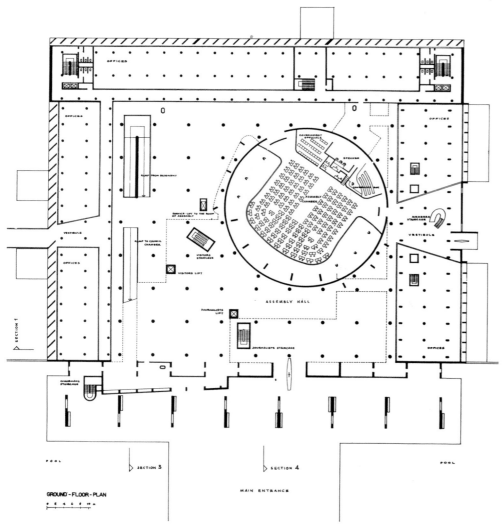

GROUND-FLOOR-PLAN

Plan du rez-de-chaussée   Plan of the ground-floor   Erdgeschoss-Plan

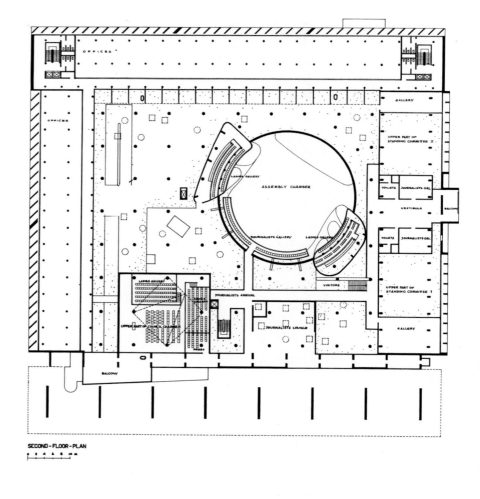

SECOND-FLOOR-PLAN

Plan du deuxième étage   Plan of the second-floor   Plan der zweiten Etage

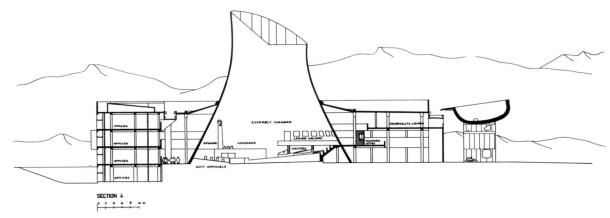

Coupe sur la salle d'Assemblée   Section through the Assembly-hall   Schnitt durch das Parlamentsgebäude

La maquette   Model   Modell

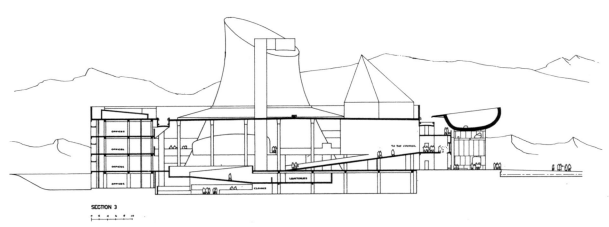

Coupe sur la salle des «Pas-perdus»   Section through the vestibule   Schnitt durch die Vorhalle

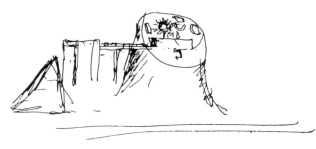

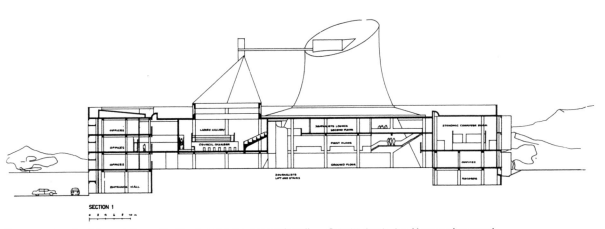

Coupe sur la salle d'Assemblée   Section through the Assembly-hall   Schnitt durch den Versammlungssaal

La facade principale du Palais de l'Assemblée

Palais de l'Assemblée (Le Parlement). Classification réfléchie des éléments nécessaires: salle des assemblées avec les problèmes d'acoustique et de visibilité.
Le Forum, lieu capital des conversations, des transactions et dialogues. Portique ouvert sur le magnifique paysage de l'Himalaya: lieu de dignité et de sérénité accessible au «fond bon» des représentants de la nation. Les bureaux et services divers ...
Et, pour finir, des crédits extraordinairement minces.
Toiture accessible en plein contact avec la grande nature.
Protection du bâtiment par les brise-soleil nécessaires.
Il n'y a pas d'escalier dans le bâtiment, mais des rampes

Palace of the Assembly (Parliament). Deliberate classification of the necessary elements: assembly hall with the problems of acoustics and visibility.
The Forum, primary setting for conversations, transactions and dialogues. The portico opens out into the magnificent landscape of the Himalaya: a place of dignity and serenity accessible to the "rank and file" of the nation's representatives.
The offices and various services ...
And to top it off an extraordinarily low budget.
Accessible roof, in perfect contact with the grandeur of nature.
The building is protected by the essential brise-soleil. There are no stairways in the building, only ramps

Parlamentsgebäude, durchdachte Anordnung der Baukörper: der Parlamentssaal mit seinen akustischen und visuellen Problemen.
Das Forum, zentraler Ort der Gespräche und Verhandlungen. Der Portico ist gegen die prächtige Landschaft des Himalaja geöffnet: Ort der Würde und Serenität. Bureaux und Räume zu verschiedenen Zwecken.
Ausserordentlich beschränkte Kredite.
Das Dach ist begehbar, unmittelbarer Kontakt mit der grossartigen Natur. Sonnenschutz durch die Sonnenblenden. Das Parlamentsgebäude hat keine Treppen, sondern lediglich Rampen

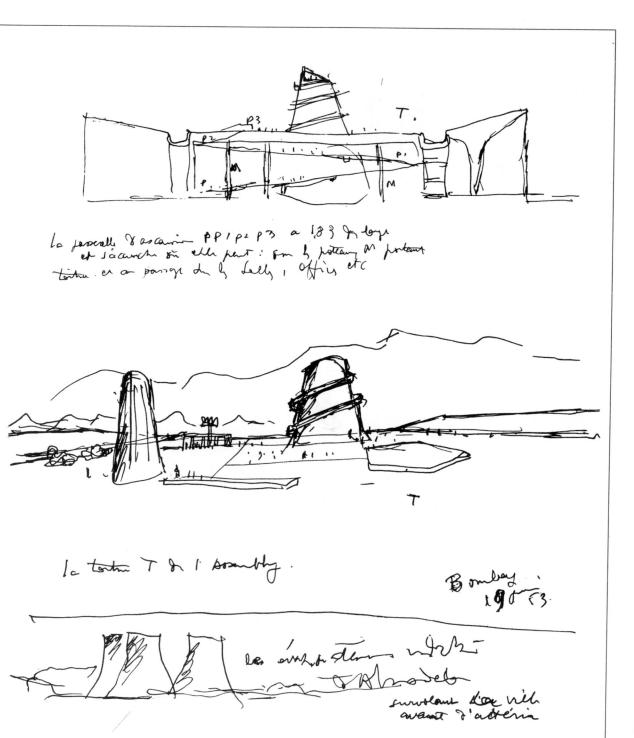

La passerelle d'ascension PP1 P2 P3 a 1,83 de loge
et s'accroche où elle peut : sur le poteaux M portant
toiture et au passage des Salles, Offices etc

la toiture T de l'Assembly.

Bombay
1953

les évaporateurs indiqué
d'après modèle
survolant d'un ville
avant d'atterir

L'Assemblée. Début de l'étude en juin 1953. Coupe caractéristique, toiture, etc.

Assembly. Start of the study in June 1953. Typical sections, roof, etc.

Parlament, Studie Juni 1953. Typischer Schnitt, Dach, etc.

Vue dans le hall de l'Assemblée

Le Palais de l'Assemblée. Au premier plan le bassin devant le Palais de Justice

Le Palais du Gouverneur

Le Palais du Gouverneur couronne le Capitol. Son plan, sa silhouette sont le produit des strictes données du problème. Au cours de trois années, 1951—1953, le projet développé a pris corps. 1954: Crise! Le coût est infiniment trop élevé! Que s'est-il produit? Les plans étant acceptés, on avait revu les hauteurs et les largeurs de toutes choses... et l'on avait glissé (puisque c'était pour le Gouverneur!) du côté des cotes les plus fortes du Modulor. Le volume s'avère double du précédent! Et l'échelle du Palais démesurée! On avait bâti à l'échelle des géants!

Tout fut reconsidéré. Le choix de valeurs suffisantes plus basses du Modulor fit baisser de moitié le cube de la bâtisse et nous réinstalla à l'échelle des hommes. Les plans d'exécution achevés démontrèrent qu'ainsi nous avions replacé le Gouverneur dans une maison d'homme.

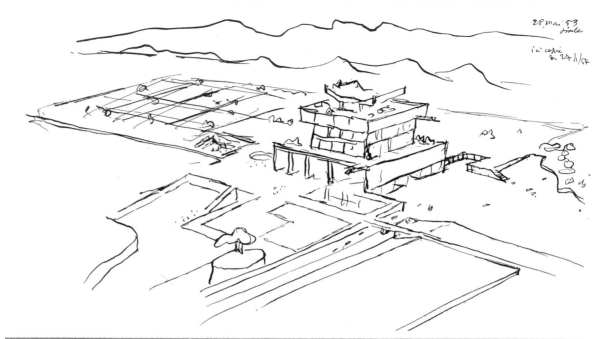

The Governor's Palace

The Palace of the Governor crowns the Capitol. Its plan and silhouette are the result of the strict conditions of the problem. In the course of three years, 1951—1953, the project development took shape. 1954: Crisis! The costs are infinitely too high! What happened? The plans having been accepted, they were revised in respect to the general heights and sizes of the various parts... and since it was for the Governor they had slipped in on the side the largest dimensions of the Modulor. The volume proved to be double that of the original project! And the scale of the Palace grew enormous! They had designed for the scale of giants!

All was reconsidered. The choice of sufficiently low dimensions of the Modulor cut the cubage of the building in half consequently reestablished it to the human scale. The final working drawings demonstrate that we have set the Governor into a Home of Man.

Der Gouverneurpalast

Der Gouverneurpalast ist die Krönung des Capitols. Im Verlauf von 3 Jahren von 1951—1953 hatte das Projekt Gestalt angenommen. 1954 grosse Aufregung, die Kosten sind viel zu hoch. Was war passiert? Nach erfolgter Genehmigung der Pläne waren die Höhen- und Breitenmasse revidiert worden ... und unversehens war man in die Skala der höheren Modulormasse (da es sich ja schliesslich um den Palast eines Gouverneurs handelte) hineingeraten. Das Volumen erwies sich als doppelt so gross wie ursprünglich vorgesehen, man hatte für die Masse von Riesen geplant. Nun wurde alles neu überprüft. Die Wahl von wesentlich niedrigeren, aber immer noch ausreichenden Modulorwerten bewirkte die Reduktion des Raumvolumens auf die Hälfte und stellte uns wieder auf den Boden menschlicher Masse. Nach Fertigstellung der Ausführungspläne hatten wir den Gouverneur wieder in eine normale menschliche Behausung zurückversetzt.

Le Palais du Gouverneur (maquette)

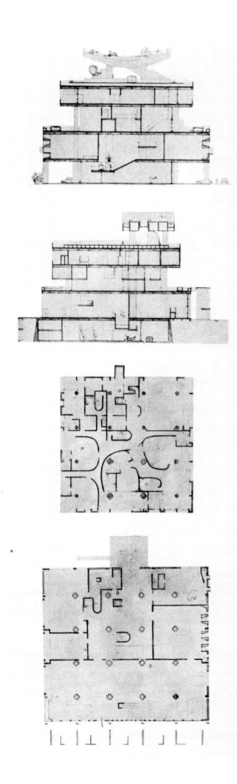

Plans niveaux 2 et 4. Coupes

Le dessin du Palais du Gouverneur, 12 avril 1952 (non exécuté)

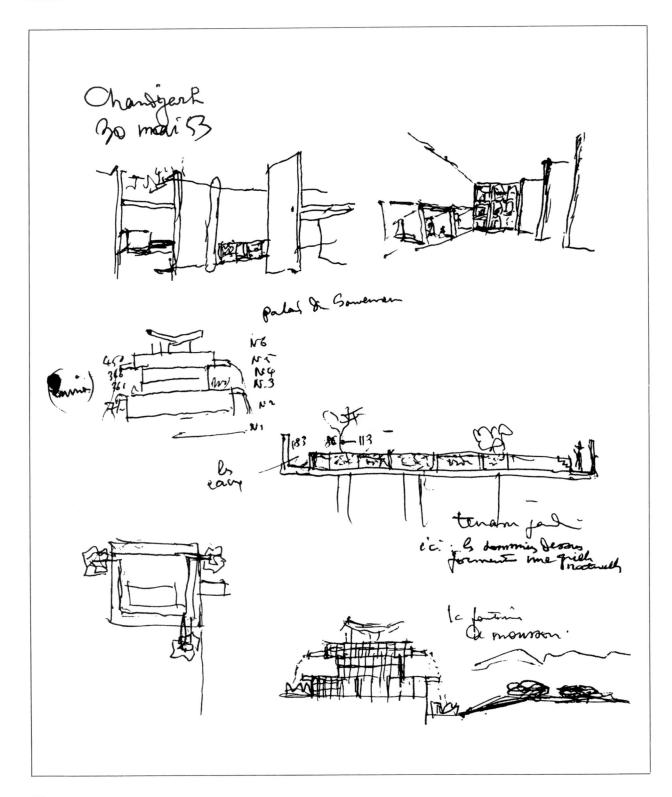

Premières esquisses du Palais du Gouverneur. Le Gouverneur ayant décidé de vivre en ville, ce palais s'est transformé en Laboratoire électronique de Décision scientifique (dispositions architecturales et équipements électroniques permettant de constituer les livres audiovisuels appelés « Livres Ronds »; outil futur à remettre entre les mains de ceux qui ont pour mission de gouverner)

First sketches for the Governor's Palace. The Governor having decided to live in the city, this Palace has been transformed into an Electronic Laboratory with Scientific Resolution (architectural layout and electronic equipment allow the creation of audio-visuel books called "Round Books"; a tool of the future to be placed at the disposal of those whose mission it is to govern)

Erste Skizzen des Gouverneurpalastes. Nachdem der Gouverneur sich entschlossen hatte, in der Stadt zu wohnen, ist der Palast in ein Laboratorium für Elektronik zur Herstellung von audiovisuellen Lehrmitteln umgewandelt worden, dem künftigen Werkzeug derer, deren Auftrag es ist, zu regieren

Les signes

Un soir sur la pelouse du Rest-House de Chandigarh où Jane Drew, Pierre Jeanneret, Maxwell Fry et Le Corbusier ont leur pied à terre, Jane Drew prit la parole et dit: «Le Corbusier, vous vous devez d'installer au cœur même du Capitol les signes par lesquels vous êtes arrivé à exprimer d'une part l'urbanisme, et d'autre part votre pensée philosophique; ces signes méritent d'être connus, ils sont la clef de la création de Chandigarh.» De là est venue la conception de la grande esplanade qui relie le Parlement à la Haute Cour sur près de 400 mètres de long. C'est là que s'installeront les signes en question: la figuration du Modulor, la spirale harmonique, l'alternance de la journée solaire de 24 heures, le jeu des deux solstices, la tour des quatre horizons, la main ouverte, etc. etc... Ces signes dont les dimensions peuvent être grandes (vingt mètres de haut ou trente mètres de long), seront exécutables en béton coulé ou préfabriqué et revêtu de couleur ou de dorure, selon le cas, en bois revêtu de fer pur ou de feuilles de cuivre, etc.

The signs

One evening, on the lawn outside the Rest-House of Chandigarh, where Jane Drew, Pierre Jeanneret, Maxwell Fry and Le Corbusier have their base, Jane Drew said: "Le Corbusier, you should set up in the heart of the Capitol the signs which symbolise the basis of your philosophy and by which you arrived at your understanding of the art of city design. These signs should be known—they are the key to the creation of Chandigarh." From this arose the conception of the great esplanade about 400 yards long which joins the Parliament Palace to the High Court. Here the signs of the Modulor, the Harmonic Spiral, the daily path of the sun, le jeu du soleil, the Open Hand etc. will be set out. They will be of great size—20 metres high—30 metres long—made of concrete on the site or precast, treated with colour, or gilded perhaps, or with bronze or iron plating.

Die Symbole

Es war auf dem Rasen des Rest-House von Chandigarh, in dem Le Corbusier mit seinen Mitarbeitern abgestiegen war, wo Jane Drew bemerkte: «Le Corbusier, Sie sind es sich schuldig, mitten auf dem Kapitol die Zeichen zu errichten, durch die Sie Ihre städtebaulichen Ideen und Ihre philosophische Weltanschauung ausdrücken, denn diese Zeichen sind der Schlüssel der ganzen Schöpfung Chandigarhs und verdienen es, bekannt zu werden.» Dies war der Ausgangspunkt für die Konzeption des grossen Platzes, der das Parlament mit dem Staatsgerichtshof verbindet. Hier sollte die Errichtung·dieser Zeichen erfolgen: die bildliche Darstellung des Modulor, die harmonische Spirale, das Wechselspiel des vierundzwanzigstündigen Tages, das Spiel der Sonne, die offene Hand usw. Sie werden sehr gross sein, zwanzig Meter hoch und dreissig Meter lang, und aus gegossenem oder präfabriziertem Beton bestehen, der bemalt oder vergoldet wird, oder aus mit Eisen oder Kupferblättern verkleidetem Holz.

Relief 53/53 cm

Dessin de Le Corbusier   Sketch by Le Corbusier   Skizze von Le Corbusier

La Fosse de la Considération avec la Main-Ouverte   The Monument of the Open Hand   Das Monument der Offenen Hand

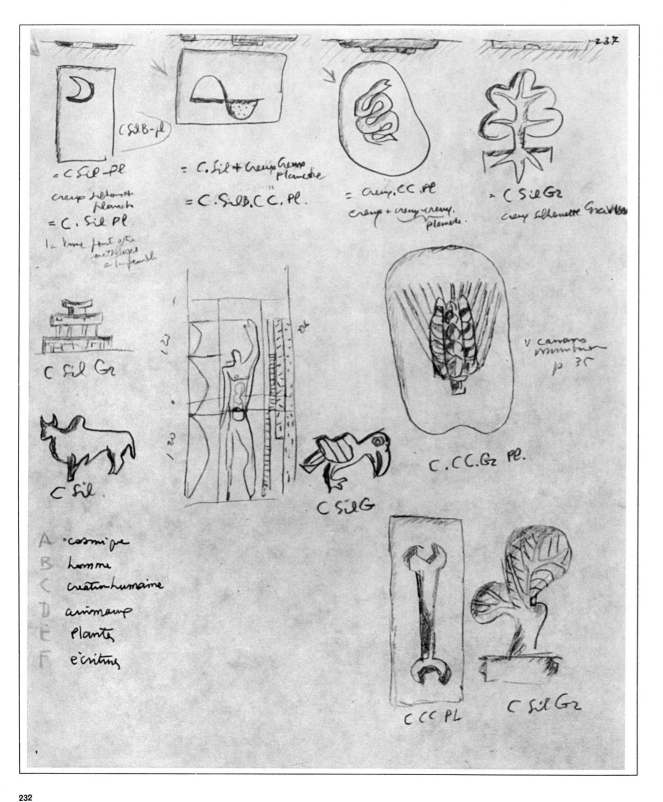

«Signes» à incruster dans les coffrages de béton armé et thèmes pour les tapisseries acoustiques de la Haute-Cour et de l'Assemblée

"Signs" to be incrusted in the formwork for the reinforced concrete and themes for the "acoustic tapestry" in the High-Court and Assembly

«Symbole», die in die Schalungen des Eisenbetons eingelassen werden und Vorlagen für die «akustischen Wandteppiche» des Gerichtsgebäudes und des Parlaments bilden

Musées
Architecture sacrée

Museums
Religious buildings

Museen
Sakrale Architektur

1929 Le Mundaneum et le Musée mondial

Le Centre mondial, scientifique, documentaire et éducatif, au service des associations internationales, qu'il est proposé d'établir à Genève pour compléter les institutions de la Société des Nations et pour commémorer en 1930, dix années d'efforts vers la paix et la collaboration.

Les éléments du Mundaneum. Le Mundaneum comporte dans l'état actuel de la question les éléments suivants:

a) Les associations internationales. Vaste bâtiment de bureaux pour les permanences, de salles pour les comités et de salles pour les commissions. Relié directement, la Grande Salle des Congrès pouvant contenir 2000 à 3000 auditeurs. A l'intérieur des bâtiments la circulation est assurée par des ascenseurs et des rampes et non par des escaliers.

b) La Bibliothèque internationale.

c) Le Centre d'études internationales universitaires.

d) Les manifestations temporaires ou permanentes des continents, des Etats, des villes. L'homme vivant en société, l'homme subissant la loi de la ville, de l'Etat, du continent. Cinq pavillons, relativement petits, forment le nucléus des bâtiments réservés aux Etats et aux villes.

e) Musée mondial

Musée tripartite: trois nefs se déroulent parallèlement côte à côte, sans cloison pour les séparer. Dans une nef l'œuvre humaine, celle que la tradition, la piété du souvenir ou l'archéologie nous ont apportée ici; dans la nef adjacente tous les documents qui fixeront le temps, l'histoire à ce moment-là, visualisée par les graphiques, les images transmises, les reconstructions scientifiques, etc. Et tout contre, la troisième nef avec tout ce qui nous montrera le lieu, ses conditions diverses, ses produits naturels ou artificiels, etc.

Cette chaîne des connaissances où se déroule l'œuvre humaine à travers les millénaires, commence à la préhistoire et s'en vient élargissant ses maillons aux temps très rapprochés où l'histoire a déjà classé des certitudes.

Pour assurer la contiguïté des trois nefs du musée tripartite et pour exprimer la succession ininterrompue des maillons grossissants de la chaîne, une conception architecturale fondamentale seule pouvait apporter la forme organique.

Cette forme est une triple nef se déroulant au long d'une spirale.

The Mundaneum and the World Museum

The world scientific, documentary and educational center, at the service of the various international associations, which is proposed for establishment at Geneva to complete the institution of the League of Nations and to commemorate, in 1930, ten years of efforts towards peace and collaboration among nations.

The elements of the Mundaneum. The Mundaneum would comprise at the present time, the following elements:

a) The international associations. A large building of offices for the permanent delegations, committee rooms and conference rooms. These would be directly connected to the Large Congress Hall with provisions for 2000 at 3000 spectators. On the interior, circulation would be assured by elevators and ramps and not by staircases.

b) The International Library.

c) The Center of International University Studies.

d) The temporary or permanent representation of Continents, States and Cities. Man living in Society, man submitting himself to the law of the City, the State, the Continent. Five relatively small pavilions would form the nucleus of building reserved for States and Cities.

e) The World Museum

A tripartite museum: three naves extending parallel side by side, with no partition wall separating them. In one nave human works, those which tradition, the piety of remembrance or archeology have brought to us here; in the adjacent nave all the documents which will fix time and history at a particular moment, made visual by graphic art, scientific reconstructions, etc. And finally the third nave with all that which shows us what a particular place has to offer, its various conditions, its natural and artificial products, etc.

This chain of knowledge upon which human works unfold accross the thousands of years starts in prehistory and enlarges its links in the recent past where history has already classed certainties.

Das Mundaneum und das Weltmuseum

Zusammenfassung aller in Genf ansässigen internationalen Organisationen, zunächst auf Kunst und Wissenschaft beschränkt (Mundaneum), später allgemeiner grosser Plan einer «Cité-Mondiale» (Weltstadt).

Das Mundaneum enthält folgende Elemente:

a) Das Gebäude der internationalen Vereinigungen. Büros, Sitzungssäle für Komitees und Kommissionen. Damit in direkter Verbindung der grosse Kongreßsaal für 2000 bis 3000 Zuhörer. Zirkulation im Innern der Gebäude durch Lifte und Rampen, nicht aber durch Treppen.

b) Die Internationale Bibliothek.

c) Internationales Universitätszentrum.

d) Temporäre oder permanente Veranstaltungen der Kontinente, Staaten und Städte. Der Mensch in der Gesellschaft, der Mensch unter den Gesetzen der Stadt, des Staates, des Kontinents.

Fünf relativ kleine Pavillons bilden den Kern der für die Staaten und Städte bestimmten Gebäude.

e) Das Weltmuseum

Dreiteiliges Museum: Drei Schiffe laufen Seite an Seite, ohne Zwischenwand, parallel zueinander in einer Spirale. Im ersten Schiff befinden sich jene Werke, die die Tradition, die Pietät der Erinnerung oder die Archäologie uns übermacht haben. Im Schiff nebenan alle jene Dokumente, die die Zeit, die Geschichte jenes Zeitpunktes festhalten, sichtbar gemacht durch graphische Darstellungen, wissenschaftliche Rekonstruktionen usw. Und im dritten endlich alles, was die Gegend bietet, ihre natürlichen und künstlichen Produkte, ihre verschiedenen Bedingungen. Diese Kette der Erkenntnisse, an der sich das Werk der Menschen im Laufe der Jahrtausende abwickelt, beginnt in der Vorzeit und erweitert ihre Ringe bis zu näherliegenden Zeiten, wo die Geschichte bereits Gewissheit wurde. Um die ununterbrochene Folge der ständig wachsenden Ringe dieser Kette zu zeigen, bedurfte es einer besonderen architektonischen Form. Diese Form ist ein dreifaches Schiff, das sich in einer Spirale fortsetzt.

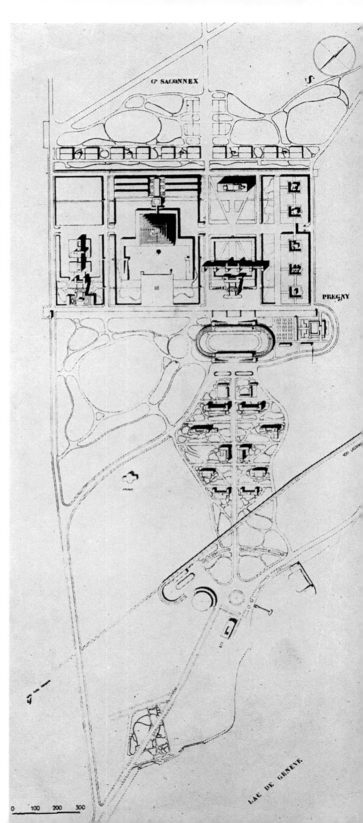

Le visiteur pénètre dans le musée par le haut. Trois nefs se déroulent parallèlement, côté à côté, sans cloison pour les séparer / The visitor enters the museum from above. Three naves tend parallel, side by side, with no partitions separating them / Der Besucher gelangt von oben in das Museum. Drei Schiffe laufen parallel Seite an Seite ohne Trennwände

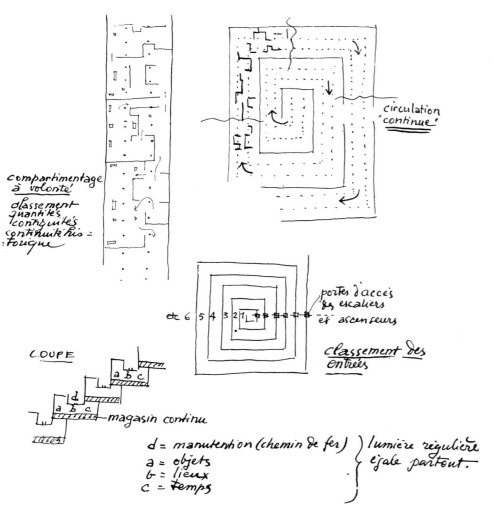

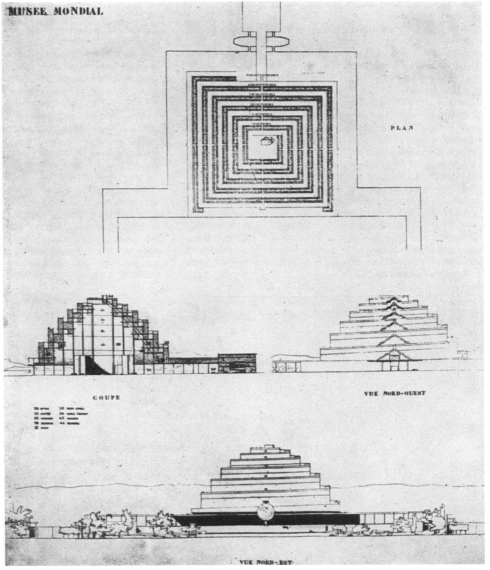

20 Entrée   21 Centrum   26 Ascenseur / Elevator   27 Musée   28 Rampe spirale   43 Magasins

1931 Musée d'Art contemporain, Paris

(Extrait d'une lettre de Le Corbusier à M. Zervos, édition des Cahiers d'art.)

Laissez-moi vous apporter ma contribution à l'idée de la création d'un musée d'art moderne à Paris. Voici en croquis hâtifs l'image d'une conception sereinement née.

C'est un moyen d'arriver à faire construire à Paris un musée dans des conditions qui ne soient pas arbitraires, mais au contraire suivant des lois naturelles de croissance qui sont dans l'ordre dans lequel se manifeste la vie organique: un élément étant susceptible de s'ajouter dans l'harmonie, l'idée d'ensemble ayant précédé l'idée de la partie.

Le musée peut être commencé sans argent; à vrai dire avec 100 000 francs on fait la première salle.

Il peut se continuer par une, deux, quatre salles nouvelles, le mois suivant, ou deux ou quatre années après, à volonté.

Le musée n'a pas de façade; le visiteur ne verra jamais de façade; il ne verra que l'intérieur du musée. Car il entre au cœur du musée par un souterrain dont la porte d'entrée est ouverte dans un mur qui, si le musée arrivait a une étape de croissance magnifique, offrirait à ce moment le neuf millième mètre de cimaise.

Museum of contemporary Art in Paris

(Extract from a letter from Le Corbusier to M. Zervos, in an edition of "Cahiers d'art".)

Let me tell you about my contribution to the idea of the creation of a museum of modern art for Paris. Here, in preliminary sketches, is the image of a serene conception.

It is a means for bringing about, in Paris, the construction of a museum under conditions which are not arbitrary, but, on the contrary, follow natural laws of growth in the order in which organic life is manifested: an element capable of being added to harmoniously, the idea of the ensemble having preceded the idea of the individual part.

The museum can be started without money; truly, the first hall can be built for 100 000 francs.

It can be continued by one, two or four new halls, during the following months or two or four years afterwards, as desired.

The museum has no façade; the visitor will never see a façade; he will only see the interior of the museum. One enters the heart of the museum by means of an underground passage and the wall opening for the entrance door would, once the museum has reached its full magnificent size, comprise the 9000 th meter of the total developed length of the museum.

Ein Museum zeitgenössischer Kunst in Paris

(Auszug aus einem Brief Le Corbusiers an Chr. Zervos, Herausgeber der «Cahiers d'Art», als Beitrag zum Plan eines Museums zeitgenössischer Kunst in Paris.)

Die eiligen Skizzen haben den Zweck, für ein Museum in Paris zu werben, das nicht von zufälligen Voraussetzungen ausgeht, sondern den natürlichen Gesetzen des Wachstums folgt, die dem organischen Leben zugrunde liegen: ein Grundkörper, der harmonisch wächst. Die Idee des Ganzen ist der Idee des Teiles vorangegangen.

Das Museum kann ohne Geld begonnen werden, das heisst, 100 000 Francs genügen für den Bau des ersten Saales.

Es können dann ein, zwei oder vier Säle angefügt werden, nach einem Monat oder nach ein oder zwei Jahren, ganz nach Belieben.

Das Museum hat keine Fassade; der Besucher wird nie eine Fassade zu sehen bekommen; er sieht das Museum nur von innen. Denn er gelangt durch einen unterirdischen Gang sogleich in seine Mitte. Die Maueröffnung, die den Eingang bildet, wird, wenn das Museum seine volle Grösse erreicht haben wird, neun Tausendstel der Wandlänge betragen.

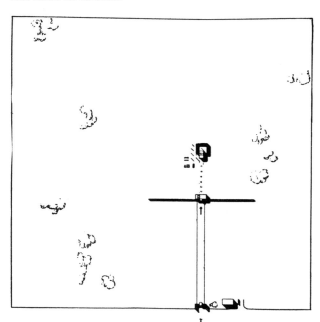

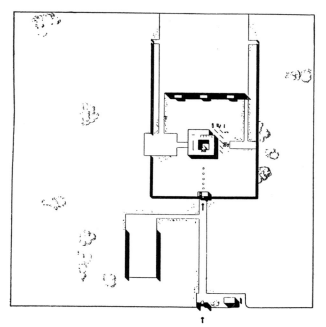

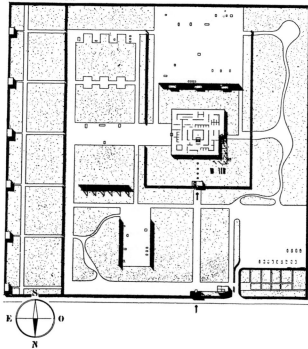

Début de l'entreprise: la première salle est construite 14 × 14 m; le souterrain, qui vient du portique; en bas, l'entrée du domaine avec la loge du concierge

Start of the undertaking: the first hall 46 × 46 ft.; the underground passage leading from the portico; below the entrance to the museum with the porter's booth

Beginn des Unternehmens: der erste Saal von 14 × 14 m ist fertig; der unterirdische Gang vom Eingangsportal mit Portierloge

La première salle entourée d'une nef en hélice comportant, ici déjà, vingt cellules de 7 × 7 m. On voit le chantier qui continue. Déjà on peut passer à l'extérieur, assister au montage d'une nouvelle cellule de 7 m.

Hall surrounded by a helical spiral comprising already twenty cells 23 × 23 ft. each. One can see the construction which continues. Already one can proceed to the exterior and be present at the assembly of a new cell 23 × 23 ft.

Der erste Saal mit schneckenförmigem Schiff, das schon jetzt zwanzig Zellen von 7 × 7 m enthält. Man sieht den Bauplatz. Bereits beginnt der Bau einer neuen Zelle von 7 m

Vue d'ensemble. Tous les murs sont construits dans les champs: compartiment de gazon, de vergers, grands arbres isolés ou groupés. La statuaire trouve cent modes d'exposition. La construction du musée continue, à gauche, un enclos allongé qu'abrite six ateliers

View of the ensemble. All the walls are set up in the fields: a compartment of grass, orchards, large trees isolated or in groups. The statuary can be exhibited in a hundred different ways. To the left, a long enclosure has been provided which will house six workshops

Gesamtansicht. Von Mauern umschlossene Rasenflächen. Der Bau des Museums geht weiter

Poteaux standard, cloisons-membranes fixes ou amovibles, plafonds standard. Economie maximum.

Le musée est extensible à volonté: son plan est celui d'une spirale; véritable forme de croissance harmonieuse et régulière. Le donateur d'un tableau pourra donner le mur (la cloison) destiné à recevoir son tableau; deux poteaux, plus deux sommiers, plus cinq à six poutrelles, plus quelques mètres carrés de cloison. Et ce don minuscule lui permettra d'attacher son nom à la salle qui arbitra ses tableaux.

Standard columns, fixed or movable partitions, standard ceilings. Maximum economy.

The museum is extensible at will: its plan is that of a spiral; a true form of harmonious and regular growth. The donor of a picture could also donate the wall (or partition) destined to receive his picture; two columns, plus two girders, plus five or six beams, plus several square meters of partition. And this small gift could permit him to attach his name to the room in which his pictures are displayed.

Normierte Pfosten, feste oder bewegliche dünne Zwischenwände, normierte Decken. Maximale Ersparnis.

Das Museum kann nach Belieben erweitert werden: sein Grundriss ist eine Spirale, die wahre Form regelmässigen und harmonischen Wachstums. Der Spender eines Bildes wird gleichzeitig die Wand, an der es angebracht wird, schenken können; zwei Pfosten, zwei Balken, einige Quadratmeter Trennwand... und dank diesem winzigen Geschenk wird sein Name im Saal, der das Bild beherbergt, vermerkt sein.

Aspect de la première salle entourée de la première nef de la spire

View of the first hall surrounded by the first leg of the spiral

Der erste, vom Schiff der ersten Windung umgebene Saal

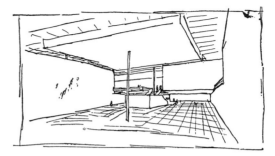

Aspect de la première salle: au fond en haut la première nef de la spire future, en bas, la fuite du souterrain d'entrée

View of the first hall: in the upper rear can be seen the first leg of the future spiral, below is the passage of the underground entrance

Der erste Saal, im Hintergrund sieht man das erste Schiff der künftigen Windung, unten die unterirdische Eingangspartie

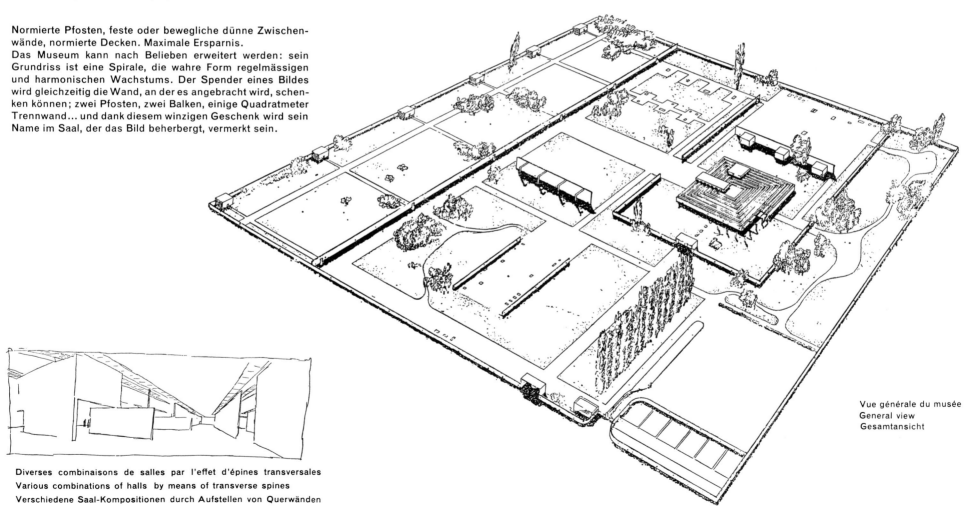

Diverses combinaisons de salles par l'effet d'épines transversales

Various combinations of halls by means of transverse spines

Verschiedene Saal-Kompositionen durch Aufstellen von Querwänden

Vue générale du musée
General view
Gesamtansicht

1939 Musée à croissance illimitée

Les temps modernes posaient jusqu'ici, sans recevoir de solutions véritables, le problème de la croissance (ou de l'extension) des bâtiments.

Une suite de dix années d'études a conduit ici à un résultat appréciable: standardisation totale des éléments de construction:

un poteau
un poutre
un élément de plafond
un élément d'éclairage diurne
un élément d'éclairage nocturne.

Le tout est réglé par des rapports de section d'or assurant des combinaisons faciles, harmonieuses, illimitées.

Le principe fondamental de ce musée est d'être construit sur pilotis, l'accès au niveau du sol se faisant par le milieu même de l'édifice où se trouve la salle principale, véritable hall d'honneur, destiné à quelques œuvres maîtresses.

La spirale carrée qui part de là permet une rupture dans les circulations, extrêmement favorable à l'attention qu'on exige aux visiteurs. Le moyen de s'orienter dans le musée est fourni par les locaux à mi-hauteur qui forment un «svastika»; chaque fois que le visiteur, dans ses pérégrinations, se trouvera sous plafond bas, il trouvera, d'un côté, une sortie dans le jardin, et à l'opposé, l'aboutissement à la salle centrale.

Le Musée pourrait se développer considérablement sans que la spirale carrée ait à jouer le rôle de labyrinthe.

L'élément modulaire de 7 mètres environ de large et de 4 mètres 50 environ de hauteur, permet d'assurer une régularité impeccable d'éclairage sur les parois épousant la spirale carrée.

Des interruptions au long de ces parois peuvent faire communiquer ces locaux, ouvrir la perspective, permettre une foule d'agencements divers.

Le standard apporte ici l'économie, mais aussi une richesse de combinaisons propre à répondre à la bonne organisation d'un Musée.

The Museum of unlimited extension

The problem of extension of buildings is a task of our time, for which, until now, no solution has been found.

A series of studies over a period of ten years has led to a notable result: complete standardization of the structural elements:

one column
one beam
one ceiling element
one illumination element for the day
one illumination element for the night.

The totality is laid out according to the Golden Section and permits an unlimited number of harmonious combinations. The fundamental principle of this Museum is that it is built on columns, the entrance at ground level is in the center of the building complex where the main hall is located, a true hall of honor, destined to house several masterpieces.

The square spiral which starts from there makes for a discontinuity in the flow of circulation, extremely favorable for attracting the required attention from the visitors. The means of orienting one's self in the museum is provided by the rooms at half-height which form a "swastika"; every time a visitor, in the course of his wanderings, finds himself under a lowered ceiling he will see, on one side, an exit to the garden, and on the opposite side, the way to the central hall. The Museum can be developed to a considerable length without the square spiral becoming a labyrinth.

A modular element about 21 ft. 6 in. wide and 13 ft. 9 in. high assures perfect, uniform lighting on the side walls encompassing the square spiral.

Occasional interruptions along these side walls can: allow communication between the different rooms, open out onto new perspectives, allow for a great number of different room arrangements.

Standardization not only introduces economy here, but also a wealth of combinations necessary for the proper organization of a Museum.

Unbeschränkt wachsendes Museum

Das Problem des Wachsens (oder der Erweiterung) von Gebäuden ist eine Aufgabe unserer modernen Zeit, die bisher keine wirkliche Lösung gefunden hat.

Eine Folge von Untersuchungen, die sich über zehn Jahre erstreckten, hat hier zu einem beachtlichen Resultat geführt: vollständige Normierung der Konstruktionselemente:

ein Pfosten
ein Balken
ein Deckenelement
ein Beleuchtungselement für den Tag
ein Beleuchtungselement für die Nacht.

Das Ganze ist nach den Regeln des Goldenen Schnittes geplant und erlaubt eine unbeschränkte Anzahl harmonischer Kombinationen.

Die Stellung auf Säulen ist das Grundprinzip dieses Museums Der Eingang liegt in der Mitte des Gebäudes, wo sich der Hauptsaal, in dem die wichtigsten Meisterwerke ausgestellt werden, befindet.

Die Viereckspirale, die hier ihren Anfang nimmt, gestattet eine für die Besucher erwünschte Unterbrechung des Rundgangs. Die Orientierung erfolgt durch in Form einer Swastika angeordnete Räume auf halber Höhe. Immer, wenn sich der Besucher in einem niedrigeren Raum befindet, findet er auf der einen Seite einen Ausgang zum Garten und, auf der entgegengesetzten Seite, einen Eingang zum zentralen Hauptsaal.

Das Museum könnte beträchtlich vergrössert werden, ohne dass die Viereckspirale die Rolle eines Labyrinthes spielen müsste.

Die einheitlichen Masse von ungefähr 7 m Breite und ungefähr 4,50 m Höhe gewähren eine einwandfreie Beleuchtung der Ausstellungswände.

Unterbrechungen der Wände der Viereckspirale stellen die Verbindungen mit den anderen Räumen her, eröffnen Durchblicke und gestatten eine Fülle verschiedener Anordnungen.

Le Musée est construit sur pilotis, l'accès se fait au niveau du sol par le centre de l'édifice où se trouve la salle principale

The Museum is built upon columns, the access is on ground level in the center of the building where the main hall is located

Das Museum steht auf Säulen, der Zugang auf Grundstückhöhe führt zum Hauptsaal im Zentrum des Gebäudes

Aspect d'une des façades provisoires du musée, destinée à devenir une paroi intérieure: on voit apparaître les poutres standard sur lesquelles s'accrocheront les nouvelles constructions
View of one of the temporary façades of the museum, eventually to become an interior partition: one can see the standardized columns which will support the future enlargement of the museum
Eine der provisorischen Fassaden des Museums, die dann bei fortschreitender Erweiterung zu einer Innenwand wird

Aspect du musée arrêté à 1000 mètres de cimaise et vue de la sortie sur le parc
View of the museum with a developed length of 3300 ft. and a view of the access to the parc
Blick auf den Ausgang zum Park

Plafond du musée vu de dessous. On voit le dispositif rigoureusement rationnel de la lumière de jour et de nuit
The ceiling of the museum as seen from below, showing the extremely rational arrangement for both day- and night-time illumination
Die Decke von unten gesehen. Rationelle Anordnung der Tages- und Nachtbeleuchtung

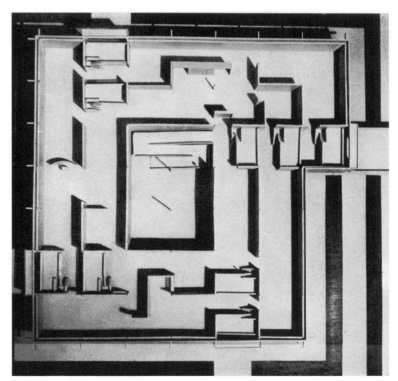

Vue de l'intérieur du musée de 1000 m de cimaise. Les cloisons sont mobiles, les salles peuvent être variées à l'infini
Interior view of the museum with 3300 ft. of developed length. The partitions are movable, thus permitting an infinite variation in the disposition of the rooms
Innenansicht des Museums mit 1000 Meter Wandlänge; die Wände sind beweglich, was eine freie Gestaltung der Räume ermöglicht

Vue à vol d'oiseau du musée   Aerial view of the museum   Ansicht aus der **Vogelschau**

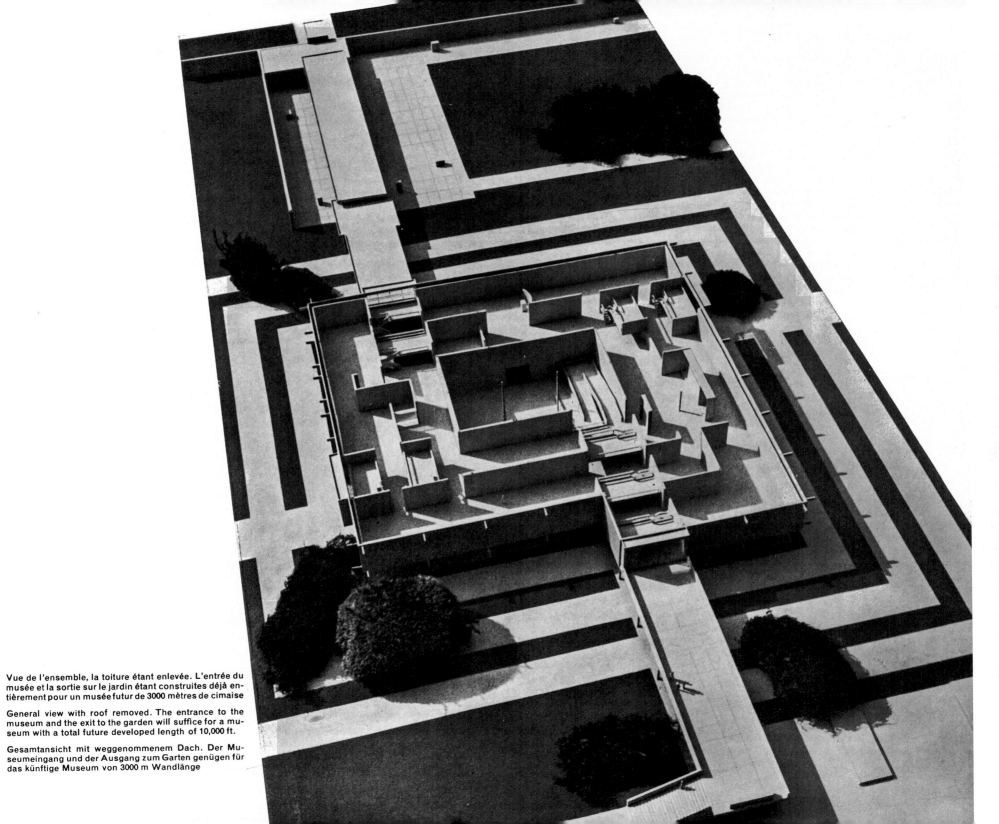

Vue de l'ensemble, la toiture étant enlevée. L'entrée du
musée et la sortie sur le jardin étant construites déjà entièrement pour un musée futur de 3000 mètres de cimaise

General view with roof removed. The entrance to the
museum and the exit to the garden will suffice for a museum with a total future developed length of 10,000 ft.

Gesamtansicht mit weggenommenem Dach. Der Mu-
seumeingang und der Ausgang zum Garten genügen für
das künftige Museum von 3000 m Wandlänge

Le musée est sur pilotis: on entre par dessous le bâtiment, dans une cour ouverte d'où part une rampe à ciel ouvert également. On pénètre à l'étage dans une nef à spirale carrée formée d'une double travée de 7 mètres entre poteaux espacés aussi de 7 mètres: total 14 mètres. Toutes dispositions sont prises contre la température excessive du jour. On admet que les visites se feront particulièrement le soir et à la nuit; elles s'achèveront sur la toiture qui offrira un étonnant parterre fleuri formé de plus de 45 bassins, de 50 m² chacun, tous remplis d'eau sur une épaisseur de 40 cm. Cette eau est mise à l'abri du soleil torride par une végétation touffue; chaque bassin est semé, à pleine eau, de feuillages ou de fleurs, l'ensemble formant un damier bleu, rouge, vert, blanc, jaune, etc... L'eau de ces bassins est nourrie d'une poudre spéciale provoquant des croissances démesurées, hors du rythme naturel: fleurs immenses, fruits immenses, tomates immenses, courges immenses...

Sous ce plafond, ainsi mis à l'abri des effets du soleil, s'étend sous toute sa surface le local des installations électriques.

La lumière est désormais employable en solo, en duo, en trio, en symphonie — au grave ou à l'aigu, selon des métho-

des semblables à des partitions musicales. La lumière est devenue partie intégrante de l'action du musée sur le visiteur. Elle est élevée au rang de puissance émotive. Elle est devenue un élément déterminant de l'architecture.

Une des réussites de ce bâtiment s'inscrit dans la faible hauteur des pilotis dont le plafond est à 3 m 40 au-dessus du sol et dont le passage libre tout autour est de 2 m 50. Observez sur la coupe, l'enveloppe des choses visibles: 3 m 40 sous plafond et 2 m 50 de vide au pourtout constituent pour ainsi dire une coupole surbaissée. 2 m 50 tout le tour du bâtiment ouvrent sur les horizons sous la rondeur du bac à feuilles grimpantes permanentes (élément naturel d'isolation thermique).

Dans les locaux constitués par la spirale de la double nef, la face interne des murs extérieurs sera plâtrée blanche tandis que la face interne des murs entourant la cour demeure en briques apparentes.

On sait que le Musée est à croissance non pas illimitée mais, ici, préparé pour passer de 50×50 m de côtés (2500 m²) à 84×84 m (7000 m²) par l'application d'une construction standard: un poteau type, une poutre type, une dalle type.

The museum is on pilotis through which the building is entered into an open court from which a ramp, similarly opened to the sky, leads to the exhibition levels. One enters the main level in a nave of spiral squares 14 metres wide, consisting of 7×7 m structural bays. All precautions are taken against the excessive temperature of the day. It is assumed that visits to the museum will be made particularly in the evening and night-time; they will wind up on the roof which will offer a wonderfully flowered surface formed by more than 45 basins, of 50 m² each, all filled with water to a depth of 40 cm. This water is protected from the torrid sun by the shade of thick vegetation; each basin is strewn with leaves or blossoms floating on the surface of the water, the ensemble forming a checkerboard of blue, red, green, white, yellow, etc... The water of these basins is nourished by a special powder which induces enormous growth, far beyond normal plant size.

The space for electrical installation extends under the entire surface of the ceiling which is placed in shadow, as described above, against the effects of the sun. Henceforth it will be possible to employ the illumination in solo, in duo, in trio, in symphony—uniformly subdued or sharply accented—ana-

Vue dans la cour   View into the court   Blick in den Hof

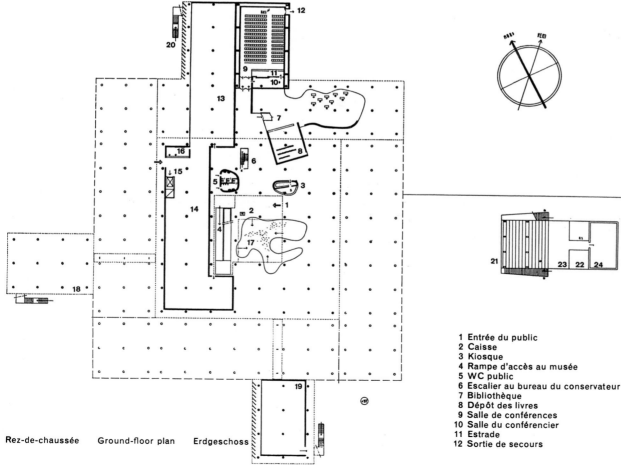

Rez-de-chaussée   Ground-floor plan   Erdgeschoss

1 Entrée du public
2 Caisse
3 Kiosque
4 Rampe d'accès au musée
5 WC public
6 Escalier au bureau du conservateur
7 Bibliothèque
8 Dépôt des livres
9 Salle de conférences
10 Salle du conférencier
11 Estrade
12 Sortie de secours

13 Préparation des expositions
14 Dépôt des collections
15 Mont-charge
16 Réception des marchandises
17 Bassin
18 Annexe anthropologie
19 Archéologie
20 Escalier
21 Théâtre en plein air
22 Scène
23 Orchestre
24 Salle d'habillage des artistes

logous to the system of a musical score. The illumination has become an integral part of the museum's impression on the visitor. It is raised to the level of emotive power. It has become a determining element of the architecture.

One of the successful results of this building can be seen in the low height of the pilotis, the tops of which are 3.40 meters above ground level, with a free passage between pilotis of 2.50 meters. Observe the outward appearance of the visible elements in the section: 3.40 meters under the ceiling and 2.50 meters of width constituting on the periphery, so to say, a flattened dome. (2.50 meters around the entire building opening on the horizons under the roundness of a basis of perennial climbing leaves—a natural element of thermal insulation.)

In the rooms formed by the spiral of the double nave, the interior surface of the exterior walls will be of white plaster, while the interior face of the walls around the court remains in unsurfaced brick.

The museum is, of course, not limited in respect to growth, and therefore the 50×50 m sides (2500 m²) can be extended to 84×84 m (7000 m²) by the means of standard elements.

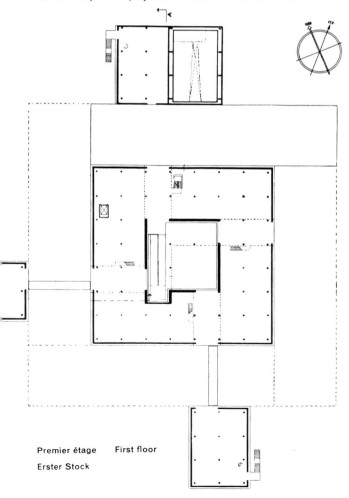

Premier étage   First floor

Erster Stock

Kulturzentrum von Ahmedabad: Das Museum

Das Museum steht auf Säulen: man gelangt unter dem Gebäude in einen offenen Hof, von dem eine ebenfalls offene Rampe zu den Etagen führt. Die Etagen sind durch Pfeiler von 7×7 Meter Abstand, die ein Doppelschiff bilden, getragen. Gegen die hohen Tagestemperaturen sind alle notwendigen Schutzmassnahmen getroffen worden. Man ging davon aus, dass die Besuche besonders abends und nachts stattfinden; sie werden auf dem Dach fortgesetzt, das einen herrlichen Garten, bestehend aus mehr als 45 Bassins, bildet. Jedes Bassin von 50 m² Oberfläche ist 40 cm tief mit Wasser gefüllt. Dichte Vegetation schützt das Wasser vor dem Verdunsten in der glühenden Sonne. Blatt- und Blütenpflanzen, die direkt auf das Wasser gesät wurden, bilden ein blau-rot-grün-weiss-gelbes Schachbrett. Das Wasser der Bassins wird durch ein spezielles Pulver gedüngt, das ein ausserordentliches, vom natürlichen Rhythmus unabhängiges Wachstum hervorbringt: riesige Blumen, riesige Tomaten, riesige Kürbisse...

Diese Lösung des Dachgartens des Museums von Ahmedabad, ein poetisches Experiment, verdankt ihre Entstehung einer Unterhaltung bei der Prinzessin von Polignac im Jahre 1930 in Paris. Die Dichterin, Comtesse de Noailles, Prof. Fourneau, Direktor des Institut Pasteur in Paris, und Le Corbusier unterhielten sich, und Prof. Fourneau bemerkte: «Le Corbusier, mit 4 cm Wasser auf dem Parkett dieses Salons und einem mir bekannten Mittel könnte ich hier Tomaten, gross wie Melonen, wachsen lassen.» Le Corbusier hatte damals geantwortet: «Vielen Dank, Herr Professor, meine Wünsche sind nicht so hochfliegend.» Aber um 1952 oder 1953, als es an die Ausführungspläne des Museums von Ahmedabad ging, erinnerte er sich dieses Gesprächs und sprach im Institut Pasteur vor. Prof. Fourneau war inzwischen gestorben, aber das Institut Pasteur stellte wieder einmal mehr seine Möglichkeiten einem Erfinder zur Verfügung.

Dans les locaux constitués par la spirale de la double nef, la face interne des murs extérieurs sera plâtrée blanche, tandis que la face interne des murs entourants la cour et l'extérieur de l'édifice demeurent en briques apparentes

In the rooms formed by the spiral of the double nave, the interior surface of the exterior walls will be of white plaster, while the interior face of the walls around the court remains in unsurfaced brick

In den durch die Spiralform entstandenen Räumen des Doppelschiffs sind die Innenwände der Fassaden weiß verputzt, während die Innenseite der den Hof umschliessenden Mauern aus unverputzten Backsteinen besteht

Un angle du musée   A corner of the museum

La cour avec bassin   The court with basin   Der Hof mit Bassin

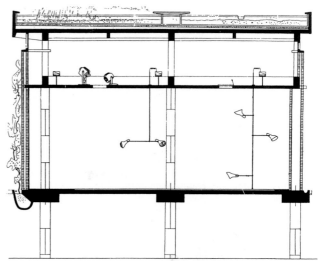

Coupe sur une salle d'exposition   Section through an exhibition room

Schnitt durch einen Ausstellungssaal

Rampe d'accès au musée   Ramp to the museum   Rampe zum Museum

Façade sud   South elevation   Südfassade

Premier étage   First floor   Erster Stock

Une salle d'exposition   An exhibition room   Ein Ausstellungssaal

1957/59 Musée de Tokio

Un riche Japonais résidant à Paris, M. Matsukata, avait constitué une collection imposante d'art impressionniste: peinture et sculpture. A la guerre de 1939, cette collection fut considérée comme prise de guerre par le Gouvernement français. Après les pourparlers utiles, cette collection est restituée au Gouvernement japonais à condition que celui-ci l'abrite à Tokio dans un édifice nouveau qui sera appelé « Le Musée National des Beaux-Arts de l'Occident», destiné à faire connaître d'une manière scientifique au peuple japonais l'évolution passée, actuelle et future de l'art occidental à partir de l'impressionnisme.

Le Gouvernement japonais fit appel à Le Corbusier pour construire ce musée. Il octroya une parcelle d'un parc déjà occupé par des Musées d'Histoire Naturelle, de Beaux-Arts, de Sciences, etc... Ce terrain est couvert de beaux arbres; il est situé au bord d'un plateau dominant Tokio et bénéficiant d'un panorama illimité sur la ville.

Le Corbusier poursuivant des études remontant à plus de 25 années, installe sur ce terrain une version du «musée à spirale carrée». Mais il l'accompagne d'un pavillon des expositions temporaires et d'un édifice voué au théâtre et aux recherches théâtrales nouvelles, baptisé par lui, depuis longtemps: «Boîte à miracles». Cet ensemble constitue, selon le désir du Gouvernement japonais, un centre culturel. Il découle directement des études faites en 1950 pour le terrain de la Porte-Maillot à Paris (voir Tome V), tentative que firent échouer certaines impatiences et voracités...

Ici à Tokio, le Musée lui-même fut exécuté par deux architectes japonais qui, en 1928, en 1931 et enfin après la guerre avaient travaillé longuement 35, rue de Sèvres: Maekawa, Sakakura.

Au devant s'étendent les trois forums dallés de pierre du Musée, du pavillon des expositions temporaires et de la Boîte à miracles. La composition bien que cohérente laisse à chacun des édifices, qui sont si fondamentalement différents, l'intégrité de leur caractère.

The Tokyo Museum

A wealthy Japanese resident in Paris, M. Matsukata, had amassed an imposing collection of Impressionist art, both painting and sculpture. During the war of '39 this collection was considered as a war prize by the French government. After successful negotiations, the collection was restored to the Japanese government on the condition that it be housed in a new building in Tokyo which shall be called "The National Museum of Fine Arts of the West", with the intention of acquainting the Japanese public, in a scientific manner, with the past, present and future evolution of western art, starting with Impressionism.

The Japanese government called upon Le Corbusier to construct this museum. They provided a site in a park already occupied by the Museums of Natural History, of Fine Arts, of Science, etc.... This site is covered with beautiful trees; it is located on the edge of a plateau dominating Tokyo and profiting by an unlimited panorama of the city.

Le Corbusier, pursuing studies dating back more than 25 years, has installed on this site a version of the "square spiral museum". But he is accompanying it with a Pavilion for Temporary Exhibitions and a building dedicated to the theatre and to theatrical experiments which he long ago christened: "Box of Miracles". This ensemble constitutes, according to the desire of the Japanese government, a cultural center. It follows directly from studies made in 1950 for the site of the Porte Maillot in Paris (see Volume V), an attempt which came to grief through certain impatiences and voracities...

Here in Tokyo, the Museum itself was executed by two Japanese architects, who, in 1928, in 1931 and finally after the war had worked for a long time at 35, Rue de Sèvres: Maekawa and Sakakura.

The composition, although well unified, allows to each of the buildings, which are so fundamentally different, the integrity of its own character.

Vue dans les salles d'exposition   View into the exhibition rooms
Blick in die Ausstellungsräume

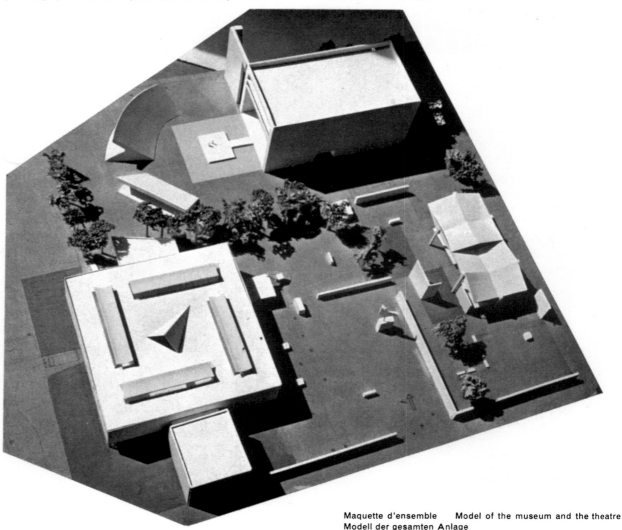

Maquette d'ensemble   Model of the museum and the theatre
Modell der gesamten Anlage

Ein Museum in Tokio

Ein reicher Japaner namens Matsukata hatte seinerzeit in Paris eine bedeutende Sammlung impressionistischer Kunst (Malerei und Skulptur) zusammengestellt. Beim Ausbruch des Zweiten Weltkrieges wurde sie von den französischen Behörden als feindliches Eigentum beschlagnahmt. Nach längeren Verhandlungen konnte schliesslich die Überführung der Sammlung an die japanische Regierung erreicht werden, allerdings unter der Bedingung, dass sie in einem neu zu erstellenden Gebäude, dem «Nationalmuseum für bildende Kunst», untergebracht werde, das dem japanischen Volk die vergangene, gegenwärtige und zukünftige westliche Kunst seit dem Impressionismus nahebringen soll.

Die japanische Regierung beauftragte Le Corbusier mit dem Bau des Museums. Das Terrain liegt in einem Park, in dem sich bereits eine Reihe anderer Museen (Museum für Naturgeschichte, naturwissenschaftliches Museum usw.) befinden. Das mit prachtvollen Bäumen bestandene Grundstück liegt auf einem Plateau mit freiem Blick auf die Stadt Tokio.

Das Museum ist eine Version des «Museums in Quadratspiralform», das Le Corbusier schon seit mehr als fünfundzwanzig Jahren beschäftigt hat. Es wird ergänzt durch einen Pavillon für temporäre Ausstellungen und einen Theaterbau, der auch der Theaterforschung dienen soll. Le Corbusier hat ihn mit dem Namen «Boîte à miracles» (Wunderkiste) bezeichnet. Das Ganze soll, nach dem Wunsche der japanischen Regierung, ein Kulturzentrum werden. Der Plan basiert auf den Studien für die Überbauung eines Grundstücks an der Porte-Maillot in Paris aus dem Jahre 1950 (Bd.V). Habgier und Ungeduld haben die Realisierung dieses Projektes vereitelt.

Das Museum von Tokio wurde von Architekten ausgeführt, die in den Jahren 1928, 1931 und nach dem Zweiten Weltkrieg längere Zeit im Atelier Le Corbusiers gearbeitet haben: Maekawa und Sakakura.

Der grosse, zweigeschossige Mittelsaal wird Werken des 19. Jahrhunderts, das sich durch die revolutionäre Bewegung auszeichnet, die das moderne Maschinenzeitalter eingeleitet hat, gewidmet sein. Dort werden einige besonders bedeutende Werke aus der Sammlung Matsukatas ausgestellt. Die Wände sind vom Boden bis zur Decke mit riesigen photographischen Fresken bedeckt. Dieser neuen Kunstart, die von Le Corbusier erstmals im Pavillon suisse der Cité universitaire in Paris, später im Pavillon des Temps-Nouveaux anlässlich der Ausstellung «Art et Technique» (1937) angewandt wurde, kommt eine ausserordentlich monumentale Ausdruckskraft zu.

Die drei ausgedehnten Vorplätze zum Museum, zur «Boîte à miracles» und zu den Räumen für temporäre Ausstellungen sind mit Platten belegt. Die ganze Anlage lässt, obgleich sie die drei Gebäude als Einheit zusammenfasst, jedem einzelnen seine charakteristische Eigenart.

Le rez-de-chaussée sur pilotis avec partie d'entrée

The ground floor upon columns with entrance

Das Erdgeschoss auf Säulen mit Eingangspartie

Vue dans la salle d'exposition 1 au premier étage

View into the exhibition hall 1 on the first floor

Blick in die Ausstellungshalle 1 im ersten Stock

Salle d'exposition 1   Exhibition hall 1   Ausstellungshalle 1

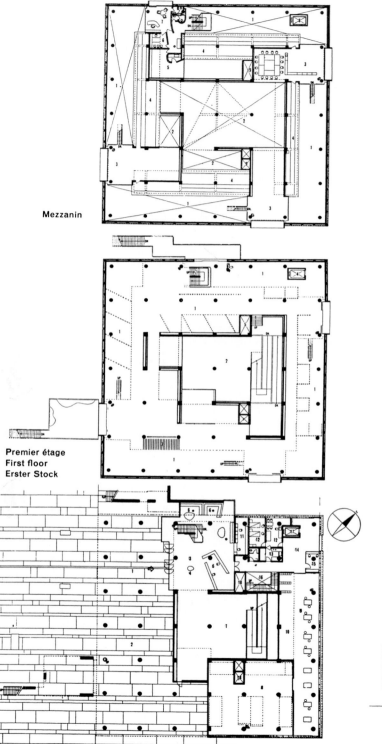

Mezzanin

Premier étage
First floor
Erster Stock

Rez-de-chaussée   Ground-floor   Erdgeschoss

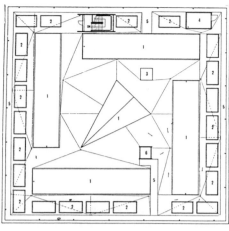

Toiture   Roof   Dach

1 Sheds   2 Bac à fleurs

Mezzanin

1 Upper part of hall
2 Upper part of exhibition hall
3 Balcony
4 Office
5 Secretary's room
6 Head's room
7 Lighting gallery

Premier étage   First floor   Erster Stock

1 19th Century Hall
2 Exhibition hall
3 Terrace

Rez-de-chaussée   Ground-floor   Erdgeschoss

1 Entrance hall
2 19th Century Hall
3 Cloak room
4 Office
5 Service hall
6/7 Storage

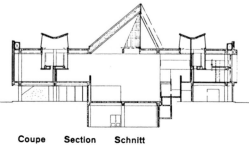

Coupe   Section   Schnitt

Grande cour d'exposition et entrée principale   Exhibition court and main entrance   Der grosse Ausstellungshof und Haupteingang

Vue sur la terrasse et les toits-shed   View on the terrace with shed-roofs   Blick auf die Terrasse mit den Scheddächern

La façade nord

Cour d'exposition   Exhibition court   Ausstellungshof

La grande salle du 19e siecle avec rampe d'accès

The exhibition hall of the 19th century with ramp

Die Haupthalle des 19. Jahrhunderts mit Verbindungsrampe

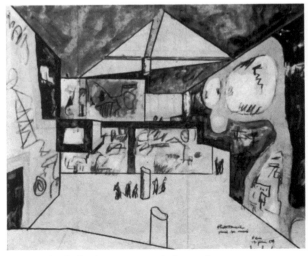

Esquisse Le Corbusier pour une «photo murale»

Vue depuis la rampe sur la grande salle   View from the ramp into the main hall   Blick von der Rampe in die Haupthalle

1958 Le Pavillon Philips à l'exposition universelle de Bruxelles

Le bâtiment fait état de voiles «paraboles-hyperboles» qui, jusqu'ici, n'avaient pas eu à répondre à des tâches de cette nature. Les parois sont constituées de dalles gauches coulées sur sable au sol d'une dimension approximative de 1 m 50 de côté. Ces dalles ont 5 cm d'épaisseur; elles ont été montées au moyen d'un échafaudage volant intérieur et sont soutenues par un double réseau de câbles de 8 mm d'épaisseur tendus sur des directrices cylindriques de béton fortement armé. Tel est le principe de la structure. Le poème électronique de Le Corbusier au Pavillon Philips est la première manifestation d'un art nouveau: «Les Jeux électroniques», synthèse illimitée de la couleur, de l'image, de la musique, de la parole, du rythme.

The Philips Pavilion, Brussels 1958

The structure is composed of hyperbolic-paraboloid shells which, up to now, have not been used for problems of this type. The walls are constructed of rough slabs cast in sand molds on the ground, measuring about 5'-0" on a side and 2" in thickness. They are mounted in place by means of a movable scaffolding and are supported by a double network of cables, 3" in diameter, suspended along the cylindrical directrices of strongly reinforced concrete. Such is the principal of the structure.

The electronic poem of Le Corbusier at the Philips Pavilion marks the first appearance of a new art form: "The Electronic Games", a synthesis unlimited in its possibilities for color, imagery, music, words and rhythm.

Der Pavillon Philips, Brüssel 1958

Die Konstruktion besteht aus hyperbolen und parabolen Formen, wie sie bis jetzt für ähnliche Architekturaufgaben noch nie verwendet worden sind. Die Wände bestehen aus rohen Platten, die am Boden in Sand gegossen wurden. Die Seitenlänge beträgt etwa 1,50 m, die Dicke 5 cm. Sie wurden mittels eines beweglichen Innengerüstes montiert und sind gestützt durch ein doppeltes Netz aus Kabeln von 8 mm Dicke, die über zylindrische Stützen aus armiertem Beton gespannt sind. Dies ist das Prinzip der ganzen Konstruktion.

Das «poème électronique» von Le Corbusier ist die erste Manifestation einer neuen Kunstgattung: «Elektronische Spiele». Sie bestehen aus einer Synthese von Farbe, Bild, Musik, Wort und Rhythmus.

Vue générale du Pavillon, côté entrée   General view of the pavilion, entrance side   Der Pavillon von der Eingangsseite

La maquette   The model

Lettre personnelle de Neutra à Le Corbusier
après sa visite au Pavillon

Le Pavillon avec la sculpture polychrome   Pavilion with sculpture

Côté sortie
Exit
Ausgangsseite

1948 La Sainte-Baume (la «Trouinade»)

La Basilique de la Paix et du Pardon. La nouvelle cité de la Sainte-Baume. Les maisons en pisé.

Edouard Trouin, «géomètre de père en fils depuis 1780» possédait par hasard à la Sainte-Baume un million de mètres carrés de terrain inculte et improductif. Il veut y réaliser une noble idée, il veut sauver le paysage de la Sainte-Baume des lotissements qui déjà envahissent le Plan d'Aups.

La légende a fait de la Sainte-Baume un lieu divin, gardé aujourd'hui par les Dominicains. Au pied des monts, dans la plaine, est la Basilique de St-Maximin, où est gardée dans un tabernacle d'or la tête (le squelette) de Marie-Madeleine, d'une beauté extrême.

Le thème de la Sainte-Baume comporte la Basilique de la Paix et du Pardon creusée dans le roc, deux hôtels en anneaux et une Cité permanente d'habitation à l'autre bord du plateau. Proche de cette Cité permanente, un hasard avait laissé subsister une vieille bergerie en ruines, mais combien émouvante, laquelle pouvait servir à la création d'un musée de Marie-Madeleine.

La Basilique était une entreprise d'architecture insigne, invisible, énorme effort voué à l'intérieur. Il n'y avait pas d'édifice bâti à l'extérieur. Mais dedans le roc aurait vécu une œuvre d'architecture, de circulation, d'éclairage diurne naturel, éclairage artificiel développée d'un bord du rocher, à l'entrée de la grotte de Marie-Madeleine jusqu'à l'autre versant, ouverte subitement sur l'éclatante lumière d'un horizon sans limite, vers la mer au sud.

La Cité permanente de résidence avait été dessinée dans la technique la plus humble qui existe, celle du gros pisé, le banchage de terre battue à l'intérieur de coffrages de planches et qui fournit une architecture essentielle, de justesse et de grandeur, toute d'échelle humaine. La vie à l'intérieur de ce pisé peut être d'une dignité totale et redonner aux hommes de la civilisation machiniste le sens des ressources fondamentales, humaines et naturelles.

La Sainte-Baume (the "Trouinade")

The Basilica of Peace and Pardon, the new city of Sainte-Baume and the houses of rammed-earth.

Edward Trouin whose family have been surveyors since 1780 possesses a million square meters of uncultivated land at La Sainte-Baume. He wanted to realize a noble idea there, to save the countryside of La Sainte-Baume from the speculative builders who had already invaded Le Plan d'Aups.

The legend has made La Sainte-Baume a divine place, which today is guarded by the Dominicans. On the plain is the Basilica of Saint Maximin, where the extremely beautiful head (skeleton) of Mary Magdalene is kept in a golden casket.

The scheme for La Sainte-Baume comprises the Basilica, cut in the rock, two ring-shaped hotels, and the Permanent City on the other side of the plateau. Near the Permanent City there lies by chance an old ruined sheepfold which could serve as a museum of Mary Magdalene.

The Basilica would have involved a remarkable architectural undertaking—an invisible, enormous effort expended on the interior. The building was entirely within the rock, partly artificially and partly naturally lit, it ran from one side of the rock at the entrance of the cave of Mary Magdalene, to the other, opening suddenly upon the brilliance of a limitless horizon and the distant sea to the south.

The Permanent City was designed in the humblest possible manner—to be built in pisé (rammed earth within wooden shuttering) as a basic structure. Life in these pisé buildings can have great dignity and regain for man in the machine age a sense of the fundamentally human and natural resources.

La Sainte-Baume (die «Trouinade»)

Basilika des Friedens und der Vergebung, Hotels und Wohnsiedlung.

Edouard Trouin, «Geometer vom Vater auf den Sohn seit 1780», besitzt zufällig in La Sainte-Baume eine Million Quadratmeter unbebauten und unproduktiven Bodens. Er will einen edlen Gedanken dort verwirklichen, er will die Landschaft vor der drohenden Zerstückelung retten.

Die Legende hat La Sainte-Baume zum heiligen Ort gemacht, der heute unter der Aufsicht von Dominikanern steht. In der Ebene, am Fuss der Berge, steht die Basilika des St. Maximianus. Hier wird, in einem goldenen Tabernakel, der Schädel der Maria Magdalena, der von wunderbarer Schönheit ist, aufbewahrt.

Das Programm von La Sainte-Baume enthielt die in den Felsen gehauene Basilika, zwei Hotels und, am anderen Ende des Plateaus, eine Wohnsiedlung. Zufällig befanden sich in der Nähe die Ruinen einer alten Schäferei, die in ein Museum der Maria Magdalena umzuwandeln geplant war.

Die «Basilika des Friedens und der Vergebung» sollte, von aussen unsichtbar, in den Felsen hinein gebaut werden. Nur im Inneren hätte sich ihre Architektur entfaltet. Teils natürlich, teils künstlich beleuchtet, hätte sie sich vom Eingang der Grotte der Maria Magdalena bis zum anderen Ende, wo sie sich plötzlich dem Lichte und der Weite des Meeres geöffnet hätte, erstreckt.

Die Wohnsiedlung war mit den bescheidensten Materialien geplant: gestampfte Erde (die Mauern und Pfeiler werden mit Brettern verschalt und mit Tonerde eingestampft). Das Leben in solchen Bauten kann voller Würde sein und dem Menschen unseres technischen Zeitalters den Weg zu den wesentlichen menschlichen und natürlichen Dingen wieder weisen.

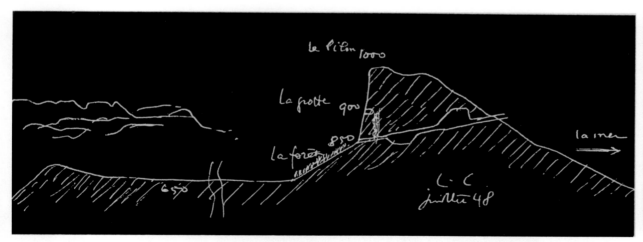

La basilique ne sera pas extérieure   The basilica is entirely within the rock   Die Basilika ist vollständig im Innern des Felsens

Le Pilon

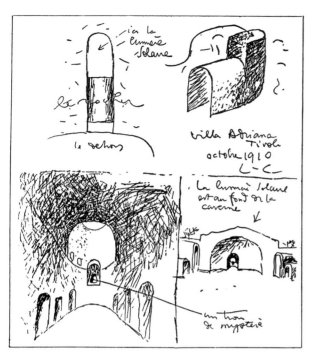

Croquis de L-C fait en 1910 à Tivoli, dans la Villa Adriana

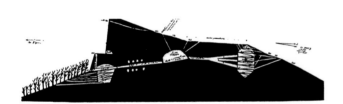

Une coupe éloquente à travers toute la vallée
Section through the entire valley

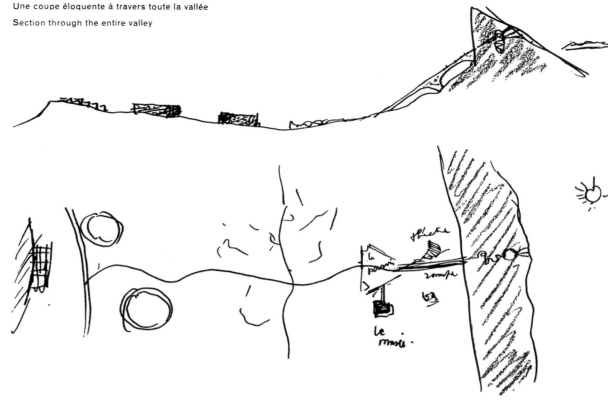

La Cité permanente	Les anneaux hôteliers	Le parc nouveau	A l'extérieur Dans le roc de la montagne L'ensemble architectural de la basilique
The permanent city	rings of hotels	the new park	in the rock of the mountain, the architectural ensemble of the basilica

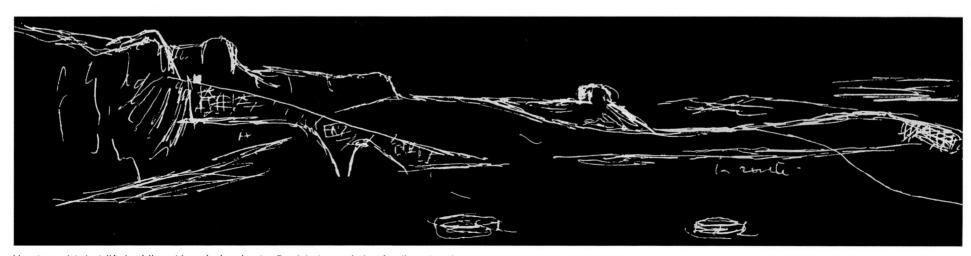

L'un des projets installé plus à l'ouest hors du domaine des Dominicains, après le refus d'autoriser de construire sur la grotte de Marie-Madeleine

L'essentiel de la construction consiste en une coque de béton de deux membranes séparées par un vide de 2 m 26 constituant la toiture de l'édifice. Cette toiture imperméable et isotherme repose sur le sommet de potelets faisant partie d'un pan vertical de béton revêtu de «gunnite» ou armant les murs de vieille pierre des Vosges provenant de l'ancienne chapelle détruite par les bombardements. Ces murs sans contreforts épousent, en plan, des formes curvilignes destinées à donner de la stabilité à cette maçonnerie grossière. Un intervalle de quelques centimètres entre la coque de la toiture et cette enveloppe verticale des murs fournit une arrivée de lumière significative. Le sol de la Chapelle descend avec le sol

ment et de pierre; les bancs en bois d'Afrique réalisés par Savina; le banc de communion en fonte de fer coulé par les Fonderies de Lure.
L'éclairage diurne est fourni par une distribution caractérisée des ouvertures fermées de glaces claires et parfois de verres de couleur. Il ne s'agit pas de vitraux; Le Corbusier estime que cette formule d'éclairage est rattachée trop définitivement à des notions anciennes d'architecture et très particulièrement à l'art roman et gothique. Il n'y a donc pas ici de vitraux, mais des vitrages au travers desquels on peut voir passer les nuages ou remuer les feuillages des arbres et même circuler les passants.

The main part of the structure consists of two concrete membranes separated by a space of 6 ft. 11 in., forming a shell which constitutes the roof of the building. This roof, both insulating and water-tight, is supported by short struts, which form part of a vertical surface of concrete covered with "gunnite" and which, in addition, brace the walls of old Vosges stone provided by the former chapel which was destroyed by the war-time bombings. These walls which are without buttresses follow, in plan, the curvilinear forms calculated to provide stability to this rough masonry. A space of several centimeters between the shell of the roof and the vertical envelope of the walls furnishes a significant entry for daylight. The floor of the Chapel follows the natural slope of the hill down towards the altar. This floor is constructed of a cement paving poured in place between battens, the design of which is dictated by the Modulor. Certain parts, in particular those upon which the interior and exterior altars rest, are of beautiful white stone from Bourgogne, as are the altars themselves. The towers are constructed of stone masonry and are capped by cement domes. The vertical elements of the Chapel are surfaced with mortar sprayed on with a cement gun and then white-washed—both on the interior and exterior. The concrete shell of the roof is left rough, just as it comes from the formwork. Watertightness is effected by a built-up roofing with an exterior cladding of aluminium. On the interior the walls are white; the ceiling grey; the bench of African wood created by Savina; the communion bench is of cast iron made by the Foundries of the Lure.
Daylighting is furnished by a system of openings covered with clear glass, and, in places, with colored glass. This has no connection with stained glass; Le Corbusier considers that this form of illumination is too closely bound to old architectural notions, particularly to Romanesque and Gothic Art. Therefore there is no stained glass here, but glazing through which one can see the clouds, or the movements of the foliage and even passers-by.
The interior of one of the three chapels is painted in intense red while a little further on the wall leading to the sacristy is painted in violet. The main door for processions (100 ft²) pivoted in its middle, is covered on each face with eight panels of sheet steel enameled in vivid colors at 760 C. This is the first time that this technique has been applied in architecture. The door opening eastward onto the platform for open-air ceremonies is of cast concrete, with a bronze handle.

même de la colline dans la direction de l'autel. Ce sol est fait d'un dallage de ciment coulé sur place entre voliges et dont le dessin est dicté par le Modulor. Certaines parties, en particulier celles sur lesquelles reposent les autels intérieur et extérieur, sont de belles pierres blanches de Bourgogne ainsi que d'ailleurs les autels eux-mêmes. Les tours sont construites de maçonnerie de pierre et coiffées de calottes de ciment. Les parties verticales de la Chapelle sont revêtues de mortier au canon à ciment blanchi à la chaux — intérieur et extérieur. La coque de béton de la toiture est laissée brute de décoffrage.
L'étanchéité est assurée par une application multicouche avec parement extérieur d'aluminium. A l'intérieur, les murs sont blancs; le plafond gris de béton décoffré; le sol de ci-

L'intérieur de l'une des trois chapelles est peint de rouge intense tandis qu'un peu plus loin le mur conduisant à la sacristie est peint de violet. La porte principale de procession (9 m²), pivotant en son milieu, est couverte sur chaque face de huit feuilles de tôle d'acier émaillé à 760 degrés de chaleur, de couleurs vives. C'est la première fois qu'on applique cette technique à l'architecture. La porte ouvrant sur la plateforme des cérémonies de plein air est en béton coulé, la poignée étant de bronze.
La Chapelle (comme d'ailleurs toutes les constructions de Le Corbusier) est tracée au Modulor. On a pu ainsi réduire les dimensions à des chiffres parfois extravagants sans que pour cela le spectateur ressente la petitesse des dimensions de l'ouvrage.

The Chapel (as are all of Le Corbusier's structures) is laid out by means of the Modulor. It has therefore been possible to reduce the whole to ridiculously small dimensions, in places, without making the spectator aware of them. Le Corbusier acknowledges the fact that here is manifested the plastic issue which he has termed "ineffable space". The appreciation of the dimensions steps aside before the imperceptible.
In the Chapel the only remaining unfinished work is the installation of the altar (tabernacle) and the final emplacement of the cross; the latter, occupying a position on the axis of the high altar, produces a mutual lessening in importance of these two opposing elements. The wooden cross will be placed somewhat off to the right.

4/1/57

Vue de la façade est avec le chœur extérieur   East façade with exterior choir   Ostfassade mit Aussenchor

257

Visite de chantier en septembre 1954

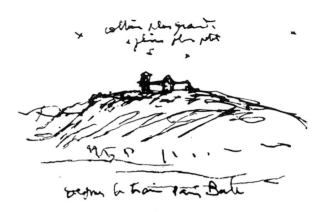

Le site, croquis de Le Corbusier

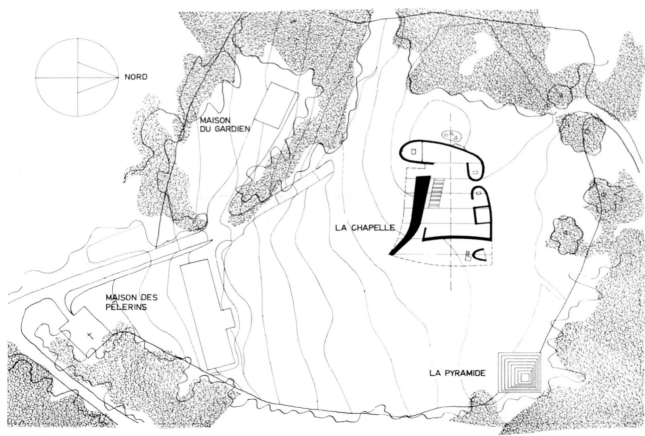

NORD

MAISON DU GARDIEN

LA CHAPELLE

MAISON DES PÉLERINS

LA PYRAMIDE

Le plan d'ensemble   General plan

Die Kapelle von Ronchamp

Wesentlich an der Konstruktion ist die Betonschale mit zwei übereinanderliegenden Decken von 2,26 m Abstand, die das Dach bildet. Dieses wasserdichte und temperaturregelnde Dach ruht auf den Pfosten der vertikalen Mauern aus Gunnit-Beton oder aus den Bruchsteinen der alten, durch Bomben zerstörten Kapelle. Diese nicht durch Verstrebungen verstärkten Mauern erhalten ihre Stabilität durch ihre gekurvte Form. Ein Zwischenraum von einigen Zentimetern zwischen der Schale des Daches und den Aussenmauern ergibt einen wirkungsvollen Lichteinfall. Der Boden der Kapelle folgt dem natürlichen Gelände des Hügels und fällt gegen den Altar hin ab. Er besteht aus an Ort und Stelle gegossenen Zementplatten und ist durch Fugen aufgeteilt nach einem vom Modulor diktierten Muster. Einige Partien, besonders die Standflächen der inneren und äusseren Altäre, bestehen, wie die Altäre selbst, aus schönem weissem Burgunderstein. Die Türme aus Steinmauerwerk sind mit Zementkuppen gedeckt. Die vertikalen Partien der Kapelle sind mit einem Zementverputz versehen und innen und aussen mit Kalk geweisselt. Die Dachkonstruktion ist in rohem Beton belassen. Als Feuchtigkeitsschutz wurde eine mehrschichtige Aluminiumfolie verwendet. Die Mauern im Innern sind weiss; die Decke grau (Rohbeton); der Boden besteht aus Zement und Stein; die Bänke aus afrikanischem Holz wurden von Savina verfertigt; die Kommunionbank aus Gusseisen stammt aus der Eisengiesserei Lure.

Das Tageslicht dringt durch die unregelmässig verteilten, mit farblosem oder farbigem Glas versehenen Öffnungen. Es handelt sich dabei nicht um eigentliche Kirchenfenster, da Le Corbusier diese Art von Beleuchtung für allzusehr mit der früheren Architektur, besonders der gotischen und romanischen, verknüpft hält, sondern um Verglasungen, durch welche man das Ziehen der Wolken, das Wogen der Blätter und sogar die vorübergehenden Passanten sehen kann.

Das Innere der einen der drei Kapellen ist in intensivem Rot, die zur Sakristei führende Mauer violett gestrichen. Das von der Mitte aus schwenkbare Hauptportal (9 m²) für die Prozessionen ist innen und aussen mit je acht Stahlblechplatten be-

legt, die bei 760° Hitze in lebhaften Farben emailliert wurden.
Es ist das erste Mal, dass diese Technik in der Architektur an-
gewendet wurde.
Die Türe des Ostausganges, der sich gegen den Platz der
Kulthandlungen im Freien öffnet, besteht aus gegossenem
Beton, der Türgriff aus Bronze. Die Kapelle, wie übrigens alle
Bauten Le Corbusiers, ist nach dem Modulor entworfen.
Dadurch wurde es möglich, die Dimensionen in oft erstaun-
lichem Masse zu reduzieren, ohne dass die Kleinheit des
Baus spürbar würde.

La façade nord avec l'escalier conduisant à la sacristie   The north façade with the stairway leading to the sacristy   Nordfassade mit der zur Sakristei führenden Treppe

Le sol de la chapelle descend avec le sol même de la colline dans la direction de l'autel   The floor follows the natural slope   Der Boden der Kapelle fällt gegen den Altar hin ab

Vue intérieure de la chapelle   Interior view of the chapel   Innenansicht

La chapelle est orientée traditionnellement, l'autel à l'est. La nef intérieure (13 × 25 m) peut recevoir 200 personnes. La plus grande partie de l'assistance reste debout, quelques bancs sont prévus sur un côté de la nef. Trois petites chapelles nettement isolées de la nef permettent des offices simultanés. Ces trois chapelles ont un éclairage naturel très spécial; elles sont en effet munies d'une demie-coupole montant à 15 mètres et 22 mètres et prenant la lumière sur trois orientations. Ces éclairages tombant sur les autels, à la verticale, sont très différents de l'éclairage de la nef qui est plus faible en intensité, plus précis, rasant les formes gauches. Le maître-autel est situé dans la nef (cette axe est soulignée dans le dallage par une simple bande de béton), et à l'endroit où le plafond est le plus haut; 10 mètres côté moyenne, le point bas est à 4,78 m

The chapel is oriented in the traditional manner with the altar to the east. The nave (13 m wide and 25 m long) can accommodate 200 people. Most of the congregation remains standing, while some benches are provided on one side of the nave. Three small chapels, completely separated from the nave, afford simultaneous services. These three chapels have a very special natural illumination; they are covered with half domes rising to heights of 15 and 22 meters, receiving light from three directions. The light falling vertically on the altars is very different from that of the nave (which is lower in intensity) and serves to accentuate these unorthodox forms. The main altar is situated in the nave (the axis of which is delineated in the stooring by a simple concrete band) where the ceiling is the highest, being 10 m high at the mid-point of the altar wall and only 4,78 m high at its lowest point

Die Kapelle ist traditionsgemäss orientiert, Altar nach Osten. Das Hauptschiff (13 m breit, 25 m tief) fasst 200 Personen, auf der rechten Seite befinden sich einige Bankreihen. Drei kleine Kapellen, die vom Hauptschiff vollständig abgesondert sind, ermöglichen das gleichzeitige Abhalten von Gottesdiensten, ohne dass die verschiedenen Gruppen sich gegenseitig stören. Diese drei Kapellen haben eine eigenartige natürliche Beleuchtung; die drei Türme, in denen sich die Kapellen befinden, münden in ihrem obern Teil in Halbkuppeln, die das aus drei Himmelsrichtungen empfangene Licht nach unten auf die Altäre leiten. Die Beleuchtung ist hier wesentlich stärker als das eher gedämpfte Licht des Hauptschiffes. Der Hauptaltar befindet sich im Schiff der Kapelle, dort wo die Decke am höchsten ist (ca. 10 m). Der tiefste Punkt der Decke beträgt nur ca. 4,78 m

La façade sud en état de construction   Südfassade im Bau

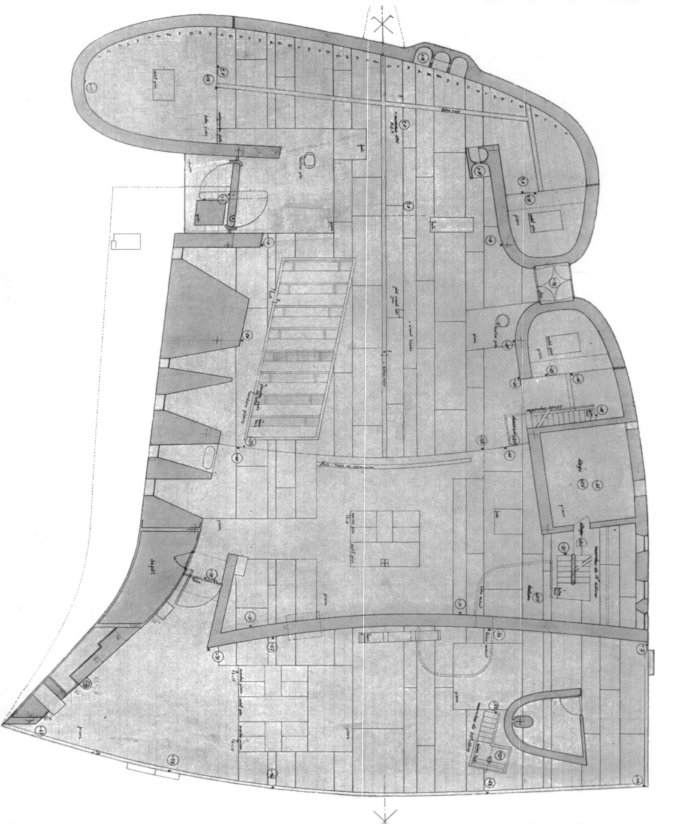

La façade ouest avec la gargouille   The west façade with the gargoyle   Die Westfassade mit dem Wasserspeier

L'autel extérieur

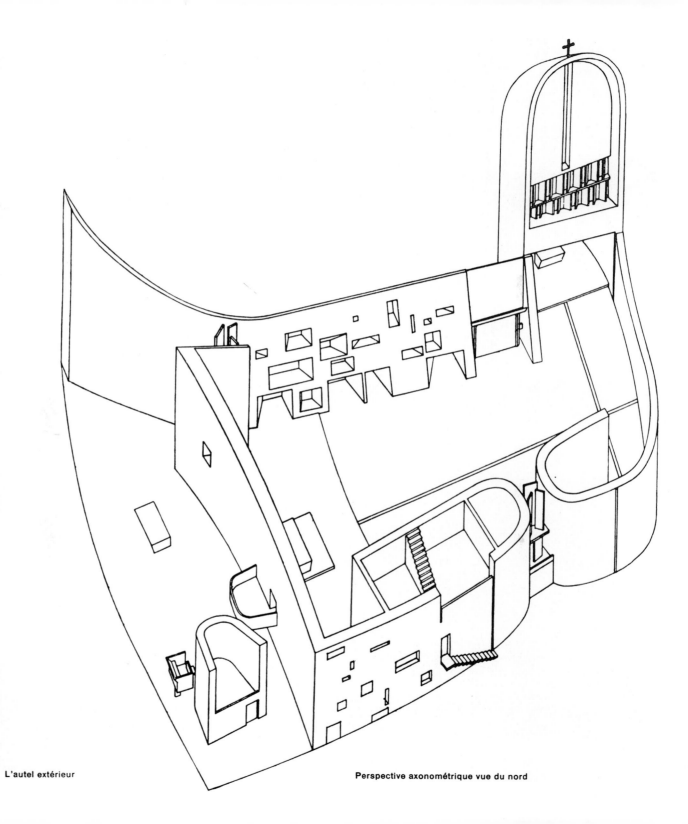

Perspective axonométrique vue du nord

Vue intérieure de la façade sud   Interior view of the south façade   Innenansicht der Südfassade

1957/60 Le Couvent de La Tourette

C'est sous l'impulsion du Révérend Père Couturier que les Dominicains de Lyon ont chargé Le Corbusier de réaliser à Eveux-sur-Arbresle, près de Lyon, le Couvent de la Tourette, en pleine nature, installé dans un petit vallon débouchant de la forêt. Les locaux portent les cent chambres des professeurs et élèves, les salles d'études, la salle de travail et celle de récréation, la bibliothèque, le réfectoire. Puis l'église où les moines agissent seuls (à l'occasion, en présence de quelques fidèles). Enfin les circulations reliant toutes choses et très particulièrement celles qui vont sous une autre forme, réaliser les effets du cloître traditionnel rendu impossible ici par la déclivité du sol. Sur deux étages, des loggias couronnent l'édifice formant brise-soleil. Les salles d'études, de travail, de récréation, ainsi que la bibliothèque, occupent l'étage au-dessous. Plus bas le réfectoire et le cloître en forme de croix conduisant à l'église. Et c'est alors la déclivité du sol laissé naturelle, sans terrassement, et d'où s'élèvent les pilotis porteurs des quatre corps de bâtisse du couvent.

L'ossature est de béton brut armé. Les pans de verre situés sur les trois faces extérieures réalisent, pour la première fois,

The Convent of La Tourette

It was under the instigation of Reverend Father Couturier that the Dominicans of Lyon have charged Le Corbusier with the task of bringing into being at Eveux-sur-Arbresle, near Lyon, the Convent of La Tourette, in the midst of nature, located in a small vale that opens out onto the forest. The buildings contain a hundred sleeping rooms for teachers and students, study halls, a hall for work and one for recreation, a library and a refectory. Next comes the church where the monks carry on alone (on occasion, in the presence of several of the faithful). Finally the circulation connects all the parts, in particular those which appear in a new form (the achievement of the traditional cloister form is rendered impossible here by the slope of the terrain). On two levels, the loggias crowning the building (one for each acoustically-isolated monk's cell) form brise-soleil. The study halls, work and recreation halls, as well as the library occupy the upper level. Below are the refectory and the cloister in the form of a cross leading to the church. And then come the piles carrying the four convent buildings rising from the slope of the terrain left in its original condition, without terracing.

Das Kloster von La Tourette

Père Couturier (einem der Männer, die sich hauptsächlich um die Neubelebung der christlichen Kunst verdient gemacht haben) ist es zu verdanken, dass Le Corbusier von den Dominikanern von Lyon mit dem Bau des Klosters von La Tourette in Eveux-sur-Arbresle betraut wurde. Es liegt in einem kleinen Tal, am Ausgang eines Waldes. Die Aufgabe, deren Programm auf den Regeln des Dominikanerordens aus dem 13. Jahrhundert beruht, verlangte die Anpassung an die fundamentalen Bedürfnisse der menschlichen Natur. Wie für Ronchamp gelang es Le Corbusier auch hier, das Programm nach dem «menschlichen Maßstab» auszurichten. Sein Freund, Père Couturier, schilderte ihm noch kurz vor seinem Tode die überaus günstige Aufnahme des Projekts durch die Auftraggeber.

Das Gebäude enthält hundert Zimmer für Studenten und Professoren, Hörsäle, je einen Arbeits- und Freizeitraum, eine Bibliothek und eine Speisesaal. Ferner die Kirche, wo die Mönche allein (bei gewissen Gelegenheiten in Anwesenheit von einigen Gläubigen) die heiligen Handlungen vollziehen. Und schliesslich die Zirkulationsmöglichkeiten, die das Ganze verbinden. Die traditionelle Klosterform beizubehalten war zufolge der Abschüssigkeit des Grundstücks nicht möglich. Auf zwei Etagen bilden Loggien (eine für jede, wenigstens akustisch isolierte Zelle) Sonnenblenden. Im oberen Stockwerk befinden sich die Hörsäle, die Säle für Arbeit und Freizeit und die Bibliothek, darunter das Refektorium und das kreuzförmige eigentliche Kloster, mit direkter Verbindung zur Kirche. Von dem nicht terrassierten, sondern in seiner natürlichen Abschüssigkeit belassenen Boden erheben sich die Pfeiler, die die vier Gebäudekörper des Klosters tragen.

Der Rohbau besteht aus rohem Eisenbeton. Die Glasfronten der drei Aussenfassaden weisen eine Art wellenförmiger Gliederung auf (wie im Sekretariat in Chandigarh). Im Klosterhof bestehen die Fensterfronten aus grossen, vom Boden bis zur Decke reichenden verglasten Betonrahmen; zur Belüftung der Räume sind vertikale Luftschlitze vorgesehen, die mit drehbaren Metallfenstern versehen sind. Die Öffnungen sind zusätzlich mit Moskitonetzen versehen. Die Wandelgänge des Klosters sind mit «welligem» Glas abgeschlossen. Die zu den Wohnzellen führenden Korridore erhalten ihr Licht durch eine horizontale Spalte unter der Decke.

Das Kloster ist in die unberührte Wildnis von Wald und Wiesen hineingestellt. Die Fassaden bleiben in rohem Beton, die wenigen Füllungen werden mit Kalk geweisst. Das Mauerwerk der Kirche wird einhäuptig betoniert, das heisst die Fassaden werden aus vorfabrizierten Betonplatten aufgemauert und die Innenpartie verschalt und mit Beton ausgegossen. Die in den Plänen gezeigten diamantartigen Formen im Innern der Kirche werden nur teilweise ausgeführt. Die Dächer des Klosters und der Kirche werden, mit einer dünnen Erdschicht bedeckt, dem Wind, den Vögeln und anderen Samenträgern überlassen, die für Isolation gegen Feuchtigkeit und Temperaturschwankungen sorgen. (Die Dächer des kleinen Hauses am Genfersee, des Hauses Nr. 24 der Rue Nungesser et Coli und verschiedener Bauten in Indien weisen das gleiche System auf.)

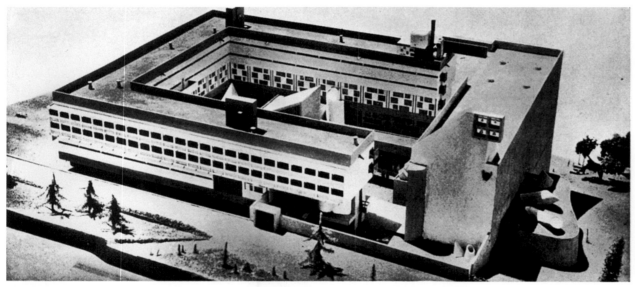

Maquette du couvent   Model   Modellansicht

le système dit: «pan de verre ondulatoire». Par contre, dans la cour-jardin du cloître, les fenêtrages sont faits de grands éléments de béton allant de plafond à plancher, perforés d'espaces vitrés et séparés les uns des autres par des «aérateurs»: fentes verticales fermées d'une toile métallique moustiquaire et munies d'un volet pivotant. Les promenoirs du cloître sont clos «d'ondulatoires».
Les corridors conduisant aux cellules d'habitation sont éclairés par une fissure horizontale située sous plafond. Les façades en béton brut. Les murs de l'église en «banchage».

The structural frame is of rough reinforced concrete. The panes of glass located on the three exterior faces achieve, for the first time, the system called: "the undulatory glass surface" (which is applied as well to the Secretariat at Chandigarh). On the other hand, in the garden-court of the cloister, the fenestration is composed of large concrete elements reaching from floor to ceiling, perforated with glazed voids and separated from one another by "ventilators": vertical slits covered by metal mosquito netting and furnished with a pivoting shutter. The corridors leading to the dwelling cells are lighted by a horizontal opening located under the ceiling.

L'aile gauche de la façade sud   The left wing of the south elevation   Der linke Flügel der Südfassade

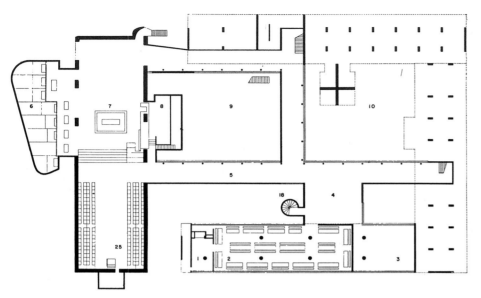

Etage niveau 2
1 Office
2 Réfectoire
3 Chapitre
4 Atrium
5 Conduit
7 Maître-autel
8 Autels nord, sud
  et sacristie
9-10 Cours
18 Escalier d'accès
   à l'atrium
25 L'église

Etage niveau 3
1 Parloirs
2 Loge du portier
3 Salle des frères-convers
4 Oratoire
5 Salle des frères-étudiants
7 Lecture   8 Bibliothèque
9 Classe A
10 Salle des prêtres-étudiants
11 Classe B   12 Classe C
13 Salle commune des pères
14 Classe D
18 Escalier à l'atrium
21 Grand conduit
22 Petit conduit   23 Atrium
24 Sanitaire   25 L'église

Etage niveau 5
1 Cellule des malades
2 Infirmerie
3 Cellule de l'hôte
4 Cellules des
  pères-professeurs
5 Cellule du
  père-sous-maître
  des étudiants
6 Cellules des
  prêtres-étudiants
8 Cellules des
  frères-convers
10-12 Sanitaire
25 L'église

Etage du niveau 2   Plan of second level   Plan der zweiten Etage

La cour avec les pilotis   The court with columns   Hof mit Pfeilern

Le Corbusier visite le chantier   Visiting the building ground

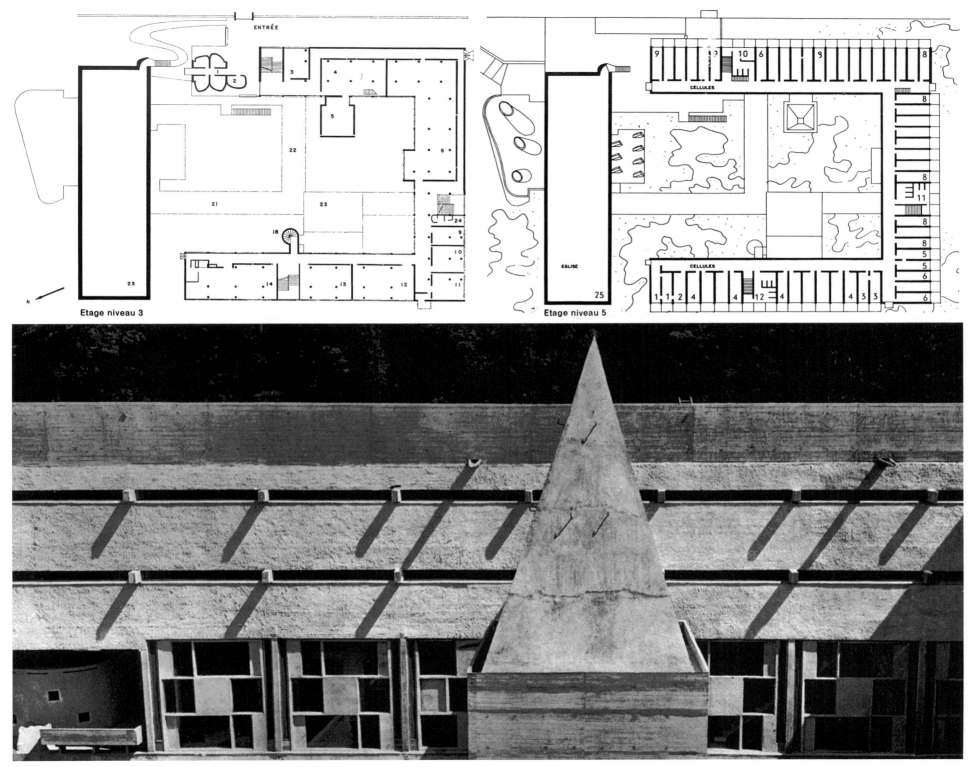

Etage niveau 3

Etage niveau 5

L'aile d'est du couvent avec le toit pointu de la chapelle   The east wing with the pitched roof of the chapel   Der Ostflügel des Klosters mit dem Spitzdach der Hauskapelle

La façade ouest, à gauche l'église   The west elevation, left the church   Die Westfassade, links die Kirche

Le réfectoire du couvent   The dining-hall of the convent   Das Refektorium

Une chapelle latérale inférieure empruntant la déclivité du sol

A lower side chapel following the slope of the ground

Eine seitliche Kapelle. Ausnutzung der Abschüssigkeit des Bodens

L'intérieur est d'une pauvreté totale. Son béton est fait en banchage brut de décoffrage. Il n'y a presque pas de sources de lumière, mais celles-ci sont bien situées et cette église, qui est d'une simplicité émouvante, éveille un sentiment de silence et de recueillement

The interior displays a total poverty. The concrete bears the imprint of the rough boarding of the formwork. There are hardly any sources of light but those which are there are well located and this church, endowed with a moving simplicity, evokes a feeling of silence and reflection

Das Innere ist von äusserster Armut. Der Beton ist roh belassen. Es gibt beinahe keine, jedoch sehr gut angeordnete Lichtquellen; diese Kirche von rührender Einfachheit weckt ein Gefühl der Stille und Sammlung

L'intérieur de l'église / The interior of the church / Das Innere der Kirche

La cour intérieure avec la chapelle

Les « ondulatoires »: pans de verre de béton

Les « ondulatoires » suppriment les serrureries ouvrantes / Die « ondulatorische » Verglasung

Echappée de vue entre l'église et le couvent avec cheminée

La pénurie des crédits a imposé une économie farouche. Un jour un visiteur déclara au provincial, chef du couvent: «Monsieur, je vais vous faire cadeau d'une statue pour votre façade.» Le provincial lui répondit: «Où est donc la façade?»
On voit sur ce document les canons à lumière sortant des chapelles latérales ▶

The lack of funds imposed a fierce economy. One day a visitor declared to the Provincial, head of the convent: "Monsieur, I am going to make you a gift of a statue for your façade." The Provincial answered him: "But where is the façade?"
On this document can be seen the "cannons of light" emanating from the side chapels ▶

Der Geldmangel zwang zu äusserster Sparsamkeit. Eines Tages sagte ein Besucher zum Provinzial des Klosters: «Ich werde Ihnen eine Statue für die Fassade schenken.» Der Provinzial antwortete: «Wo ist die Fassade?»
Links die Licht «kanonen», die aus den Seitenkapellen aufsteigen ▶

L'escalier dans la bibliothèque / The staircase in the library / Die Treppe in der Bibliothek

La bibliothèque

le Corbusier
19 sept 63

1963-65   L'Eglise de Firminy-Vert

L'Eglise de Firminy-Vert est conçue pour sa situation au point bas d'un vallonnement. Elle est faite d'une coque hyperboloïque. Elle apportera une troisième conception acceptable pour une église: selon les circonstances, ce fut Ronchamp, la Tourette et, maintenant, Firminy-Vert.

The Church at Firminy-Vert is, by virtue of the terrain, located at the bottom of a valley. It consists of a hyperbolic-paraboloid shell and, after Ronchamp and La Tourette, represents a third, new type of church.

Die Kirche von Firminy-Vert ist im Hinblick auf ihre Lage in einer Talsohle projektiert. Sie besteht aus einer hyperboloiden Schale und stellt neben Ronchamp und La Tourette einen dritten neuartigen Kirchentyp dar.

La maquette

1963 Le Centre international d'art à Erlenbach près de Francfort-sur-le-Main

Ce projet a été conçu pour être réalisé en pleine campagne. Erlenbach est situé à l'intersection des axes Stockholm—Rome et Paris—Vienne—Belgrade—Bucarest.

Le programme prévoit: un «Musée à croissance illimitée» avec une extension future, une «Boîte à miracles», un «Théâtre spontané», un pavillon des «Expositions itinérantes», des ateliers et des dépôts pour le musée, et un jardin des sculptures.

Le projet, issu de l'atelier de Le Corbusier, a été présenté aux autorités sous la forme d'un cahier, la «Grille des CIAM», au format 21×33 cm.

Ce système de présentation a été inventé en 1947 par l'AS-CORAL (Assemblée des Constructeurs pour une rénovation architecturale).

An International Art Center at Erlenbach near Frankfort on the Main

This project is planned in the open country. Erlenbach is situated in the crossing of the axis Stockholm—Rome and Paris–Vienna–Belgrade–Bucarest.

The plan provides a museum of unlimited extension, a "Boîte à miracles", a "Théâtre spontané", a pavilion for itinerate exhibitions, a studio and depository for the museum and a garden for the sculptures.

The project made by Le Corbusier's office has been presented as a copy-book (21×33 cm), the so-called "Grid CIAM". This manner of presentation was created in 1947 by the ASCORAL (Assembly of Constructors for an Architectural Renovation).

Das « Centre international d'art » in Erlenbach bei Frankfurt am Main

Das Projekt ist in einer freien Landschaft geplant. Erlenbach liegt im Achsenkreuz Stockholm—Rom und Paris—Wien—Belgrad—Bukarest.

Es sind vorgesehen: ein Museum «à croissance illimitée» mit Erweiterungsmöglichkeiten, eine «Boîte à miracles», ein «Théâtre spontané», ein Pavillon für Wanderausstellungen, Ateliers und Depots und ein Garten mit Skulpturen.

Das aus dem Atelier Le Corbusier hervorgegangene Projekt ist den Behörden in Form einer CIAM-Tabelle vorgelegt worden, im Format 21×33 cm.

Dieses System der Darstellung ist 1947 durch den ASCORAL (Vereinigung der Konstrukteure für eine Erneuerung in der Architektur) eingeführt worden.

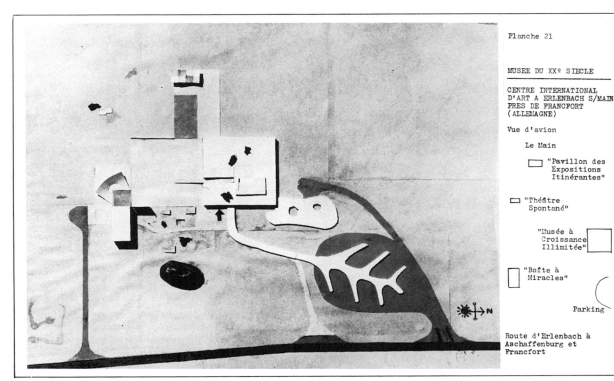

Planche 21

MUSEE DU XXⁿ SIECLE

CENTRE INTERNATIONAL D'ART A ERLENBACH S/MAIN PRES DE FRANCFORT (ALLEMAGNE)

Vue d'avion

Le Main

☐ "Pavillon des Expositions Itinérantes"

☐ "Théâtre Spontané"

☐ "Musée à Croissance Illimitée"

☐ "Boîte à Miracles"

Parking

Route d'Erlenbach à Aschaffenburg et Francfort

Vue d'avion du Centre

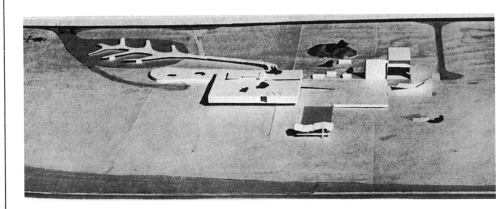

Planche 22

MUSEE DU XXⁿ SIECLE

CENTRE INTERNATIONAL D'ART A ERLENBACH S/MAIN PRES DE FRANCFORT (ALLEMAGNE)

Vue générale Ouest, depuis le Main

Vue depuis la rivière

279

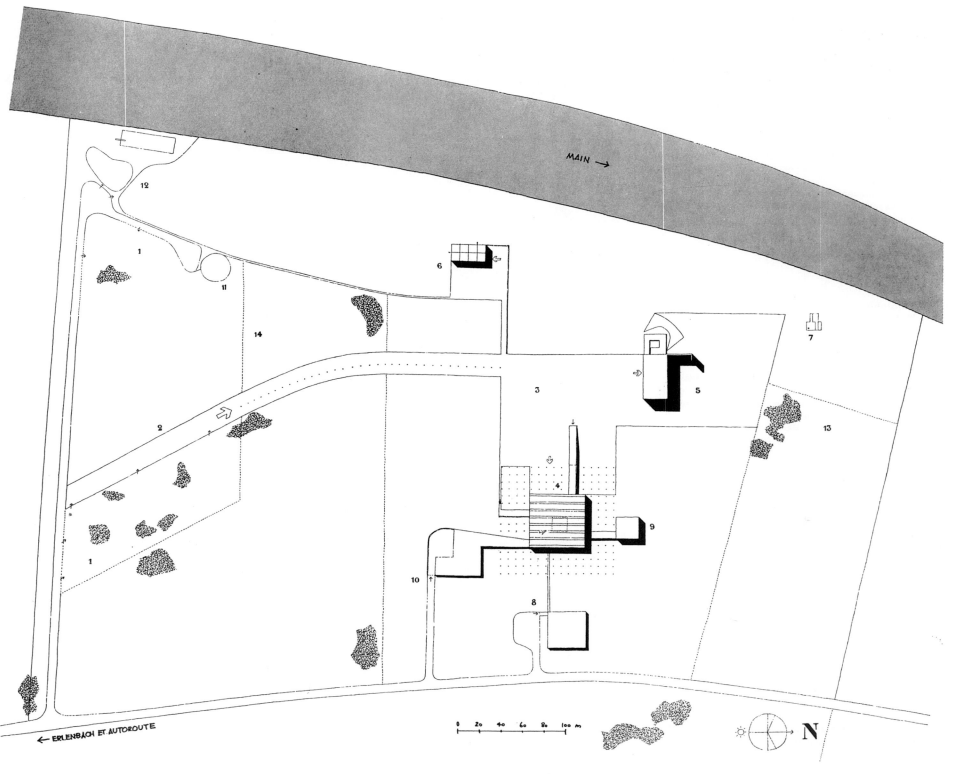

MAIN →

← ERLENBACH ET AUTOROUTE

0 20 40 60 80 100 m

N

Photomontage du projet

1 Parking
2 Entrée
3 Esplanade
4 Musée à Croissance illimitée
5 Boîte à miracles
6 Pavillon des Expositions itinérantes
7 Théâtre spontané

8 Administration
9 Conférences
10 Atelier et dépôt du Musée
11 Hôtel
12 Restaurants et piscine
13 Habitations
14 Ateliers Artistes

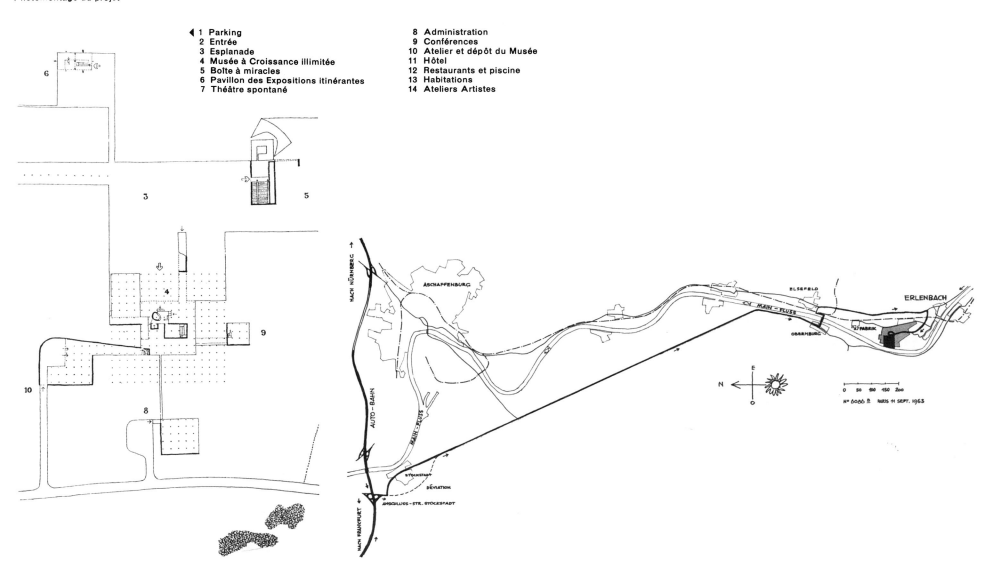

Un Palais d'exposition à Stockholm
(Palais Ahrenberg) 1962

«C'était ici, prendre une position particulière des initiatives urbanistiques: Un monsieur intelligent, qui aime sa ville et qui a même l'intention de gagner sa vie, M. Theodor Ahrenberg, prend une initiative ayant pour objet de mettre sa ville, Stockholm, une fois encore et catégoriquement, en pleine fréquentation des forces d'avant-garde. Il a choisi trois noms de créateurs plastiques: Picasso, Matisse, Le Corbusier. (Je vous donne ma parole que je n'étais pour rien dans ce choix.) Je n'avais jamais rencontré auparavant ce promoteur. Il me demanda, de plus, d'établir le plan d'un bâtiment à poser sur l'eau de la mer, face au quai, et relié à terre par une passerelle. A chacun des trois artistes était attachée une salle particulière. Cette salle était architecturalement conçue pour offrir de multiples ressources de murs, de plafonds, d'écrans mobiles. Bref, la réalisation eût fourni un moyen jusqu'ici inconnu de manifester l'art de chacun des trois artistes. En lisant ce plan, le lecteur se rendra compte de ce que signifierait: exposer à l'échelle humaine.
Tout ceci s'écroula («comme de bien entendu!» — chanson connue) par la chiquenaude du destin qui punit, on le sait, le crime d'invention (voir, regarder, observer, imaginer, créer). A en croire que le Bon Dieu qui créa le monde n'aime pas que les petits bonhommes s'animent à leur tour (bien qu'à leur simple échelle) d'une passion semblable...»

Exhibition hall in Stockholm (Ahrenberg Palace)

"Here someone initiates a special urbanistic intention: a clever man, who loves his city and who has also the intention to earn his living, Mr. Theodor Ahrenberg, has the will to put his city, Stockholm, once more and categorically in the vanguard. He has chosen three names of creators: Picasso, Matisse, Le Corbusier (I give you my word, I did not know anything about this choice).
I had never met this promotor, Mr. Ahrenberg, before. He also asked me to design the plans of a building to put on the water, in the sea, in front of the quay connected with the shore by a gang-way. A special room was dedicated to each artist and conceived to offer different possibilities of walls, ceilings, mobile pannels. In short, this would have permitted to show the art of each of these three artists.
Seeing this plan, the reader could understand what it meant: exhibit on the human scale.
This came to nothing (as was expected—the usual refrain). One could believe that God who created the world does not tolerate little man to be impassioned with creation—even on his own small scale."

Ausstellungsgebäude in Stockholm (Palais Ahrenberg)

«Es handelt sich hier um einen aussergewöhnlichen städtebaulichen Vorschlag: Ein Herr, intelligent, seiner Stadt zugetan und sogar willens, Geld zu verdienen, Herr Theodor Ahrenberg, ergreift die Initiative, seiner Stadt Stockholm wieder einmal und entschieden den Ruf einer avantgardistischen Stadt zu verschaffen. Drei Künstler waren von ihm ausgewählt worden: Picasso, Matisse, Le Corbusier (ich gebe mein Wort, dass ich mit dieser Auswahl nichts zu tun hatte). Ich hatte Herrn Ahrenberg vorher nicht gekannt. Er forderte mich auf, ein Gebäude auf dem Meer, mit Fassade gegen den Quai zu entwerfen, das durch einen Steg mit dem Land verbunden sein sollte. Jedem der drei Künstler sollte ein besonderer Ausstellungsraum zur Verfügung stehen. Die Architektur dieser Säle war so konzipiert, dass sich mannigfache Ausstellungsmöglichkeiten ergaben: Wände, Decken, mobile Flächen. Kurz — die Realisierung dieses Projektes hätte auf ganz neue Art die Kunstwerke eines jeden der drei Künstler zum Ausdruck gebracht.
Aus all dem wurde nichts (wie zu erwarten war!, das alte Lied), denn das Schicksal ist missgünstig und bestraft bekanntlich das Verbrechen schöpferischer Erfindung. Es scheint, dass der liebe Gott, der die Welt erschaffen hat, es nicht gern sieht, wenn auch die kleinen Menschen von schöpferischer Leidenschaft ergriffen sind.»

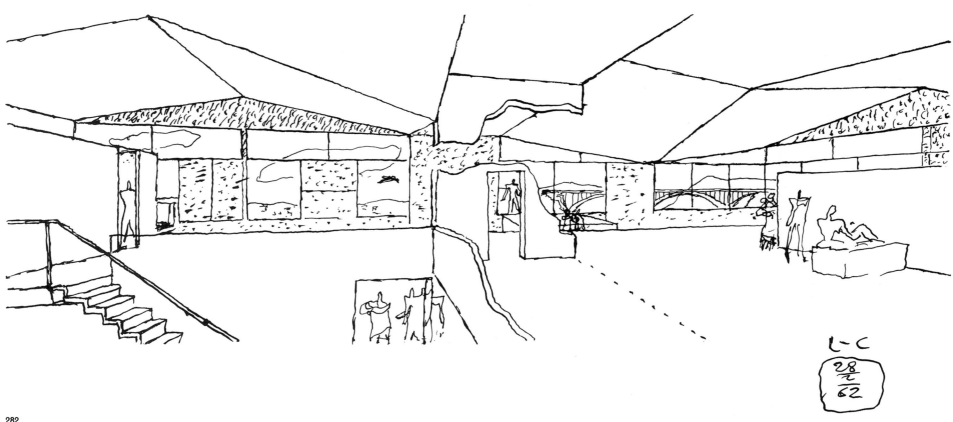

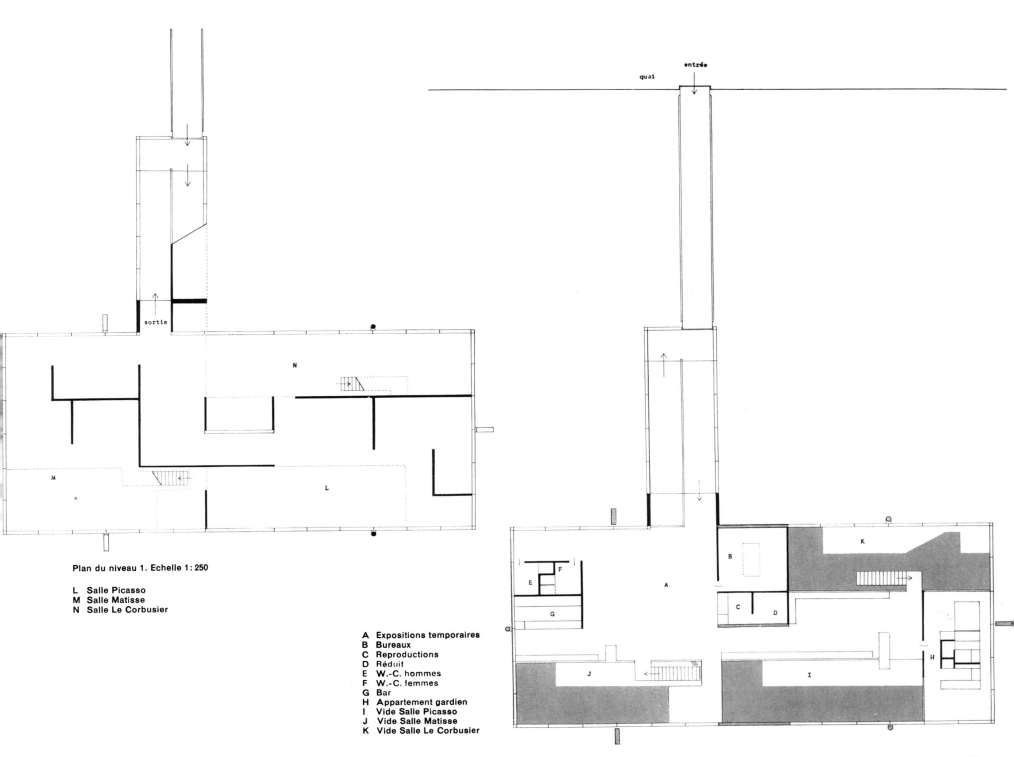

Plan du niveau 1. Echelle 1 : 250

L Salle Picasso
M Salle Matisse
N Salle Le Corbusier

A Expositions temporaires
B Bureaux
C Reproductions
D Réduit
E W.-C. hommes
F W.-C. femmes
G Bar
H Appartement gardien
I Vide Salle Picasso
J Vide Salle Matisse
K Vide Salle Le Corbusier

Plan du niveau 2. Echelle 1 : 250

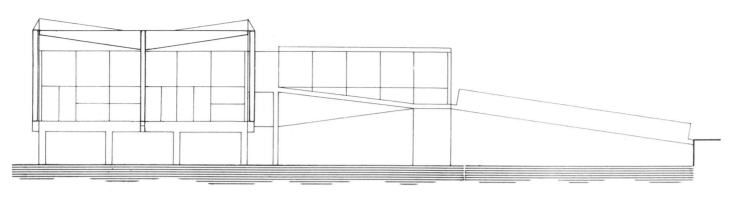

FAÇADE EST

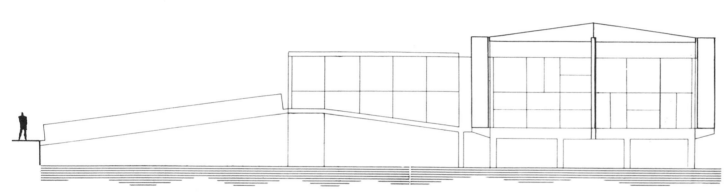

FAÇADE OUEST

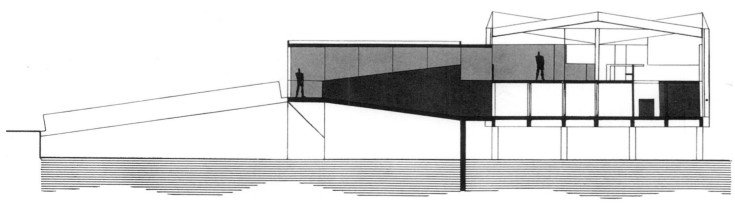

Coupe transversale nord-sud. Echelle 1 : 250

Un Pavillon d'exposition à Zurich. 1964/65

Il s'agit d'une maison démonstrative à construire dans un parc de Zurich. Cette maison doit remplir la double fonction d'une maison-musée et d'une maison-expositions destinée à présenter au public les œuvres de peinture et de sculpture de Le Corbusier.
On en a profité pour soumettre aux visiteurs une œuvre d'architecture faisant état d'une structure indépendante constituant la toiture sous laquelle s'installe un corps de logis indépendant. L'ossature toiture est faite de tôle de 4 mm soudée et peinte en gris bateau. L'habitacle est basé sur des recherches antérieures, en particulier celle du «volume alvéolaire» 226/226/226, qui permet une grande diversité de compositions. L'extérieur est fait de matériaux résistants tels qu'aluminium ou plaques d'émail (émail coloré). L'intérieur montrera les ressources pratiques constructives et plastiques d'une construction à sec.

An exhibition pavilion in Zurich. 1964/65

This is a project for the construction of a house in a park in Zurich, which is to serve in the double function of a private museum and a place where Le Corbusier's painting, sculpture, graphic work and books are to be made available to the public.
The opportunity was taken to present to visitors a work of architecture in the form of an independent structure constituting the roof. The house, in form of a detached volume, will be built underneath this cover.
"The roof frame" is made of sheet metal 4 mm thick and painted in battleship-grey. The "cockpit" is based on previous research, in particular that of the "cellular volume" 226/226/226 (7′5″ × 7′5″ × 7′5″) which allows of a great variety of composition. The exterior is of weather-resistant materials such as aluminium or colored porcelain-enamel panels. The interior demonstrates the practical, constructive and plastic capabilities of dry construction.

Ein Ausstellungspavillon in Zürich. 1964/65

Es handelt sich um ein im Zürichhorn zu erstellendes Haus, das sowohl als Museum wie als Ausstellungspavillon für Malereien, Skulpturen, Publikationen und graphische Kunst Le Corbusiers dienen soll.
Es wird dem Besucher eine Architektur gezeigt, die aus zwei voneinander unabhängigen Konstruktionen, der Dachkonstruktion und dem eigentlichen Gebäudekörper, besteht. Das ganze Gebäude ist eine Stahlkonstruktion und wird farbig behandelt. Das Haus ist auf Grund früherer Studien insbesondere auf dem Prinzip des «Modulors» von 226 × 226 × 226 cm entworfen, das eine grosse Vielheit von Anordnungen ermöglicht. Die Fassade besteht aus widerstandsfähigen Materialien wie Aluminium- oder farbigen Emailplatten. Das Innere zeigt die konstruktiven und plastischen Möglichkeiten einer vorfabrizierten Trockenbauweise.

Le croquis ci-contre, dessiné dans un carnet de poche à l'occasion de la construction du Musée de Tokyo, est une des premières apparitions de cette forme d'architecture déjà étudiée pour l'Exposition de Liège avant la guerre (voir Les Œuvres complètes Le Corbusier 1934—1938)

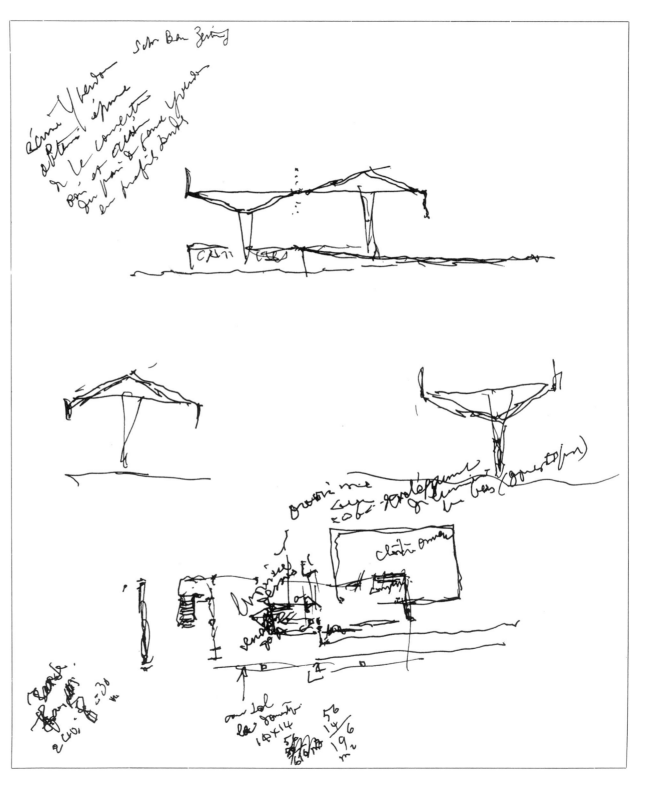

Les façades ouest et sud

Le premier projet détaillé du pavillon que nous montrons à la page 285 date du mois de décembre 1961. A cette époque déjà, Le Corbusier avait prévu que les deux couvertures seraient en métal, tandis que le pavillon aurait été en béton et en verre.

En revanche, dans le second projet de juillet 1964, l'ossature tout entière devait être en fer, et Le Corbusier y avait appliqué pour la première fois son brevet «226×226×226» (1964).

Malheureusement, Le Corbusier n'a plus pu élaborer les plans d'exécution définitifs.

Le pavillon est destiné à devenir un «Centre Le Corbusier» avec des expositions permanentes des œuvres du maître.

Le bâtiment actuel est construit en éléments métalliques préfabriqués. Les façades sont revêtues de plaques d'émail en couleurs. Seule la rampe est en béton armé.

Le pavillon est excavé. Le sous-sol, dont la moitié est située au-dessous du niveau du lac, est en béton armé. Il est affecté en grande partie aux expositions.

The first project for the pavilion which we show on page 285 dates from December, 1961. At that time Le Corbusier had already thought of the two roof parasols as being constructed in steel, but the pavilion itself in concrete and glass.

It was only in the second project of July, 1964, that the purely steel construction was developed. In this project Le Corbusier's "Brevet 226×226×226" (7′5″×7′5″×7′5″), patented in 1964, was used for the first time.

Unfortunately Le Corbusier himself could not develop the final working drawings. The pavilion, as "Centre Le Corbusier", will show the works of the master in a permanent exhibition. The building is constructed of prefabricated steel elements. The façade has colored porcelain-enamel panels. Only the ramp, which is separated from the rest of the building, is of reinforced concrete.

The pavilion has a full basement. Most of the basement rooms, constructed in reinforced concrete, are also used as exhibition space. They are half under the water table.

Das erste ausgearbeitete Projekt für den Pavillon, das wir auf Seite 285 zeigen, datiert vom Dezember 1961. Damals hatte Le Corbusier die zwei Dachschirme bereits als Stahlbau gedacht, den Pavillon selbst jedoch aus Beton und Glas.

Erst die zweite Projektauflage vom Juli 1964 sah einen reinen Stahlbau vor. In diesem Projekt wurde auch erstmals das von Le Corbusier im Jahre 1964 patentierte «Brevet 226×226×226» angewandt.

Die endgültigen Ausführungspläne konnte Le Corbusier selbst leider nicht mehr verwirklichen. Der Pavillon wird als «Centre Le Corbusier» in permanenten Ausstellungen das Œuvre des Meisters zeigen.

Das Gebäude ist aus vorfabrizierten Stahlelementen konstruiert. Die Fassaden haben farbige Emailverkleidungen. Nur die vom übrigen Gebäude gelöste Rampe ist aus Eisenbeton. Der Pavillon ist unterkellert. Die Kellerräume aus Eisenbeton, die grösstenteils ebenfalls Ausstellungen dienen, liegen ungefähr zur Hälfte unterhalb des Seespiegels.

La façade est

Les façades ouest et sud

La façade nord avec la rampe en béton

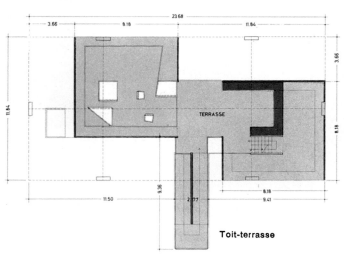

Toit-terrasse

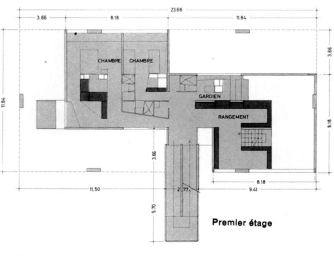

Premier étage

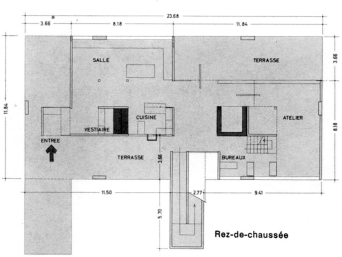

Rez-de-chaussée

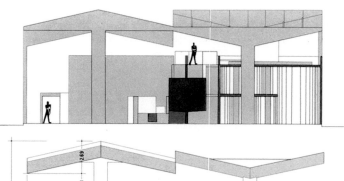

Façade nord

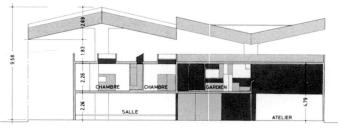

Coupe longitudinale

Façade ouest

Façade est

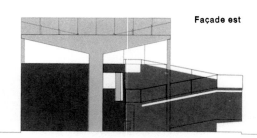

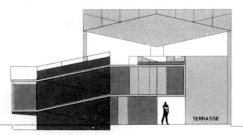

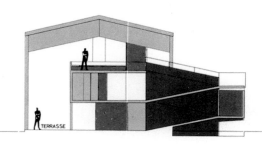

Coupe sur rampe

Coupe sur rampe

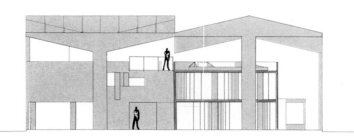

Façade sud

**Modulor
Peinture Sculpture
Tapisseries**

**Modulor
Painting Sculpture
Tapestries**

**Modulor
Malerei Skulptur
Wandteppiche**

Le Modulor

Une gamme de dimensions harmoniques à l'échelle humaine, applicable universellement à l'architecture et à la mécanique.

En 1946, le professeur Albert Einstein avait écrit à Le Corbusier, le soir même de leur rencontre à Princetown à propos du Modulor: «C'est une gamme de dimensions qui rend le mal difficile et le bien facile» (traduction littérale: «qui rend compliqué le mal et simple le bien»). Dès 1947, cette invention, protégée par un brevet, a été mise par le Corbusier dans le domaine public. En 1948, le premier livre paraissait: «Le Modulor». Un second volume a paru en 1954. Sans la moindre propagande, le Modulor s'est répandu dans le monde entier; il a été adopté avec enthousiasme par quantité de praticiens et surtout par la jeunesse. Il faut admettre qu'il était attendu, car les tâches modernes de la série, de la normalisation, de l'industrialisation, ne peuvent pas être abordées sans l'existence d'une gamme commune de dimensions. Le Modulor en a proposé une.

D'autre part, le Modulor fait la paix entre le «pied-pouce» et le système métrique; à vrai dire, il introduit automatiquement dans le pied-pouce le système décimal pour les calculs.

L'Unité d'habitation de Marseille qui est l'œuvre principale réalisée au moyen du Modulor porte témoignage des ressources dans cette gamme d'intervalles harmoniques.

L'Unité de Marseille est construite sur quinze mesures de Modulor. Cet immense bâtiment, qui a 140 mètres de long et 70 mètres de haut, apparaît familier et intime; il est à l'échelle humaine depuis le haut jusqu'en bas et à l'intérieur comme à l'extérieur.

Sur la table à dessin d'un atelier d'architecte, le Modulor apporte des facilités extraordinaires; les hésitations et les incertitudes, de même que les incorrections qui apparaissent sur les dessins, se trouvent résorbées d'avance. Comme l'a dit le professeur Einstein, le mal est rendu difficile ou compliqué et le bien facile et naturel. L'imagination, l'invention sont libérées d'autant.

Le livre «Modulor I» raconte sans pédanterie l'histoire de l'invention s'étendant de 1942 à 1948; elle s'achève par des vérifications mathématiques et géométriques impliquant, à ce moment-là, une tolérance de 1/6000. Or, cette inexactitude de 1/6000 admise par des mathématiciens de classe au sujet du Modulor n'était, en fait, qu'une formule approximative d'interprétation et de lecture. C'est en novembre 1950 que deux dessinateurs de l'atelier Le Corbusier, Maisonnier et Justin Serralta, passionnés par ces recherches, découvrirent tout bonnement le tracé véritable du Modulor que l'on peut voir reproduit ici; ce tracé est rigoureux sans déchet: il est l'expression exacte du postulat de départ (1942): «Prenez deux carrés égaux et insérez au «lieu de l'angle droit» un troisième carré de même dimension...»

A côté de chaque table à dessin de l'atelier 35, rue de Sèvres, se trouve épinglée une tabelle de celles des valeurs qui peuvent être utilisées en architecture; outil d'une simplicité totale comprenant deux colonnes de chacune dix chiffres. On verra reproduit ici le Modulor qui appartient à Le Corbusier lui-même et qui l'accompagne depuis des années dans son atelier privé. Le brevet pris autrefois n'est plus qu'un souvenir!

Le Modulor, par son emploi intelligent, conduit à certaines effusions de nature mathématique. Ainsi à Marseille, le jour de l'inauguration, le 14 octobre 1952, était mise en place «la stèle des mesures» et la pierre angulaire, disposées toutes deux non loin des pilotis et près de l'entrée, face aux figures de béton exprimant le Modulor. Cet ensemble est indiscutablement animé d'unité mathématique. C'est dans de tels moments que l'architecture s'élève, lorsqu'elle quitte la brutalité et la matérialité des faits pour atteindre à la spiritualité.

En septembre 1951 s'ouvrait, à l'occasion de la Triennale de Milan, «le Congrès de la Divine Proportion»; ce Congrès réunissant des savants, des mathématiciens, des esthéticiens, des artistes et des architectes; il constitua une assise solennelle des problèmes de proportion et de mathématique posés dans les arts au cours de l'histoire. Une impressionnante exposition de manuscrits, et de premières éditions des grands Maîtres de l'Antiquité, du Moyen Age et de la Renaissance, organisée par Mme Marzoli, rassemblait Vitruve, Villars de Honnecourt, Dürer, Pacioli, Piero della Francesca, Leonardo da Vinci, d'Alberti, etc. Enjambant quatre siècles, l'exposition faisait un sort au Modulor. Et le Congrès se séparait après avoir institué un Comité Provisoire International d'Etudes de la Proportion dans l'Art et dans la Vie Moderne, dont Le Corbusier était nommé président.

Récemment, au cours d'une réunion à Milan, on proposait de transformer le titre de ce comité provisoire en un titre définitif dénommé SYMÉTRIE, et sous ce vocable le second Congrès se tiendra probablement sur ce thème: Installation de l'Harmonie dans la Civilisation Machiniste. Voici comment des recherches objectives et dont les applications peuvent être terre-à-terre, peuvent, par leur juste développement harmonieux, réagir sur le domaine social, économique et spirituel en vue d'éclairer le chemin. Telle est la force des principes! Les principes ne sont pas une simplification arbitraire, ils sont une conclusion à des recherches minutieuses; ils peuvent être les étais d'une doctrine. Le jour venu, dans la menace du désordre, certaines idées peuvent atteindre au principe.

Le premier ruban de 2 m 26 (grandeur naturelle)   The first ribbon of 2,26 m   Das erste Band von 2,26 m

The Modulor

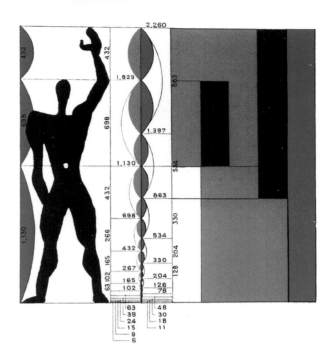

A harmonic measure to the human scale, universally applicable to architecture and mechanics.

In 1946, Professor Einstein wrote to Le Corbusier about the Modulor on the same evening as their meeting in Princeton: "It is a range of dimensions which makes the bad difficult and the good easy". In 1947 this invention, protected by a patent, was made public by Le Corbusier. In 1948 the first book appeared: "Le Modulor". It was quickly sold out and reprinted. A second volume has been published 1954 "Modulor 2". Le Corbusier ended the first volume with this phrase: "The decision lies now with those who will use it". Without the aid of any propaganda the Modulor has spread over the whole world. It has been adopted with enthusiasm by many designers, and everywhere by the younger generation. It was only to be expected that the problems of mass production, standardisation and industrialisation could not be tackled without a range of dimensions. The Modulor proposes such a range. The Modulor also conciliates feet and inches with the metric system, introducing automatically into feet and inches the decimal system for calculation.

The Unité d'Habitation which is the principal work which exemplifies the use of the Modulor bears witness to the harmony inherent in this range of dimensions.

The Unité d'Habitation is constructed on 15 measures of the Modulor. This immense building, 140 metres long and 70 metres high, appears familiar and intimate. From top to bottom, both inside and out, it is to the human scale. The Modulor makes many things extraordinarily simple for the architect. Hesitations and uncertainties and even errors of design are resolved in advance. As Professor Einstein said, the bad is made difficult and complicated, the good easy and natural. The book "Modulor 1" tells simply the history of the invention from 1942 to 1948. At that time mathematical and geometrical calculation estimated a discrepancy in the Modulor of $^1/_{6000}$. Now this inexactitude of $^1/_{6000}$ is really an error of interpretation. In November 1950

two designers in Le Corbusier's atelier, Maisonnier and Justin Serralta, men with a passion for research, discovered the true line of the Modulor, which is reproduced here. This line is absolutely precise and admits no error. Since then a list of those measures of the Modulor which are useful in architecture has been pinned beside each drawing-board in the atelier at 35, Rue de Sèvres. It is extraordinarily simple, comprising only two typewritten columns each of ten numbers. Reproduced here is Le Corbusier's own Modulor which he has kept for years in his private atelier. The patent which he took out before is now only a memory! An intelligent use of the Modulor leads to the communication of feelings of a mathematical nature.

On the 14th October 1952, the opening day at Marseilles, "the stele of measures" was set up, and also the angular stone, not far from the pilotis and near to the entrance opposite the figures depicting the Modulor. This group is indisputably inspired with a mathematical unity and it is in such moments as these that architecture soars, leaving the brutal and the material and attaining to spirituality. Again, a simple picture such as that reproduced here contains the essence of harmony.

In September 1951, the Congress on the Divine Proportion was held at the Triennale in Milan, here savants, mathematicians, aestheticians, artists and architects held a solemn deliberation on the problems of proportion and mathematics in the arts throughout history. An impressive exhibition of manuscripts, first editions of the Masters of Antiquity, the Middle Ages and the Renaissance, organized by Mrs. Marzoli, included the names of Vitruvius, Villars de Honnecourt, Dürer, Pacioli, Piero della Francesca, da Vinci, Alberti, and others. Then, passing over four centuries, came the Modulor. The Congress finished after having founded a Provisional International Committee for the Study of Proportion in Art and Modern Life, of which Le Corbusier was made president. Recently during a meeting in Milan it was proposed that the provisional title should be

changed to 'Symmetry' and under this title the second Congress will probably be held in Siena on the theme: "The establishing of Harmony in the Mechanical Civilization".

This is how objective research which may have a very widespread application may act as a guiding light in social, economic and spiritual life. Such is the force of principle! Principles are not an arbitrary manifestation but the result of slow researches. They can become the main-stays of a doctrine. At a given moment in its evolution from the menace of disorder an idea may become a principle. The law of the 7 ways is of the nature of a principle: brise-soleil also: the problems of sound insulation are technical and principles will be formed when efficient solutions have been recognised; the separation of bearing members from members which are borne is a principle of modern construction. The formulation of principles is the natural fruit of a life devoted to research.

Der Modulor

Eine neue Harmonik im menschlichen Maßstab, allgemein anwendbar in Architektur und Mechanik.

Am Abend nach ihrem Zusammentreffen in Princetown im Jahre 1946 hat Prof. Einstein Le Corbusier über den Modulor geschrieben: «Er ist ein Maßsystem, das das Schlechte schwierig und das Gute leicht macht.» 1947 gelangte diese patentierte Erfindung Le Corbusiers an die Öffentlichkeit. 1948 erschien die erste Publikation «Le Modulor», die sehr rasch vergriffen war und in neuer Auflage erscheinen musste. Ein zweiter Band, «Modulor 2», ist erschienen. Le Corbusier hatte den ersten Band mit den Worten beendigt: «Das Wort gehört nun den Benützern.» Und in der Tat wurde der Modulor, ohne die geringste Propaganda, in die ganze Welt verbreitet; er wird von zahlreichen Praktikern mit Begeisterung verwendet, ganz besonders von den Jungen. Er entsprach einem dringenden Bedürfnis, denn die modernen Aufgaben der Serienherstellung, der Normierung, der Industrialisierung, können nicht

gelöst werden ohne eine neue Skala der Masse. Der Modulor hat eine solche gebracht.

Anderseits hat der Modulor auch Frieden gemacht zwischen dem System der «Fuss» und dem metrischen System, denn er führt automatisch das metrische System in das andere ein.

Die Unité d'habitation in Marseille, die auf der Grundlage des Modulor beruht, beweist die harmonischen Ergebnisse dieser Skala der Masse.

Die Unité von Marseille ist auf Grund von 15 Modulor-Massen konstruiert. Dieses ungeheure Gebäude von 140 m Länge und 70 m Höhe macht einen durchaus intimen Eindruck; es ist von oben bis unten, aussen und innen, im menschlichen Maßstab gehalten.

Auf dem Zeichnungstisch eines Architekten ist der Modulor eine ausserordentliche Hilfe; er schliesst von vornherein jedes Zögern, jede Ungewissheit, ja sogar jede Unkorrektheit aus. Wie Prof. Einstein sagte, macht er das Schlechte schwierig und kompliziert und das Gute leicht und natürlich.

Das Buch «Modulor» gibt Auskunft über die Geschichte der 1942—48 gemachten Erfindung, deren mathematische und geometrische Überprüfung eine Toleranz von $1/6000$ ergab. Aber diese Unexaktheit von $1/6000$, die von namhaften Mathematikern festgestellt wurde, beruht in Wirklichkeit auf einem Lese- und Interpretationsfehler. Im November 1950 entdeckten zwei Zeichner des Ateliers Le Corbusier, Maisonnier und Justin Serralta, die hier publizierte richtige Reihe des Modulor, die sich als absolut fehlerfrei erweist. Seither hängt über jedem Zeichnungstisch der Rue de Sèvres 35 eine Tabelle der für den Architekten nützlichen Modulor-Masse. Sie ist ein Instrument von äusserster Einfachheit und besteht aus zwei je zehn Zahlen enthaltenden maschinengeschriebenen Kolonnen. Der von Le Corbusier seit Jahren benutzte Modulor ist hier publiziert. Das seinerzeit eingetragene Patent ist zur blossen Erinnerung geworden.

Die intelligente Anwendung des Modulor führt zum Ausdruck mathematischer Ordnungen. So wurde in Marseille am Tage der Einweihung am 14. Oktober 1952 die «stèle de la mesure» (Säule des Masses) errichtet, die, wie der Eckstein, in der Nähe der Pfeiler und des Eingangs, gegenüber

den Betonfiguren steht, die den Modulor ausdrücken. Diese Gruppe bildet ohne Zweifel eine mathematische Einheit. Ein einfaches Bild, wie das hier reproduzierte, gibt bereits ein Abbild der dieser Gruppe immanenten Harmonie.

Im September 1951 wurde anlässlich der Triennale in Mailand der «Congrès Divinae Proportionis» eröffnet. Gelehrte, Mathematiker, Ästhetiker, Architekten u. a. nahmen daran teil. Der Kongress war der Behandlung von Fragen der Proportion in der Kunst gewidmet. In einer eindrucksvollen von Frau Marzoli eingerichteten Ausstellung befanden sich Manuskripte und Erstdrucke von Meistern wie Vitruvius, Villars de Honnecourt, Dürer, Pacioli, Piero della Francesca, Leonardo da Vinci usw. Dann folgte, nach dem Übergehen von vier Jahrhunderten, der Modulor. Als der Kongress sich auflöste, war ein provisorisches internationales Komitee für das Studium der Proportion in ihrer Anwendung auf Kunst und moderne Lebensgestaltung gegründet, deren Präsident Le Corbusier war.

In einer kürzlich in Mailand abgehaltenen Sitzung wurde der Vorschlag gemacht, den provisorischen Namen durch einen definitiven, nämlich «Symmetrie» zu ersetzen. Vermutlich wird sich der zweite Kongress unter diesem Namen in Siena versammeln. Als Kongressthema wurde beschlossen: Einführung der Harmonie in die Zivilisation des Maschinenzeitalters.

So können theoretische Untersuchungen, deren Anwendungsgebiet vielleicht vorerst ganz alltäglich ist, bei richtiger und harmonischer Weiterentwicklung den richtigen Weg bei der Gestaltung des sozialen, wirtschaftlichen und geistigen Lebens finden helfen. Die Macht der Grundsätze ist gross, doch lassen sich diese nicht willkürlich aufstellen, sondern müssen das Ergebnis langdauernder intensiver Forschung sein. Wenn die Entwicklung von Unordnung bedroht ist, müssen Prinzipien aufgestellt werden, um die Ordnung herzustellen. Ein solches Prinzip ist das «Gesetz der 7 V», ebenso der Sonnenbrecher. Die Fragen der Schallisolierung sind vorerst technische Fragen; aber wenn ihre Lösung gefunden sein wird, werden auch sie zu Prinzipien werden. Eine andere Grundlage der modernen Architektur ist die Trennung der tragenden und der getragenen Elemente.

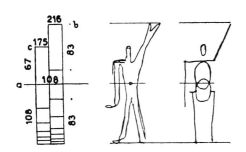

Ces chiffres engagent la stature humaine. Ils sont donc anthropocentriques
The numbers correspond to the human stature. They are therefore anthropocentric

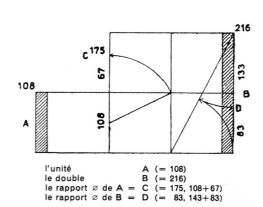

l'unité   A (= 108)
le double   B (= 216)
le rapport ⌀ de A = C (= 175, 108+67)
le rapport ⌀ de B = D (= 83, 143+83)

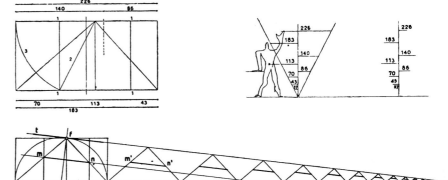

Premier tracé (1948) avec tolérance de $1/6000$ First lay-out with a tolerance of $1/6000$

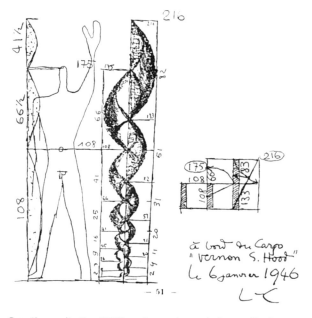

Première explication (1946) quatre années après la première formulation (1942)

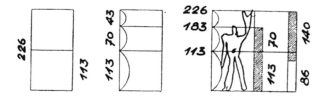

1° La grille fournit trois mesures 113, 70, 43 (en centimètres), qui sont en rapport ∅ (section d'or): 43+70 = 113 ou 113—70 = 43. Additionnées, elles donnent: 113+70 = 183, 113+70+43 = 226.
2° Ces trois mesures (113-183-226) sont celles qui caractérisent l'occupation de l'espace par un homme de six pieds.
3° La mesure 113 fournit la section d'or 70, amorçant une première série dénommée SÉRIE ROUGE 4-6-10-16-27-43-70-113-183-296, etc.
4° La mesure 226 (2×113), fournit la section d'or 140-86 amorçant la seconde série dénommée SÉRIE BLEUE 13-20-33-53-86-140-226-366-592, etc.
5° Parmi ces valeurs, ou mesures, on en peut désigner de caractéristiquement rattachées à la stature humaine.

1° The grid provides three measures related by the golden rule ∅ 113, 70, 43 cm (43+70 = 113 or 113—70 = 43). In addition: 113+70 = 183, 113+70+43 = 226.
2° These three measures (113-183-226) characterize the space occupied by a man of 6 ft.
3° Application of the golden rule to the measure 113 provides 70, creating a first line, called "Série Rouge" 4-6-10-16-27-43-70-113-183-296, etc.
4° Application of the golden rule to the measure 226 (2×113) provides 140-86, creating a second line, called "Série Bleue" 13-20-33-53-86-140-226-366-592, etc.
5° Some of these values or measures are characteristically connected to the human stature.

1. Die Tabelle liefert drei Masse, die den Regeln vom Goldenen Schnitt (∅) entsprechen: 113, 70, 43 cm (43 + 70 = 113 oder 113—70 = 43). Ferner: 113+70 = 183, 113+70+43 = 226.
2. Die letzteren drei Masse (113-183-226) entsprechen dem Raum, den ein Mann von 180 cm Grösse einnimmt.
3. Aus der Anwendung der Regel vom Goldenen Schnitt auf das Mass 113 ergibt sich 70. So entsteht eine erste Reihe, die «Série rouge» (rote Reihe), 4-6-10-16-27-43-70-113-183 etc.
4. Aus der Anwendung der Regel vom Goldenen Schnitt auf das Mass 226 (2×113) ergibt sich 140-86. So entsteht eine zweite Reihe, die «Série bleue» (blaue Reihe) (13-20-33-53-86-140-226-366-592 etc.)
5. Einige dieser Masse haben eine besondere Beziehung zu den Massen des menschlichen Körpers.

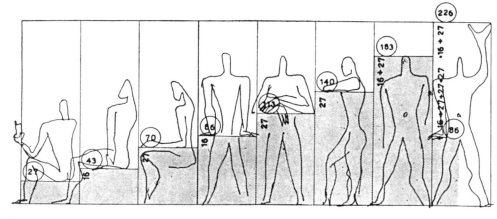

Les occupations caractéristiques de l'espace par le corps humain
Die typischen räumlichen Masse des menschlichen Körpers

The typical spatial positions of the human body

Novembre 1950. Epure définitive de Maisonnier et Serralta
November 1950. Definitive lay-out by Maisonnier and Serralta

Art et Architecture

Au temps de «l'Esprit Nouveau» (Revue internationale d'activité contemporaine, 1919—1925), on était reparti à zéro. L'architecture était boursouflée; l'art décoratif sévissant, on avait réclamé «la loi du lait de chaux et du ripolin», c'est-à-dire le balayage des parasites qui encombraient les maisons. On s'était replié dans une peinture fermée dans son cadre, estimant que celle-ci était une expression parfaitement licite, offerte à l'intimité et perméable à l'idée la plus subtile. L'architecture moderne est apparue petit à petit; elle s'est révélée, elle s'est manifestée, elle a trouvé sa structure, ses formes, ses programmes, son éthique, son esthétique enfin.

Le programme est si révolutionnaire que Le Corbusier, occupé à peindre tous les jours depuis 1918, cesse d'exposer à Paris dès 1923. Il fera retraite, car les débats sur la peinture, sur la sculpture, sur l'architecture ne peuvent être menés synchroniquement. Ils sont complexes, ils sont encore peu abordés. La confusion la plus grande paraît régner. L'architecture à ce moment-là doit fortement devenir solidaire de l'urbanisme (nous en sommes loin!). L'urbanisme est question violemment économique et sociale, voire politique. La peinture qui doit de maintenir son rôle éminent d'agent poétique, ne peut pas, en un tel moment, participer à des fraternisations dans des luttes de parties si différentes. Toutefois la préoccupation architecturale ne cessera pas, dans le monde entier, d'animer certains esprits parmi les peintres: Mondrian fut un précurseur, à vrai dire, c'était un architecte non incarné.

Le Corbusier, dans la période dénommée «puriste» qui ne peint que les objets les plus banals: verres et bouteilles, n'hésite pas à se contenter de ces pauvres supports pour essayer d'atteindre au phénomène plastique. Il ne se rend pas compte alors que ses tableaux à cette époque représentent une part effective de la conquête des formes actuelles de la plastique architecturale. En 1925, l'étape était franchie. Entre les formes architecturales, nées du béton armé et de ses adjuvents, et celles de sa peinture, la simultanéité est alors complète. L'esprit des formes anime ses

tableaux comme son architecture, et même son urbanisme. Sans recherche plastique, sans sentiment plastique, sans une véritable passion plastique, Le Corbusier n'aurait pas été le créateur des formes qui, petit à petit, apparaîtront dans sa production d'urbaniste et d'architecte. Cette attention vouée aux formes ne devait pas laisser de côté l'intérêt que l'on peut porter à la vie elle-même dans ses manifestations naturelles et surtout aux réactions d'ordre psycho-physiologiques en face de l'humain. La course se déroule donc, des dessins «verres et bouteilles» du début, à travers l'éloquence de ce qu'il a appelé «les objets à réaction poétique» (racines, os de boucherie, galets, écorce d'arbres, etc. etc...) pour aboutir à la figure humaine, laquelle offre à l'imagination poétique et à l'esprit constructif les moyens infinis de décomposition et de reconstruction en faveur d'une création plastique et poétique conjuguée.

Le mur commençait à solliciter l'intérêt de Le Corbusier. Le besoin devenait impératif et les occasions d'y satisfaire ne pouvaient être provoquées que par lui-même. Il n'hésita pas à demander à des amis qu'ils lui confient tel mur pour y faire des peintures qu'il exécute d'ailleurs gratuitement. Ainsi plus de quinze «murals» ont été réalisés presqu'exclusivement dans ces conditions.

Les heures disponibles de la journée devenaient de plus en plus rares. Le Corbusier est obligé de se donner des méthodes de travail capables de lui permettre de suivre son obsession artistique, picturale ou sculpturale. Il profitera des vacances forcées que donnent les grands voyages, c'est-à-dire l'isolement complet de l'avion pendant des journées entières, ou la solitude des chambres d'hôtel dans les villes étrangères. Ce sont là des heures précieuses d'intensité. Et aussi paradoxal que ceci puisse paraître, le manque de temps devient précisément un facteur actif de création; il provoque l'intensité, l'économie et l'efficacité. Le Corbusier porte en lui et avec lui des idées de nature plastique qui remontent à dix, quinze, vingt années, ou davantage: ce sont des croquis, des esquisses qui remplissent des tiroirs chez lui et dont il emporte certains

en voyage, de telle sorte que le contact est instantanément repris d'une étape nouvelle avec une étape antérieure, et que, sans aucune difficulté, la continuité s'opère à travers les avatars de l'existence. L'acte de peindre n'est plus alors qu'un incident passager bref. Peindre est une chose facile; ce qui est difficile, c'est de savoir que peindre! Peindre est une fonction manuelle; Le Corbusier a toujours été un manuel dès son enfance, et il sait peindre avec une grande rapidité, tout en peignant avec fermeté et netteté. Ses tableaux de 1918 sont aussi solides, aussi frais, aussi intacts que s'ils venaient d'être peints.

Dans sa recherche architecturale, Le Corbusier va pouvoir bénéficier de ses recherches sur les proportions; les tracés régulateurs, qui sont nés d'abord sur ses tableaux avant que d'être appliqués à des maisons ou à des palais se complètent à l'heure voulue, et tout récemment, des ressources du Modulor qui fournit la mise en ordre des peintures murales ou des tableaux.

Si le Corbusier fait une peinture murale durant une escale d'avion, ou en plein tohu-bohu de l'atelier à Paris, il a l'occasion avec son ami Nivola à New York qui habite une vieille maison de Long Island, à proximité de l'océan, de s'initier à une technique sculpturale due à l'intelligence de son jeune ami. En effet, Nivola a créé la sculpture sur sable, exécutée à l'heure de la marée descendante quand le sable est humide. Au moyen de couteaux, de cuillers et d'instruments rudimentaires, on taille dans le sable la cuvette qui deviendra le moule. Ce moule est ensuite rempli de plâtre «jeté» à la main à même le sable; des bouts de bois et des serpillères viennent renforcer la couche de plâtre, et le tout est arraché avec facilité de son moule éphémère. Manifestation sculpturale incisive! Il s'agit de savoir ce que l'on veut faire! D'être décidé, de ne prétendre inscrire dans la fragilité du sable que des idées plastiques nettement conçues. Cette technique intense permet aux sculpteurs professionnels ou amateurs de sortir de leur atelier à l'heure des vacances, les conduisant à une plasticité impérieuse, loin de la boulette écrasée avec effusion du bout du doigt!

Galerie Denise René à Paris, exposition 1951: Peinture 1918—1925

Art and Architecture

At the time of "L'Esprit Nouveau" 1919—1925, we had reached rock bottom; architecture was decadent, decorative art mishandled and a clean sweep was demanded to clear away the parasites. We turned back once more upon ourselves, seeking, by strict self-control, to find there some means of expression for our most profound ideas. Modern architecture grew little by little; it was revealed, it was manifested, it found for itself structures forms and programmes, an ethic and finally an aesthetic. The programme was so revolutionary that Le Corbusier, who had been occupied with painting since 1918, stopped exhibiting in Paris in 1923. He retreated because the battles of painting, sculpture and architecture can not all be fought at once. They are complex and are not often tackled. Complete confusion appears to reign. Architecture and Town Planning must now fuse together (how far we are from this!). Town Planning is a violent economic, social, or more exactly political question. Painting which must maintain its rôle as the lyric element can not at such a moment gain from a liaison with factors so incompatible with its very essence. At no time has painting failed to produce spirits who were occupied with architectural conceptions—Mondrian was an architect in all but fact.

Le Corbusier in this Purist period, painted only the most banal objects: glasses and bottles, and did not hesitate to avail himself of these poor means to attempt to achieve a plastic solution. It did not then matter to him that his paintings of this period represent some part of the conquest of architectural form. In 1925 this period was over. Between architectural forms born of reinforced concrete and painting there was now complete agreement. His painting, like his architecture and even his town planning are animated by a love of pure form.

Without "plastique" experimenting, without plastique feeling, without a veritable plastique passion, Le Corbusier would never have created the forms which little by little appeared in his architectural work. This occupation with formal questions was not allowed to detract from his great interest in life itself in all its manifestations, nor above all, from his interest in psycho-physiological reactions in man. The subjects of his pictures went on from the first "glass and bottle" designs to objects "à réaction poétique" such as roots, pebbles, butcher's bones, the bark of trees, etc., finishing finally with the human figure, which offers to the poetic imagination and the constructive spirit an infinite subject for decomposition and reconstruction, creating a united plastique and poetique.

Le Corbusier then began to take an interest in murals. The need became imperative and he was stirred to action. He did not hesitate to ask his friends to allow him to paint on their walls—they received the painting otherwise free. So fifteen murals were made almost all by this means.

In his architectural work, Le Corbusier benefited from his researches in proportion. His invention of the regulating line was applied to painting before it was applied to building and was perfected just in the hour of greatest need. More recently he has used the Modulor to bring order to his murals and paintings.

While Le Corbusier was making his mural paintings in a

pause between aeroplane flights or in the chaos of his studio, he was thankful that he had had the chance to learn from his young friend Nivola in New York a certain sculptural technique. Nivola who lives in an old Long Island House near the sea had created sculptures in wet sand at low tide. With knives, spoons and other rudimentary instruments the sand is formed into a cup-shape which serves as a mould. This mould is then filled with plaster thrown by hand straight on to the sand. Scraps of wood and cloth are used to reinforce the plaster which can easily be drawn forth from its fragile mould. A clean-cut sculp-

tural form! But one must understand its possibilities, only plastic ideas cleanly conceived can be written in the unstable sand.

Something must be said of the relationship of Savina and Le Corbusier. Savina lives in Brittany and makes his living as a cabinetmaker being a sculptor only in his spare time. His first idea was to sculpt the pictures of Le Corbusier, which may seem a paradox. But at the first attempt Le Corbusier appreciated the great sculptural talent of Savina and felt that it might be possible to establish contact through the medium of pencil and colour.

Une peinture sur bois de Le Corbusier (1948) et une sculpture
polychrome (Le Corbusier et Savina)

A painting on wood by Le Corbusier (1948) and a polychromatic
sculpture (Le Corbusier and Savina)

Malerei auf Holz und eine polychrome Skulptur

Synchronisme de la recherche picturale et architecturale. C'est au cours de ces années, qu'est née la morphologie architecturale de Le Corbusier

Synchronization of pictoral and architectural research. It was in these years that Le Corbusier's architectural morphology was born

Synchronisierung der malerischen und architektonischen Elemente. In diesen Jahren entstand die architektonische Formenlehre Le Corbusiers

Peinture 1920

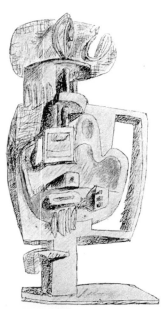

L-C: le modèle 1926—1942

Sculpture sur bois, Le Corbusier et Savina (fragment)　　Sculpture on wood, Le Corbusier and Savina (fragment)　　Holzplastik

Peinture murale à l'atelier Le Corbusier,
35, rue de Sèvres, Paris

Mural in the atelier of Le Corbusier

Wandmalerei im Atelier Le Corbusier

Peinture 1922

Peinture 1920

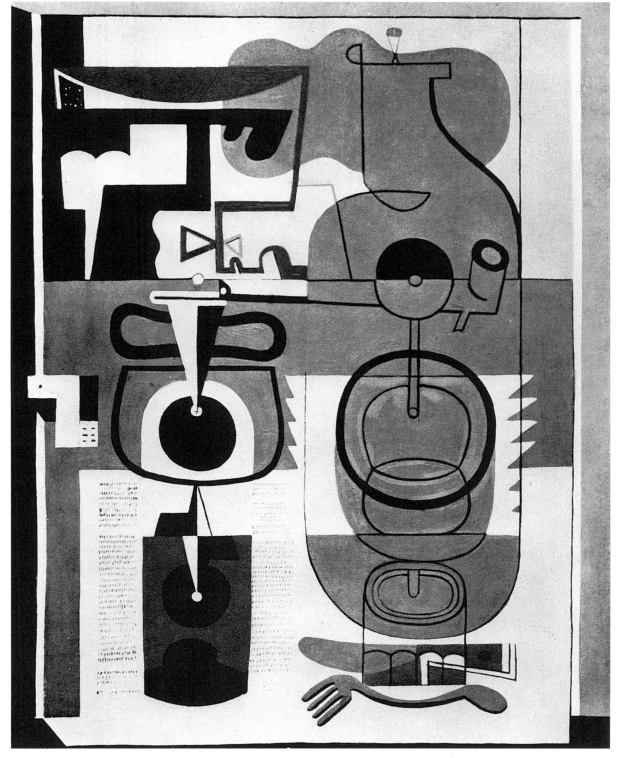

Composition 1929

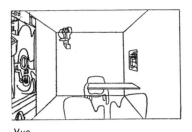

Vue

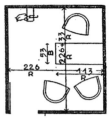

Plan

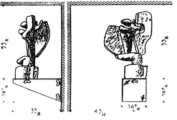

La sculpture

Bildende Kunst und Architektur

Zur Zeit des «Esprit-Nouveau» (1919—1925) mussten die bildenden Künste eine neue Basis gewinnen. Die Architektur jener Zeit war schwülstig und die dekorative Kunst entartet. In dieser Situation entstand die Forderung nach Ausmerzung der Parasiten und nach kritischer Auseinandersetzung mit den eigenen Bestrebungen. Schritt für Schritt entstand eine neue Architektur mit neuen Formen, einer eigenen Struktur, neuem Programm und eigener Ethik und Ästhetik.

Das Programm war so revolutionär, dass Le Corbusier, der sich seit 1918 ausschliesslich der Malerei gewidmet hatte, nach 1923 auf alle Ausstellungen verzichtete, denn er sah, dass es unmöglich war, den Kampf gleichzeitig in den Gebieten der Malerei, Bildhauerei und Architektur zu führen. In dieser Zeit allgemeiner Verwirrung musste sich die Architektur mit dem Städtebau solidarisch erklären (wie weit war man noch davon entfernt!). Dieser aber ist so weitgehend mit ökonomischen und politischen Dingen verknüpft, dass die Malerei, deren Wesen die Poesie ist, durch eine Verbindung mit ihr so wesensfremden Elementen nichts zu gewinnen gehabt hätte. Aber schon damals gab es einige Maler, die von der Architektur in hohem Masse angeregt wurden: Mondrian war ein Vorläufer und in seinem Wesen eigentlich Architekt.

In der mit Purismus bezeichneten Epoche, in der die Kunst sich mit den banalsten Dingen wie Gläsern und Flaschen befasste, versuchte auch Le Corbusier mit Hilfe derartig armseliger Dinge plastische Wirkungen zu erreichen. Er war sich damals noch nicht bewusst, dass seine Bilder aus jener Epoche einen wesentlichen Bestandteil der neuen architektonischen Formgebung darstellen. 1925 ging diese Periode zu Ende. Zwischen den aus dem armierten Beton hervorgegangenen architektonischen Formen und denen der Malerei Le Corbusiers bestand jetzt völlige Einheit. Die Beschäftigung mit dem Formalen durfte aber das Interesse am Leben und seinen psycho-physiologischen Seiten nicht beeinträchtigen. Der eingeschlagene Weg führte von den «Gläsern und Flaschen» über die «objets à réalisation poétique» (Wurzeln, Knochen, Kiesel, Baumrinden usw.) zur menschlichen Gestalt, dem vielfältigsten Objekt schöpferischer Intuition und konstruktiver Phantasie.

Das Interesse, das Le Corbusier nunmehr der Wandmalerei zuwandte, war so übermächtig, dass er seine Freunde um Überlassung von Wänden zum Bemalen bat. Auf diese Weise sind mehr als 15 grosse Wandbilder entstanden.

Doch die verfügbare Zeit wurde immer knapper, und Le Corbusier musste, wenn er seine Besessenheit zu malen und plastisch zu gestalten befriedigen wollte, seine Arbeit genau einteilen. Er benützte die durch seine grossen Reisen aufgezwungene freie Zeit im Flugzeug oder in der Einsamkeit fremder Hotelzimmer zu intensiver künstlerischer Betätigung, und, so paradox dies tönen mag, der Zeitmangel wurde ihm geradezu zum schöpferischen Faktor, der zu gesteigerter Intensität und kraftvollerer Gestaltung führte. Le Corbusiers künstlerische Ideen gehen teilweise auf Jahre und Jahrzehnte zurück; Entwürfe und Skizzen füllen zu Hause seine Schubladen. Er nimmt jeweils einen Teil davon mit auf seine Reisen. Auf diese Weise werden frühere

La cellule de travail de Le Corbusier, rue de Sèvres à Paris, 226 × 226 × 226   Die Arbeitszelle Le Corbusiers an der Rue de Sèvres

Epochen mit späteren verbunden und die Kontinuität im Wechsel der Zufälligkeiten des Lebens gewahrt.

Bei seinen architektonischen Untersuchungen kann Le Corbusier auf seine Arbeiten über die Proportionen zurückgreifen; seine Erfindung, die «Ordnungslinien», wurde zuerst auf seine Gemälde und erst später auf seine Architektur angewendet. Neuerdings sind ihm auch die im «Modulor» enthaltenen Normen bei der Anordnung seiner Bilder und Wandmalereien eine wertvolle Hilfe.

Bei seiner künstlerischen Betätigung, sei es im Flugzeug oder im Durcheinander seines Ateliers in Paris, denkt Le Corbusier gern an seinen Freund Nivola, der ein altes Haus in Long Island bewohnt und der ihn in die von ihm erfundene Technik der Sand-Bildhauerei einführte. Mit Löffeln, Messern und anderen primitiven Instrumenten wird in den feuchten Sand die Höhlung, die nachher die Form bildet, gegraben. Diese Form wird mit Gips, der von Hand direkt auf den Sand gegossen wird, ausgefüllt; Lumpen dienen zur Verstärkung des Gipsmodells, und das Ganze kann mit Leichtigkeit aus seiner vergänglichen Form gelöst werden. Das Resultat ist eine klare, plastische Form!

Eine seltsame Art der Zusammenarbeit sei hier kurz erwähnt. Le Corbusier hatte zufällig den aus der deutschen Kriegsgefangenschaft zurückgekehrten Savina kennengelernt. Dieser wohnt in Tréguier und muss sein Brot als Möbeltischler verdienen. In seiner Freizeit gibt er sich mit Holzschnitzerei ab. Er hatte den scheinbar paradoxen Gedanken, die Bilder Le Corbusiers in Holzskulpturen umzusetzen. Le Corbusier erkannte schon in den ersten Versuchen die grossen bildhauerischen Fähigkeiten Savinas und entwarf in der Folge eine Reihe von Projekten für ihn. Es handelte sich dabei um von den traditionellen Formen abweichende, für die Verwendung an Bauwerken bestimmte Skulpturen, zum Teil in Form von Hoch-Reliefs, zum Teil als Durchbruchbildhauerei. Oft waren sie farbig bemalt. Le Corbusier mit seinem mehr mediterranen Charakter und der Bretone Savina haben ausser der Liebe zum Meer und der Ehrlichkeit der Handschrift wenig gemein, und doch gelang es Savina, auf Grund der in weiter Entfernung entstandenen Skizzen Le Corbusiers, Skulpturen anzufertigen, die nur selten Interpretationsfehler enthielten.

Die «Phantome» des Modulor sind in die grosse Eisenbetonwand der Eingangsfassade der Unité d'Habitation in Marseille gegossen. Die dabei angewandte Arbeitsweise wird die Fachleute erstaunen: die Zeichnungen wurden in natürlicher Grösse am Ende eines Arbeitstages in einer halben Stunde gemacht, weil der Bauleiter, sei es aus mangelnder Voraussicht oder aus schlechter Laune, die Formen (die geschnittenen und behauenen Bretter) binnen 48 Stunden verlangte. Der telephonisch herbeigerufene Schreiner kam anderntags und schnitt unverzüglich sechs Silhouetten in fünf Zentimeter dicke Bretter. Le Corbusier machte am nächsten Tage mit einem Mitarbeiter die Bildhauerarbeit, worauf die Formen nach Marseille geschickt wurden. Nach dem Giessen zeigte sich, dass die kleinsten Einzelheiten der Form, sogar die Holzfasern und winzigen Sägespuren, auf dem Abguss sichtbar waren. Der Beton gibt die getreuesten Abgüsse, vielleicht noch getreuer als die Bronze, und ist daher besonders geeignet, die Absichten des Bildhauers wiederzugeben.

Peinture sur toile 162 × 130 cm (1952)   Oil painting   Ölgemälde

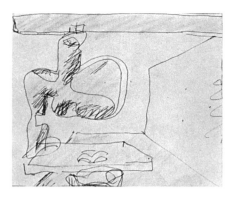

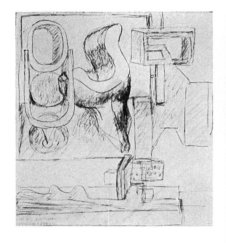

Atelier Le Corbusier à la rue Nungesser et Coli, Paris

Peinture murale au Cap-Martin ▶

... garder
mon aile dans ta main.

1948. Peinture murale
au Pavillon suisse de
la Cité universitaire à
Paris (11 m × 4,5 m)

1948. Mural at the
Swiss Pavilion of the
Cité universitaire In
Paris (36 ft. 8 in × 15 ft.)

Wandmalerei im
Schweizer Haus der
Cité universitaire,
Paris

Sculpture sur bois, modelée en plusieurs morceaux

Sculpture on wood, modelled in several pieces

Holzplastik, aus verschiedenen Stücken zusammengesetzt

Tapisseries

Les dieux se mêlent parfois d'aménager la conjoncture. Un jour, Le Corbusier a dénommé la tapisserie moderne «le mural du nomade». En 1951, Pierre Baudouin, autrefois professeur de dessin à Aubusson, lui avait demandé de peindre des cartons de tapisserie pour aider à arracher la tapisserie aux réminiscences du passé. Aujourd'hui, trois tissiers (trois ateliers de Tapisseries d'Aubusson) se sont mis à tisser sous cette impulsion.

Les conditions économiques seraient tragiquement divergentes si les tapissiers devaient s'affronter aux Indes, au Japon, en France. La France possède des artisans exceptionnels; mais le Kashmir peut y prétendre aussi et l'on connaît l'habileté des Japonais.

Le Corbusier a établi en 1956 le carton d'une tapisserie pour l'architecte japonais Sakakura. Cette tapisserie de 230 m² servira de rideau de scène remplissant entièrement le fond d'un grand théâtre en construction à Tokio.

Les 650 m² de tapisserie de Chandigarh (une de 144 m², huit de 64 m²) étaient faites pour des buts acoustiques. Belle opportunité de mettre d'accord l'architecte de béton armé (sonore) et les artisans de la laine (absorption des bruits)!

Tapisseries à l'exposition Le Corbusier au Musée des beaux-arts de Lyon (1956)
The Le Corbusier Exhibition at the Museum of Fine Arts in Lyon

A Aubusson, la renaissance de la tapisserie tient à une décision de principe: cesser de faire de la tapisserie une sorte de tableau encadré de guirlandes ou d'un cadre fictif, suspendu au milieu d'un mur. Au contraire, faire toucher la tapisserie au sol, la dresser à hauteur d'homme (un minimum de 2 m 20 de haut) et lui donner une largeur qui l'apparente à un mur normal: 2 m 95, 3 m 66, 4 m 80, etc... (On voit apparaître ici des chiffres de Modulor qui ne sont pas mesures d'appartement ancien ou moderne, mais qui sont mesures d'homme.) C'est précisément la taille de l'homme nomade que nous sommes devenus — nous les habitants de logis dans les villes: l'homme moderne est un nomade!

Notre nomade déménage parce que sa famille a grandi ou au contraire parce que ses enfants se sont mariés.

La tapisserie lui donne possibilité de s'offrir un «mural», c'est-à-dire, une peinture à grande dimension, potentiel architectural. Il déroule sa tapisserie et l'étale au mur, touchant au sol. Déménage-t-il? Il roule son «mural», le met sous le bras, descend son escalier pour aller s'installer dans son nouveau gîte.

Tapestries

The gods sometimes take a hand in arranging the situation. Le Corbusier once named modern tapestry: "The mural of the nomad". In 1951, Pierre Baudouin, formerly professor of design at Aubusson, had asked him to paint some sketches for tapestries in order to help in uprooting the art of tapestry from the reminiscences of the past. Today, three tissiers (three workshops for Aubusson Tapestries) have been put to weaving as a result of this impulse.

The economic situation would be tragically divergent if the tapestries had to be tackled in India, in Japan, and in France. France possesses exceptional craftsmen; but Kashmir can also lay claim to that, and the ingenuity of the Japanese is well known.

In 1956 Le Corbusier made the sketch for a tapestry for the Japanese architect Sakakura. This tapestry, 230 m² in size, will serve as the stage curtain entirely covering the lower part of a large theater now under construction in Tokyo.

The 650 m² of tapestries in Chandigarh (one of 144 m² and eight of 64 m² each) were made for acoustical reasons. A beautiful opportunity to place in accord the architect of rein-forced concrete (resonant) and the craftsmen of wool (noise-absorbent)!

At Aubusson the success of the tapestry derives from a fundamental decision: to cease to make tapestry as a sort of picture framed by garlands or any imaginary frame, suspended in the middle of a wall. On the contrary, to let the tapestry reach to the floor, to adjust it to the height of man (a minimum of 2.20 meters in height) and to give it a size which relates it to a normal wall: 2.95 meters, 3.66 meters, 4.80 meters, etc. ...(the ciphers of the Modulor, which are seen to appear here, are not measures of old or modern living quarters, but are measures of man). It is precisely the stature of the nomadic man which we have become—we, the inhabitants of dwellings in the cities: modern man is a nomad!

Our nomad moves house because his family has grown larger, or, on the contrary, because his children have married.

The tapestry gives him the possibility of providing himself with a "mural", that is to say, a painting of large dimensions, of architectural potential. He unrolls his tapestry and spreads it on the wall, reaching to the floor. Does he want to move? He rolls up his "mural", puts it under his arm and goes downstairs to install it in its new location.

Wandteppiche

Oft führen die Götter ein Zusammentreffen herbei. Eines Tages hat Le Corbusier für die moderne Tapisserie die Bezeichnung «Wandmalerei des Nomaden» geprägt. 1951 gelangte der ehemalige Zeichenlehrer von Aubusson, Pierre Baudouin, an ihn mit der Bitte, Tapisserien zu entwerfen, da ihm daran lag, die Tapisserie von der bisherigen Verknüpfung mit der Vergangenheit zu befreien. Heute sind drei Werkstätten von Aubusson mit der Herstellung moderner Tapisserien beschäftigt.

Die ökonomischen Verhältnisse der Tapisserie-Weber in Indien, Japan und Frankreich sind total verschieden. Frankreich verfügt über ausgezeichnete Handwerker; aber die von Kaschmir können sich mit ihnen messen und die Geschicklichkeit der Japaner ist allgemein bekannt.

Le Corbusier hat 1956 eine Tapisserie für den japanischen Architekten Sakakura entworfen. Sie misst 230 m² und ist als Bühnenvorhang für das im Bau befindliche grosse Theater in Tokio bestimmt. Die 650 m² Tapisserie von Chandigarh (eine von 144 m² und acht von 64 m²) dienen akustischen Zwecken. Es war dies eine günstige Gelegenheit, den Architekten des Betons (widerhallend) und den Handwerker der Wolle (lärmabsorbierend) zur Zusammenarbeit zu bringen.

Rideau de scène pour un théâtre à Tokyo   Stage curtain for a theatre in Tokyo   Vorhang für ein Theater in Tokio

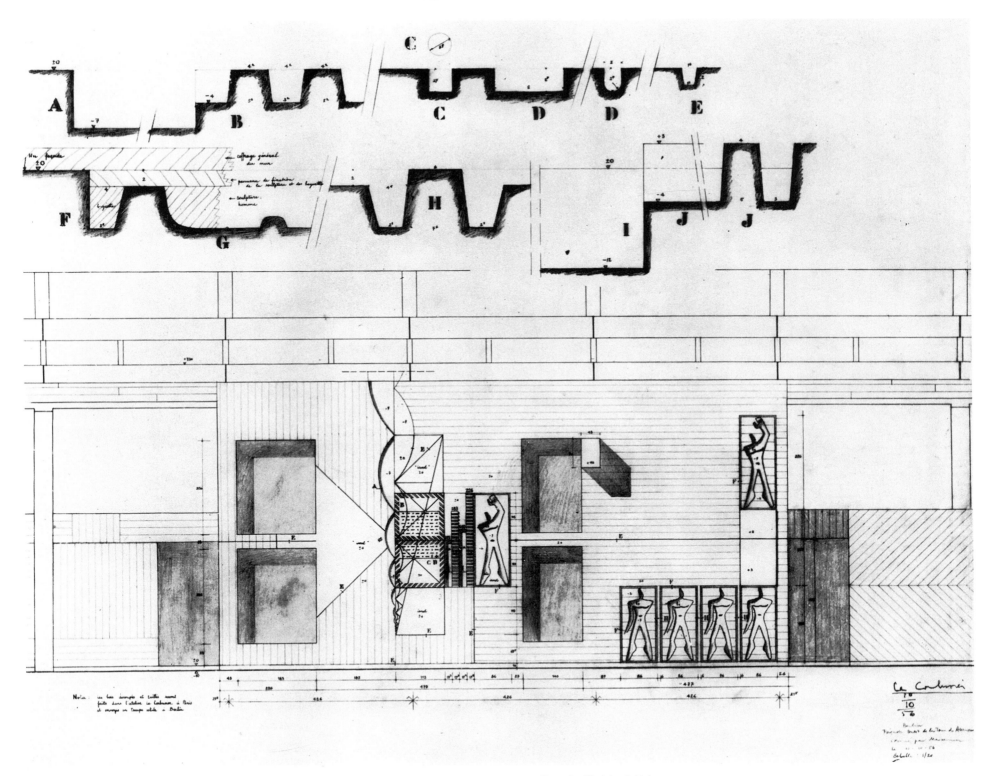

Figuration du Modulor moulé dans le béton (Unité Berlin)   The figure of the Modulor formed into concrete   Darstellung des Modulor, in Beton gegossen

La porte est couverte sur chaque face de 8 feuilles de tôle d'acier émaillé à 760° de chaleur. C'est la première fois qu'on a appliqué cette technique à l'architecture

The door is covered on each face with 8 panels of sheet steel and enamelled in vivid colours at 760° C. It is the first time that such a technic was applied on architecture

Das Hauptportal ist innen und aussen mit je 8 Stahlblechplatten belegt, die bei 760° Hitze in lebhaften Farben emailliert worden sind. Dieses Verfahren ist zum erstenmal in der Architektur angewendet worden

La porte principale de la Chapelle de Ronchamp   The main door of the Ronchamp Chapel   Hauptportal der Kapelle von Ronchamp

Tapisserie 1957

Lithographie du Poème de l'Angle Droit (Editions Verve, 1956)

Urbanisme

Town Planning

Stadtplanung

1922 Plan de la Ville de 3 millions d'habitants

Principes fondamentaux:
1° Décongestionnement du centre des villes;
2° Accroissement de la densité;
3° Accroissement des moyens de circulation;
4° Accroissement des surfaces plantées.
Au centre, la gare avec plate-forme d'atterrissement des avions-taxis.
Nord-sud, est-ouest, la grande traversée pour véhicules rapides (passerelle surélevée de 40 m de large).
Au pied des gratte-ciel et tout autour, place de 2400 × 1500 m, (3 600 000 m²) couverte de jardins, parcs, etc.
Dans les parcs, au pied et autour des gratte-ciel, les restaurants, cafés, commerces de luxe, bâtiment à deux ou trois terrasses à gradins; les théâtres, salles, etc.; les garages à ciel ouvert ou couvert.
Les gratte-ciel abritent les affaires.
A gauche: les grands édifices publics, musées, maison de ville, services publics. Plus loin à gauche le jardin anglais (le jardin anglais est destiné à l'extension logique du cœur de la cité).
A droite: parcourus par l'une des branches de la «grande traversée», les docks et les quartiers industriels avec les gares de marchandises.
Au-delà, les cités-jardins formant une large ceinture.
La cité:
Vingt-quatre gratte-ciel pouvant contenir de 10 000 à 50 000 employés chacun.
Habitations de ville, lotissements «à redents» ou «fermés» 600 000 habitants.
Les cités-jardins, 2 000 000 d'habitants ou davantage.
Densité:
a) Gratte-ciel: 3000 habitants à l'hectare.
b) Lotissements à redents: 300 habitants à l'hectare. Résidence luxueuse.
c) Lotissements fermés: 305 habitants à l'hectare.
Cette forte densité fournit la réduction des distances et assure la rapidité des communications.

Plan for a City of 3 millions inhabitants

Fundamental principles:
1. Decongestion of the centers of cities;
2. Increase of the density;
3. Enlargement of the means of circulation;
4. Enlargement of the landscaped areas.
In the center, the station with landing platform for flying taxis.
North-south and east-west—the large express route for rapid vehicular traffic (vehicular overpass 120 ft. wide).
At the foot of the skyscrapers and all around, a large open place 7200 ft. × 4500 ft. (32,400,000 sq. ft.) covered with gardens and parks. In the parks, at the foot of and around the skyscrapers, the restaurants, cafés, luxury shops, buildings with two or three terraces arranged for seating; theatres, halls, etc.; open-air or covered garages.
The skyscrapers house commercial premises.
To the left: the large public edifices: museums, city hall, public service buildings. Further to the left is the English garden (the English garden is destined to be the logical extension of the heart of the city).
To the right: serviced by one of the branches of the large traffic artery are the docks and industrial areas with freight stations and depots.
Encircling the city: free zone, woods and fields. Behind: the belt of garden-cities.
The City:
Twenty-four skyscrapers could contain between 10,000 and 50,000 employees each.
City dwellings—600,000 inhabitants quartered in "indented" or "closed" subdivisions.
The garden-cities—2,000,000 inhabitants or more.
Density:
a) Skyscraper: 3000 inhabitants to the hectare.
b) "Indented" subdivisions: 300 inhabitants to the hectare. Luxurious residences.
c) "Closed" subdivisions: 305 inhabitants to the hectare.
This high density makes for a reduction of distances and thus ensures a rapidity of communication.

Plan einer Stadt für 3 Millionen Bewohner

Der Plan basiert auf folgenden Grundsätzen:
1. Entlastung des Zentrums.
2. Erhöhung der Bevölkerungsdichte
3. Vermehrung der Verkehrsmittel
4. Vermehrung der Grünflächen.
Im Zentrum der Bahnhof mit Plattform für die Landung der Lufttaxis.
Von Norden nach Süden und Osten nach Westen grosse Querstrassen für den Schnellverkehr (überhöhte Brücke von 40 m Breite). Inmitten einer Grünfläche von 2400 × 1500 m (3 600 000 m²), die mit Bäumen und Pflanzen bedeckt ist, stehen die Wolkenkratzer, Restaurants, Cafés, Luxusläden, Gebäude mit zwei und drei stufenförmig ansteigenden Terrassen; Theater, Säle usw.: ferner offene und geschlossene Garagen.
Die Wolkenkratzer beherbergen den Handel.
Links: die grossen öffentlichen Gebäude, Museen, Stadthaus, Einrichtungen zum allgemeinen Gebrauch. Weiter links: der englische Garten (das heisst eine Reservezone für die spätere Erweiterung des Stadtkerns).
Rechts: von einer der grossen Querverbindungen durchzogen die Docks und Industriequartiere mit den Güterbahnhöfen.
Rings um die Stadt: freie Zone, Wälder und Wiesen. Dahinter: der Gürtel der Gartenstädte.
City: Vierundzwanzig Wolkenkratzer, von denen jeder 10 000 bis 50 000 Angestellte fassen kann.
Stadtwohnungen: offene (in Zahnschnittform) oder geschlossene Wohnblocks, 600 000 Bewohner.
Gartenstädte: 2 000 000 Bewohner oder darüber.
Bevölkerungsdichte:
a) Wolkenkratzer: 3000 Bewohner pro Hektare.
b) Stadtwohnungen in Zahnschnittform: 300 Bewohner pro Hektare, Luxuswohnungen.
c) Geschlossene Wohnblocks auf Stadtgebiet: 305 Bewohner pro Hektare.
Die starke Wohndichte vermindert die Entfernungen und beschleunigt den Verkehr.

Diorama d'une ville de 3 millions d'habitants   The city for 3 millions inhabitants   Diorama der Stadt von 3 Millionen Einwohnern

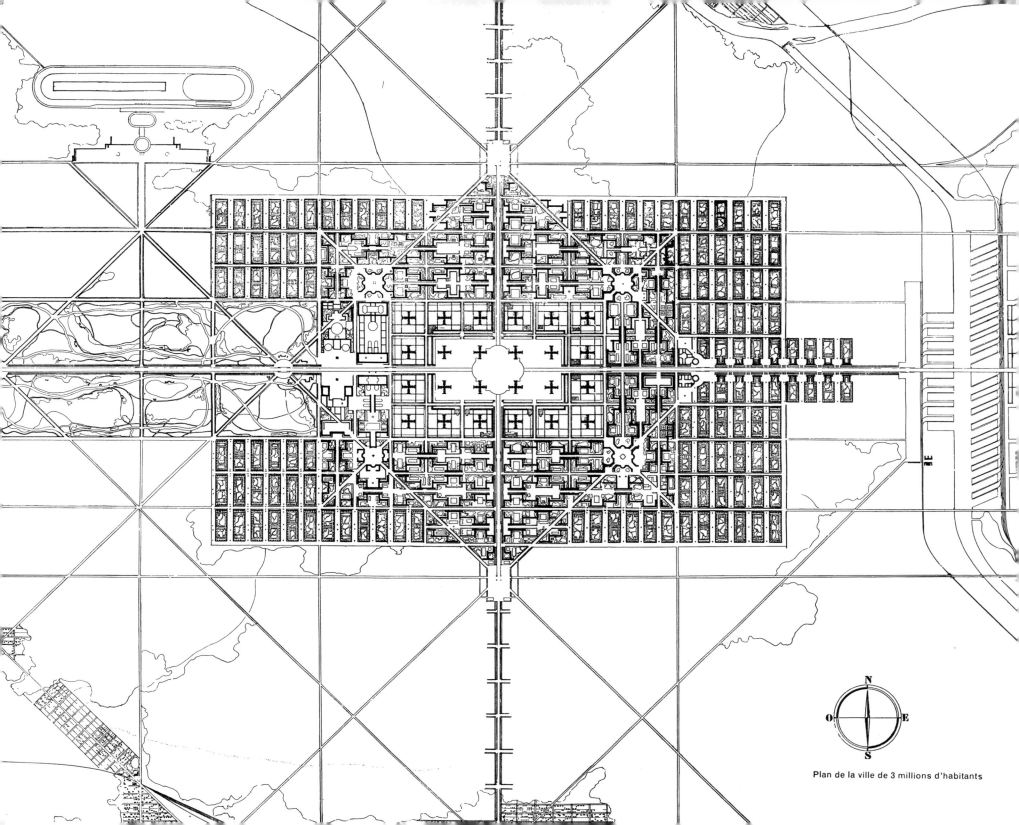

Plan de la ville de 3 millions d'habitants

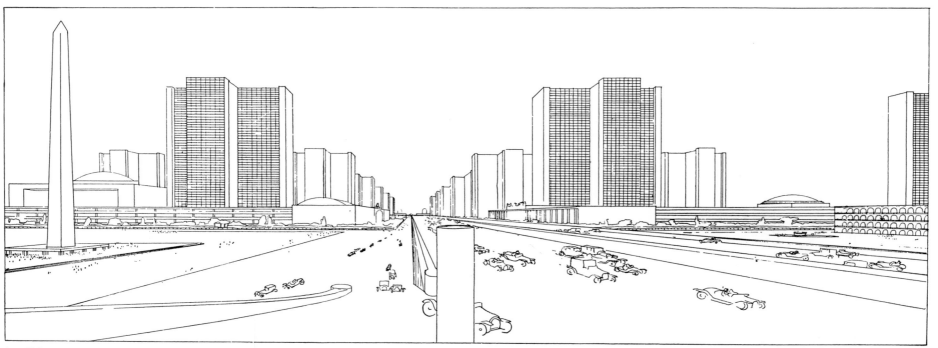

La «Cité», vue de l'autostrade de «grande traversée». A gauche et à droite les places des services publics. Plus au fond, les musées et universités

The "City" seen from the main road, left and right the administration buildings, in the background the museums and universities

Die «City» von der grossen Autobahn aus gesehen, links und rechts im Vordergrund die Gebäude der öffentlichen Verwaltung. Im Hintergrund Museen und Universitätsgebäude

New York

A la même échelle vue de la «Cité» de New York et de la «Cité» de la ville contemporaine

View of the "City" of New York and of the contemporary city

Die «City» von New York und diejenige einer zeitgemässen Stadt für 3 Millionen

La ville contemporaine

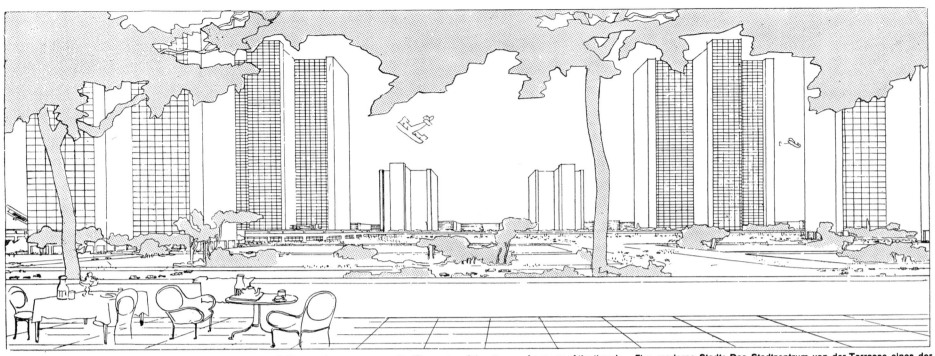

Une ville contemporaine: le centre de la Cité, vue de la terrasse de l'un des cafés à gradins, qui entourent la place de la gare

A contemporary city: The center of the city seen from one of the tiered cafés surrounding the place of the station

Eine moderne Stadt: Das Stadtzentrum von der Terrasse eines der den Bahnhofplatz umgebenden Cafés gesehen

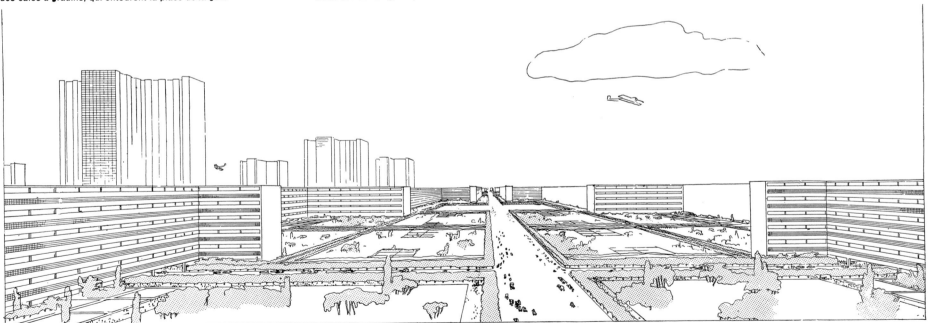

Une ville contemporaine: Une rue qui traverse un lotissement à redents (six doubles étages). Les redents fournissent une sensation architecturale première qui nous porte loin des rues «en corridors». Chaque fenêtre d'appartement (et sur les deux faces) donne sur des parcs

A contemporary city: A "street" running along an "indented" group of dwellings (six double-storeys). The indentations create a unique architectural impression, a far cry from the typical «corridor streets». Every window of each apartment (on both sides) opens out towards the parks

Eine moderne Stadt: Strasse durch eine zahnschnittförmige Überbauung (sechs Doppelstockwerke). Durch die Zahnschnittform ergibt sich ein architektonischer Eindruck, der mit dem der üblichen «Korridor»-strassen überhaupt nichts mehr gemeinsam hat. Jedes Fenster (und zwar auf beiden Fassaden) geht auf die Grünflächen

1925 «Plan Voisin» de Paris

Nom des célèbres constructeurs d'avions et d'automobiles qui ont apporté aux architectes du «Pavillon de l'Esprit-Nouveau» un appui financier au moment où la situation était absolument désespérée.

En 1922, au Salon d'automne, la ville de 3 millions d'habitants semblait une parole dans le désert. En 1925, la reconstruction du centre de Paris paraissait tout autant une utopie amusante qu'une élucubration de mauvais goût. En 1929, la situation créée au centre de Paris est telle que les pouvoirs publics sont débordés et qu'un cénacle de techniciens éminents propose simplement de quitter Paris et d'aller le reconstruire au long de l'avenue de Saint-Germain-en-Laye!

En 1929, la question reste dans un état de flottement très grave, alors que l'événement automobile déroule ses conséquences et que la ville devient impraticable. Il faudrait un homme de poigne chargé du mandat d'attribuer la solution de la question de la ville. On demande un Colbert!

Sa première tâche serait (chose facile) de chiffrer l'opération du Centre de Paris. La doctrine d'urbanisme moderne proclame: urbaniser c'est valoriser. Le centre de Paris, actuellement menacé de mort, menacé de l'exode, est en réalité une mine de diamants. Le centre de Paris doit se reconstruire sur lui-même, phénomène biologique et géographique.

"Plan Voisin" for Paris

Voisin was a famous constructor of airplanes and automobiles who brought financial support to the architects of the "Pavillon de l'Esprit-Nouveau" at the moment when the situation seemed absolutely hopeless.

In 1922, at the Salon d'automne, the City of 3 million inhabitants appeared like a sermon in the desert. In 1925, the reconstruction of the center of Paris seemed as much an amusing utopia as an extended study in bad taste. In 1929, the situation created in the center of Paris was such that the public powers were unable to cope with their work and a group of eminent technicians proposed simply leaving Paris and then rebuilding it along the avenue of Saint-Germain-en-Laye!

In 1929 the question still remained in a very serious state of hesitation, since the event of the automobile unfolded its consequences and the city became impracticable. The situation called for a man of resolute will charged with the authority of going about and getting a solution to the question of the city. A Colbert was needed!

His first task (an easy thing) would be to evaluate the operation of the Center of Paris. The modern doctrine of city-planning proclaims: to urbanize is to raise values. The center of Paris must be reconstructed upon itself—as a biological and geographical phenomenon.

«Plan Voisin» von Paris

Er trägt seinen Namen nach den berühmten Flugzeug- und Automobilkonstrukteuren, die den Architekten des «Pavillon de l'Esprit-Nouveau» in einem verzweifelt scheinenden Zeitpunkt finanzielle Unterstützung gewährten.

Im «Salon d'automne» 1922 schien das Projekt einer Dreimillionenstadt eine Predigt in der Wüste. 1925 wurde die Rekonstruktion des Zentrums von Paris, wie sie der «Plan Voisin» vorsieht, teils als amüsante Utopie, teils als Manifestation schlechten Geschmackes aufgenommen. 1929 aber war die Situation im Zentrum von Paris so, dass die Behörden nicht mehr aus und ein wussten und ein Konsilium namhafter Fachleute den Vorschlag machte, Paris ganz einfach aufzugeben und längs der Strasse nach St-Germain-en-Laye wieder aufzubauen!

1929 bleibt das Problem in einem Zustand gefährlicher Ungewissheit, während die Konsequenzen des Automobilverkehrs in Erscheinung treten, den die Stadt nicht mehr zu bewältigen vermag. Es bedürfte eines Mannes mit eiserner Faust und dem offiziellen Auftrag, das Problem der Grossstadt zu lösen, eines Colbert!

Seine erste Aufgabe wäre (eine einfache Sache), den Eingriff zu berechnen. Die moderne Theorie des Städtebaus heisst: Städtebau ist Aufwertung. Das Zentrum von Paris, heute vom Tode, der Entvölkerung bedroht, ist in Wirklichkeit eine Diamantenmine. Es muss sich aus sich selbst neu aufbauen, gemäss seiner biologischen und geographischen Wesensart.

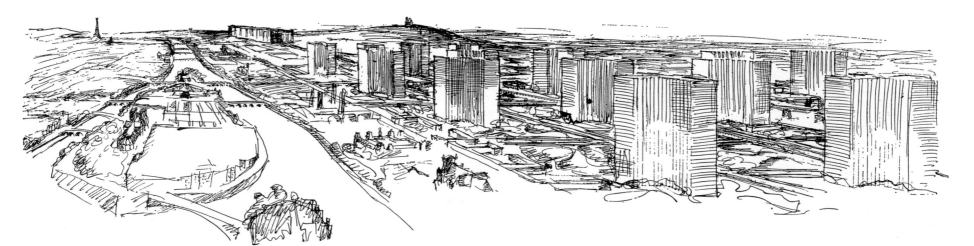

Croquis du centre de Paris   Sketch of the center of Paris   Skizze des Stadtzentrums

1937   Ilot insalubre n° 6 à Paris

Cet «Ilot n° 6» (quartier classé insalubre et destiné à la démolition) devrait être le prétexte du déclenchement des nouvelles entreprises de la ville de Paris. Seules de larges méthodes peuvent être efficaces. Toute entreprise de détail à l'intérieur de la ville doit s'insérer régulièrement dans des prévisions d'ensemble (nécessaires et suffisantes): plan urbain. Mais ce plan urbain ne peut être juste que s'il est dicté par les conditions régionales, qui sont elles-mêmes fonctions des conditions nationales.

L'étude de cet «Ilot n° 6» est une démonstration éloquente de l'interdépendance des facteurs évoqués ci-dessus. Elle démontre que la réalisation d'une solution raisonnable, aujourd'hui 1938, impose la rédaction et la mise en vigueur d'un nouveau statut du terrain, de nouvelles règles édilitaires, de nouvelles méthodes d'entreprise (techniques et financières).

This "Ilot No. 6" (a quarter classed as unhealthy and destined for demolition) was to have been the pretext for the start of new and similar undertakings by the city of Paris. Only large-scale methods would be efficient. All detailed construction within the city should be undertaken within the provisions of the total ensemble (necessary and sufficient)— within an urban plan. But this urban plan can only be correct if it is dictated by regional conditions, which, in turn, are functions of national conditions. It is recognized to-day that City-Planning cannot remain strictly a municipal affair. By means of land, rail, water and aerial routes, city-planning is even the manifestation of national life.

The study for this "Ilot No. 6" is an eloquent demonstration of the interdependence of factors mentioned above. It shows that the accomplishment of a reasonable solution, to-day in 1938, impose the creation and enacting of a new land statute, new municipal regulations, new methods.

Dieses als ungesund und abbruchreif bezeichnete Quartier sollte eigentlich der Anstoss zu Sanierungsarbeiten grossen Stils für die Stadt Paris sein. Nur grosszügige Methoden können Erfolg haben. Jedes einzelne Bauvorhaben im Innern der Stadt muss sich in einen vorbedachten Gesamtplan einfügen: eine Stadtplanung. Diese ist nur dann richtig, wenn sie von den regionalen Voraussetzungen ausgeht, die selbst wiederum Funktionen der Gegebenheiten des Landes sind. Diese Studie ist ein beredtes Zeugnis für die gegenseitige Abhängigkeit der oben genannten Faktoren. Sie zeigt, dass eine vernünftige Lösung heute, im Jahre 1938, nach einem neuen Grundstückstatut, einem neuen Baugesetz und nach neuen technischen und finanziellen Methoden verlangt. Immer mehr wurde im Laufe der städtebaulichen Studien zur Gewissheit: es ist die Besiedelung des Landes mit Städten und Landbezirken längs der vier Verkehrswege die wesentliche Aufgabe des Maschinenzeitalters.

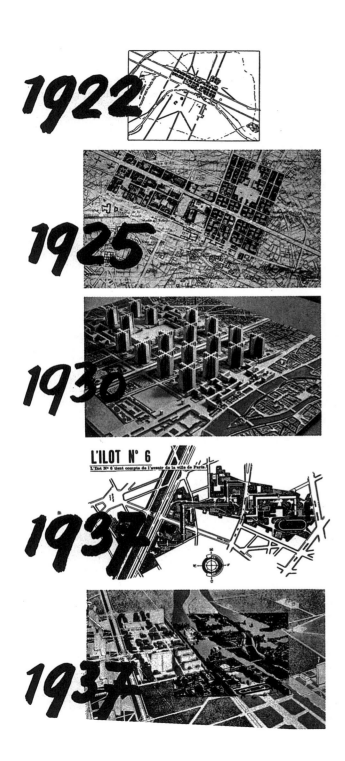

1922

1925

1930

1937

L'ILOT N° 6
L'îlot N° 6 tient compte de l'avenir de la ville de Paris

1937

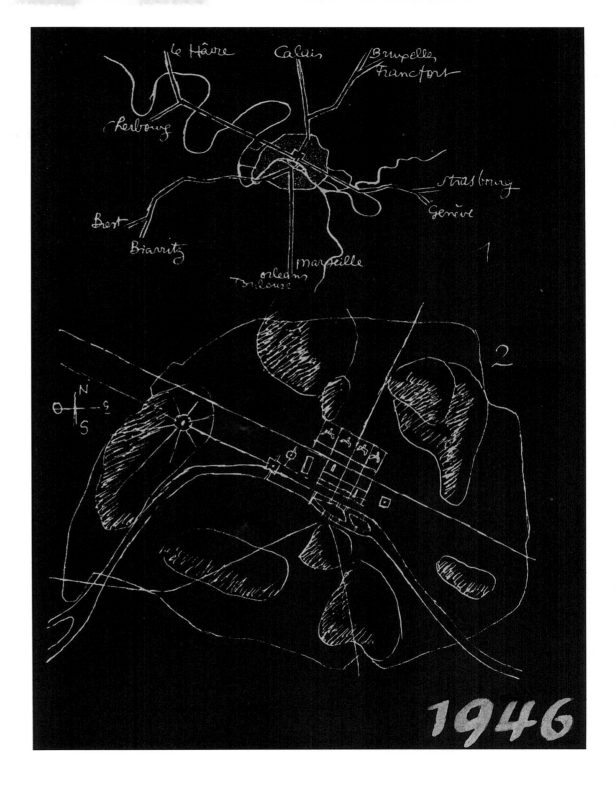

le Hâvre · Calais · Bruxelles · Francfort

Cherbourg

Brest

Biarritz

orleans · Toulouse · Marseille

Strasbourg · Genève

1

N · E · O · S

2

1946

1929 Etude d'urbanisation en Amérique du Sud, Rio et Buenos Aires

Ces croquis évoquent des conceptions entièrement neuves d'urbanisation, faisant état des techniques modernes et dont le principe consiste à établir les grandes circulations automobiles dans les villes inextricables, tout en créant des cubes d'habitation considérables.

A Rio de Janeiro, l'opération relie les diverses baies de la ville sans déranger en quoi que ce soit l'état de la ville actuelle.

Buenos Aires. Même tendance d'urbanisation, dont l'effet, ici, est de doter la ville d'une Cité d'affaires sous forme de gratte-ciel, installée dans le Rio de la Plata dont le lit est formé de roches solides à 12 et 18 m de profondeur.

City-Planning studies in South America, Rio and Buenos Aires

These sketches evoke entirely new conceptions of city-planning, taking into account modern techniques and of which the principle consists in establishing large automobile routes in the inextricable cities, while creating a considerable amount of building cubage for habitation.

At Rio de Janeiro the operation connects the different bays of the city without disturbing that which constitutes the present condition of the city.

At Buenos Aires—same tendency of urbanization, of which the effect here is to endow the city with a Business District in the form of a skyscraper, installed in the Rio de la Plata whose bed is formed of solid rock at a depth of 36 to 54 ft.

Städtebauliche Skizzen für Rio und Buenos Aires

Vollständig neue Auffassung des Städtebaus. Unter Benützung moderner technischer Mittel werden die Städte mit einem grossen Verkehrssystem für den Automobilverkehr versehen, das sie vom gegenwärtigen Wirrwarr befreit. Gleichzeitig werden beträchtliche Wohnbauten geschaffen.

In Rio de Janeiro werden die verschiedenen Buchten der Stadt miteinander verbunden, ohne dass der gegenwärtige Zustand der Stadt in irgendeiner Weise gestört würde.

Buenos Aires. Gleiche städtebauliche Prinzipien. Errichtung eines Geschäftszentrums in Form von Wolkenkratzern im Rio de la Plata, dessen Bett von solidem Fels in 12 bis 18 m Tiefe gebildet wird.

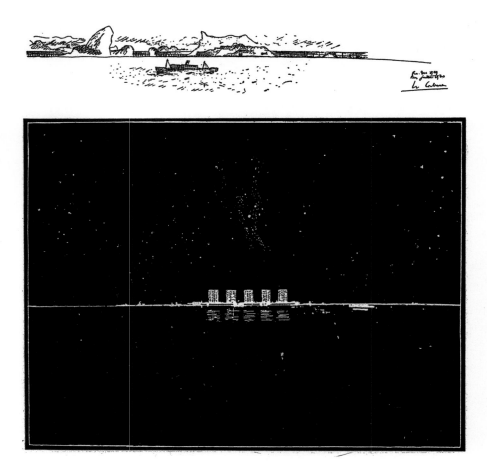

Buenos Aires

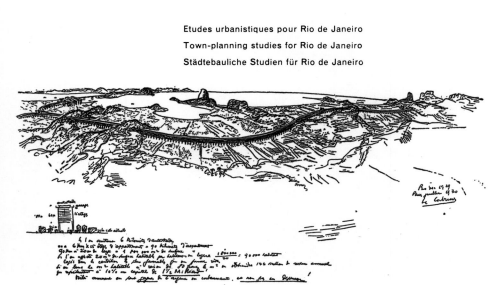

Etudes urbanistiques pour Rio de Janeiro

Town-planning studies for Rio de Janeiro

Städtebauliche Studien für Rio de Janeiro

1 Adopter un type d'immeubles d'habitation à rendement optimal (densité, espace, soleil et vue, services communs, domestiques, etc.)
2 Les situer aux endroits favorables à l'habitation
3 Situer les affaires, l'industrie, etc.
4 Créer les liaisons de grand trafic. (Ici, à Rio, la solution proposée est prodigieuse: elle fournit un cube à logis féerique, et crée d'immenses ressources municipales. La splendeur sur la ville)

1 Adopt a type of apartment houses affording the greatest latitude in regard to size of family; allotment of space; enjoyment of sun and view; common facilities; domestic help, etc.
2 Locate them in favorable areas.
3 Assign areas to business, industry, etc.
4 Provide access to main traffic routes. (The solution proposed here in Rio is extraordinary, namely: a fantastic block of apartments. Besides, it creates immense municipal resources)

1 Schaffung eines neuen Wohntyps mit optimalen Möglichkeiten bezüglich Dichte, Raumverhältnisse, Sonne, Aussicht und gemeinschaftlicher Einrichtungen
2 Bestmögliche Placierung
3 Konzentration der Industrie- und Geschäftszentren
4 Schaffung des notwendigen Verkehrsnetzes

1936 Plans pour une Cité universitaire du Brésil

Etabli à la demande de M. Capanema, ministre de l'Education nationale et de la Santé publique, et en collaboration avec un groupe d'architectes de Rio.

Le terrain occupe un des anneaux de l'étroite vallée d'alluvions qui débouche sur Rio, entre des montagnes violemment hérissées. Le milieu est donc traversé par la totalité des circulations ferroviaires et routinières qui s'enfoncent à l'intérieur du Brésil. Le premier travail fut donc de trouver une solution impeccable au grand trafic de transit, puis au branchement de la circulation même de la cité universitaire: trains de banlieue, cars, automobiles. Une vaste plate-forme distributrice, réseau routier (autos et piétons) de distribution générale de la cité. La liaison à l'ancien parc impérial; le respect des plantations existantes. La recherche de l'axe des bâtiments au sein du vaste paysage (en travers de la vallée, permettant aux montagnes d'apparaître partout). Classement des Facultés: médecine M, littérature-philosophie-sciences LPS; droit D; arts, architecture et ingénieurs AAI.
Règle: groupes par unités caractérisées:
a) ce qui est au sol (circulation, stationnement bref, etc.);
b) au-dessus du sol: les locaux types du travail. Concentrer ce qui collabore. Laisser de vastes espaces libres entre les fonctions indépendantes. Créer de grands sites architecturaux; cubes bâtis, parcs, montagnes.

Plans for the University City of Brazil

Established upon the request of M. Capanema, Minister of National Education and Public Health, and worked out in collaboration with a group of architects in Rio.

The site occupies one of the curves of the narrow alluvial valley which opens out onto Rio, between the violently vegetated mountains. The region is served by all rail and road transportation leading to the interior of Brazil. The first task was therefore to find a faultless solution for the large transit traffic, then the branches of circulation to the University City itself: suburban trains, buses, automobiles. A vast distribution platform, road network (for both autos and pedestrians) for circulation within the City. A connection with the former imperial park; respect for the existing plantations. A study for the axis of the buildings framed by the vast landscape (across the valley, permitting views of the mountains throughout). Classification according to faculty.
Rule: Groups are to be characterized by unities:
a) that which is ground (circulation, parking of short duration, etc.);
b) that which is above the ground: The different work spaces. Concentration of the functions which collaborate with one another. Leaving vast free spaces between the independent functions. Creation of grand architectural impressions; constructed volumes, parks, mountains.

Projekt einer Universität in Rio de Janeiro

Im Auftrag des Erziehungs- und Gesundheitsministers Capanema in Zusammenarbeit mit einer Architektengruppe aus Rio.

Das Grundstück liegt auf einem Segment des schmalen, aufgeschwemmten Tales, das sich gegen Rio öffnet, und ist von steil ragenden Bergen umgeben. Mittendurch führen Bahn- und Strassentrasses ins Innere Brasiliens. Die erste Aufgabe bestand daher in einer Lösung, vorerst des Transitverkehrs und dann des Verkehrs der Universitätssiedlung: Vorortszüge, Cars, Autos. Eine grosse Verteiler-Plattform, ein allgemeines Strassennetz für die Universitätsstadt. Verbindung zum ehemaligen kaiserlichen Park; Schutz der vorhandenen Pflanzungen. Wahl der Achse der Bauten (quer zum Tal, so dass die Berge überall sichtbar sind). Gruppierung der Fakultäten: Medizin M, Literatur-Philosophie-Naturwissenschaften LPS, Jurisprudenz D, Kunst-Architektur-Ingenieurwissenschaft AAI.
Grundsatz: Gruppierung wie folgt:
a) auf dem Boden: Verkehr, Parkieren für kurze Zeit usw.;
b) über dem Boden: die Arbeitsräume. Konzentration der zusammengehörenden Arbeitsgebiete. Weite freie Räume zwischen den voneinander unabhängigen Tätigkeitsgebieten. Grosszügige architektonische Eindrücke; Baukörper, Parks, Berge.

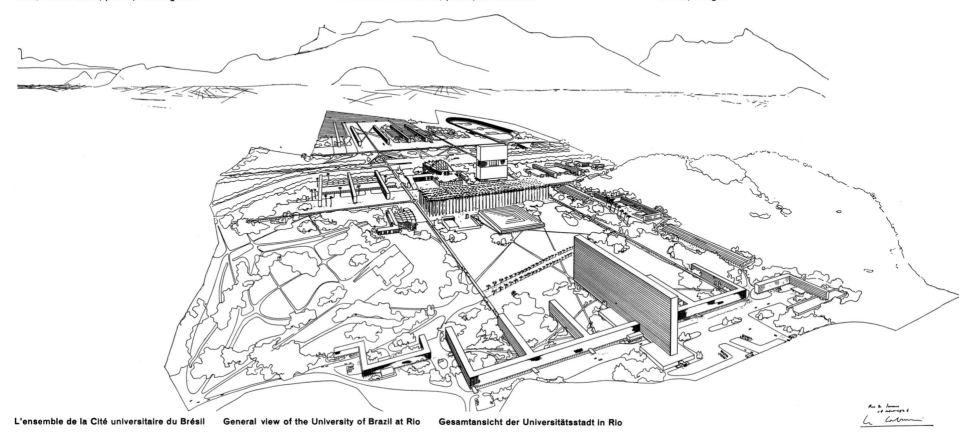

L'ensemble de la Cité universitaire du Brésil   General view of the University of Brazil at Rio   Gesamtansicht der Universitätsstadt in Rio

1930-1934 Urbanisation de la ville d'Alger

Pendant 4 ans Le Corbusier n'a cessé de proposer à la municipalité des solutions de plus en plus précises, dont l'effet serait de permettre à cette ville, actuellement dans une impasse dramatique, de trouver les moyens nécessaires à son extension imminente.

Le Corbusier et P. Jeanneret ont établi d'abord un projet général, dénommé «projet obus», destiné à briser une fois pour toutes les routines administratives et à instaurer en urbanisme les nouvelles échelles de dimensions requises par les réalités contemporaines.

Le projet est en trois parties:

A. Création d'une Cité d'affaires sur les terrains de la «Marine», voués actuellement à la démolition (au bout du cap d'Alger).

B. Création d'une Cité de Résidence sur les terrains actuellement inaccessibles de Fort-l'Empereur (côte 150 à 200 m), par le moyen d'une passerelle jetée de la Cité d'affaires vers ces terrains libres.

C. Liaison des deux banlieues extrêmes d'Alger: St-Eugène à Hussein-Dey — par une route autostrade établie à la côte 100 m, au-devant des falaises; cette autostrade est supportée par une structure de béton d'une hauteur variant le sol de 90 à 60 m et dans laquelle seraient aménagés des logis pour 180 000 personnes. Ces logis sont dans des conditions optima d'hygiène et de beauté. Le projet fournit ainsi les deux solutions indispensables à toute ville: aménagement des circulations rapides et création des volumes d'habitations nécessaires.

City-Planning for Algiers

For four years Le Corbusier has been unceasing in his efforts to propose more and more precise solutions to the municipal government, the effect of which would be to permit this city, now in the throes of a dramatic impasse, to find the necessary path towards its imminent extension.

Le Corbusier and P. Jeanneret first of all established a general project, called "Project Shrapnel", with the intention of breaking through, for once, all the administrative red-tape and to establish in city-planning the new scales of dimensions required by contemporary realities. The project consists of three parts:

A. Creation of a Business District on the land occupied by the "Quartier de la Marine", presently tabbed for demolition (at the tip of the Cape of Algiers).

B. Creation of a residential quarter on the presently inaccessible terrain of the Fort-l'Empereur (450-600 ft. high), by means of a bridge extending out from the Business District towards this presently unused land.

C. Connection of Algier's two most widely separated suburbs: St-Eugène and Hussein-Dey—by means of a vehicular express route situated at the height of 300 ft. above the rocks; this express route is supported by a concrete structure varying in height (depending on the changing level of the ground) between 270 ft. and 180 ft. and in which are disposed dwellings for 180,000 people. These habitations enjoy the optimum conditions of hygiene and beauty. The project thus furnishes two solutions indispensable for the city: provision of rapid vehicular circulation and the creation of the necessary volumes of dwellings.

Stadtplanung für Algier

Während vier Jahren hat Le Corbusier den Stadtbehörden immer wieder neue Vorschläge über die hinsichtlich der bevorstehenden Bevölkerungszunahme zu ergreifenden Massnahmen unterbreitet.

Le Corbusier und Pierre Jeanneret arbeiteten vorerst ein generelles Projekt aus, das sie «Projekt Granate» nannten. Sein Zweck war, ein für allemal die Verwaltungsroutine zu sprengen und die neuen Maßstäbe und Dimensionen im Städtebau einzuführen, die die Gegenwart verlangt.

Das Projekt hat drei Teile:

A. Bau eines Geschäftszentrums auf dem Boden des zum Abbruch bestimmten «Quartier de la Marine».

B. Bau eines Wohnviertels auf dem gegenwärtig unzugänglichen Fort-l'Empereur (150 bis 200 m Entfernung von der Küste), das über eine vom Geschäftszentrum ausgehende Brücke erreicht wird.

C. Verbindung der zwei äussersten Vororte von Algier, St-Eugène und Hussein-Dey, durch eine vor dem Steilhang angelegte Autostrasse. Diese Autostrasse ist von einer Eisenbetonkonstruktion getragen, in welche Wohnbauten für 180 000 Personen eingebaut sind. Die Wohnungen entsprechen hinsichtlich Lage und Hygiene den höchsten Ansprüchen.

Das Projekt verschafft der Stadt somit das, was sie dringend benötigt: Schnellverkehr und Wohnungen.

Project A, called Project Shrapnel, to stress how revolutionary are its general ideas   Projekt A, genannt Projekt Granate, dessen Name die umwälzenden Ideen andeutet

Projet A, dénommé Projet Obus, pour signifier qu'il s'agit d'idées générales et nouvelles

Aspects des terrains de Fort-l'Empereur et prises de possession par des immeubles respectant entièrement la nature

Vue générale du projet　　General view of the project　　**Gesamtansicht**

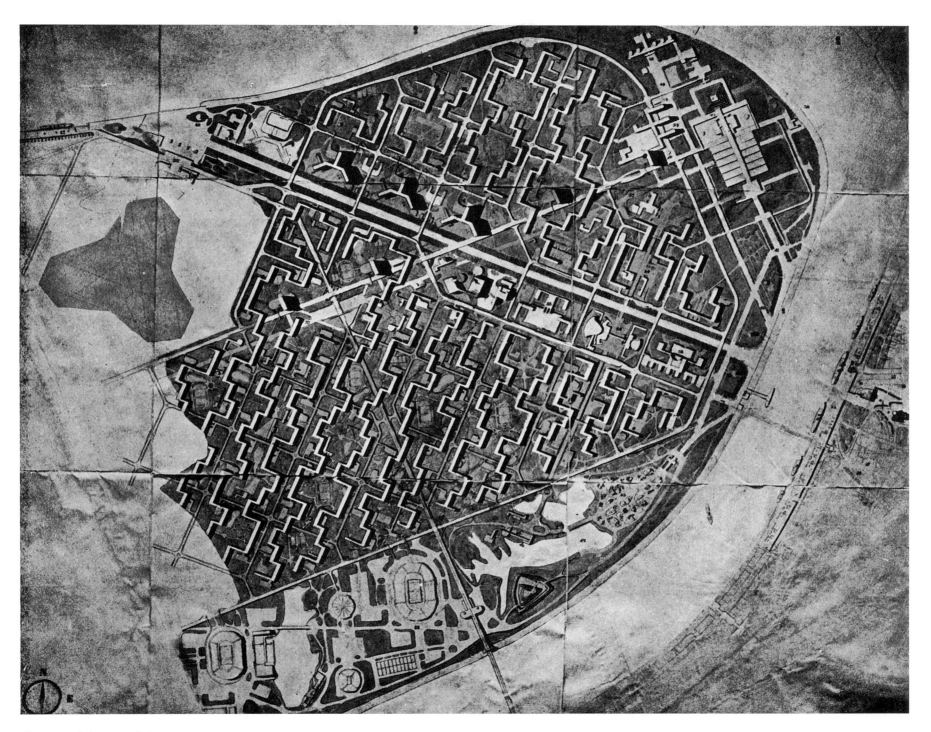

Anvers   Antwerp   Antwerpen

1933 L'Urbanisation de Nemours

Les 18 immeubles d'habitation sont rigoureusement orientés sur le soleil le plus favorable pour l'Afrique du Nord (Nord-Sud).

La grande route de transit Oran-Tlemcen surélevée sur pilotis et passant en dehors de l'agglomération. Elle comporte une plate-forme de raccord avec l'autostrade (en forme de losange) qui distribue rigoureusement les 18 immeubles d'habitation.

La voie de transit Oran-Tlemcen est surélevée. L'autostrade des immeubles est également. Le réseau concentrique et diagonal des piétons dessert l'amphithéâtre de l'habitation à niveau du sol, indépendamment des autres.

Ce plan de Nemours exprime le type d'une ville neuve à créer d'une pièce, sur une topographie très accidentée.

City-Planning for Nemours

The 18 residential blocks are rigorously oriented to the most favorable direction for the North African sun (North-South). The large transit route Oran-Tlemcen is raised up on pilotis and thus is removed from the agglomeration. It is connected to the express highway by a large platform (in the shape of a lozenge) which facilitates and distributes circulation to the 18 residential blocks.

The transit route Oran-Tlemcen is raised up off the ground, as is the express highway. The concentric and diagonal network of pedestrian paths extends to the residential quarter at ground level, independent of the vehicular routes.

This plan for Nemours expresses a new type of city, created as one ensemble, upon a very rugged topography.

Stadtplanung für Nemours

Die 18 Wohneinheiten sind nach der für Nordafrika günstigsten Sonnenlage (Nord-Süd) ausgerichtet.

Die große Transitstrasse Oran-Tlemcen ist auf Säulen erhöht und verläuft ausserhalb der Siedlung. Eine rautenförmige Plattform stellt die Verbindung mit der zu den Wohneinheiten führenden Autostrasse her.

Ein konzentrisch und diagonal angelegtes Netz von Wegen für Fussgänger verläuft ebenerdig und dient dem Verkehr auf dem Terrain des Wohnviertels. Es ist vollständig getrennt von den Strassen für Fahrzeuge.

Dieser Plan für Nemours, das ein sehr hügeliges Terrain aufweist, stellt den Typus einer neuen, gesamthaft erstellten Stadt dar.

Plan de Nemours

en collaboration avec Ferrari et Kurchan, architectes de Buenos Aires.

Cette étude minutieuse (dix mois de travail) des conditions indispensables au salut de la ville est la suite de la première proposition de 1929. La ville de Buenos Aires s'est développée prodigieusement en ces dernières années sur la base de la «cuadra» traditionnelle de la colonisation espagnole. La «cuadra» est l'ensemble de maisons originairement à un étage formant un carré de 110 m de côté entourées d'une rue de 7, 9 ou 11 m et ouvrant à l'intérieur sur des jardins... Aujourd'hui la «cuadra» est hérissée de gratte-ciel, remplie comme un œuf, sans un jardin ni une cour. La ville a pris une extension prodigieuse, infiniment plus étendue que Paris. Sa structure moléculaire (la cuadra) crée un tissu urbain inhabitable, complètement congestionné. Il n'y a plus d'artères, ni de poumons, ni d'organes définis. Il est juste temps de faire intervenir un plan directeur vitaliseur.

in collaboration with Ferrari and Kurchan, architects of Buenos Aires.

This detailed study (ten months of work) of the conditions indispensable for the well-being of the city is the result of a proposal first made in 1929. The city of Buenos Aires has grown tremendously during the past few years on the basis of the traditional "cuadra" dating from the Spanish colonization. The "cuadra" is a group of houses originally 2 storeys high, forming a square 360 ft. on a side, surrounded by a street 23, 33 or 37 ft. in width, with all the houses facing gardens in the interior of the square... to-day the "cuadra" is loaded with a sky-scraper which fills it like an egg, with neither a garden nor court remaining. The city has undergone an amazing expansion (infinitely broader than that of Paris). Its molecular structure (the "cuadra") creates an insupportable and completely congested urban fabric. There are no longer any arteries, lungs or definite organs whatsoever.

in Zusammenarbeit mit Ferrari und Kurchan, Architekten, Buenos Aires.

Diese äusserst genaue Studie der für das Wohl der Stadt unerlässlichen Voraussetzungen ist die Fortsetzung eines ersten Vorschlages von 1929. Die Stadt Buenos Aires hat sich in den letzten Jahren erstaunlich entwickelt. Sie ist auf Grund der traditionellen «cuadra» der spanischen Kolonisten erbaut. Unter «cuadra» ist die Gesamtheit ursprünglich einstöckiger Häuser zu verstehen, die ein Quadrat von 110 m Seitenlänge bilden, das von einer Strasse von 7, 9 oder 11 m Breite umgeben ist. Die Häuser öffnen sich nach innen auf Gärten. Heute ist die «cuadra» mit Wolkenkratzern gespickt und vollständig überfüllt. Gärten und Höfe gibt es nicht mehr. Die Stadt hat sich ungeheuer ausgedehnt; ihre Ausdehnung ist unendlich viel grösser als die von Paris. Durch ihre Struktur (die «cuadra») ist sie unbewohnbar und unpassierbar geworden.

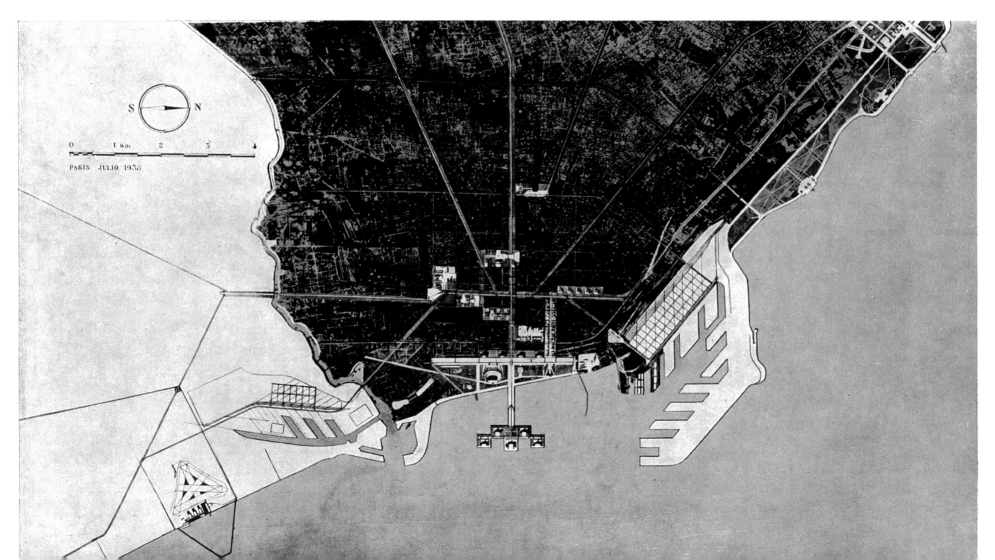

1935 La Ville radieuse

La planche VR-8 montre le contraste saisissant entre les espaces nouvellement acquis dans les quartiers d'habitation de VR (Ville radieuse) et l'étroitesse atroce de nos villes actuelles (ici Paris, New York, Buenos Aires). Cette conquête de l'espace, fournie par les calculs et les épures, est si démesurée que l'observateur pressé n'en mesure pas la réalité. C'est par cette raison que la construction d'une grande maquette précise fut entreprise en 1935, le but étant de permettre ainsi d'établir une série de documents photographique, donnant la sensation de la réalité.

Surface bâtie: 12% du sol total.
Surface disponible: 88% du sol total.

Corps de logis sur pilotis au rez-de-chaussée, dont l'effet est de mettre 100% du sol à la disposition des piétons. Séparation définitive de l'automobile et du piéton. Constitution des nouvelles Unités d'habitation.

The radiant City

Table VR-8 shows the astonishing contrast between the newly-acquired spaces in the residential quarters of VR (Ville radieuse, or radiant City) and the atrocious narrowness of our present cities (here—Paris, New York, Buenos Aires). This conquest of space is so enormous that the hurried observer cannot measure its reality. To grasp objectively and materially the new state of affairs the construction of a large, accurate scale model was undertaken in 1935, to permit the establishment of a series of photographic documents giving the impression of reality.

Constructed area: 12% of the total ground area.
Available area: 88% of the total ground area.

The buildings rest on ground floor columns, thus putting 100% of the ground area at the disposition of pedestrians. A definite separation of automobile from pedestrian. Establishment of new "dwelling unities".

Die strahlende Stadt

Tafel VR-8 zeigt den Kontrast zwischen der neuen Überbauung der Wohnquartiere mit ihren grossen Freiflächen und der fürchterlichen Enge der Wohnquartiere bestehender Städte (hier Paris, New York, Buenos Aires). Diese Eroberung freien Raumes auf Grund von Berechnung und Statistik ist so ausserordentlich, dass der eilige Beobachter sie nicht erfassen kann. Aus diesem Grunde wurde 1935 eine grosse Maquette erstellt, die durch photographische Dokumente eine Vorstellung der Wirklichkeit gibt.

Die These ist bekannt:
Überbaute Fläche: 12%.
Verfügbare Fläche: 88%.

Hauptgebäude auf Säulen, so dass 100% der Gesamtbodenfläche zur Verfügung der Fussgänger sind. Trennung von Fussgänger und Automobil. Schaffung neuer Wohneinheiten für je 2700 Bewohner.

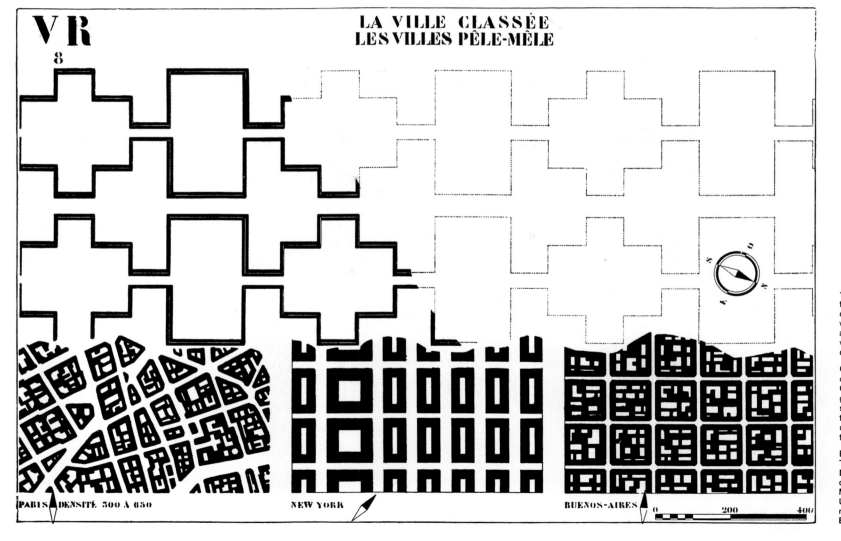

VR 8

**LA VILLE CLASSÉE
LES VILLES PÊLE-MÊLE**

PARIS DENSITÉ 300 A 650   NEW YORK   BUENOS-AIRES   0   200   400

1930. L'une des 20 planches théoriques de la «Ville radieuse». Ces 4 schémas de villes, à même échelle, font apparaître la véritable révolution dans l'exploitation du sol urbain

One of the twenty theoretical layouts of the "Radiant City". These four city diagrams, drawn to the same scale, reveal a truly revolutionary solution for using urban areas to best advantage

Eine der 20 theoretischen Tafeln der «Ville radieuse». Die 4 Schemas verschiedener Städte in gleichem Maßstab zeigen deutlich die Umwälzung in der Ausnutzung des städtischen Bodens

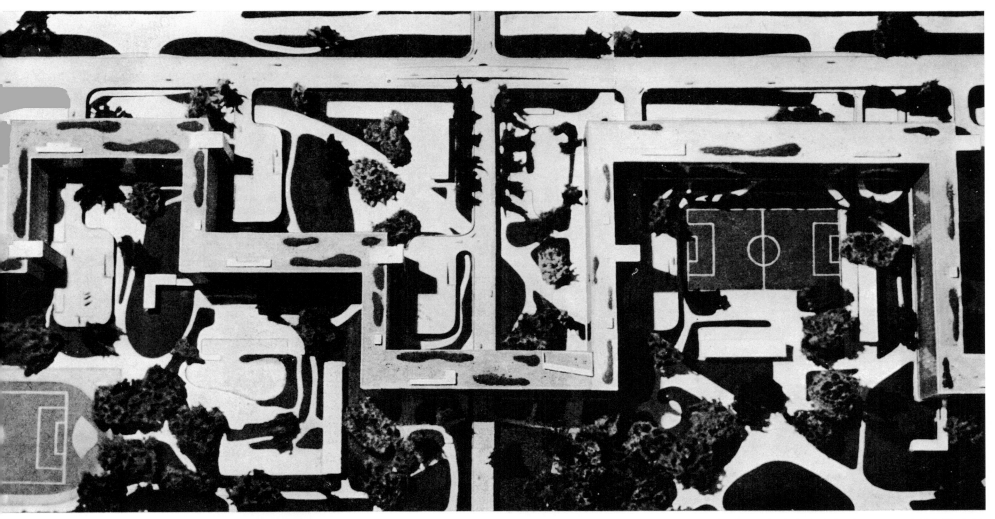

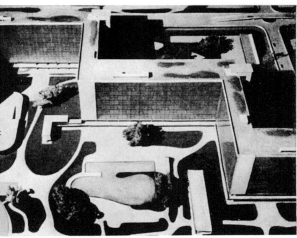

ragments d'un quartier de résidence. Type «Ville radieuse»   Séparation du piéton et de l'auto   Separation of pedestrian from automobile   Trennung von Fussgänger- und Autoverkehr

Une rue autostrade surélevée de 5 m; à niveau du sol, les poids lourds; au-dessous une traversée de piétons à l'abri des véhicules

A freeway running 16½ feet above ground; heavily loaded vehicles at ground lewel; underneath is a crossing for pedestrians sheltered from vehicles

Eine 5 m erhöhte Autostraße; auf Bodenniveau die schweren Lastwagen; unter Bodenniveau eine Unterführung für Fußgänger, unbehindert vom Fahrzeugverkehr

Dans de telles zones, la rue n'existe plus. La ville est devenue une ville verte. Les édifices de l'enfance sont dans des parcs. Les adolescents et les adultes pratiquent le sport quotidien au pied même de leurs logis. Les automobiles passent ailleurs, là où elles sont utiles à quelque chose

In zones of habitation such as this, streets have no excuse for existing. The city has become a city of green. Buildings used by children are situated in parks. Adolescents and adults can play outdoor games right outside their dwellings. Automobiles circulate somewhere else—where they can be of some use or other

In diesen Zonen ist die «Straße» verschwunden. Die Stadt ist zu einer Stadt im Grünen geworden. Schulen und Kindergärten befinden sich in den Parks. Die Jugendlichen und Erwachsenen können ihren täglichen Sport direkt vor ihren Wohnungen treiben, und der Autoverkehr spielt sich dort ab, wo er hingehört, abseits

Le «Pan de verre»

Le nouveau principe ouvre à l'architecte un champ de recherches très particulier. Il pose le problème du «Pan de verre», c'est-à-dire de l'enveloppe opaque, translucide ou transparente des cubes bâtis d'habitation. Les conditions sont entièrement neuves: on peut concevoir ces immeubles d'environ cinquante mètres de haut, construits sur pilotis de béton armé depuis le sous-sol jusqu'au plafond des services communs logés à l'entresol; au-dessus, la construction est faite d'une fine armature d'acier. La façade, par conséquent, n'est astreinte à aucune fonction statique: elle n'est qu'un voile, un écran qui ferme et met à l'abri. A l'abri du froid, du chaud, des intrus, des vents; elle apporte la lumière solaire, elle peut servir à lui fuir aussi. Le pan de verre est à considérer dans les climats tempérés, dans les climats extrêmes (continentaux avec 50° de froid et 50° de chaud), tropicaux, avec une masse épaisse d'air humide, etc.

On s'aperçoit dès lors que le mot «façade» prend ici une signification singulièrement nouvelle. Et, si l'on envisage les moyens d'exécution de ce nouvel élément architectural de la maison on mesurera que rien encore n'est trouvé.

Une indication: Selon l'intensité du soleil au long de sa course quotidienne, le pan de verre sera obligé de s'armer de dispositifs catégoriques: les brise-soleil. L'architecte s'emparant des profils dictés par le brise-soleil dans chaque circonstance précise, pourra créer des grandes ordonnances architecturales: pan de verre à fleur de façade, pan de verre derrière balcons de 1, 2 ou 2 m 50 de saillie, au fond d'alvéoles massifs.

The "Glass Façade"

The new principle will open up to architecture a highly specialized field of research. One of the problems it presents is the application of the "glass façade", i.e., of an opaque, translucent or transparent sheathing for continuous or freestanding blocks of dwellings. The conditions are entirely novel. One can conceive of these apartment blocks rising around 165 ft. high above columns of reinforced concrete that extend from the ground to the ceiling of the mezzanine housing the common facilities. Above that the structure is only reinforced with a fine framework of steel since the façade has no static functions to fulfill; it is merely a veil, a shell that encloses and shelters—shelters from the cold, the heat, from intruders, from the winds. It gives access to the sun's rays, but it can also serve to exclude them. The glass façade may be taken into consideration whether the climate be temperate, or extreme (continental, ranging from +122° F to —58° F), or tropical (air with a high humidity content), etc.

By now the reader will have perceived that the term "façade" has here been endowed with a totally novel significance.

Depending on the sun's intensity during the course of the day, the glass façade will inevitably have to be provided with sun-breakers. The creative architect will profit from the profiles dictated in each individual case by the sun-breakers to achieve some remarkable architectural effects, e.g.: glass strips across the surface of the façade; glass behind balconies that project from 4 to 8 ft.; glass used as a background in honeycomb recesses, etc. ad inf.

Die «Glashaut»

Das neue städtebauliche Prinzip der «Ville radieuse» (Strahlende Stadt) kann akzeptiert oder verworfen werden.

Wird es angenommen, eröffnet es der Architektur ein ganz besonderes Forschungsgebiet. Unter anderem stellt es die Aufgabe der «Glashaut», das heisst der undurchsichtigen, matten oder transparenten Hülle der Wohnkuben. Die Voraussetzungen sind ganz neu: Man kann Bauten von ungefähr 50 m Höhe entwerfen, die vom Untergeschoss bis zu den Decken des Zwischengeschosses (wo sich die gemeinschaftlichen Einrichtungen befinden) auf Säulen konstruiert sind; über dem Zwischengeschoss besteht die Konstruktion aus einem dünnen Stahlgerüst. Die Fassade besitzt also keinerlei statische Funktion: sie ist nur noch ein Vorhang, eine Haut, die abschliesst und schützt. Sie schützt vor Kälte, Hitze und Winden; sie lässt die Sonne eindringen oder hält sie ab. Die Glashaut ist bei gemässigtem, kontinentalem (50° Kälte und 50° Wärme) und tropischem Klima anwendbar. Entsprechend dem Breitengrad lässt sie ein Maximum oder Minimum der Sonnenstrahlen eindringen. Von nun an erhält der Begriff «Fassade» eine ganz neue Bedeutung. Und wenn man die Ausführungsarten dieses neuen architektonischen Elementes betrachtet, wird man gewahr, wieviel noch zu tun ist.

Eine Anweisung: Je nach der Intensität der Sonne im Laufe eines Tages muss die Glashaut mit Schutzeinrichtungen versehen sein: mit Sonnenblenden. Der Architekt erhält in den verschiedenen, durch die speziellen Voraussetzungen bedingten Formen der Sonnenblenden ein Mittel zur Schaffung grossartiger architektonischer Ordnungen: die Glashaut kann bündig zur Fassade oder hinter Balkonen von 1, 2 oder 2½ m Auskragung usw. erstellt werden.

1942/43 La Cité linéaire industrielle

Il s'agit ici des travaux de l'Ascoral (Assemblée de constructeurs pour une rénovation architecturale), épanouissement du groupe Ciam-France.
Pendant les années d'occupation et surtout en 1942 et 1943 l'Ascoral, réparti en onze sections de travail, a étudié systématiquement les problèmes du domaine bâti, architecture et urbanisme, fournissant ainsi la rédaction de 10 ouvrages dont le premier paru: «Les trois Etablissements humains», offre les images ici présentes relatives à la Cité linéaire industrielle et à l'Usine verte.
L'examen des conditions du travail de la société machiniste conduit à reconnaître l'utilité et la nécessité de trois Etablissements humains indispensables à l'activité humaine, à savoir:
l'unité d'exploitation agricole;
la cité linéaire industrielle (usine de transformation);
la ville radio-concentrique des échanges (gouvernement, art, pensée, commerce).
Cette classification en trois établissements nécessaires et suffisants permet d'examiner dorénavant toute proposition d'urbanisme en disposant d'un critère solide.
Ce septième volume de l'Ascoral, paru en 1945 seulement, a fourni d'abondantes conclusions techniques sur le problème du travail agricole, industriel et commercial, apportant des points de vue qui n'avaient pas été envisagés jusqu'ici. Ces points de vue conduisent même à des dispositions d'ordre géographique et topographique tels qu'ils semblent offrir à ceux qui ont pour tâche d'organiser l'Europe en particulier, des solutions techniques imminentes.

The linear industrial City

This is a result of the work of Ascoral (Assembly of Constructors for an Architectural Renewal), an extension of the Ciam group in France.
During the years of occupation, especially in 1942 and 1943, Ascoral, divided into eleven work groups, systematically studied the problems of construction, architecture and city-planning, resulting in the publication of 10 works, the first of which, "Les trois Etablissements humains", contained the illustrations presented here relative to the linear industrial City and the "Green-Factory".
The examination of working conditions in a machinistic society led to the recognition of the utility and necessity of three human Establishments indispensable for human activity:
the unit of agricultural exploitation;
the linear industrial City;
the radio-concentric City for the exchange of goods and services (government, art, thought, commerce).
This classification into three necessary and sufficient Establishments allows for an a priori critical examination, based on solid criteria, of all city-planning proposals.
The seventh volume of Ascoral, which appeared only in 1945, furnished abundant technical conclusions on the problem of agricultural, industrial and commercial labor, arriving at points of view which had not been envisaged until that time. These points of view can lead even to geographic and topographic concepts since they offer realizable technical solutions, particularly to those whose task it is to organize Europe.

Die industrielle Bandstadt

Es handelt sich hier um Arbeiten des Ascoral (Architektenvereinigung für die Erneuerung der Architektur), hervorgegangen aus der französischen Ciam-Gruppe.
Die elf Arbeitsgruppen des Ascoral haben sich, besonders in den Jahren 1942 und 1943, dem systematischen Studium architektonischer und urbanistischer Fragen gewidmet und darüber zehn Arbeiten publiziert, deren erster, «Les trois Etablissements humains», die vorliegenden Illustrationen entnommen sind.
Die Untersuchung über die Arbeitsbedingungen unseres Maschinenzeitalters hat zur Feststellung geführt, dass folgende drei Ordnungsprinzipien für die menschliche Tätigkeit notwendig und nützlich sind:
Koordinierung der landwirtschaftlichen Produktion;
industrielle Bandstadt;
strahlenkonzentrische Stadt des Kultur- und Güteraustausches (Regierung, Kunst, Wissenschaft, Handel).
Diese drei Ordnungsprinzipien ergeben für jedes künftige städtebauliche Projekt ein einwandfreies Kriterium.
Die siebente, 1945 erschienene Publikation des Ascoral bringt zahlreiche technische Lösungen für Arbeitsprobleme in Landwirtschaft, Handel und Industrie.
Hier zeigt sich, wie sehr Architektur und Städtebau von sozialen und wirtschaftlichen Erscheinungen ausgehen und wie bestimmend sie für die Tätigkeit der Politiker sein können.

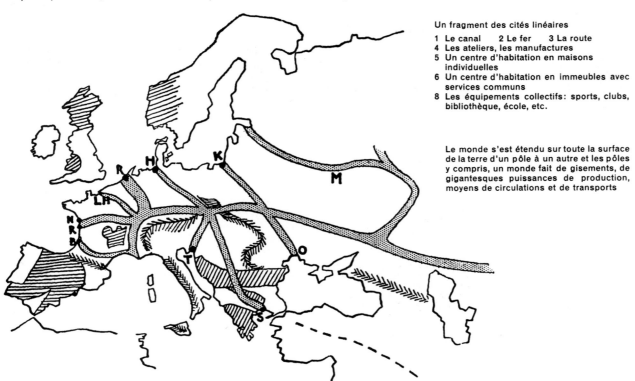

Un fragment des cités linéaires
1 Le canal   2 Le fer   3 La route
4 Les ateliers, les manufactures
5 Un centre d'habitation en maisons individuelles
6 Un centre d'habitation en immeubles avec services communs
8 Les équipements collectifs: sports, clubs, bibliothèque, école, etc.

Le monde s'est étendu sur toute la surface de la terre d'un pôle à un autre et les pôles y compris, un monde fait de gisements, de gigantesques puissances de production, moyens de circulations et de transports

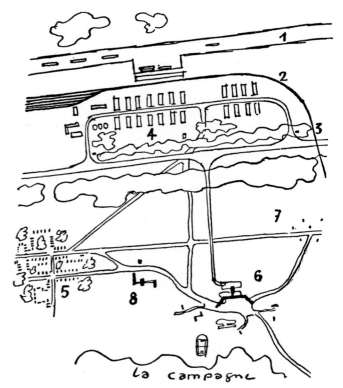

La campagne

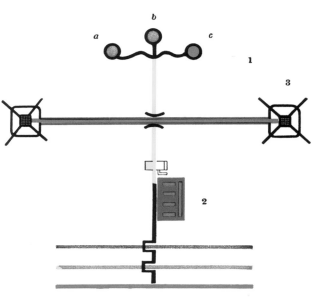

a) Une «Unité de grandeur conforme»

1 Habiter	a) Cité-jardin horizontale
2 Travailler	b) Cité-jardin verticale
3 Se cultiver	c) Les prolongements du logis

a) A «Unity of Congruent Size»

1 Dwelling	a) Horizontal garden-city
2 Working	b) Vertical garden-city
3 Cultivation	c) The extensions of the dwelling

a) Eine «Wohneinheit in angemessener Grösse»

1 Wohnen	a) horizontale Gartenstadt
2 Arbeiten	b) vertikale Gartenstadt
3 Bildung	c) die «Verlängerung» der Wohnung

Les conditions de nature
1 La grande réserve de la terre
2 La cité linéaire industrielle
3 La cité radio-concentrique d'échanges

The conditions of nature
1 The large land reserve
2 The Linear Industrial City
3 The radio-concentric city for the exchange of goods and services

Die natürlichen Voraussetzungen
1 Grosse Landreserve
2 Industrielle Bandstadt
3 die strahlen-konzentrische Stadt des Güter- und kulturellen Austausches

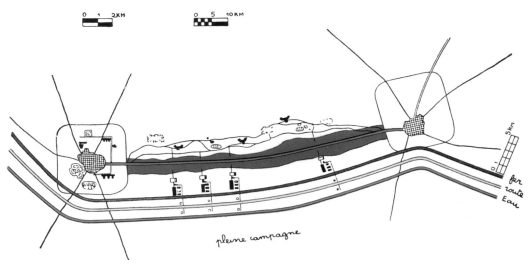

La cité linéaire industrielle
Pour permettre la synthèse du dessin, on a, ici, dessiné à trois échelles différentes, la cité industrielle, la ville radio-concentrique, le dispositif des trois routes

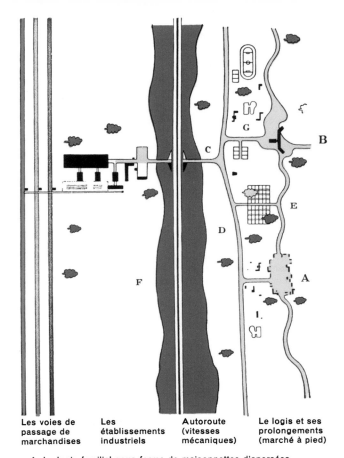

Les voies de passage de marchandises — Les établissements industriels — Autoroute (vitesses mécaniques) — Le logis et ses prolongements (marché à pied)

A Le logis familial sous forme de maisonnettes dispersées
B Le logis familial sous forme de maisonnettes rassemblées et superposées en une unité bâtie d'un bloc, sorte de cité-jardin verticale
C La route transversale d'accès à l'usine
D La route de répartition entre les logis et leurs services communs
E La route de promenade et de liaison (interdite aux voitures)
F La zone verte de protection séparant l'habitat de l'usine
G Le secteur des services communs extérieurs au logis: maternelle, écoles primaires, cinémas, bibliothèque, tous les équipements sportifs d'usage quotidien (football, tennis, course, marche, etc.)

A The family dwelling in the form of small houses dispersed in horizontal garden-cities
B The family dwelling in the form of small houses assembled and stacked-up in a unit built as one block, a sort of vertical garden-city
C The transverse acces route to the factory
D The route of distribution between dwellings and common services
E The connecting route for pedestrians (closed to vehicles)
F The green protective zone separating habitat from factory
G The sector of common services outside of the dwelling: nurseries, primary schools, cinemas, librairies, all the sports facilities for daily use (football, tennis, track, swimming, etc.)

A Wohnungen in Form von kleinen, in einer horizontalen Gartenstadt angeordneten Einfamilienhäusern
B Wohnungen in Form von übereinanderliegenden, in einem Wohnblock vereinigten Einfamilienhäusern, eine Art vertikale Gartenstadt
C Die Zufahrtsstrasse zur Fabrik
D Die Zufahrtsstrasse zu den Wohnungen und Gemeinschaftsbauten
E Spazier- und Verbindungsweg (für Fahrzeuge verboten)
F Grüne Schutzzone als Trennung von Wohn- und Fabrikzone
G Die Zone der ausserhalb der Wohnungen befindlichen öffentlichen Einrichtungen: Kinderkrippe, Primarschulen, Kinos, Bibliothek, die Sportanlagen zum täglichen Gebrauch (Fussball, Tennis, etc.)

1946 Urbanisation de Saint-Dié

Le plan de la reconstruction de St-Dié, détruit par la guerre, comporte sur la rive gauche de la Meurthe et face au lit même de la ville, des manufactures constituées en éléments standard-types sous formes d'«Usines vertes»; elles constitueront un front éminent de la ville d'environ 1200 mètres.

De l'autre côté de l'eau, les 10 500 habitants trouveront leurs habitations sous forme de cinq premières unités d'environ 1600 personnes chacune; le reste des habitants disposera de maisons familiales à construire au long des routes dans les thalwegs qui aboutissent au cœur de la ville.

Ce cœur de la ville est constitué par le centre civique au milieu duquel s'élèvent la mairie, la préfecture, les salles des commissions et des comités, les bureaux d'administration, les tribunaux, etc.

L'un des côtés du centre civique est bordé par les équipements touristiques, cafés, restaurants, artisanat et tourisme...
L'autre côté par les institutions culturelles; grandes salles de réunions, musée à croissance illimitée.

Derrière le centre civique, sur la colline, demeurait la cathédrale avec son cloître.

Reconstruction of Saint-Dié

The plan takes in the left bank of the Meurthe River facing the original existing city and provides for industrial facilities built of standardized elements in the form of "Green Factories" which will constitute a front ³/₄ of a mile long.

On the other side of the river, the 10,500 inhabitants will find their dwellings in five initial unities housing 1600 people each; the remainder of the population will be in one-family houses located along the roads leading to the center of the city.

The heart of the city is the Civic Center in the center of which are the municipal offices, the prefecture, meeting and committee rooms, administrative offices, courts, etc.

One side of the Civic Center is equipped with tourist facilities, cafés, restaurants, local crafts... On the other side are cultural institutions; large public meeting halls, a "museum of unlimited extension".

The Cathedral with its cloister will remain on the hill, behind the Civic Center.

Wiederaufbauplan für Saint-Dié

Der Plan für den Wiederaufbau der im Kriege zerstörten Stadt sieht am linken Ufer der Meurthe und der ursprünglichen Stadt gegenüber eine Reihe von Fabriken in Form von «Usines vertes» aus genormten Elementen vor, deren gesamte Front 1200 m beträgt.

Auf dem anderen Ufer sind Wohnungen für die 10500 Einwohner geplant, teils in fünf Wohneinheiten für je 1600 Bewohner, teils in Einfamilienhäusern, die an den in die Stadt führenden Längsstrassen erstellt werden. Im Mittelpunkt der Stadt liegen das Verwaltungszentrum, Sitzungssäle, Gerichte usw. Das Verwaltungszentrum wird auf einer Seite begrenzt durch Cafés, Restaurants, kleine Läden, Reisebüros usw., auf der anderen durch kulturelle Institutionen, wie Versammlungssäle und ein unbeschränkt wachsendes Museum.

Auf dem Hügel hinter dem Verwaltungszentrum steht die Kathedrale mit ihrem Kloster.

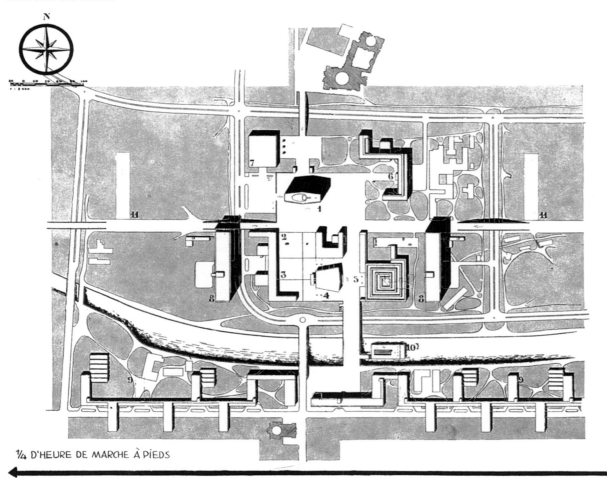

N

¼ D'HEURE DE MARCHE À PIEDS

Le centre civique de St-Dié
1 Centre administratif
2 Tourisme et artisanat   3 Cafés
4 Maisons communes   5 Musée
6 Hôtellerie   7 Grands magasins
8 I. S. A. I. (premières étapes)
9 Manufactures   10 Piscines

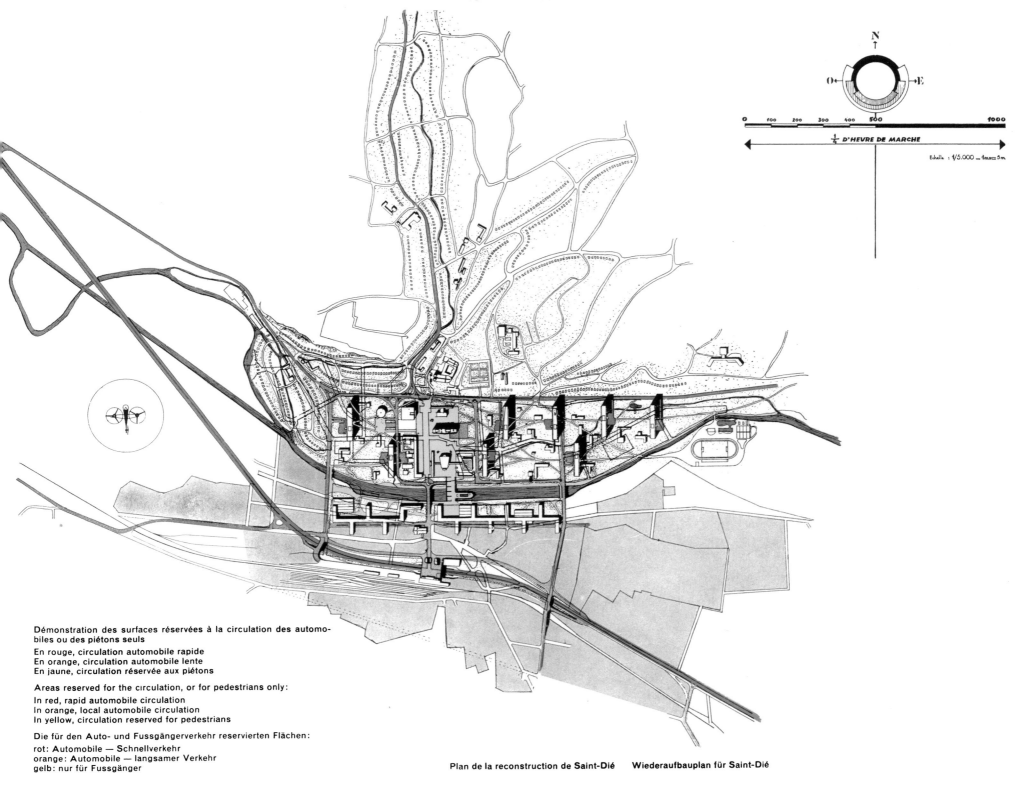

N

O — E

0 100 200 300 400 500 1000

⅛ D'HEURE DE MARCHE

Echelle : 1/5.000 — 1mm≈5m

Démonstration des surfaces réservées à la circulation des automobiles ou des piétons seuls

En rouge, circulation automobile rapide
En orange, circulation automobile lente
En jaune, circulation réservée aux piétons

Areas reserved for the circulation, or for pedestrians only:

In red, rapid automobile circulation
In orange, local automobile circulation
In yellow, circulation reserved for pedestrians

Die für den Auto- und Fussgängerverkehr reservierten Flächen:

rot: Automobile — Schnellverkehr
orange: Automobile — langsamer Verkehr
gelb: nur für Fussgänger

Plan de la reconstruction de Saint-Dié   Wiederaufbauplan für Saint-Dié

1947 La Grille CIAM d'Urbanisme

pour l'analyse, la synthèse et la présentation d'un thème urbanistique, créée par l'ASCORAL en décembre 1947 et adoptée par le CONSEIL DES CIAM en Session de Pâques 1948 à Paris, 28 au 31 mars.

Cet outil est formé de trois éléments:
a) la «Grille» elle-même (une feuille format standard 21×33 cm);
b) le «Tableau d'exposition» (une feuille format standard 21×33 cm);
c) la «Présentation» (un dossier formé de planches et de mémoires éventuels) et d'«annexes».

En 1947, à Bridgwater, lorsque les CIAM convoquèrent leur 6e Congrès, première réunion après dix années de séparation dues à la guerre, Le Corbusier, président de l'ASCORAL, groupe de Paris, reconnu par le Comité des CIAM, proposa en fin de congrès de charger l'ASCORAL de réaliser une «grille d'urbanisme» susceptible d'apporter de l'ordre dans ce genre d'études. En effet, jusqu'ici, celles-ci qui impliquent une complexité incroyable géographique, topographique, technique, de circulation, de valeur humaine, de valeur climatique, etc., etc.... aboutissent à un véritable embouteillage, faute d'un outil de classification et de lecture visuelle. Il est donc démesurément difficile aujourd'hui de concevoir clairement un problème d'urbanisme; il est encore plus difficile de lui trouver des solutions claires, organisées, systématiques et totales, et plus difficile encore de soumettre ces solutions à l'examen, à la discussion et à la rectification éventuelle; puis enfin de les soumettre à l'opinion (autorité et opinion).

Il s'agissait donc de trouver un moyen qui supprime la montagne des paperasses, des rapports et des plans innombrables et de formats si différents, qui encombrent la table de travail comme la table des discussions, et de remplacer tant d'éléments disparates par une visualisation coupant court instantanément aux démarches lentes et inefficaces. Il s'agissait de créer une grille, et cette «Grille» fut l'œuvre de l'ASCORAL et de deux de ses commissions qui, successivement et pendant quatorze mois, se mirent au travail et groupant à cet effet des personnalités incontestées de l'organisation ou de la technique.

La «Grille CIAM» servit à la préparation et à la présentation du 7e Congrès CIAM de Bergame. Plus de vingt plans de villes du monde entier arrivèrent dans cette ville au même moment et furent accrochés en quelques minutes aux murs pour être instantanément soumis à l'examen des congressistes. La discussion fut d'une facilité extraordinaire. Si bien que la Grille est devenue aujourd'hui, dans le monde entier, un véritable outil de travail dans les groupes CIAM, mais aussi, par osmose, chez d'autres professionnels indépendants de l'organisation CIAM.

The CIAM Grid

created by ASCORAL Dec. 1947 and adopted by CIAM Council at Easter 28th—31th March 1948.

The CIAM Grid is a modern implement by means of which the analysis, synthesis, presentation and understanding of a town planning problem may be effected.

The implement is formed of three elements:—
a) the "Grid" itself (a sheet of standard 21×33 cm format);
b) the "Tableau d'exposition" (a sheet of standard 21×33 cm format);
c) the "Presentation" (a dossier of drawings possibly accompanied by written notes) and the "Appendices".

In 1947 CIAM held its sixth congress at Bridgwater, its first meeting after 10 years' separation due to the war.

Le Corbusier, the president of ASCORAL, a group in Paris recognised by the committee of CIAM, proposed at the end of the congress that the ASCORAL be given the task of producing a town planning grid, which would bring an element of order into the study of town planning. Until now, the subject has been overwhelmed by the complexities of geography, topography, technique, circulation, human values, climate conditions and so on, ending in a veritable bottleneck, for the lack of a working classification which gives the answer visually. It is difficult to conceive the nature of a town planning problem to-day, more difficult to arrive at a clear solution systematic and complete, and yet more difficult to submit the solutions to examination and final correction. Then at last to submit them to public opinion.

It is necessary to find a means of avoiding the mountains of papers, reports and innumerable plans, all of different sizes, which encumber our work and discussion tables, and replace them by a clear view of the situation, completely doing away with the present slow and inefficient means. The solution was found in a grid which was made by ASCORAL and two of its commissions working continually for 14 months in liaison with a team of competent organisers and technicians.

The CIAM Grid was used in the preparation and presentation of the 7th CIAM congress at Bergamo. More than 20 plans of towns from all over the world arrived together, and within a few minutes were hung up on the wall and immediately submitted to the examination of the Congress. The discussion proved to be extraordinarily simple. So the Grid has become throughout the world a work tool in use among specialists quite unconnected with CIAM as well as the members of CIAM groups.

Die CIAM-Tabelle

Das System der «Grille CIAM» (CIAM-Tabelle) ist im Jahre 1947 von der ASCORAL (Assemblée de Constructeurs pour une Rénovation architecturale) geschaffen und vom Conseil des CIAM an der Ostersitzung 1948 in Paris angenommen worden. Sie stellt ein zeitgemässes Werkzeug zur Analyse, Synthese und Darstellung städtebaulicher Themata dar.

Sie besteht aus drei Elementen:
a) der eigentlichen «Grille», einem Blatt im Normalformat 21×33 cm; b) dem «Tableau d'exposition», einem Blatt im Normalformat 21×33 cm; c) dem System der Darstellung (Tafeln und Memoranden).

Anlässlich des 6. Kongresses der CIAM 1947 in Bridgwater, der ersten Zusammenkunft nach einem Unterbruch von 10 Jahren, machte Le Corbusier den Vorschlag, die von ihm präsidierte ASCORAL mit der Schaffung eines Systems zur Vereinfachung der Bearbeitung städtebaulicher Untersuchungen zu betreuen. Das Fehlen eines geeigneten Werkzeuges zur Klassifizierung und anschaulichen Darstellungsart hatte bis anhin solche Studien, in denen die verschiedensten Elemente, wie geographische, topographische, technische, soziologische etc. eine Rolle spielen, einem unübersichtlichen Durcheinander aller möglichen Systeme überlassen. Es war ausserordentlich schwierig, Klarheit in die Behandlung eines städtebaulichen Problems zu bringen, und noch schwieriger, befriedigende Lösungen zu finden und eine Darstellungsart, die der Prüfung durch die Behörden und der öffentlichen Diskussionen hätte standhalten können.

Es ging also darum, eine bessere Methode zur Vermeidung überflüssigen Papierverschleisses, der unzähligen Rapporte und der verschiedenartigsten Formate, die bei der Ausarbeitung von Plänen verwendet wurden, zu finden und die bisherige unbefriedigende Methode durch ein übersichtliches System zu ersetzen. So entstand die von der ASCORAL geschaffene Tabelle, an deren Ausarbeitung verschiedene Kommissionen während 14 Monaten gearbeitet hatten. Die «Grille CIAM» diente der Vorbereitung des 7. CIAM-Kongresses in Bergamo und der Darstellung des der Diskussion unterbreiteten städtebaulichen Materials. Die aus allen Ländern der Welt eingesandten Stadtpläne waren in kürzester Zeit aufgestellt und konnten ohne Mühe einem genauen Vergleich und der Prüfung und Untersuchung durch die Kongressteilnehmer unterzogen werden. Die ganze Diskussion war ausserordentlich erleichtert. Das System hatte sich praktisch so bewährt, dass die «Grille» heute ein von allen Gruppen der CIAM anerkanntes Werkzeug zur Bearbeitung städtebaulicher Themata geworden ist und als solches auch von ausserhalb der CIAM stehenden Organisationen benützt wird.

LES 4 FONCTIONS			TITRE I												TITRE II	
			10.	11.	12.	13.	14.	15.	16.	17.	18.	19.	20.	21.
	HABITER	1												
	TRAVAILLER	2												
	CULTIVER LE CORPS ET L'ESPRIT	3												
	CIRCULER	4												
	DIVERS	d												

Un modèle de la Grille CIAM   Habiter (1) = vert / Travailler (2) = rouge / Cultiver le corps et l'esprit (3) = bleu / Circuler (4) = jaune

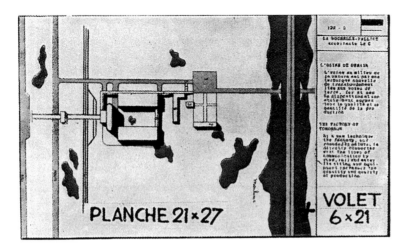

Modèle d'une planche type

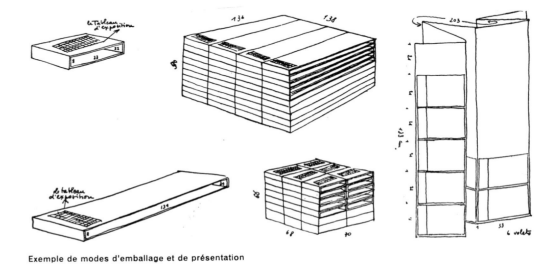

Exemple de modes d'emballage et de présentation

Présentation de la Grille sur le plan de La Rochelle-La Pallice

Living (1) = green / Working (2) = red / Development of body and mind (3) = blue / Communication (4) = yellow

Wohnen (1) = grün / Arbeiten (2) = rot / Kultur (3) = blau / Zirkulation (4) = gelb

GRILLE CIAM D'URBANISME

1950 Plan d'urbanisation de Bogotá

Le Corbusier était chargé d'établir le «Plan Pilote» (plan directeur de la ville); puis MM. José-Luis Sert, président des CIAM, et son associé Paul Lester Wiener exécuteraient «le plan d'urbanisme», c'est-à-dire la mise en pratique du Plan Pilote dans les conditions locales précises.
Le Plan de Bogotá offre cette particularité d'être le premier où apparut le principe des «secteurs urbains», division du terrain en rectangles de superficie et de contenance suffisantes pour permettre d'organiser et de canaliser d'une manière rationnelle le système circulatoire des vitesses rapides. Ce système règle également le problème du ravitaillement, de l'artisanat et des zones vertes consacrées aux écoles et aux sports de la jeunesse. C'est pour la première fois à Bogotá, que se trouve envisagé d'une manière parfaitement harmonieuse le régime total des circulations, commençant par les routes nationales, les routes régionales, et conduisant jusqu'à la porte des maisons.

The Planning of Bogotá

It was in 1949 that a contract with the Columbian authority was signed. Le Corbusier was to produce a ''Pilot Plan''; then José-Luis Sert, president of CIAM, and his associate Paul Lester Wiener, must undertake the town planning. That is to say they must put the ''Pilot Plan'' into practice in the precise local conditions.
The plan of Bogotá is the first where the principle of urban sectors has been put into practice. The ground is split up into rectangular areas in order to allow a strictly rational circulation system for fast traffic. Here at Bogotá for the first time a perfectly harmonious circulation scheme has been put into practice, from the national roads to the regional roads and finally to the house doors.
This system of sectors was applied a second time some months later in the new capital of the Punjab, Chandigarh, in India.

Die Stadtplanung von Bogotá

Le Corbusier wurde mit der Ausarbeitung des «Plan Pilote» (grundsätzlicher und wegleitender Plan) und die Herren José-Louis Sert, Präsident des CIAM, und Paul Lester Wiener, sein Partner, mit dem «Plan d'Urbanisme», der Anpassung des «Plan Pilote» an die konkreten örtlichen Verhältnisse, beauftragt.
Der Plan von Bogotá enthält erstmals das Prinzip der «städtebaulichen Sektoren» (secteurs urbains), d. h. eine Aufteilung des Terrains in Rechtecke von genügender Grösse, um ein rationelles Verkehrs- und Kanalisationssystem anzulegen. Er enthält ferner eine harmonische und vollständige Verkehrsregelung, die sich von den grossen Überlandstrassen (routes nationales) und den regionalen Strassen (routes régionales) bis auf die Zugänge zu den einzelnen Häusern erstreckt. Das Prinzip der Sektoren wurde kurz darauf bei den Plänen für die neue Hauptstadt des Punjab, Chandigarh, erneut angewendet.

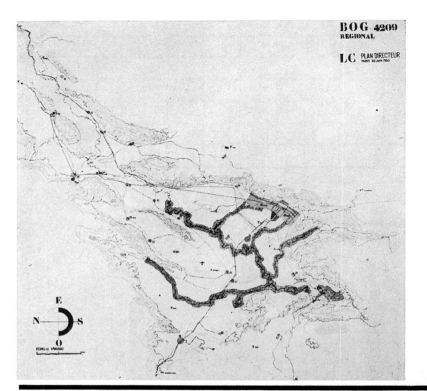

BOG. 4209
REGIONAL

LC PLAN DIRECTEUR
PARIS 30 JUIN 1950

102-2	rouge
Bogotá - L. C.	

Plan régional

● Administration bleu
● Artisanat rouge
● Industrie brun
● Agriculture vert

	vert
	rouge
Bogotá - L. C.	

Centre civique
La maquette

1945-1946 L'Urbanisation de la Rochelle-Pallice

L essentiel des décisions prises par Le Corbusier sont les suivantes: La ville industrielle sera une «ville verte».
La cité de résidence bénéficiera de toutes les techniques modernes. Elle comprendra les trois types d'habitation:
a) la cité-jardin verticale (grandes unités de 1500 à 2000 habitants, munies de «services communs» à l'intérieur et de «prolongements du logis» à l'extérieur);
b) la cité-jardin horizontale (formée de maisons familiales);
c) répartition proportionnée d'immeubles de capacité moyenne destinés à pouvoir répondre aux incidences éventuelles de l'économie ou de la démographie.

Urbanization of la Rochelle-Pallice

The essential decisions taken by Le Corbusier are the following: The industrial city will be a "green city".
The residential quarter will benefit by all the modern techniques. It will comprise three types of habitation:
a) the vertical garden-city (large unities of 1500-2000 inhabitants, furnished with "common services" on the interior and the "prolongations of the dwelling" on the exterior).
b) The horizontal garden-city (one-family houses).
c) Proportional distribution of apartment-houses of medium capacity to take care of possible changes in economic or demographic patterns.

Stadtplanung für la Rochelle-Pallice

Die wesentlichen Vorschläge sind die folgenden: Die Industriezone als «grüne Stadt».
Die Wohnzone wird an allen technischen Errungenschaften teilhaben und die folgenden 3 Wohntypen enthalten:
a) die vertikale Gartenstadt (grosse Wohneinheiten für je 1500 bis 2000 Einwohner mit gemeinsamen Einrichtungen im Innern und «Erstreckung der Wohnungen», das heisst Sportanlagen usw. im Freien);
b) die horizontale Gartenstadt (Einfamilienhäuser);
c) eine angemessene Anzahl von Gebäuden mittlerer Grösse für noch nicht voraussehbare wirtschaftliche Bedürfnisse.

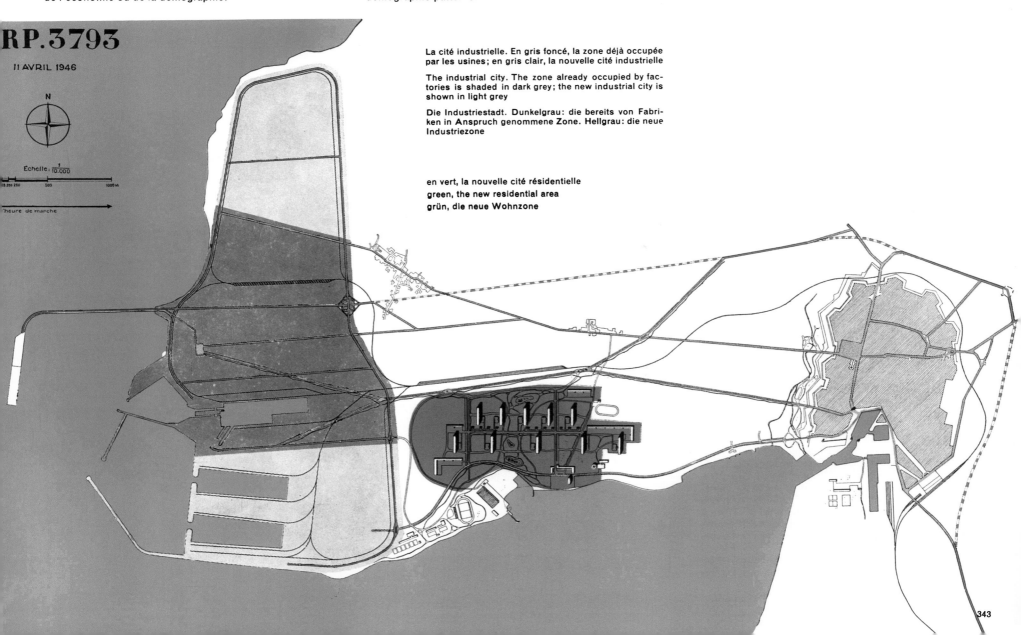

RP.3793

II AVRIL 1946

N

Echelle: 1/10.000

l'heure de marche

La cité industrielle. En gris foncé, la zone déjà occupée par les usines; en gris clair, la nouvelle cité industrielle

The industrial city. The zone already occupied by factories is shaded in dark grey; the new industrial city is shown in light grey

Die Industriestadt. Dunkelgrau: die bereits von Fabriken in Anspruch genommene Zone. Hellgrau: die neue Industriezone

en vert, la nouvelle cité résidentielle
green, the new residential area
grün, die neue Wohnzone

343

Urbanisation de Marseille Vieux-Port et de Marseille-Veyre

Marseille a toujours exercé sur Le Corbusier un attrait fascinant. A chaque fois il s'accordait le pèlerinage du Vieux-Port, essayant de discerner comment ce lieu si pathétique se transformerait un jour pour s'accorder à la vie moderne. Ce jour est arrivé. Le Pont-Transbordeur qui semblait un des ornements inéluctables de la ville fut détruit. Deuil irréparable? Le Corbusier s'aperçut que la disparition du Pont-Transbordeur libérait à vrai dire le Vieux-Port. Mais le Vieux-Port en partie aussi avait été détruit. C'est alors que L-C fit, en 1943, le croquis montrant comment il entendait tirer parti de ce paysage de grand port mondial, en détectant deux terrains disponibles, le premier sur la place de la Bourse et le second sur la crête de l'Hôpital de la Charité.
Le projet de «Marseille-Veyre» se relie au projet «Marseille–Vieux-Port–Place de la Bourse–Colline de la Charité».

Marseilles-Veyre and Marseilles Vieux-Port, two town planning schemes

Marseilles has always fascinated Le Corbusier. Each time that he makes the pilgrimage to the Old Port, he tries to visualise how this pathetic quarter could one day be transformed to bring it once more into line with modern life. That day has come. The transporter bridge which seemed to be one of the inevitable adornments of the town, has been destroyed. But Le Corbusier believes that this seeming calamity has, in fact, liberated the Old Port which has itself, been partly destroyed. In 1943, he had made a sketch showing how he intended to lay out this great port, this capital where only two free sites were available, one on the Place de la Bourse and the other on the top of the hill of the Hospital de la Charité.
The project "Marseilles-Veyre" can contain more than 40,000 people in exceptional conditions, like those of the Unité d'habitation on the boulevard Michelet and is linked with project "Marseilles—Old Port—Colline de la Charité".

Marseille Vieux-Port und Marseille-Veyre, zwei Stadtpläne

Marseille hatte für Le Corbusier seit jeher eine besondere Anziehungskraft. Bei jedem Besuch suchte er den Vieux-Port auf und überlegte sich, wie dieser wichtige Ort zu gestalten sei, um eines Tages dem modernen Leben zu entsprechen. Dieser Tag ist nun gekommen. Der Pont-Transbordeur, einst das Wahrzeichen der Stadt, ist zerstört. Le Corbusier sah, dass das Verschwinden des Pont-Transbordeur in Wirklichkeit eine Befreiung des Vieux-Port bedeutete, und er skizzierte 1943 einen Plan für die Ausgestaltung dieses bedeutenden Welthafens.
Der Grundgedanke dieser Skizze war die Errichtung eines Geschäftszentrums in Form eines Wolkenkratzers auf der Place de la Bourse.

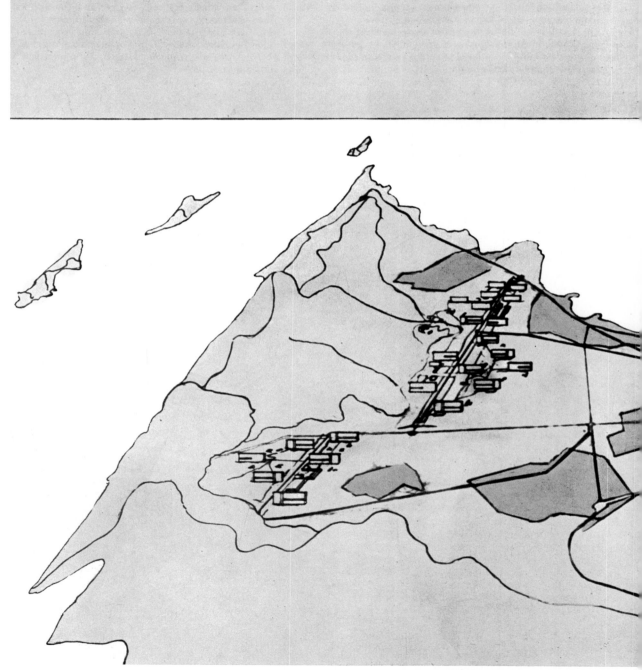

Nouvelle cité résidentielle de Marseille-Veyre

L'Unité d'habitation du boulevard Michelet   Le port de la Joliette avec le centre civique de L-C sur le Vieux-Port

rouge

Urbanisation de
Marseille-Sud (Michelet)
Secteur théorique   Volume bâti

Application à l'unité d'habitation L.C.
Bd. Michelet

cat. A: La grand'rue
cat. B: a) Type unité d'habitation
           L.C.
        b) Tours
cat. C: Maisons familiales avec pe-
        louses communes pour l'en-
        fance
cat. D: Lotissements existants
cat. E: Bandes vertes avec écoles,
        clubs, sports

V 2:   Grand tracé urbain
V 3:   Alimentation des secteurs
V 4:   Rue marchande
V 5:   Conduit aux portes
       des maisons

A gauche, l'Unité d'habitation actuellement construite au bd Michelet. Le plan signale la présence possible de trois autres unités
semblables complétées par deux tours. «La Règle des 7 V» a résolu
automatiquement le sort du bd Michelet devenu une V 2

To the left the "Unité d'habitation" recently erected at Boulevard
Michelet. The plan illustrates the possibility of adding three similar
unities and two tower houses. "La Règle des 7 V" naturally deve-
lopped the Boulevard Michelet into a "V 2"

Links die 1952 fertiggestellte «Unité d'habitation» des Boulevard
Michelet. Der Plan sieht die Errichtung von drei weiteren «unités»
und von zwei Turmhäusern vor. Gemäss der Theorie der 7 V hat
sich der Boulevard Michelet zu einem V 2 entwickelt

1956-60   Projet de Meaux

En 1956, Le Corbusier avait projeté pour la ville de Meaux un nouveau centre d'habitation de cinq «Unités» et plus tard, en 1960, il avait reçu l'ordre de projeter une colonie de quinze «Unités» et de six «Tours des célibataires».
Le Plan général montre le projet en 1960 avec des communications à la vieille ville, en plus la colonie projetée et le centre industriel agrandi (surface claire). Nombre d'habitants environ 35000.

Project for Meaux

In 1956 Le Corbusier designed a new community center consisting of 5 "Unités d'habitation" for the city of Meaux and later in 1960 he was given the order to plan a colony of 15 "Unités" and 6 "Tours des célibataires"
The general plan shows the project of 1960 giving the details of the roads connecting the planned site with the old part of the city, furthermore one can distinguish the planned new community center and the enlarged industrial center (light area). Inhabitants approximately 35000.

Das Projekt von Meaux

Im Jahre 1956 hat Le Corbusier für die Stadt Meaux ein neues Wohnzentrum von 5 «Unités d'habitation» entworfen, und später, im Jahre 1960, wurde ihm der Auftrag erteilt, eine Siedlung von 15 «Unités» und 6 «Tours des célibataires» zu projektieren.
Der Übersichtsplan zeigt das Projekt von 1960 mit den Verbindungswegen zur Altstadt, ferner über der neu projektierten Wohnsiedlung das erweiterte Industriezentrum (helle Fläche). Einwohnerzahl ungefähr 35000.

1956, le projet de Meaux

1961 Concours international d'urbanisme de Berlin

Concours pour la reconstruction du centre de Berlin détruit par la guerre.

Il n'y avait pas d'hésitation: on ne démolirait pas des chefs-d'œuvre du passé pour reconstruire. La démolition avait été faite par les avions et il ne restait rien debout sur tout le centre de Berlin. Le Gouvernement allemand avait invité Le Corbusier à participer au concours. Le Corbusier retrouvait à Berlin les problèmes qu'il avait déjà étudiés depuis quarante années pour le centre de Paris.

L'étude fut faite à l'atelier rue de Sèvres 35 à Paris avec un soin extrême, un réalisme total. L'heure était venue de profiter de quarante années d'études et d'expérimentations en architecture et en urbanisme.

Mais le fait de penser à un urbanisme à trois dimensions fut considéré comme un crime. Sur 86 projets, treize furent retenus; le treizième était celui de Le Corbusier. Il fut éliminé. Le rapport du jury déclarait que ce projet réalisait totalement les problèmes de circulation de grandes villes comme Berlin, mais qu'un certain édifice, qui était très haut, cacherait un bâtiment d'administration municipale qui se trouvait de l'autre côté de la Sprée. Ce bâtiment, avant la destruction par bombardement, était, comme tous les bâtiments de cette hauteur, visible depuis ses environs immédiats, au contact.

International Planning Competition for Berlin

Competition for the reconstruction of the center of Berlin which was destroyed by the war.

There had been no hesitation: no need to pull down masterworks of the past in order to rebuild. The demolition had been performed by aeroplanes and nothing was left standing in the center of Berlin. The German government had invited Le Corbusier to participate in the competition. In Berlin Le Corbusier found himself faced with the problems which he had studied for the center of Paris forty years earlier.

The planning study was made in the atelier at 35 Rue de Sèvres with extreme care, a total realism. The time had come to take advantage of forty years of study and experimentation in architecture and planning.

But the feat of planning in three dimensions was considered a crime. Of 86 projects thirteen were retained; the thirteenth was that of Le Corbusier. It was eliminated. The report of the Jury declared that the project had completely resolved the problems of circulation in large cities such as Berlin, but that a certain building, which was quite high, hid a municipal administration building located on the other bank of the Spree. Before the bombardment and the destruction this latter building was, as all of the buildings of this height, visible only from its immediately adjacent surroundings.

Wettbewerb für die Stadtplanung von Berlin

Es handelte sich um einen Wettbewerb für den Wiederaufbau des im Kriege zerstörten Zentrums von Berlin. Hier gab es hinsichtlich der Erhaltung von Meisterwerken aus der Vergangenheit keine Zweifel. Die Zerstörung durch Flugzeuge war vollkommen, und vom ganzen Zentrum war nichts stehen geblieben.

Le Corbusier war von der deutschen Regierung zur Teilnahme am Wettbewerb eingeladen worden. Er fand die gleichen Probleme vor, wie er sie bereits seit vierzig Jahren hinsichtlich des Zentrums von Paris studiert hatte.

Mit ausserordentlicher Sorgfalt und auf Grund realistischen Denkens wurde das Projekt im Atelier Le Corbusier, Rue de Sèvres, Paris, ausgearbeitet. Die Stunde schien gekommen, vierzig Jahre des Forschens zu nutzen.

Aber der Gedanke einer dreidimensionalen Stadtplanung wurde als Verbrechen angesehen. Von 86 Projekten fielen 13 in die engere Wahl; das dreizehnte war das Le Corbusiers. Es wurde abgelehnt. Der Bericht des Preisgerichts führte aus, dass dieses Projekt zwar das Verkehrsproblem grosser Städte löse, dass aber ein sehr hohes Gebäude ein Verwaltungsgebäude am anderen Ufer der Spree verdecken würde. Dieses war, wie alle Gebäude dieser Höhe, vor der Bombardierung von der näheren Umgebung aus sichtbar gewesen.

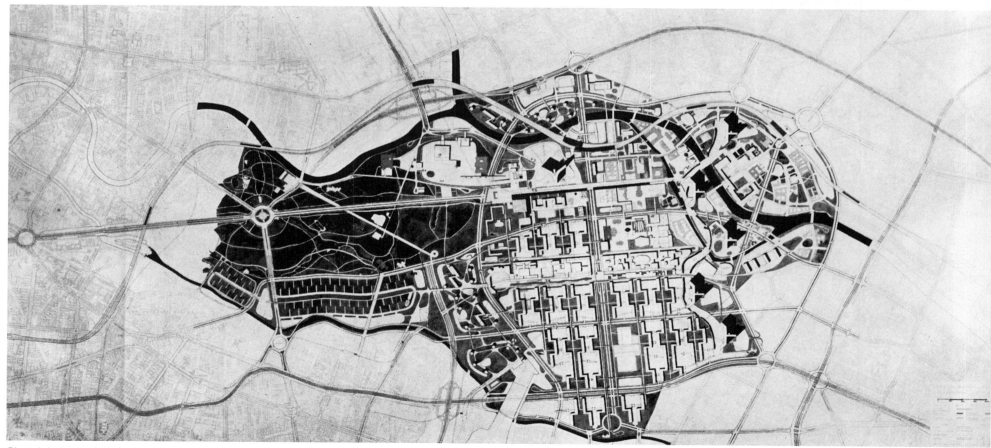

Plan général du projet L-C

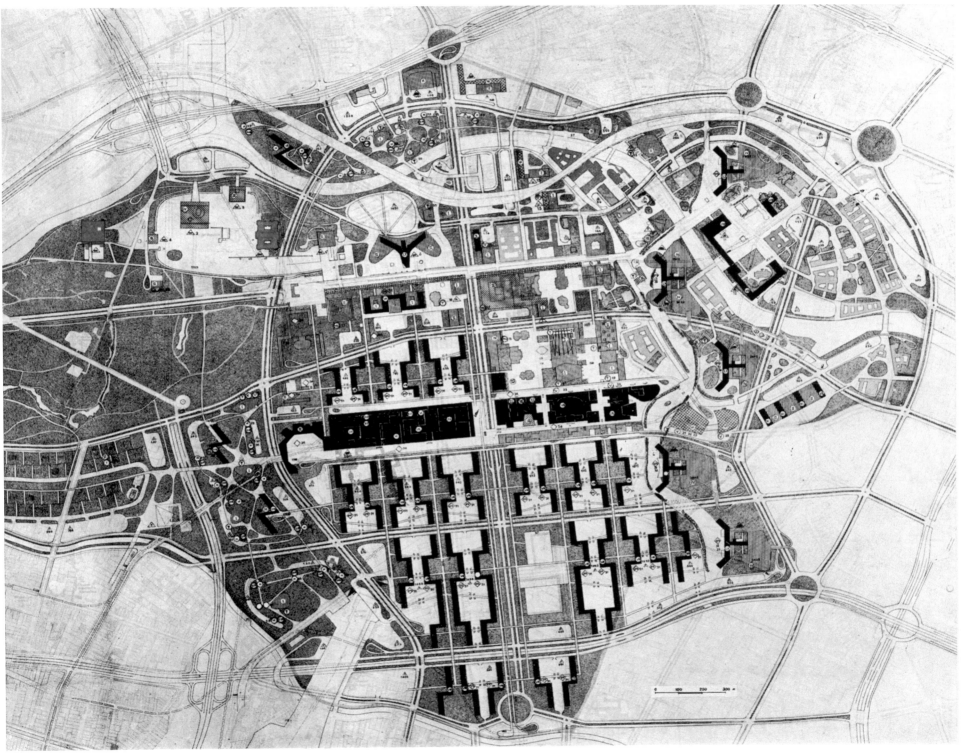

Plan de situation

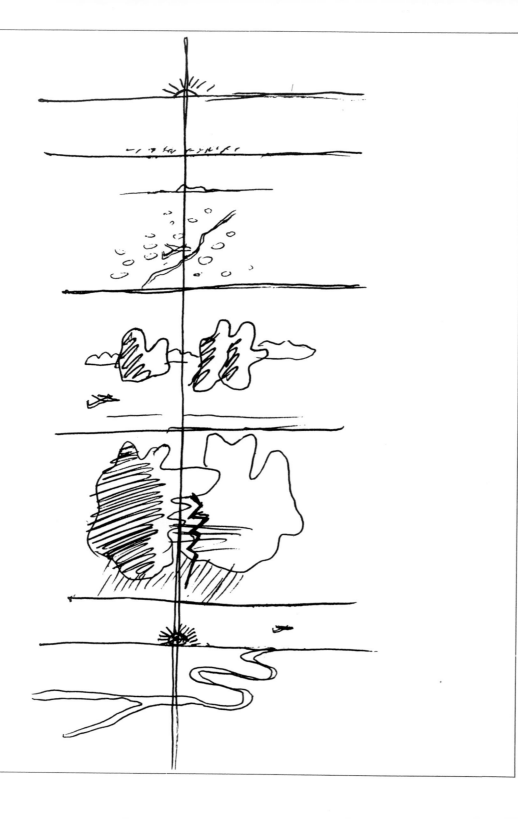

Petite méditation sur une journée complète:
Le soleil se lève
La rosée tombe
La rosée s'évapore en minuscules nuages ronds
Les nuages s'agglomèrent, se chargent de potentiels divers de chocs:
foudre, tonnerre et pluie
Fin d'un beau jour. Le soleil se couche sur un ciel pur
(Note de «sketch-book» — carnet de notes immuablement présent
dans la poche du veston — ici, note d'avion)

Short meditation upon a complete day:
The sun rises
The dew falls
The dew evaporates into tiny round clouds
The clouds agglomerate and charge themselves with various shock
potentials: lightning, thunder and rain
End of a beautiful day. The sun sets on a pure sky (note from the "sketch
book"—small pad invariably stuck in the jacket pocket—noted in an
airplane in this case)

Meditation über einen Tageslauf:
Die Sonne geht auf
Der Tau fällt
Der Tau bildet winzige runde Wölkchen
Die Wolken ballen sich zusammen und laden verschiedene Elemente
auf: Blitz, Donner, Regen
Ausklang eines schönen Tages. Die Sonne geht am klaren Himmel
unter
(Aus dem Skizzenbuch, das sich immer in der Rocktasche befindet.
Hier eine Notiz aus dem Flugzeug)

Liste des photographes